Klemann

LAVAT

Über den Autor:
Stephan Klemann wurde 1963 geboren und wuchs in Köln auf. Aus einer ersten „Heteroehe" ist er Vater von zwei mittlerweile erwachsenen Kindern und arbeitet als Personalleiter bei einem internationalen Unternehmen.
Sein Coming-out hatte er erst im Alter von 32 Jahren. Dennoch hat er nicht das Gefühl, vorher ein falsches Leben gelebt zu haben. Heute ist Stephan seit vielen Jahren glücklich mit seinem Mann Daniel verheiratet.

Veröffentlichungen bei HOMO Littera:
Endstation Wirklichkeit, Roman (2013)
Sommergayflüster, Anthologie (2013)
Schatten auf dem Regenbogen, Roman (2015)
Lavat 2 – Ein teuflischer Plan, Roman (2018)

Mehr Informationen über den Autor auf **www.HOMOLittera.com** oder auf **www.stephanklemann.de**

Stephan Klemann

Gefährliche Liebe

Roman

© HOMO Littera Romy Leyendecker e. U.,
Am Rinnergrund 14, A – 8101 Gratkorn,
www.HOMOLittera.com
E-Mail: office@HOMOLittera.com

Cover:
© fcafotodigital – istockphoto.com

Handlung, Charaktere und Orte sind frei erfunden. Jede Ähnlichkeit mit lebenden oder toten Personen ist rein zufällig.

Das Model auf dem Coverfoto steht in keinem Zusammenhang mit dem Inhalt des Buches. Der Inhalt des Buches sagt nichts über die sexuelle Orientierung des Models aus.

Die geschilderten Handlungen dieses Buches sind fiktiv! Im realen Leben gilt verantwortungsbewusster Umgang miteinander und Safer-Sex!

Originalausgabe: Juli 2014
2. Auflage Frühjahr 2021

Printed in Germany

ISBN Print: 978-3-902885-54-8
ISBN PDF: 978-3-902885-55-5
ISBN EPUB: 978-3-902885-56-2
ISBN PRC: 978-3-902885-57-9

Inhaltsangabe

In Gedenken an:

محمود عسگري

Mahmoud Asgari (✝16)

und

عياض مرهوني

Ayaz Marhoni (✝18)

die zunächst mit je 228 Peitschenhieben gefoltert wurden, bis sie das „zugaben“, was die Behörden hören wollten.

Sie wurden am 19. Juli 2005 in Maschhad/Iran öffentlich gehängt, weil sie schwul waren.

Mögen sie den Frieden und die Erlösung gefunden haben, die ihnen auf Erden verweigert wurde!

Vorwort

Dieser Roman erzählt nicht die Lebens- und Leidensgeschichte von **Mahmoud Asgari** (†16) und **Ayaz Marhoni** (†18). Sie soll lediglich an ihr Martyrium erinnern, ihr tragisches Leben, die ihnen angetane grausame Folter und ihr qualvolles Ende in den Erinnerungen der Menschen wach halten. Dabei sollen die beiden nur stellvertretend für viele andere genannt sein, die ein ähnliches Schicksal erleiden mussten.

Die hier dargestellten Ereignisse sind frei erfunden. Einige Handlungssequenzen entsprechen aus dramaturgischen Gründen nicht zwangsläufig realen Abläufen und Begebenheiten. Manche Passagen mögen einigen Lesern brutal und abstoßend vorkommen.

Diesen Menschen möchte ich mit auf den Weg geben:

Das ist die auch noch im 21. Jahrhundert praktizierte Realität im Iran und in vielen anderen Ländern dieser Welt! Auf diese will diese Geschichte aufmerksam machen.

Auch heute noch werden Menschen staatlich oder religiös verordnet gefoltert und getötet, weil ihre Liebe nicht den vorgegebenen Normen entspricht.

Medienberichten zufolge sind seit der islamischen Revolution von 1979 im Iran vermutlich Tausende Männer und Jugendliche wegen ihrer Homosexualität hingerichtet worden. Darunter viele, die zur „Tatzeit" noch minderjährig waren. Die genaue Zahl ist unbekannt.

Diese Angaben beziehen sich nur auf die Zahlen von e i n e m Land. Es gibt noch viele andere Staaten, in denen eine ähnliche Verfolgung von Homosexuellen stattfindet.

Stephan Klemann

TEIL 1 – IRAN

1 – PERSISCHER SOMMER

Rashno[1] war froh, dass er noch einen Platz im Schatten eines Baumes gefunden hatte, an dem er sich niederlassen konnte. Es war ein geeigneter Ort, um die Anstrengungen der hinter ihm liegenden Woche abzustreifen. Hier konnte er in Ruhe entspannen.

Die Sonne stand hoch am Himmel über Teheran und trieb die Nachmittagstemperaturen selbst an den höher gelegenen Ausläufern des *Kolak-tschal*-Berges auf annähernd 30 °C. Unzählige Menschen nutzten den Nachmittag, um im *Jamshidieh*-Park nicht nur den Tag ausklingen zu lassen, sondern auch, um den noch viel höheren Temperaturen der weiter unten gelegenen Innenstadt zu entfliehen. Außer in den klimatisierten Büros der Hochhäuser war es zu dieser Jahreszeit fast unerträglich dort. Den Smog im Zentrum, der sich wie trüber Nebel über der Stadt permanent ausbreitete und alles zu ersticken versuchte, konnte man im Park ohne viel Aufwand hinter sich lassen. Die vielen künstlich angelegten Wasserläufe und eine geschickte Mischung aus beeindruckenden Felsformationen und üppiger Bepflanzung boten jedem Besucher ein geeignetes Umfeld, um sich zu entspannen. Zahlreiche Teehäuser und Sportplätze luden an vielen Stellen zum Verweilen ein. Kinder spielten auf den Wiesen und Spielplätzen und tobten ausgelassen herum, während ihre Eltern es sich nebenan gemütlich machten und bei mitgebrachtem Essen ihre Schwatzereien austauschten.

Langsam verstummten auch die Nachmittagsrufe der Muezzins, die in der ganzen Stadt die Gläubigen zum Gebet gerufen hatten. Aus allen Winkeln Teherans hatte der sanfte Wind den Sprechgesang aus den unzähligen Minaretten hier heraufgetragen.

Rashno war erleichtert, als die nervende Ablenkung endlich verstumm-

[1] Engel der Gerechtigkeit

te. So konnte er sich wieder in Ruhe auf das Gedicht konzentrieren, das er seit Tagen mit sich herumtrug und jetzt in Händen hielt. Auch wenn es ständige Diskussionen innerhalb der Familie gab, er konnte der Religion nichts abgewinnen. Sie war ihm viel zu altmodisch und einschränkend. Nichts für moderne, junge Menschen.

Er hatte sich entschlossen, die Nachmittagsvorlesungen an der *Shahid Beheshti* Universität, an der er seit einigen Monaten Sportwissenschaften studierte, ausfallen zu lassen. Stattdessen hatte er auf dem Weg nach Hause einen Abstecher in den Park gemacht. Ihm war heute nicht danach gewesen, die schönsten Stunden des Tages in irgendeinem Hörsaal zu verbringen. Er wollte die Zeit nutzen, um in der frischen Luft endlich sein Versprechen gegenüber seinem Studienfreund Hamid[2] einzulösen. Er wollte das von diesem selbst geschriebene Gedicht lesen.

Sie hatten sich Anfang dieses Jahres kennengelernt, als sie nicht nur gemeinsam ihr Studium begonnen hatten, sondern auch etwa zur gleichen Zeit Mitglied des universitätseigenen Basketballteams geworden waren. Der Mannschaft fehlten noch zwei Spieler, und nachdem sie nach ein paar Testspielen bewiesen hatten, dass Basketball ihre Welt war und sie zum Team passten, erhielten sie Stammplätze. Hamid und er wohnten beide im gleichen Stadtteil im Nordosten Teherans und hatten sich auf Anhieb gut verstanden. Sie teilten viele gemeinsame Interessen, und auch in den meisten Fragen der Weltanschauung waren sie auf einer Wellenlänge. All das hatte dazu geführt, dass aus der anfänglichen Bekanntschaft schnell eine intensive Freundschaft geworden war. Sie sahen sich gegenseitig als besten Freund an.

Rashno war genau wie Hamid ein ruhiger, eher verschlossener Typ, der nur beim Sport aus sich herauskam. Ansonsten konzentrierte er sich lieber auf sein Studium. Er hatte nicht den Wunsch, mit den anderen seines

[2] lobenswert

Semesters seine Freizeit zu verbringen. Die waren entweder den religiös geprägten Lehren ihrer Eltern oder der Imame absolut ergeben und kannten keinen anderen Lebensinhalt als ihren Glauben. Oder aber sie wetteiferten mit unglaublichen oder zumindest maßlos übertriebenen Geschichten über ihre Erfahrungen mit Mädchen. Natürlich ging es darum, wer die meisten hatte.

Beides war nichts für Rashno. Er hatte schon vor vielen Jahren sein Interesse am Sport, insbesondere an Basketball, entdeckt. Seither hatte er konsequent darauf hingearbeitet, an der Universität Sportwissenschaft zu studieren. Seine Körpergröße von 1,91 Meter prädestinierte ihn für seinen Lieblingssport. Bereits in der Schule hatte er seine Begeisterung und die Verantwortlichen sein Talent dafür entdeckt. Umso perfekter erschien ihm sein Glück, als die *Shahid Beheshti* Universität ihn nicht nur zum Studium zugelassen, sondern er im dortigen Basketballteam auch einen Stammplatz erhalten hatte. Diese Chance wollte er nicht vertun und konzentrierte sich daher vollends auf sein Studium und den Sport.

In den Stunden, die er nicht in den Hörsälen der Universität zubrachte oder sich bei seinem Sport bis zur totalen Erschöpfung verausgabte, zog er sich oft zurück. Dann vertiefte er sich in irgendwelche Bücher – meist historische Abenteuerromane oder romantische Liebesgeschichten –, oder er hing einfach nur mit geschlossenen Augen seinen Träumen nach. Er ließ seine Gedanken in jenen Momenten davonfliegen, auf eine Reise gehen, und versuchte zu ergründen, was die Zukunft für sein Leben bereithielt. Er hatte ganz klare Pläne über das, was er wollte, wonach er strebte und welche Anstrengungen er unternehmen musste, um seine Ziele zu erreichen. Das Basketballnationalteam war sein Traum. Ihm wollte er eines Tages angehören. Doch diese Vision und das Wissen um den Weg sie umzusetzen, war nicht genug, um ihm ein vollständig klares Bild seiner Zukunft zu zeigen. Denn das Fehlen einer eindeutigen Antwort zu einem bestimmten Thema, einer brennenden Frage, die seit Langem in seinem Inneren herumspukte, ließ den weiteren Verlauf des möglichen Weges seines Lebens hinter einem undurchdringlichen Nebel verschwinden. Auch nach unzähligen Stunden des Nachdenkens hatte er keine Antwort gefunden. Beinahe so wie der Dunst, der an jedem Tag über der Stadt lag und der den Blick auf die Details der Häuser und Straßen verschleierte, hinderte dieses Problem ihn daran, eine genaue Vorstellung dessen zu haben, was einmal seine Zukunft sein würde. Je mehr Entscheidungen er traf, je mehr Fragen er diesbezüglich beantwortete, desto stärker rückte dieses eine Thema in den Vordergrund – wie der Kern eines Apfels, von dem man mehr und mehr Stücke abschnitt. Früher hatten sich seine Gedanken nur gelegentlich zu diesem Punkt verirrt. Er hatte sie einfach wieder, ohne sich wirklich mit ihnen auseinanderzusetzen, versinken lassen. Doch nun beschäftigte ihn die Angelegenheit immer öfter. Er grübelte täglich darüber, was er tun sollte, um den Schleier zu heben und die Antwort zu sehen.

Im Park war wieder etwas Ruhe eingekehrt. Rashno versuchte sich auf die Zeilen auf dem Blatt Papier zu konzentrieren, doch auch jetzt zog ihn seine Nachdenklichkeit fort – weg von den Worten des Gedichtes, das zu lesen er Hamid versprochen hatte. Oder war womöglich die Lyrik der Auslöser, sich wieder mit dieser einen unbeantworteten Frage in seinem Inneren zu beschäftigen? Hatten die romantischen Worte seine Gedanken mit auf diese Reise ins Ungewisse genommen? Hatten die ersten Zeilen eine verborgene Sehnsucht in ihm geweckt, die zwar deutlich spürbar war, aber von der er nicht wusste, ob er sie haben wollte?

Rashno atmete tief durch. Selbst wenn er es akzeptierte, war er sich nicht sicher, ob er jemals Erfüllung und Zufriedenheit in seinem Leben fände. Schon wieder Fragen über Fragen und keine Antworten. Auch heute waren sie nicht in Sicht.

„khodaya man ra komak kon! – Gott hilf mir!"

Obwohl er überhaupt nicht religiös war, hatte er schon oft dieses Hilfsgesuch stumm ausgesprochen. Er hoffte auf eine äußere Eingebung „von oben“. Es musste doch eine Macht geben oder wenigstens irgendjemanden, der ihn an die Hand nahm und zu der Erkenntnis führte, nach der er sich sehnte. Oder ein Fingerzeig des Schicksals, der ihm die Richtung wies. Aber bisher verweigerte ihm das Leben jegliche Hilfe.

Rashno versuchte sich erneut auf den vor ihm liegenden Text zu konzentrieren. Hamid hatte ihn in den letzten Tagen schon mehrfach gefragt, ob er das Gedicht endlich gelesen hätte und was er davon hielt. Er hatte sein Interesse am Schreiben entdeckt und hoffte nun auf die ehrliche Meinung seines besten Freundes zu seinem Erstlingswerk. Niemandem sonst wollte er diese romantische, künstlerische Ader, die er in sich entdeckt hatte, offenbaren. Sie hätten es als „unmännlich“ abgetan und ihn verspottet. So wartete er nun ungeduldig auf Rashnos Rückmeldung.

Rashno begann die Worte Hamids von Anfang an zu lesen:

Erste Liebe

So wie die Sonne sich am Morgen in den Himmel erhebt
und wie der Falke zu einer neuen Jagd die Luft erklimmt,
so ist mein Herz zum ersten Mal emporgestiegen,
hoch hinauf in unbekannte Höhen,
nur getragen von tiefer Sehnsucht, die mich durch Dich erfüllt.

Gleich dem Erwachen eines neuen Frühlings auf den Bergen,
dem Erblühen von zarten Rosenknospen in den Gärten der Täler,
ist jetzt in meiner Seele diese neue Kraft,
das nie gesehene Verlangen, das mich zu Dir zieht,
und die Welt ist nicht mehr, wie sie jemals für mich war.

Wem gebührt der Dank, dass unsere Wege sich hier kreuzten,
dass unsere Leben sich verflochten haben?
Was hat aus ersten zarten Bändern meiner Leidenschaft
solch undurchtrennbare Ketten werden lassen,
die meine Liebe nun auf immer an Dich binden?

Erfasst mich jeden Abend auch ein Schmerz,
weil jede Nacht mich von Dir trennt,
so leg' ich gern mich doch zur Ruh'
schließ freudig und erwartungsfroh die Augen
damit in meinen Träumen ich Dich wiederseh' und nah' Dir bin.

Hamid

Rashno war zutiefst überrascht. So was hatte er nicht erwartet. Er war kein besonderer Anhänger von Gedichten, schon gar nicht von Liebesgedichten, aber die Worte, die sein Freund gefunden und die er in diesen Zeilen so poetisch aneinandergereiht hatte, berührten ihn tief in seinem Innern. Sie erreichten seine eigene verborgene Sehnsucht nach Liebe und Zärtlichkeit. Er fand das Gedicht wunderschön. Niemals hätte er damit gerechnet, dass sein Freund zu so etwas fähig war. Sicher, Hamid war keiner dieser Machotypen, aber dass er Emotionen auf eine solche Art und Weise zu vermitteln vermochte, war dennoch eine Überraschung.

Doch wem galten diese Worte? War Hamid tatsächlich verliebt und hatte seine Gefühle in beeindruckender Form zu Papier gebracht?

Er hatte nie mit ihm darüber gesprochen, dass es möglicherweise ein Mädchen gab, für das sein Herz entflammt war. Es war ihm auch nicht anzumerken gewesen. Er hatte sich nie auffällig verhalten.

Rashno dachte darüber nach, wie sie ihre gemeinsame Zeit in den letzten Wochen verbracht hatten. Aber er konnte sich nicht erinnern, dass

Hamid jemals erwähnt hätte, verliebt zu sein. Auch hatte er nie ein Mädchen in seiner Nähe gesehen. Vielleicht war das Gedicht nur ein künstlerisches Werk, das seiner Fantasie entsprungen war? Das keinen Bezug zu tatsächlichen Gefühlen für jemanden hatte?

Rashno nahm sich vor, Hamid danach zu fragen. Er las das Gedicht ein zweites und drittes Mal und musste zugeben, dass es ihn nicht unberührt ließ. Es führte ihn wieder zu jenem ungeliebten Thema, das sein eigenes Denken schon so lange quälte. Die Botschaft einer starken Leidenschaft, eines tief im Inneren verborgenen Verlangens, passte nahezu perfekt zu den Empfindungen, die er in sich fühlte. Sie füllten die Leere in ihm aus, als wären sie dafür geschaffen worden. Er war nicht verliebt, aber er wünschte sich, er wäre es und könnte genauso schöne Worte wie Hamid finden.

Rashno schrak hoch. Das Klingeln seines Handys unterbrach seine Gedankenausflüge. Er war nicht wirklich unglücklich darüber. Ein kurzer Blick auf die Anzeige seines Telefons zeigte ihm, dass Hamid versuchte ihn zu erreichen.

„Hallo, Hamid!“, meldete er sich.

„Hey, Rashno. Wo bist du? Wieso warst du heute Nachmittag nicht bei der Vorlesung? Ist irgendwas passiert?“ Hamid klang besorgt.

„Nein, nein. Ich hatte einfach keine Lust. Ich bin im *Jamshidieh-Park*. Die Woche war anstrengend, und ich wollte einfach ein wenig ausspannen. Da meine Eltern für mich morgen eine Feier als Belohnung für meinen Studienbeginn an der Universität organisiert haben, fehlt mir dann die Zeit dafür. Wo treibst du dich herum?“

„Ich verlasse gerade die Uni und mache mich auf den Weg nach Hause.“ Hamid unterbrach sich kurz. „Rashno – hast du es gelesen?“

Rashno spürte deutlich, dass sein Freund darauf brannte, endlich eine Rückmeldung zu seinem Gedicht zu hören. Schließlich war er es gewesen, der ihn dazu ermutigt hatte, nicht nur vom Schreiben zu träumen, sondern es auch mal anzugehen. Jetzt wollte Hamid natürlich endlich seine Meinung hören.

„Ja, ich habe es gelesen.“ Er machte eine bedeutungsvolle Pause und spannte Hamid damit weiter auf die Folter.

„Und? Wie ist es? Gefällt es dir?

„Hast du Zeit und Lust hierherzukommen? Dann reden wir darüber.“

„Klar, gerne“, willigte Hamid ein. Natürlich konnte er dem Angebot nicht widerstehen. „Wo genau bist du?“

„Ich bin auf der kleinen Wiese oberhalb des Sees. Dort unter dem Baum, wo wir neulich schon mal waren.“

„Gut, dann weiß ich wo. Ich bin so in 40 Minuten bei dir. Ich bin auf deine Meinung zu meinem Gedicht gespannt. Bis gleich.“

„Bis gleich.“

2 – DUNKLE ABGRÜNDE

Gedankenverloren verfolgte Rashnos Blick das Flugzeug, das sich in stetigem Sinkflug dem internationalen Flughafen im Westen der Stadt näherte. Es hatte sich aus südwestlicher Richtung der Stadt genähert und hielt jetzt nach einer Linkskurve auf seinen Zielpunkt zu. Da der Park auf deutlich höherem Terrain lag als der Flughafen, nahm er den Flieger zunächst auf Augenhöhe wahr, bis dieser schließlich immer tiefer sank und mehr und mehr im Dunstschleier der Stadt verblasste. Nach einigen Minuten waren seine Umrisse nur noch verschwommen zu erkennen. Die Sonne, die ihren Zenit längst überschritten hatte und die sich jetzt im Südwesten langsam dem Horizont zubewegte, erschwerte Rashnos Sicht zusätzlich. Er kniff die Augen zusammen, musste aber schließlich aufgeben. Die Maschine war nicht mehr zu erfassen. Vermutlich war sie kurz vor der Landung oder sie hatte bereits auf der Landebahn aufgesetzt.

Er wartete noch immer auf Hamid. Seine Gedanken wanderten in einem verwirrenden Dreiecksspiel zwischen dessen Gedicht, den intensiven Emotionen und der Frage, warum und für wen er diese Zeilen geschrieben hatte, hin und her. Auch er selbst war Teil dieser Odyssee. Je mehr er darüber nachdachte, desto klarer wurde ihm, dass das Gefühl, welches das Gedicht so eindringlich transportierte, etwas war, nach dem auch er sich sehnte. Wie gern würde er für jemanden so etwas empfinden – auch wenn er niemals in der Lage wäre, solch schöne Worte zu finden. Selbst wenn ihn ein derartiges Verlangen jemals ausfüllen sollte, müsste er sich mit wesentlich weniger poetischen Liebesbekundungen zufriedengeben.

Noch war sein Herz jedoch leer, sein Schlagen hatte sich nicht auf einen bestimmten Menschen ausgerichtet. Andererseits schaffte die Leere in ihm Raum für den Wunsch, die Liebe auch eines Tages in seinem Herzen zu finden.

Verzweiflung breitete sich in ihm aus. Wieder einmal wurde ihm klar, dass seine Hoffnung nie Wirklichkeit werden würde. Selbst wenn jemals die Flamme seiner Leidenschaft einen Grund für ihr Entfachen fände, sie würde im Keim erstickt werden. Diese Fackel konnte nie auflodern. Er durfte das Glück nicht genießen, sich an ihrem Licht erfreuen oder sich an ihrem Feuer verzehren. Denn das Leben verwehrte die Erfüllung der Sehnsucht jenen, die dem eigenen Geschlecht zugetan waren. Homosexuellen war es nicht erlaubt, zu lieben und geliebt zu werden. Es war ihnen nicht mal erlaubt zu existieren. Niemand würde solche Gefühle verstehen und akzeptieren.

Wie so oft wandelte sich seine Verzweiflung zu Wut. Er hasste sich, dass er so war, fand es abstoßend, dass sein Körper ihm signalisierte, nichts für Frauen zu empfinden. Er fühlte sich schlecht, sobald er einen Mann anschaute und ihn seine Sinne in diese Richtung zogen. Energisch kämpfte er gegen das unreine Verlangen an, versuchte immer wieder zu leugnen, dass er so empfand. Wie sehr wünschte er sich, sein Körper und auch sein Herz würden auf ein Mädchen seiner Wahl reagieren. Aber wann immer er sich darum bemühte, es war ihm nicht vergönnt. Stattdessen war die Erregung seines Herzens und manchmal auch die seines Körpers deutlich sichtbar, wenn er einen Jungen sah.

Zusätzlich kam noch die Angst. In jenen Momenten, wenn er erkannte, dass nur der Körper eines Mannes Erregung und Verlangen in ihm auslöste, befiel ihn Panik. Was würde werden, wenn er den Kampf gegen dieses ungewollte Begehren verlöre? Wenn er eines Tages aufgäbe und akzeptierte, auf Kerle zu stehen? Er wusste, nicht nur die Religion in seinem Land, sondern auch seine Familie würde das nie hinnehmen. Undenkbar, dass seine Eltern jemals einen Mann an seiner Seite akzeptierten. Selbst der Staat duldete Homosexuelle nicht und verfolgte sie erbarmungslos. Sie wurden verachtet, gejagt und gefoltert. Offiziell wurde sogar behauptet, es gäbe sie nicht. Sie wurden verleugnet und als kriminell oder krank eingestuft. Man erfasste nicht das, was sie wirklich waren: zwei Menschen des gleichen Geschlechts, die sich liebten. Wer es wagte, dieser Liebe die körperliche folgen zu lassen, riskierte sein Leben. Unzählige waren aus diesem Grund bereits vom Gericht zum Tode verurteilt worden. Die Massen ergötzten sich dabei an den öffentlichen Hinrichtungen.

Das alles wusste Rashno, und genau das fürchtete er. Ein falscher Blick, ein unbedachtes Wort oder eine ungewollte körperliche Reaktion zu einer unpassenden Gelegenheit, und schon wäre auch sein Leben in Gefahr.

„Hey, Rashno, da bin ich!“

Hamid riss ihn aus seinen dunklen Gedanken. Er war froh, das angsteinflößende Szenario einer bedrohlichen und gefährlichen Zukunft verlassen zu können.

„Hi, Hamid. Schön, dass du gekommen bist. Hast du genug Zeit, dass wir noch ein bisschen hierbleiben können? Oder musst du gleich nach Hause?“

Hamid schüttelte den Kopf und setzte sich. „Nein, nein. Ich habe nichts vor. Wir können gerne noch hierbleiben. Ein bisschen frische Luft tut gut.“

Rashno war froh darüber. Ihm war jetzt nicht danach, zu Hause alleine zu sein und sich vermutlich wieder in seinen Grübeleien zu verlieren.

„So, jetzt sag mir endlich, wie du mein Gedicht findest! Ich kann es kaum erwarten, deine Meinung zu hören. Aber sei bitte ehrlich, okay?“

Rashno nickte und zog noch einmal das Papier aus seiner Tasche. „Also, ich muss dir sagen, dass du mich echt überrascht hast.“ Er überflog ein weiteres Mal die Zeilen in seinen Händen.

„Wieso überrascht? … Mach es nicht so spannend!“ Hamid wechselte nervös seine Position und sah Rashno fragend an.

„Ich weiß nicht, wie ich es ausdrücken soll ... Das ist wohl die schönste Liebeserklärung, die ich je gesehen habe. Das Gedicht hat mich wirklich tief berührt. Jedes Wort, jede Zeile zeugt von so viel Gefühl. Es ist unglaublich. Die Frau, die eine Liebesbekundung in so schöner Form bekommt, kann sich glücklich schätzen."

Hamid strahlte über das ganze Gesicht. „Ich danke dir. Es freut mich, dass es dir gefallen hat. Ich war mir nicht sicher, ob es tatsächlich die Intensität der Gefühle übermitteln kann, die ich im Sinn hatte."

„Mach dir keine Sorgen", flüsterte Rashno und legte eine Hand auf Hamids Schulter. „Es ist wunderschön, und es lässt den Leser spüren, welch große Liebe dahintersteckt. Aber es hat mich auch noch aus einem anderen Grund überrascht."

„Nämlich?" Hamid sah in verwundert an.

„Gibt es denn tatsächlich ein Mädchen, dem du diese Worte gewidmet hast? Du hast mir nie erzählt, dass du verliebt bist. Wer hat dich veranlasst, es zu schreiben?"

Sein Freund grinste.

„Oder hast du es nur aus rein künstlerischer Inspiration geschrieben?"

„Danke, Rashno." Hamid setzte sich weiter auf und atmete erleichtert aus. „Das gibt mir den Mut, weiterzuschreiben. Ich liebe es, mit Worten zu spielen. Man kann beim Schreiben so viel mehr ausdrücken als in einem Gespräch." Auf die Frage, für wen er es geschrieben hatte, ging er nicht ein.

„Du solltest auf jeden Fall nicht damit aufhören. Du hast wirklich Talent. Ich kann mir vorstellen, dass auch andere Menschen deine Gedichte lesen wollen und dass sie ihnen gefallen würden."

„Meinst du?", fragte Hamid unsicher und ein wenig ungläubig.

„Ja, sicher. Die Leute mögen Emotionen, die schön formuliert in ihre Herzen getragen werden."

Hamid nickte. In Gedanken malte er sich aus, wie andere seine Werke bewerten würden.

„Aber du hast meine Frage nicht beantwortet, Hamid", hakte Rashno mit einem Lächeln nach. Er hatte das Gefühl, sein Freund war der Frage bewusst ausgewichen.

„Hm …“, begann dieser nun zögerlich. „Ja, es gibt da schon jemanden, dem ich die Worte gern widmen würde.“

Rashno sah ihn überrascht an. „Davon hast du mir ja nie etwas gesagt! Wer ist sie? Und wie habt ihr euch kennengelernt?“

„Ihr Name ist … Delkash[3]. Ich kenne sie noch nicht lange. Wir haben uns vor einigen Wochen bei der Hochzeit meiner Schwester in *Kaschan* kennengelernt.“

„Das freut mich für dich, mein Freund. Warum hast du mir nie von ihr erzählt? Wie ist sie so?“

Hamid zog fragend die Schultern nach oben. „Es ist ja nichts Ernstes. Wir sind nicht zusammen. Da gibt es wirklich nichts zu erzählen.“

„Nichts Ernstes?“, wunderte sich Rashno. „Du schreibst solche Gedichte und behauptest, es sei nichts Ernstes?“

„Na ja, wer weiß, wann ich sie wiedersehe. Und ich habe auch keine Ahnung, was sie über mich denkt.“

Rashno klopfte Hamid sofort auf die Schulter. „Wenn sie das liest, wird sie dich sofort mögen. Glaub mir, Frauen stehen auf so was.“

„Vielleicht. Mal sehen …“ Hamid machte eine kurze Pause. „Und was ist mit dir? Warum hast du keine Freundin? Oder hast du etwa auch ein Geheimnis, von dem ich nichts weiß?“ Es war offensichtlich nur der unbeholfene Versuch, von sich selbst abzulenken.

„Nein. Ich habe viel zu wenig Zeit dafür. Und die Richtige habe ich auch noch nicht getroffen.“

Den Richtigen, drängte es sich ungewollt in Rashnos Denken. Er erschrak darüber. Ruckartig setzte er sich auf und starrte geistesabwesend über die Stadt hinweg in die Ferne.

[3] faszinierend, attraktiv, fesselnd

„Was ist?“, erkundigte sich Hamid. Ihm war die ungewöhnliche Reaktion nicht entgangen. Das plötzliche Schweigen seines Freundes wusste er nicht zu deuten.

„Gar nichts“, entgegnete Rashno knapp und klang dabei schroffer als beabsichtigt.

„Wirklich? Bist du sicher? Habe ich etwas Falsches gesagt?“

Rashno schüttelte stumm den Kopf. Nein, natürlich hatte Hamid nichts Falsches gesagt. Er hatte schlimmstenfalls und unbeabsichtigt einen wunden Punkt in ihm berührt. Aber das konnte Hamid nicht wissen. Dennoch drängte sich in seinem Kopf etwas in den Vordergrund, das er selbst als nicht richtig empfand.

„Rashno? … Was ist los mit dir?“

Rashno riss sich von seinen Gedanken los und kehrte in die Realität zurück. „Entschuldige, Hamid. Es ist nicht deine Schuld.“

„Bedrückt dich etwas? Hast du Probleme?“

Wie gerne hätte Rashno über seine Sorgen gesprochen. Es wäre sicher eine Hilfe gewesen, von seinen ungewünschten Gefühlen erzählen zu dürfen. Vielleicht hätte er einen Ratschlag erhalten, wie er damit umgehen sollte, vielleicht sogar, wie er sein Verlangen loswerden könnte. Aber konnte er Hamid ins Vertrauen ziehen? Gewiss, sie kannten sich seit mehreren Monaten und waren beste Freunde. Außerdem schien Hamid weder ein religiöser Fanatiker noch besonders konservativ zu sein. Wie Rashno war auch er ein junger und moderner Mensch, der sich gerne gegen überlieferte Traditionen auflehnte. Das war genau der Grund, warum sie sich so gut verstanden. Doch war ihre Freundschaft stark genug, um Rashnos geheimen Gefühlen standzuhalten? Was, wenn Hamid zum Thema Homosexualität genauso dachte und reagierte wie die Mehrheit? Was, wenn er ausgerechnet zu diesem Thema eine altmodische Einstellung hatte?

„Weißt du, manchmal frage ich mich, ob ich mich jemals verlieben werde. Ich fühle mich manchmal so ganz anders als die anderen. Alle erzählen immer von ihren Freundinnen oder Liebeleien, aber ich mag dieses Gehabe nicht. Das liegt mir nicht. Und heiraten will ich auf keinen Fall! Jedenfalls jetzt noch nicht."

„Natürlich wirst du dich eines Tages verlieben", lachte Hamid. „Warum solltest du nicht? So wie du aussiehst, ist jedes Mädchen hinter dir her. Und ich finde es gut, dass du nicht so bist wie die anderen. Ja, du bist ganz sicher anders als die anderen. Genau deswegen sind wir auch Freunde. Ich denke doch genauso wie du. Anderssein ist keine Schande. Im Gegenteil. Ich denke, Frauen von heute mögen das viel lieber. Jemand, der Liebesgedichte schreibt, ist ja schließlich auch anders als der Rest." Wieder lachte Hamid.

Rashno seufzte jedoch nur.

Keine Schande? Wenn Hamid wüsste, wie anders er war, dann würde er das nicht mehr so leichtfertig behaupten.

„Mag sein", murmelte er. „Du hast immerhin das Glück, jemanden gefunden zu haben. Aber ob ich jemals das finde, was mich interessiert?"

„Was interessiert dich denn? Ist das so speziell, dass du so pessimistisch bist?"

Abermals entstand eine Wand des Schweigens zwischen ihnen. In Rashno nahm wieder die Angst Oberhand. Er sehnte sich zwar danach, sich endlich jemandem mitzuteilen, die Last mit einem verständnisvollen Menschen zu teilen, aber die Furcht vor einer negativen Reaktion hielt ihn nach wie vor zurück. Eines Tages würde er es tun, da war er sich sicher. Aber hier und jetzt? Konnte er Hamid so weit vertrauen, um sich ihm zu offenbaren?

„Rashno? Rede doch mit mir! Ich bin doch dein Freund. Ich merke doch, dass dich irgendetwas belastet. Gibt es etwas, was du mir sagen möchtest?"

Eigentlich war das der perfekte Moment, um die Mauer, die Rashno in den letzten Jahren um sich aufgebaut hatte, einzureißen. Er bräuchte nur drei Worte zu sagen, um sich aus seinem emotionalen Gefängnis zu befreien: Ich bin schwul! Mehr wäre nicht nötig. Ein kurzer Satz, der ihm die lang verschlossene Tür öffnen würde. Doch was erwartete ihn dahinter? Was, wenn er dem vor ihm liegenden Pfad folgen würde? Wäre auf diesem Weg ein Gesprächspartner, der ihm Verständnis und Hilfe anbot? Der ihn begleiten und nicht verurteilen, verachten und verraten würde? Oder riskierte er seine Zukunft, gar sein Leben?

„Ach Hamid, es gibt Probleme, die man nicht so leicht mit jemandem teilen kann. Noch nicht."

„Vertraust du mir nicht?"

Rashno sah Hamid überrascht an. Ihm war nicht bewusst gewesen, dass er ihn mit seinem Schweigen verletzte. Sie waren doch die besten Freunde, und Freunde sollten sich vertrauen. Aber konnte eine Freundschaft so weit gehen, ein solches Thema zum Teil der gemeinsamen Verpflichtungen zu machen?

Hamid wandte den Blick ab und sah auf den Boden. Er war enttäuscht, das spürte Rashno. Dennoch war er nicht fähig, etwas Angemessenes zu sagen.

Für einige Augenblicke hingen sie ihren Gedanken nach. Dann brach Hamid die Stille. „Kann ich dich etwas fragen, Rashno? Aber versprich mir, dass du nicht böse deswegen sein wirst!"

„Aber natürlich. Ich wollte nicht …"

„Rashno, es ist nur so eine Vermutung", unterbrach Hamid ihn, „aber kann es sein, dass du dich gar nicht für Mädchen interessierst?"

Ihre Blicke trafen sich.

Rashno hatte das Gefühl, sein Herz sei stehen geblieben.

„Wie meinst du das?", fragte er kleinlaut.

„Nun ja, so, wie ich es gesagt habe. Du kannst ganz offen mir gegenüber sein. Fühlst du dich eher zu Jungs hingezogen?"

Rashno starrte Hamid mit weit aufgerissenen Augen an. Eine Explosion von Gefühlen, Gedanken und Argumenten, mit denen er die Tatsache abstreiten konnte, überflutete ihn. Doch kein Wort fand den Weg über seine Lippen. Was sollte er auch antworten? Die Wahrheit sagen? Zugeben, dass er schwul war? Oder lieber sich und auch seinen Freund weiter belügen?

Die Minuten verstrichen, ohne dass sie miteinander sprachen oder sich auch nur ansahen.

„Ich vermute das schon länger, Rashno. Du musst dir keine Sorgen machen. Dein Geheimnis ist bei mir sicher aufgehoben."

Rashno schluckte ein paarmal. Sein Schweigen war mindestens so eindeutig wie die erforderliche Antwort. Aber er war nicht in der Lage, Hamid zu widersprechen. Dass sich der Nachmittag so entwickeln würde, hatte er nicht erwartet. Es kam alles so überraschend und ungeplant. Aber jetzt gab es kein Zurück mehr.

„Wieso hast du das vermutet? Ist es so offensichtlich?" Dass er es nicht leugnete, war die buchstäbliche Bestätigung der Frage.

„Nein, nein, keine Angst." Hamid schüttelte den Kopf. „Es steht dir nicht auf die Stirn geschrieben. Man sieht es dir nicht wegen irgendwelcher Äußerlichkeiten an. Aber ich habe ein Gespür dafür."

Rashno sah ihn verwundert an. „Aha. Wieso das denn?"

„Nun, sagen wir mal so: Seinesgleichen erkennt man!" Er grinste breit.

Abermals klappte Rashnos Kinnlade nach unten. Hatte er richtig gehört? „Heißt das …"

„Ja, Rashno, ich bin auch schwul!"

3 – ÜBERRASCHUNGEN

Es war noch früh am Morgen, und die Sonne hatte den Horizont noch nicht überschritten. Der Himmel im Osten wurde bereits von ihrem Licht erhellt und ließ die Stadt in einem leicht rötlichen Farbton erscheinen. Noch waren die Temperaturen angenehm frisch, und Rashno sog die Morgenluft begierig in seine Lungen. Er war wie ein neuer Mensch, und obwohl er erst spät am vergangenen Abend in einen unruhigen Schlaf gefallen war, hatte ihn seine innere Aufregung bereits um fünf Uhr geweckt und ihm das Weiterschlafen unmöglich gemacht. So stand er jetzt auf der Dachterrasse seines Elternhauses, in dem er lebte. Bis zu der Hochzeit seiner drei Brüder hatten auch sie hier gewohnt.

Bereits sein erster Gedanke heute galt dem Gespräch mit Hamid am Vortag. Seit der Unterhaltung und der überraschenden Wendung fühlte er sich befreit und erleichtert. Ihm war, als wäre eine tonnenschwere Last von ihm gefallen. Er hatte endlich sein intimstes Geheimnis mit jemandem geteilt, wenn auch ungeplant. Und Hamid war nicht schreiend davongelaufen, hatte sich nicht entsetzt von ihm abgewendet.

Jetzt war er nicht mehr alleine mit seinen Gedanken. Auch seine Verzweiflung, dass er sich für Jungs interessierte, war schlagartig gewichen.

Hatte er in der Einsamkeit seines emotionalen Gefängnisses immer wieder mit Ausreden und Selbstverleugnung gegen diese Gefühle angekämpft, so war er sich nun sicher: Er war schwul! Daran gab es nichts zu rütteln.

Leugnen hatte auch keinen Sinn mehr. Die Argumente dagegen waren zu einem kaum hörbaren Flüstern verstummt. Seine Zukunft hatte zwar nicht an Klarheit gewonnen, doch immerhin führte es ihn einen ersten Schritt zu einer möglichen Antwort.

Die Tatsache, dass Hamid nicht nur verständnisvoll reagiert hatte, sondern selbst schwul war, ließ Rashno fast so etwas wie Glück empfinden. Hamid und er hatten gestern noch lange miteinander gesprochen.

...

Mit zunehmender Stunde war der Park leerer geworden, und sie waren ungestört.

„Seit wann weißt du es?“, erkundigte sich Rashno. Er vermied das Wort schwul. Es wollte irgendwie nicht über seine Lippen kommen.

„Du meinst, dass ich schwul bin?“, fragte Hamid nach, obwohl er genau wusste, was sein Freund meinte.

Rashno nickte.

„Schon seit einigen Jahren. Ich denke, ich habe mit 13 oder 14 das erste Mal bemerkt, dass mich Männer mehr anziehen als Frauen.“

„Und wie war das für dich? Ich meine, war das für dich okay? Was hast du gedacht, als du das bemerkt hast?“ Rashno brannte vor Neugier. Jetzt, da das Thema offen angesprochen war, wirbelten Tausende Fragen in seinem Kopf herum. Er hoffte, mit der für ihn neuen Situation klarzukommen und Antworten für sich zu finden.

„Ach, wo denkst du hin? Ich war damals natürlich geschockt! Ich dachte, ich sei krank, pervers, abartig. Lange Zeit habe ich nach Ausreden und Erklärungen gesucht, warum ich ganz bestimmt nicht schwul sein könnte. Ich habe Allah und die Welt verflucht, warum ausgerechnet ich so etwas fühlen musste. Und ich war überzeugt, ich sei der einzige Junge, der sich für das eigene Geschlecht interessierte. Ich war verzweifelt und fühlte mich alleine. Damals hatte ich niemanden mit dem ich hätte reden können.“

Rashno nickte bei jedem Satz verständnisvoll. Das kannte er ganz genau. Ihm ging es ähnlich. „Und hast du jemals … ich meine, konntest du mal …“

Noch immer konnte Rashno das, was er wissen wollte, nicht in klare

Worte fassen. Sein Gehirn verweigerte ihm vehement, offen auszudrücken, was er meinte.

„Ob ich schon mal mit einem Jungen geschlafen habe? Sex?"

Abermals nickte Rashno nur. Ja, genau das hatte er gemeint.

„Nein. Jedenfalls nicht so richtig."

Richtig? Rashno öffnete verwirrt den Mund. Was meinte er denn damit? Gab es auch ein „unrichtig"?

„Im letzten Jahr habe ich mal jemanden kennengelernt. Wir haben ein bisschen rumgefummelt. Aber so richtigen Sex mit einem Mann hatte ich noch nicht. Du weißt, wie schwer es hier ist, andere Schwule kennenzulernen. Selbst zu Hause kann man sich nicht sicher fühlen, wenn man in Verdacht gerät, schwul zu sein. Wir müssen da sehr vorsichtig sein."

Abermals hörte Rashno ein Schlüsselwort, das sich überdeutlich in seinem Kopf verewigte – wir! Ja, Hamid konnte zu Recht jetzt von einem Wir sprechen, denn nun gehörte auch Rashno dazu. „Deswegen habe ich auch solche Angst darüber zu sprechen. Wenn das meine Eltern rauskriegen … ich wage gar nicht daran zu denken. Wissen denn deine darüber Bescheid?", fragte Rashno nach.

„Nein. Und das ist auch gut so. Ich will nicht, dass sie sich ständig Gedanken machen und in Angst leben. Und seit ich zum Studium hier nach Teheran gezogen bin, sind sie ohnehin weit weg. Sie bekommen nicht mit, was ich so tue."

„Kennst du denn noch andere … andere Jungs, die so sind?"

„Ja, klar. Ich habe im Laufe der letzten Monate hier in der Stadt ein paar Typen kennengelernt."

„Und wo lernt man andere …"

„Schwule?", fiel Hamid ihm ins Wort, weil er Rashnos Zögern bemerkt und er längst mitbekommen hatte, dass sein Freund es vermied, das Wort auszusprechen.

„Ja … wo lernt man andere … Schwule kennen?"

Endlich war das unerlaubte Wort über seine Lippen gekommen.

„Hauptsächlich im Internet. Es gibt da so eine Seite, wo man miteinander chatten kann – illegal versteht sich. Das reale Kennenlernen findet fast nur auf privaten Partys statt, die unregelmäßig und an immer wechselnden Orten von irgendjemandem organisiert werden. Wie gesagt, alle sind sehr vorsichtig."

Rashno versuchte sich vorzustellen, wie kompliziert und gefährlich das Leben für sie sein musste. War das wirklich das, was er sich für sich wünschte? Sollte das die Zukunft sein, die ihm noch immer unklar erschien? Ein Leben voller Heimlichkeiten und ständigem Verstecken?

„Wünschst du dir denn nicht manchmal normal zu sein?"

„Normal?", wiederholte Hamid amüsiert.

„Na ja, halt auf Mädchen zu stehen? Einmal zu heiraten und eine Familie zu gründen?"

„Wenn ich mein Leben noch mal von vorne beginnen und diese Entscheidung beeinflussen könnte, würde ich mich wahrscheinlich für ein heterosexuelles Leben entscheiden. Das ist bei uns im Land eben nicht mit so vielen Problemen und Gefahren verbunden. Aber da das nicht geht, bin ich zufrieden, wie es ist. Ich bin deswegen nicht unglücklich oder verzweifelt. Man kann es sich nicht aussuchen, für wen man sich interessiert. Und wer weiß, eines Tages wird sich unsere Lebenssituation vielleicht ändern und man lässt uns in Ruhe."

Rashno beneidete Hamid für diesen Optimismus. „Ich denke, ich wäre lieber hetero. Wenn man so fühlt wie wir, wird man doch von niemandem akzeptiert und muss sich immer verstecken, ständig in der Gefahr, erwischt zu werden."

Hamid verstand diese Position nur zu gut. Noch vor weniger als einem Jahr hatte er genauso gedacht. „Diesen Wunsch hatte ich auch, als ich noch bei meinen Eltern in *Kaschan* gelebt habe. Dort war ich wirklich alleine. Keine Gleichgesinnten, kein Internet, nicht den Mut und schon gar nicht die Chance, sich irgendjemandem gegenüber zu offenbaren. Es war schrecklich. Aber hier in Teheran ist das alles etwas besser. Hier gibt es Möglichkeiten. Man muss halt das Beste daraus machen. Vorsichtig sein ist immer das oberste Gebot, sonst endet man wie die beiden Jungs in *Maschhad* vor einigen Jahren."

Rashno kannte die Geschichte. Auch wenn die nationalen Medien nicht über so etwas berichteten, im Internet war die Hinrichtung der beiden Jugendlichen weltweit mit Erschrecken diskutiert worden. Auch Rashno war damals entsetzt gewesen.

„Verstehe. Und ich dachte immer, ich hätte unüberwindliche Probleme."

„So haben wir alle mal gedacht. Mach dir da mal keine Gedanken. Das ist normal. Jeder ist zunächst geschockt, wenn er herausfindet, dass ein männlicher Körper einen mehr anzieht als ein weiblicher. Keiner will es wahrhaben, und jeder verleugnet sich selbst am Anfang. Manche ein Leben lang. Aber glaub mir, mit der Zeit wird das besser. Man muss nur stark genug sein, es zu akzeptieren. Sobald man Gleichgesinnte kennenlernt, wächst auch die Bereitschaft, sich so hinzunehmen, wie man ist. Ich nehme an, du hattest noch keinen Kontakt mit anderen Schwulen? Und schon gar keine sexuelle Erfahrung in dieser Richtung?"

Rashno sah seinen Freund an, als hätte dieser ihn gefragt, ob er über Wasser laufen oder fliegen könnte. „Nein, natürlich nicht! Du bist der Erste, den ich kennenlerne. Und Sex hatte ich schon gar nicht. Weder mit einer Frau noch mit einem Mann."

„Also noch Jungfrau!" Hamid grinste, und auch Rashno musste lächeln.

„Sozusagen", murmelte er und dachte kurz nach. „Aber eins musst du mir jetzt noch erklären: Was ist mit diesem Mädchen, von dem du erzählt hast. Diese Delkash. Gibt es die wirklich?"

Hamid wandte verlegen seinen Blick ab. „Nein. Das war eine Lüge. Es gibt sie nicht. Ich war mir bei dir nur nicht sicher und wollte nichts Falsches sagen. Ich sagte ja, wir müssen aufpassen, mit wem wir darüber reden. Bitte verzeih mir!“

„Kein Problem. Kann ich gut verstehen. Hätte ich wahrscheinlich genauso gemacht. Aber nun mal raus mit der Sprache! Für wen ist das Gedicht?“

Hamid lächelte verheißungsvoll. „Das wird noch nicht verraten! Aber es gibt da wirklich jemanden, einen Jungen, dem ich gerne dieses Gedicht widmen würde. Aber er weiß nichts von meinen Gefühlen.“

„Kenne ich ihn?“

Hamid nickte zustimmend.

„Wollten wir nicht von heute an keine Geheimnisse mehr haben? Oder hast du ihm versprochen, ihn nicht zu verraten?“

„Da gibt es nichts zu verraten.“

„Sondern?“

„Ich weiß nicht, ob es schon der richtige Zeitpunkt ist, darüber zu sprechen.“

Rashno sah in verwundert an. „Schon? Was meinst du damit? Wie lange kennst du ihn denn?“

„Wir kennen uns seit einigen Monaten, und ich glaube, ich bin schon seit einiger Zeit in ihn verliebt. Aber er ist noch nicht so lange als schwul geoutet, und er weiß auch nicht, dass ich etwas für ihn empfinde. Ich muss ihm erst noch Zeit geben, zu sich selbst zu finden, bevor ich ihn mit meinen Empfindungen konfrontiere.“

„Wie lange steht er denn schon zu seinem Interesse an Männern?“

Hamid schloss für einige Sekunden die Augen und atmete tief durch. „Seit nicht mal zwei Stunden!“

…

Die ersten Sonnenstrahlen überwanden den Horizont und verwandelten die mit Hochhäusern und Minaretten durchzogene Skyline der Stadt in ein schön anzusehendes Spiel aus Licht und Schatten. Noch immer herrschte eine angenehme Kühle, und der tagsüber ständig präsente Smog lastete noch nicht in seiner vollen Bedrohlichkeit über den Dächern und in den Straßen Teherans.

Rashno lächelte, als er an das Geständnis Hamids dachte. Dabei hatte er zuerst gar nicht verstanden, was er ihm zu erkennen gegeben hatte.

…

„Zwei Stunden? Ich verstehe nicht. Du bist doch schon die ganze Zeit hier mit mir."

Hamid grinste ihn vielsagend an. „Ist das wirklich so schwer zu begreifen? Was glaubst du, wie viele Leute sich mir pro Tag derart offenbaren? Und wo war ich die letzten zwei Stunden? Überleg mal genau!"

Rashno legte die Stirn in Falten und sah ihn fragend an. Dann hellte sich sein Gesicht auf. „Du meinst, du bist …"

„Ja, du Schnellmerker! Ich bin in dich verliebt!"

Rashno holte tief Luft. Das wurde langsam ein bisschen viel an Überraschungen für einen Tag. „Und das Gedicht hast du … für mich geschrieben?" Sein Blick wechselte ungläubig zwischen Hamid und dem Stück Papier, das noch immer neben ihm lag.

„Ja." Mehr brachte Hamid in diesem Moment nicht heraus. Auch für ihn hatte dieser Tag mit einer unerwarteten Erkenntnis geendet. Obwohl er schon seit einiger Zeit darüber nachdachte, ob Rashno möglicherweise auch schwul sein könnte, hatte er bisher nicht zu hoffen gewagt, dass es auch wirklich so war. Heute hatte er nicht nur die Antwort auf diese Frage erhalten, sondern er hatte ihm auch zusätzlich von seinen Gefühlen für ihn erzählt. „Stört es dich? Vielleicht hätte ich es dir doch noch nicht sagen sollen."

„Nein, natürlich stört es mich nicht. Aber … puh … das ist alles etwas viel für einen Tag. Ich weiß gar nicht, wie ich meine Gedanken sortieren soll. In meinem Kopf dreht sich alles.“

…

Die morgendlichen Gebetsrufe erklangen aus immer mehr Winkeln der Stadt, und Rashno wurde aus seinen Erinnerungen gerissen. Die Stimmen vereinigten sich zu einem durchdringenden, aber asynchronen Singsang. Die Straßen erfüllten sich langsam mit Leben, und auch für ihn wurde es Zeit, sich für diesen besonderen Tag fertig zu machen. Heute war sein Ehrentag – aufgrund seines Studienbeginns. Er hatte seinen Eltern versprechen müssen, wenigstens heute mit in die Moschee zum Morgengebet zu kommen. Danach sollte er seine Mutter bei den Einkäufen begleiten, und am Nachmittag würde die ganze restliche Familie erscheinen, um an den Feierlichkeiten teilzunehmen.

Obwohl die meisten in seinem Verwandtenkreis streng religiös waren, fand Rashno solche Zusammenkünfte recht angenehm. Er musste es nur vermeiden, über Themen zu sprechen, zu denen man auch eine modernere und nicht durch die allgegenwärtige Glaubenslehre des Islams beschränkte Meinung haben konnte. Das überließ er lieber seinen Eltern und seinen Brüdern. Die waren Experten, und es war ihr Lebensinhalt. Als Belohnung für seine Leistungen gab es außerdem Geschenke. Von dem guten Essen ganz zu schweigen.

Rashno hatte dennoch vor, das Fest früh zu verlassen. Er wollte sich noch mit Hamid treffen. Zum einen, weil der ihm ebenfalls zu seinem Ehrentag gratulieren wollte, und zum anderen, weil es noch so viel gab, was er von seinem Freund erfahren wollte.

Die Basis ihrer Freundschaft war nun um ein weiteres Thema, eine Gemeinsamkeit, ergänzt worden.

Rashno ging endlich zurück ins Haus und nach unten. Dort warteten seine Eltern und Brüder bereits auf ihn für den Besuch der Moschee.

„Da bist du ja, Rashno. Wir dachten schon, du schläfst noch. Du warst gestern erst spät wieder zurück! Wo hast du den ganzen Tag gesteckt?“ Seine Mutter konnte es mal wieder nicht lassen, ihn auszufragen. Die verdeckten Vorwürfe über seine späte Rückkehr waren deutlich herauszuhören.

„Ich war mit Hamid im Park. Wir haben gemeinsam gelernt und irgendwie die Zeit aus den Augen verloren.“

„Dann bin ich beruhigt. Und jetzt erst mal das Wichtigste: Alles Gute zu deinem besonderen Tag!“ Sie nahm ihn in den Arm und drückte ihn heftig an sich. Auch sein Vater und seine Brüder schlossen sich den Glückwünschen an.

„Deine Überraschung gibt es aber erst heute Abend, wenn alle da sind. So lange musst du dich noch gedulden“, verkündete sein Vater.

Rashno lächelte. „Das werde ich wohl gerade noch aushalten“, feixte er.

Die folgenden Stunden vergingen quälend langsam und waren angefüllt mit Dingen, die Rashno noch nie besonders mochte. Die Zeit während des Morgengebetes kam ihm seit dem gestrigen Abend noch verschwendeter vor als früher. Er konnte dem islamischen Glauben genauso wenig abgewinnen wie überhaupt irgendeiner Religion. Und seit sich sein Leben vor einigen Stunden so völlig geändert hatte, fühlte er sich noch mehr als Fremder in dieser Glaubensgemeinschaft. Obwohl er gar nicht zuhörte, was vorne gepredigt wurde, wusste er dennoch, dass er hier eigentlich nicht willkommen war. Wenn sie über ihn Bescheid wüssten, würden sie ihm mindestens jeden weiteren Zutritt verwehren. Wenn nicht gar Schlimmeres.

Während er teilnahmslos mit den anderen Männern auf dem Boden kniete und sich hin und wieder mechanisch den Verbeugungen der Übrigen anschloss, dachte Rashno daran, was er am Vortag Hamid gestanden hatte. Endlich hatte er den Mut gefunden, mit jemandem darüber zu sprechen. Auch wenn die Angst vor den Gefahren sich immer wieder mahnend zu Wort meldete, so bereute er nicht, dass er seine Empfindungen preisgegeben hatte.

Als das Gebet endlich vorbei war, begleitete er wie versprochen seine Mutter bei den Einkäufen. Er lief gedankenverloren hinter ihr her und trug ihre Besorgungen. Ihre Fragen beantwortete er lediglich mit einem kurzen „Hm". Ansonsten war er mit seinen Gedanken weiterhin ganz woanders. Er freute sich auf das Wiedersehen mit Hamid am Abend. Endlich hatte er jemanden gefunden, mit dem er über sein Geheimnis reden konnte. Lediglich die Tatsache, dass sein Freund ihm im Laufe des Gesprächs anvertraut hatte, sich in ihn verliebt zu haben, verunsicherte ihn. Er wusste nicht, wie er darauf reagieren und damit umgehen sollte. Sicher, er mochte Hamid, und er fand ihn auch attraktiv, aber wenn er in sich hineinhörte, konnte er die Gefühle, die Hamid für ihn empfand, nicht finden. Dafür waren die Ereignisse viel zu frisch. Er musste sich erst mal klar werden, was das Ganze für ihn bedeutete. Einen anderen Mann zu lieben, war ihm bis gestern unmöglich erschienen. Diese Art von Emotionen war noch völlig ausgeschlossen. Im Moment hoffte er nur, dass Hamid nicht allzu sehr unter der unerwiderten Liebe litt. Schließlich versprach er sich womöglich etwas. Ihre ganze Freundschaft stand jetzt unter veränderten Vorzeichen. Würden sie jemals wieder unbeschwert ihre gemeinsame Zeit miteinander verbringen können?

Als am frühen Nachmittag die ersten Gäste der Feierlichkeiten eintrafen, war Rashno völlig ausgelaugt. Sie hatten so viel eingekauft, dass Rashno schwer beladen mit Tüten war, als sie endlich wieder zu Hause angekommen waren. Dennoch hatte er keine Zeit gefunden, sich zurückziehen und etwas zu entspannen, da er seiner Mutter bei den Vorbereitungen des Festes geholfen hatte. Die Gästeliste war lang, und sie umfasste mehr als nur den Kreis der Verwandten und engen Freunde. Natürlich war auch der lokale Imam eingeladen. Er erschien als einer der ersten

Teilnehmer und schenkte Rashno eine kunstvoll gestaltete Version des Korans. Er überreichte sie ihm mit dem üblichen Schwall von Ermahnungen für ein Leben im Sinne des Islams.

Als Nächstes erschien der Arbeitskollege seines Vaters. Rashno wurde ihm und dessen Frau überschwänglich vorgestellt. Auch deren Tochter war gekommen und begrüßte ihn schüchtern. Seine Brüder folgten der Einladung ebenso mit ihren Frauen.

Rashno brachte ihnen allen die gebotene Ehrerbietung dar und forderte sie höflich auf, sich an den vorbereiteten Speisen und Getränken zu bedienen. Es wurde ein recht großes Fest, und seine Mutter hatte ein umfangreiches Buffet im Garten hinter dem Haus aufgebaut. In Abstimmung mit dem anwesenden Geistlichen legte sein Vater religiöse Musik auf, die leise im Hintergrund spielte. Dass es entsprechend der Regeln keinen Alkohol gab, tat der Stimmung keinen Abbruch.

Rashno bemerkte schnell, dass diese Familienfeier für ihn langweiliger war als all die vorherigen. Er hatte immer wieder Mühe, sich auf die belanglosen Gespräche zu konzentrieren. Ständig musste er von der Universität, seinem Studium und den sportlichen Erfolgen erzählen. Er war es langsam leid. Seine Gedanken wanderten abermals davon, weg aus dem Kreis von Menschen, die ihn zwar kannten, aber nicht wirklich wussten, wer er war, hin zu Hamid. Er wünschte sich sehnlichst, dass sein Freund auch hier sein könnte. Obwohl das Haus und der Garten voller Gäste waren, fühlte er sich einsam und alleine. Mehrfach tauschte er heimliche Kurznachrichten über sein Handy mit Hamid aus.

Ich freu mich schon auf unser Treffen!, tippte er in sein Mobiltelefon.

Ich auch! Ich zähle die Stunden!, kam von Hamid zurück. Er schien glücklich zu sein, dass sie sich bald sehen würden. Obwohl Rashno seine Gefühle nicht erwiderte, schien er ebenfalls ungeduldig zu warten.

Am Abend, als sich die Dämmerung über die Stadt legte und sich alle Gäste ausgiebig am Buffet bedient und satt gegessen hatten, stand sein

Vater auf und schlug mit einem Löffel an das Teeglas, um die Aufmerksamkeit aller auf sich zu ziehen. Es dauerte eine ganze Weile, bis der Redeschwall im Garten leiser wurde und schließlich ganz verebbte. Rashno war gespannt, was sein Vater zu verkünden hatte. Er erinnerte sich an das Gespräch mit seinen Eltern am Morgen, die von einer Überraschung gesprochen hatten. Jetzt war es wohl so weit. Rashno lauschte gespannt.

„Meine lieben Gäste! Verehrte Brüder, Schwestern, Onkel, Tanten, Cousins und Cousinen! Hochgeachtete Freunde, Nachbarn und Kollegen! Und natürlich auch der gesegnete Imam unseres Viertels! Ich heiße euch alle nochmals herzlich in meinem bescheidenen Haus willkommen. Möge Allah unsere Feier mit seiner Anwesenheit segnen und uns allen diesen Tag in angenehmer Erinnerung halten."

Die Anwesenden stimmten mit einem lauten Wirrwarr an Worten und Lobpreisungen der Ansprache zu.

„Heute ist ein besonderer Tag. Wir feiern an diesem Tag nicht nur den erfolgreichen Beginn des Studiums unseres Sohnes Rashno Merizadi, sondern auch die Ehre, die er damit und mit seinem Fleiß unserer Familie beschert."

Die Gäste spendeten Applaus, und ihre Blicke wanderten zu dem Ehrengast der Feier.

Rashno erhob sich und verneigte sich höflich in alle Richtungen. Dann setzte er sich wieder.

„Wir haben lange überlegt, welches Geschenk wir unserem Sohn als Belohnung für seine Leistungen machen und wie wir gleichzeitig Allah unseren tief empfundenen Dank beweisen können, so ein vorbildliches Kind zu haben. Es freut mich daher, dass ich heute voller Stolz verkünden darf, dass ich mit meinem ehrenwerten Kollegen Omaz[4] übereingekom-

[4] weise

men bin, dass unser Sohn Rashno und seine Tochter Jamileh[5] noch vor Ablauf dieses Jahres heiraten werden. Möge diese Verbindung dem Herrn zur Ehre gereichen, auf dass er sie mit vielen gesunden Kindern segne.“

Die Gäste standen von ihren Stühlen auf und stimmten in lautes Jubeln ein. Alle waren außer sich vor Begeisterung über diese freudige Ankündigung. Nur Rashno blieb stumm sitzen. Sein Blick wechselte fassungslos zwischen seinem Vater und seiner Mutter. Er glaubte nicht, was er da gerade gehört hatte. Hatte sein Vater tatsächlich verkündet, dass er für ihn eine Ehefrau ausgesucht hatte? Dass er in Kürze heiraten würde? Wollte er ihn in eine Ehe drängen, um fleißig Kinder zu zeugen?

Erst jetzt suchte er den Blickkontakt mit dem Mädchen, das nach dem Willen seines Vaters bald seine Frau werden sollte. Sie saß schüchtern und mit hochrotem Kopf zwischen ihren Eltern und lächelte ihn zaghaft an. Sie schien nicht wirklich überrascht. Oder aber sie verbarg jegliche Reaktion, wie es sich für ein sittsames Mädchen gehörte. Auf jeden Fall war in ihrem Gesicht nicht die Überraschung zu erkennen, wie sie Rashno erfasste. Er war geschockt und fühlte sich schlagartig hundeelend. Er kannte dieses Mädchen doch gar nicht, hatte sie noch nie in seinem Leben gesehen. Und die sollte er jetzt heiraten? Mit ihr eine Familie gründen? Er fand sie nicht mal sonderlich attraktiv, und überhaupt: Sie war … eine Frau!

Als der Jubel endlich verstummte und die Gäste sich wieder setzten, ergriff sein Vater erneut das Wort: „Rashno! Mach deine Eltern und deine Familie stolz! Sofern der ehrenwerte Imam keine Einwände hat, solltest du jetzt deine Braut zum Tanz bitten.“

Der Imam erteilte lächelnd seine Zustimmung durch ein wohlwollendes Kopfnicken und sagte mit mahnend erhobenem Zeigefinger: „Aber bitte nur einen sittsamen Tanz, der unseren Herrn nicht erzürnt!“

[5] exzellentes Talent

Rashno erhob sich langsam von seinem Stuhl. Er fühlte sich wie in Trance, und seine Sinne waren wie benebelt. Er sollte dieses Mädchen heiraten? Mit ihr leben und Kinder haben? Diese Überraschung war seinen Eltern wirklich hervorragend gelungen. Er hatte mit allem gerechnet, aber nicht mit einer arrangierten Hochzeit.

Während sein Vater die Musik etwas lauter drehte und alle Gäste mit rhythmischem Beifall das junge Brautpaar zu ihrem ersten Tanz ermutigten, richtete sich auch Jamileh auf, um ihrem zukünftigen Ehemann entgegenzukommen.

Rashno stand immer noch regungslos vor seinem Stuhl. Er war unfähig, sich zu bewegen oder auch nur ein Wort zu sagen. Die Gäste tauschten bereits fragende Blicke aus.

Sein Vater versuchte die Situation mit einem gut gemeinten Scherz zu überbrücken: „Mir scheint, die Jugend von heute ist zu schüchtern!"

Die Anwesenden lachten. Rashno hingegen fühlte sich alles andere als schüchtern. Er kämpfte mit sich, wusste nicht, wie er reagieren sollte. Seine Knie zitterten. Sollte er den wohlerzogenen Sohn spielen und sich diesem arrangierten Spiel fügen? Musste er nicht seinen Eltern die Schande einer falschen Reaktion ersparen?

Während das Mädchen bereits auf der Tanzfläche wartete, traf Rashno eine Entscheidung. Ein letztes Mal wechselte sein Blick zwischen seinem Vater und Jamileh, dann drehte er sich wortlos um und rannte so schnell er konnte ins Haus.

Hinter sich hörte er, wie sein Vater seinen Namen rief. Erst fragend, dann fordernd, und beim dritten Mal klang seine Stimme drohend. Doch Rashno ignorierte die Rufe. Ihm war egal, was sein Vater wollte und was die anderen Gäste über ihn dachten. Er durchquerte das Haus, riss die Eingangstür auf und stürmte hinaus und die Straße hinunter. Nur weg von dieser Feier mit ihrer merkwürdigen Überraschung. Er drehte sich nicht einmal um, als er bereits ein ganzes Stück gelaufen war und erneut die Stimme seines Vaters vernahm. Dieser musste am Eingang des Hauses stehen und ihm hinterherrufen. Nur diesmal rief er nicht, er schrie förmlich. Wie von Sinnen brüllte er seinen Namen und befahl ihm, zurückzukommen.

Doch Rashno rannte immer weiter, bis er seinen Vater nicht mehr hören und sehen konnte. Er nahm gar nicht wahr, wie lange und wie weit er gelaufen war. Erst als er völlig außer Atem war, verlangsamten sich seine Schritte. Schließlich blieb er stehen. Sein Herz schlug wie wild, und er konnte nicht sagen, ob es von dem Laufen oder der Aufregung über die Überraschung seiner Eltern war. Er lehnte sich an eine Mauer und schloss die Augen. Begierig sog er frische Luft in seine Lungen. Was sollte er tun? Jetzt, wo er vor wenigen Stunden mithilfe seines Freundes erkannt hatte, was das Leben wirklich für ihn vorgesehen hatte, kamen seine Eltern mit dieser Nachricht? Er wusste, dass sie auch bei den Hochzeiten seiner Brüder ihre Hände im Spiel gehabt hatten, aber die hatten sich damals gefügt, fanden es eine akzeptable Vorgehensweise. Sie waren in ihrem Denken in die Fußstapfen ihres Vaters getreten und zweifelsfreie Anhänger der Religion und der Familientradition. Rashno hatte immer gehofft, ihm würde ein solches Hochzeitsarrangement erspart bleiben. Er hatte es so sehr verdrängt, dass er nicht einmal mehr damit gerechnet hatte. Und jetzt kamen seine Eltern doch mit dieser absurden Idee? Wie konnten sie ihm das nur antun?

Noch immer unfähig einen klaren Gedanken zu fassen, kramte er sein Handy aus der Tasche und rief Hamid an. Sie wollten sich zwar erst später treffen, aber Rashno brauchte sofort jemanden zum Reden.

„Hallo, Rashno. Alles Liebe zu deinem Ehrentag. Hast du die Feier schon verlassen?“ Hamid hatte bereits vor der Entgegennahme des Anrufs auf dem Display gesehen, wer dran war.

„Hallo, Hamid! Können wir uns treffen? Ich muss mit dir reden. Es ist etwas passiert!“ Er atmete laut.

„Natürlich können wir uns sehen. Ich warte schon den ganzen Abend auf deinen Anruf. Was ist los? Du klingst nicht gut."

„Erzähle ich dir, wenn wir uns sehen. Können wir uns in 30 Minuten im *Bidmeshk Café* treffen?"

Hamid sagte zu, und Rashno machte sich voller Ungeduld auf den Weg. Bereits nach 20 Minuten erreichte er das Café. Es war bei den Studenten im Norden Teherans sehr beliebt, und er war mit Hamid schon öfter hier gewesen. Auch an diesem Abend war es gut besucht. Rashno war erleichtert, noch einen freien Tisch zu finden. Während er auf Hamid wartete, wanderte sein Blick immer wieder auf sein Handy. Seine Mutter hatte bereits mehrfach versucht, ihn anzurufen, aber er hatte ihre Anrufe immer wieder weggedrückt. Ihm war jetzt nicht zum Reden zumute. Er ahnte ohnehin, was er von ihr zu hören bekommen würde. Mit ihm reden hätte sie vor der offiziellen Verkündigung dieser Heirat tun können – und müssen. Jetzt hatte er keine Lust darauf.

Er war für seine Eltern sicher eine Enttäuschung. Vor den anderen Gästen und insbesondere in den Augen des Arbeitskollegen seines Vaters hatte er sie schwer blamiert. Ihnen war die Familienehre sehr wichtig, und es war wohl eine kaum auszuhaltende Schande, dass er so kommentarlos davongelaufen war und damit Ungehorsam gegenüber seinem Vater demonstriert hatte.

Auch seine Brüder waren wahrscheinlich rasend vor Wut, sahen sie doch schon immer in ihrem kleinen Bruder den Aufrührer in der Familie, der sich um Religion und Ehre nicht scherte. Aber das war ihm jetzt egal. Lediglich Jamileh tat ihm ein bisschen leid. Sein Weglaufen musste für sie wie eine Abweisung gewesen sein. Ihr Selbstwertgefühl war vermutlich erheblich verletzt worden. Aber darauf konnte er in dieser Situation nicht Rücksicht nehmen. Es ging um *sein* Leben! Er musste mit der Tatsache klarkommen, dass seine Eltern ihn in ein Leben zwängen wollten, das er nicht wollte. Warum sollte er ein Leben mit einer Frau führen, die er bis heute noch nie gesehen hatte? Sie kannte ihn doch gar nicht und brachte ihm gar keine Gefühle entgegen!

Er kannte jedoch einen Mann, der ihm nicht nur das geben konnte, wonach sein Körper sich sehnte, sondern, der ihn offenbar auch liebte – auch wenn er selbst Hamids Gefühle nicht erwidern konnte. Musste nicht eine Beziehung, eine Ehe, selbst in ihrem Kulturkreis, genau auf diesen Werten basieren?

Er fühlte sich sofort etwas ruhiger, als sich die Tür des Cafés öffnete und Hamid hereinkam. Erleichtert erhob Rashno sich und winkte. Allein schon das Lächeln seines Freundes lichtete die dunklen Schatten des an diesem Abend Erlebten. Aber er sah auch deutlich die Sorgen und Fragen in Hamids Augen, die zu ergründen versuchten, was mit ihm los war.

Hamid hatte noch immer die aufgeregten Worte des Anrufs in seinen Ohren. Er wusste, dass irgendetwas passiert war, das Rashno belastete. Hatte es etwas mit ihrem Gespräch vom Vorabend oder mit Rashnos Eingeständnis seiner Homosexualität zu tun? Hatten vielleicht seine Eltern etwas bemerkt?

„Hallo, Hamid. Schön, dass du so schnell gekommen bist."

„Kein Problem. Ich habe schon den ganzen Tag darauf gewartet, dass wir uns wiedersehen. Aber jetzt erzähl: Was ist passiert? Du klangst vorhin so aufgeregt und hast mir einen riesigen Schrecken eingejagt." Hamid ließ sich an dem Tisch nieder und betrachtete Rashno ruhig.

„Das tut mir leid. Das wollte ich nicht."

„Schon gut", winkte Hamid ab. „Aber jetzt schieß los! Spann mich nicht weiter auf die Folter."

Rashno suchte in Gedanken nach den passenden Worten. „Du kannst dir nicht vorstellen, was meine Eltern mir heute verkündet haben! Vor allen Leuten auf der Feier!"

„Nein, ich habe keine Idee. Wissen sie, dass du schwul bist?"

Rashno sah sich nervös im Café um. Unmerklich machte er sich auf dem Stuhl kleiner, um nicht erkannt zu werden. „Nein, nein. Das ist es nicht.“ Er machte eine Pause. „Meine Eltern haben mich damit überrascht, dass sie – halt dich fest – eine Heirat für mich arrangiert haben!“

Hamid riss die Augen weit auf und sah ihn geschockt an. „Sie haben was? Das ist doch nicht dein Ernst, oder?“

Doch Rashno nickte. „Sie wollen mich mit der Tochter des Mitinhabers der Kanzlei meines Vaters verkuppeln. Dabei habe ich die heute das erste Mal gesehen!“

„Unglaublich! Ich habe ja mit allem gerechnet, aber das ist ja wohl die dümmste Idee, die ich je gehört habe. Wer macht denn so was heutzutage noch? Wie hast du darauf reagiert?“

„Ich war überrascht und entsetzt. Alle starrten mich an und warteten auf eine Reaktion von mir. Doch ich konnte weder etwas sagen, noch mich bewegen. Und schließlich bin ich kommentarlos weggelaufen. Einfach nur raus aus dem Haus.“ Er unterbrach sich. „Tja, und jetzt sitze ich hier und habe keine Ahnung, was ich tun soll. Ich will dieses Mädchen nicht heiraten. Niemals werde ich mich auf dieses veraltete Ritual einlassen.“ Nachdenklich rührte er in seinem Kaffee, den er sich bestellt hatte. „Nicht, nachdem ich endlich Klarheit darüber habe, was ich wirklich will.“ Seine Stimme war leiser geworden.

„Und welche Klarheit ist das?“, erkundigte sich Hamid. Er ahnte etwas, hoffte natürlich, aber er war sich nicht sicher, ob Rashno wirklich von einem Coming-out sprach.

„Ich habe gestern und heute Morgen noch lange über unser Gespräch nachgedacht. Und mir ist klar geworden, dass ich definitiv …“, er senkte seine Stimme und flüsterte, „… dass ich eben schwul bin. Das ist, was ich fühle. Ich kann und will es nicht länger verleugnen. Alles andere wäre eine Lüge.“

„Was glaubst du, wie deine Eltern darauf reagieren werden, dass du die Hochzeit nicht willst? Denkst du, sie lassen mit sich reden?“

Rashno schüttelte heftig den Kopf. „Niemals! Mein Vater ist ein Starrkopf, und er wird alleine schon wegen der Familienehre darauf bestehen. Er hat es vor allen Leuten angekündigt, und jetzt muss er in seinen Augen auch dazu stehen. Ich habe keine Ahnung, wie er sich verhält und was er möglicherweise tun wird. Ich habe ein bisschen Angst ihm zu begegnen. Am liebsten würde ich von zu Hause weglaufen und nie wieder dahin zurückkehren." Er blickte aus dem Fenster und grübelte. Wie konnte er sich aus diesem Wahnsinn befreien? Noch vor Tagen hätte er sich vermutlich widerstrebend dem Arrangement seiner Eltern gefügt, hätte es vielleicht als Ausweg aus dem ständigen Kampf seiner Gedanken um seine sexuelle Orientierung angesehen. Möglicherweise hätte ihm das eine gefährliche Zukunft erspart, und wer weiß, vielleicht wäre er sogar eines Tages glücklich geworden und hätte sich ganz der Liebe seiner Kinder widmen können. Aber seit dem Gespräch mit Hamid war er nicht mehr derselbe Mensch. Er konnte sich beim besten Willen nicht vorstellen, ein Leben als Ehemann und Vater zu führen. Jetzt, da er um seine wirkliche Leidenschaft wusste und bereit war, diese zu akzeptieren, konnte er nicht das fürsorgliche Familienoberhaupt spielen. Das wollte er sich nicht antun. Er konnte das auch dem Mädchen nicht zumuten. Das hatte sie nicht verdient.

„Wohin willst du denn gehen, wenn du von zu Hause wegläufst?", unterbrach Hamid die Stille zwischen ihnen.

Rashno zuckte fragend mit den Schultern. „Ich habe keine Ahnung. Aber wenn ich heute Abend nach Hause gehe, wird das die Hölle. Sie lauern sicher auf mich und werden mich zur Rede stellen. Wenn nicht gar Schlimmeres."

„Schlimmeres? Was meinst du damit?"

„Du weißt, wie mein Vater ist. Ich habe dir ja erzählt, was für ein Choleriker er sein kann. Er wird toben vor Wut, und es wäre nicht das erste Mal, dass er handgreiflich werden würde, wenn etwas nicht nach seinem

Willen geschieht. Und meine Brüder sind sicher auch noch da. Sie sind da genau wie er."

„Oh, Mann. Kann ich dir irgendwie helfen? Soll ich mit ihnen reden?"

Rashno schüttelte abermals den Kopf. „Nein! Das hat keinen Zweck. Die lassen sich von niemandem reinreden. Wie ich meinen Vater kenne, wird er sich höchstens mit dem Imam darüber unterhalten und ihn um Rat fragen. Und ich kann mir vorstellen, was der greise Mann für Empfehlungen hat."

„Verstehe."

„Kann ich dich um einen großen Gefallen bitten, Hamid?"

„Natürlich. Was immer du willst, Rashno. Ich bin dein Freund, und wenn ich dir helfen kann, ist das selbstverständlich. Es wäre mir eine Ehre."

Rashno lächelte ihn dankbar an. „Das ist lieb von dir. Ich wollte dich fragen, ob ich vielleicht heute bei dir übernachten kann. Nach Hause kann ich auf keinen Fall. Die Gemüter müssen sich erst etwas beruhigen."

„Klar, kein Problem."

Erleichtert atmete Rashno aus. „Danke. Das ist wirklich sehr nett von dir. Ich werde es wiedergutmachen."

„Nicht nötig! Das ist doch das Mindeste, was ich tun kann."

„Aber bitte verstehe mich nicht falsch: Das hat nichts mit dem Thema unseres gestrigen Gespräches zu tun. Ich möchte nicht, dass …"

„Mach dir keine Gedanken. Ich erwarte nicht, dass du etwas tust, zu dem du nicht bereit bist. Außerdem wäre heute Abend dafür ohnehin der falsche Zeitpunkt."

Rashno fiel ein Stein vom Herzen. Er hatte für diese Nacht eine Lösung gefunden, um dem Zorn seiner Eltern zu entgehen. Gleichzeitig hatte er Hamid vorsichtig zu verstehen gegeben, dass er diese Gelegenheit nicht dazu nutzen wollte, um etwas zu tun, wonach ihm gerade nicht der Sinn stand.

„Ich danke dir, Hamid. Es tut so gut, einen Freund wie dich zu haben.“ Er machte eine kurze Pause. „Als wäre das Thema von gestern nicht schon schwierig genug! Jetzt muss ich mich auch noch mit dieser Herausforderung auseinandersetzen. Dabei hatte ich gehofft, endlich mein größtes Problem in den Griff zu bekommen. Vielleicht ist das ein Zeichen!“

„Ein Zeichen? Wofür?“

„Na ja, vielleicht will mir das Schicksal damit zeigen, dass es falsch ist, mich diesen Gefühlen hinzugeben. Dass ich einen falschen Weg einschlage!“

„Hab Geduld, Rashno. Du bist dabei, das eine Problem zu lösen, und du wirst sehen, auch für das andere wird es einen Ausweg geben – wie immer der auch aussehen mag. Das Schicksal ist auf unserer Seite. Es sind die Menschen, die unsere Liebe zu einem anderen Mann verurteilen. Es ist weder Allah noch das Schicksal.“

Rashno zuckte mit den Schultern. „Mag sein“, murmelte er. „Willst du noch bleiben, oder können wir gehen?“ Er wollte jetzt lieber das Café verlassen. Die Themen, die sie besprachen, gehörten nicht an einen öffentlichen Ort. Man konnte sich nie sicher sein, wer ihnen zuhörte.

„Gehen wir“, meinte Hamid und rief die Bedienung, um ihre Getränke zu bezahlen. Rashno verlor sich bereits wieder in seinen Gedanken und suchte nach einem Ausweg aus der Misere.

„So, meinetwegen können wir los!“, erklärte Hamid schließlich. Seine Worte riefen Rashno zurück in die Realität, und gemeinsam verließen sie das Café.

Hamids Wohnung lag nicht weit entfernt. Schweigend liefen sie nebeneinander her. Während Rashno verzweifelt nach einer Antwort suchte, wusste Hamid nicht, welchen Ratschlag oder welche Hilfe er Rashno anbieten konnte. Auch wenn sie wenig mit den überlieferten Traditionen der Gesellschaft, in der sie aufgewachsen waren, anfangen konnten, so wusste Hamid auch, wie schwer es war, sich ihnen zu widersetzen. Insbesondere die Generation ihrer Eltern war noch durchtränkt mit den veralteten Ritualen und einem Werteverständnis, für das sie nicht viel übrighatten. Immerhin drohte Rashno die Möglichkeit, von seiner Familie verstoßen zu werden. Was würde er also an Rashnos Stelle tun? Wie würde er sich verhalten und auf eine verordnete Heirat reagieren? Vielleicht war er einer vergleichbaren Situation nur deswegen entgangen, weil er sein Elternhaus wegen seines Studiums in Teheran verlassen und sich somit der Fürsorge seiner Eltern weitestgehend entzogen hatte.

Wie auch immer. Rashno war nun in dieser Situation, und dem mussten sie sich stellen. Als sein Freund empfand er es als seine Pflicht, ihm zu helfen und gemeinsam mit ihm eine Lösung zu finden. Dass in seinem Herzen ein Gefühl für ihn entflammt war, das weit über eine Freundschaft hinausging, motivierte ihn noch zusätzlich. Er würde sein Bestes geben, um Rashno beizustehen. Aber im Moment wollte ihm keine Lösung einfallen. Vielleicht war es einfach nur Zeit, die sie brauchten.

4 – FAMILIENBANDE

Seine Schritte wurden immer langsamer, je näher er seinem Elternhaus kam. Zögernd schleppte er sich durch die Straßen. Als er von Weitem das Haus sehen konnte, blieb er stehen. Die Vorstellung dessen, was ihn dort erwartete, bereitete ihm ein ungutes Gefühl. Aber er konnte nicht länger von zu Hause fernbleiben. Nachdem er die Nacht bei Hamid verbracht hatte und sie auch den ganzen Freitag zusammen gewesen waren, war es an der Zeit, wieder heimzugehen. Seine Mutter hatte auch heute ständig versucht, ihn anzurufen, aber er war weiterhin dem Gespräch mit ihr ausgewichen. Er wusste ohnehin, was sie ihm sagen wollte. Eine Diskussion über die Heirat und seine Reaktion auf diese Ankündigung wollte er auf keinen Fall am Telefon besprechen.

Vielleicht hatte er ja Glück, und seine Eltern waren nicht zu Hause. Wenn der Zufall mitspielte, könnte er sich unbemerkt in sein Zimmer schleichen und so eine Konfrontation vermeiden.

Von der gegenüberliegenden Straßenseite beobachtete er kurz die Fenster des Hauses. Aber es rührte sich nichts hinter den Scheiben. Er atmete tief durch, als könnte er sich Kraft und Mut in seinen Körper pumpen, und ging dann langsamen Schrittes die verbleibenden Meter bis zum Eingang. Abermals zögerte er ein letztes Mal und lauschte. Aber nichts. Absolute Stille.

Leise steckte er den Schlüssel ins Schloss und drehte ihn vorsichtig um. Doch noch bevor er die entriegelte Tür öffnen konnte, wurde sie bereits von innen aufgerissen. Vor ihm stand sein Vater. Hass stand in seinen Augen geschrieben.

„Du verdammter Mistkerl!“, brüllte er.

Es waren die einzigen Worte, die der Vater ihm entgegenschleuderte. Rashno wusste sofort, dass seine ganzen Hoffnungen auf ein einigermaßen friedliches Wiedersehen vergebens waren. Sein Vater packte ihn am Hemdkragen, und noch ehe Rashno zu einer Reaktion fähig war, zerrte er ihn ins Haus. Dort traktierte er ihn mit Schlägen. Er schien außer sich vor Zorn zu sein. Die 24 Stunden, die seit dem leidigen Vorfall vergangen waren, hatten ihn nicht beruhigen können. Wahrscheinlich war seine Wut mit jeder Minute, die Rashno nicht zu Hause gewesen war, noch größer geworden. Wie von Sinnen schlug er immer wieder auf seinen Sohn ein, der nichts anderes tun konnte, als seine Arme schützend über seinen Kopf zu legen.

Als sein Vater endlich fertig war und von Rashno abließ, zeigten sich deutliche Spuren der Prügelattacke auf seinem Körper. Rashnos Unterlippe war aufgesprungen, und sein linkes Auge schwoll rasch zu. Auf den Unterarmen zeichneten sich rote Striemen ab, und an manchen Stellen hatten Ringe an den Fingern des Vaters blutende Kratzer hinterlassen

Auch wenn sein Vater aufgehört hatte ihn zu schlagen, so war er noch nicht fertig mit ihm. Er packte ihn hart am Oberarm und zog ihn ins Wohnzimmer, wo er ihn unsanft auf das Sofa stieß.

Rashno erkannte seine Mutter und seine Brüder im Raum. In den Augen der Mutter glaubte er Mitleid zu erkennen, aber sie sagte kein Wort. Sie saß nur teilnahmslos da und schwieg. Auch seine Brüder äußerten sich nicht. Doch in ihren Blicken glühte abgrundtiefe Verachtung, die sie wie einen Schwarm von Speeren auf Rashno abfeuerten. Sie starrten ihn mit vor der Brust verschränkten Armen eisern an.

Der Vater schloss währenddessen endlich die Haustür. Dann kam er ins Wohnzimmer zurück und schlug auch diese Tür heftig hinter sich zu. „Was hast du dir dabei gedacht? Wie konntest du es wagen, mich so vor unserer Familie und unseren Freunden zu blamieren? Und vor allem Omaz derart zu beleidigen?“ Seine Stimme bohrte sich in Rashnos Ohren. „Du hast Schande über unsere ganze Familie gebracht!“ Er schnappte nach Luft und überlegte kurz. „Du wirst dich bei allen förmlich entschuldigen! Und damit das klar ist: Du wirst dieses Mädchen heiraten! Da gibt es keine Diskussionen!“

Es war das erste Mal, dass Rashno seinen Blick hob und seinen Vater ansah – obwohl er nur noch mit einem Auge etwas erkennen konnte. „Niemals!“ Es war nur ein Wort, das er geflüstert hatte, doch es hallte in dem Zimmer wie die Explosion einer Bombe wider.

Zornesröte stand im Gesicht des Vaters, und es schien, als wollte er sich wieder auf Rashno stürzen.

Doch diesmal reagierte seine Mutter und hielt ihn zurück. „Arsalan[6]! Nicht! Es ist genug. Die Nachbarn …“

Langsam senkte sich die Hand des Vaters, die bereits zum Schlag erhoben war. So ruhig wie möglich ging er auf einen Sessel zu und ließ sich fallen. „In diesem Haus wird gemacht, was ich sage! Das gilt auch für dich. Wir werden über diese Hochzeit nicht diskutieren!“

Es hatte keinen Sinn, hier und jetzt weitere Widerworte zu geben und gegen das Vorhaben des Vaters anzukämpfen. Es war sinnlos und hätte vermutlich nur weitere Schläge provoziert.

Betretenes Schweigen herrschte im Raum. Keiner wagte etwas zu sagen, bis Rashno die Stille endlich brach. „Darf ich rauf in mein Zimmer gehen?“, wisperte er.

Weder seine Mutter noch seine Brüder äußerten sich. Sie alle richteten ihre Blicke auf den Vater und warteten auf dessen Reaktion. Schließlich erhielt Rashno die Zustimmung in Form eines kaum sichtbaren Kopfnickens. Mit gesenktem Kopf verließ er das Zimmer und ging nach oben. Er verriegelte die Tür hinter sich und schaute kurz in den Spiegel, bevor er sich auf sein Bett legte. Er sah fürchterlich aus. Die Schläge seines Vaters hatten deutliche Spuren hinterlassen. Er schloss die Augen. Tränen rannen über seine Wangen. Noch heute Morgen hatte er gedacht, sein Leben

[6] Löwe

würde neu beginnen. Gestärkt durch sein Bekenntnis zu seiner Homosexualität und dem Wissen, damit nicht alleine zu sein, hatte er eine Chance gesehen. Endlich war er befreit von der Last seines langen Schweigens. Auch wenn er nicht wusste, wie er sein neues Leben gestalten und es sich entwickeln würde, so hatte ihm die veränderte Situation den Mut gegeben, sich allen kommenden Problemen zu stellen. Vor allem Hamids Gegenwart hatte dazu beigetragen. Doch nach dieser Eskalation mit seinem Vater, der Teilnahmslosigkeit seiner Mutter und dem deutlich spürbaren Hass seiner Brüder, fühlte er nur noch Verzweiflung und Resignation in sich.

Dem Vater war die Ehre weitaus wichtiger als das Wohlergehen seines Sohnes. Er hatte ihm brutal zu verstehen gegeben, dass er auf diese Hochzeit bestand – wahrscheinlich mehr aus Sorge um den Gesichtsverlust, dem ihm eine Absage einbringen würde, als die ursprünglichen Gründe, die ihn dazu veranlasst hatten. Was auch immer das für Argumente gewesen waren.

Rashno fühlte sich am Boden zerstört. Wie konnte er dieses Problem nur lösen? Er würde dieses Mädchen ganz bestimmt nicht heiraten. Nachdem ihm endlich klar war, was seine wahre Bestimmung war, konnte er mit einer solchen Lüge nicht leben.

Unbewusst zog er das Papier mit Hamids Gedicht aus der Tasche und betrachtete es nachdenklich. Das war die Art von Gefühlen, die er empfinden und einem Menschen entgegenbringen sollte. Er wollte keine Beziehung aus rationalen, traditionellen Gründen. Und er wollte sie auf gar keinen Fall mit einer Frau.

Wieder und wieder las er die wunderschönen Worte. Sie schafften es die Enttäuschung in seinem Inneren gegen angenehm melancholische Empfindungen auszutauschen. In seinen Gedanken malte er sich aus eines Tages einen Mann zu finden, für den er eine solche Liebe aufbringen konnte. Er wünschte sich nichts sehnlicher.

Sein Handy meldete mit einem leichten Vibrieren den Eingang einer Kurznachricht. Er deponierte das Gedicht in einer Schublade seines Kleiderschrankes und sah auf das Display. Die SMS war von Hamid.

Hallo Rashno. Bist du zu Hause angekommen? Wie war es?

Rashno begann zu tippen, doch dann entschied er sich, anzurufen.

„Hallo“, antwortete Hamid bereits nach dem zweiten Rufton und freute sich über den Anruf.

„Hallo, Hamid!“

„Nun erzähl schon: Wie war es? Was haben deine Eltern gesagt?“

Rashno seufzte. „Es war eine Katastrophe. Mein Vater hat nicht viel gesagt. Jedenfalls nicht mit Worten.“

Hamid sog hörbar Luft ein. „Heißt das, er hat dich wirklich wie befürchtet geschlagen?“

„Ja. Er ist völlig ausgeflippt. Noch im Hausflur hat er auf mich eingeprügelt wie ein Irrer. Eines meiner Augen ist völlig zugeschwollen, und er hat mir die Lippe aufgeschlagen. Ich bin froh, dass ich noch alle Zähne im Mund habe.“

Eine kurze Pause entstand. Rashno spürte das Entsetzen Hamids.

„Das tut mir wirklich leid, Rashno. Wenn ich irgendetwas für dich tun kann …“

„Nein. Es geht schon. Es war ja zu erwarten, und ich werde es überleben.“

„Dann habt ihr auch nicht nochmals über die Hochzeit gesprochen?“, fragte Hamid nach.

„Doch, er hat darüber gesprochen. Er sieht die Familienehre verletzt und besteht auf die Heirat. Ich denke, er wird seine Meinung nicht ändern, sondern das Ganze rücksichtslos durchziehen.“

Hamid schnaubte laut auf. „Was sagt deine Mutter dazu?“

„Die hält sich da raus. Ist wohl auch besser so. Sonst geht mein Vater auch noch auf sie los.“

„Und was willst du jetzt machen?“

„Ich habe keine Ahnung. Auf jeden Fall werde ich dieses Mädchen nicht heiraten! Eher laufe ich endgültig weg. Ich werde erst mal abwarten, wie sich die nächsten Tage entwickeln. Manchmal kommt ja unerwartet eine Lösung.“

Natürlich verstand Hamid Rashnos Anspielung auf ihr Gespräch von vor zwei Tagen und das Coming-out. Das war in der Tat unerwartet gekommen. „Stimmt“, murmelte er. „Vielleicht solltest du dich ruhig verhalten und deinen Vater nicht mit dem Hochzeitsthema reizen. Wenn er dich fragt, ob du deine Meinung geändert hast, bitte ihn um etwas mehr Zeit, um die Überraschung zu verarbeiten. Das glättet eventuell erst mal die Wogen.“

„Gute Idee“, erkannte Rashno und hielt kurz inne. „Hamid, ich danke dir für deine Hilfe in den letzten Tagen. Ohne dich hätte ich das nicht durchgestanden. Du bist echt ein guter Freund.“

„Das ist doch selbstverständlich. Eines Tages brauche ich vielleicht auch mal Hilfe, und dann kannst du dich revanchieren.“ Hamid lachte leise.

„Auf jeden Fall. Ich werde immer für dich da sein ... Sehen wir uns morgen bei den Vorlesungen?“

„Natürlich!“

„Gut. Aber ich werde wohl nachmittags nicht zum Sport gehen. Ich muss erst warten, bis mein Auge wieder abgeschwollen ist.“

„Klar. Lass uns morgen sehen, was wir nach der Uni machen.“

Sie verabschiedeten sich, und Rashno freute sich auf das Wiedersehen mit Hamid.

In den darauffolgenden Tagen herrschte eine kritische Stimmung im Hause Merizadi. Die Spannung war fast mit Händen zu greifen. Rashno zwang sich, die Abende daheim zu verbringen, meist abgeschottet in seinem Zimmer, um den Vater nicht durch weitere Abwesenheit zu provozieren. Sie ignorierten sich gegenseitig und sprachen kein Wort miteinander. Rashno konnte nicht einschätzen, ob das Thema der Hochzeit abschließend entschieden war, oder ob der Vater auf eine Antwort und damit auf eine Entscheidung seinerseits wartete.

Seine Mutter bemühte sich, die Atmosphäre aufzulockern. Sie verhielt sich, als wäre der brutale Zwischenfall am Freitagabend nie geschehen. Sie hatte in der Apotheke kühlende Auflagen für sein Auge besorgt und diese kommentarlos in sein Zimmer gelegt. Dank diesen war die Schwellung bereits deutlich zurückgegangen, und Rashno konnte mit dem Auge wieder etwas sehen. Die Mutter hatte auch sein Bett frisch bezogen und die getragene Wäsche mit zum Waschen genommen. Sie verhielt sich so, als wäre alles in Ordnung und wie immer.

Es war Dienstag, als der Vater endlich das Schweigen brach. Er nutzte das gemeinsame Abendessen und schien sich sichtlich zu bemühen, ruhig und sachlich zu bleiben. „Hast du dir die Sache mit der Heirat überlegt? Wie du weißt, musst du dich noch bei einer Menge Leute für dein Benehmen entschuldigen."

Rashno sah ihn nervös an. Für ihn gab es da nichts zu überlegen. Aber die Tatsache, dass ihn sein Vater nach einer Entscheidung fragte, war für ihn ein Funken Hoffnung. Würde er ihm tatsächlich das Recht auf ein Ja oder Nein gewähren?

„Vater, ich weiß dein Bemühen um meine Zukunft wirklich zu schätzen. Und es tut mir auch leid, dass ich die Familie in eine unangenehme Situation gebracht habe. Aber bitte versteh, dass diese Ankündigung für mich absolut überraschend kam. Ich war darauf nicht vorbereitet!"

Sein Vater nickte, und seine Mutter zeigte ein erleichtertes Lächeln wegen der versöhnlichen Worte, die Rashno gefunden hatte. „Das sei dir im Hinblick auf dein junges Alter zugestanden. Aber du musst dir klar machen, dass du den Ruf unserer Familie beschädigt hast. Das ist nicht auf die leichte Schulter zu nehmen."

„Ich weiß, Vater. Und ich bedauere das zutiefst. Bitte gib mir noch etwas Zeit, damit ich mich auf die richtigen nächsten Schritte vorbereiten kann. Es geht so viel in meinem Kopf herum, und ich möchte nicht nochmals Grund zur Schande sein."

Diesmal lächelte sein Vater. „Das sind kluge Worte, mein Sohn. Am Donnerstagabend kommt Omaz mit seiner Familie zum Essen. Und deine Braut wird auch dabei sein. Das ist dann eine gute Gelegenheit für die ersten richtigen Schritte."

Rashno hatte schon Luft geholt, um gegen den Zeitdruck und die Unumstößlichkeit der Entscheidung seines Vaters aufzubegehren. Aber seine Mutter gab ihm mit einem kurzen Blick zu verstehen, dass er sich besser zurückhalten sollte.

„In Ordnung, Vater", fügte er sich widerstandslos. Es war wohl besser, ihn jetzt nicht wütend zu machen. Bis Donnerstag war noch Zeit, in der sich eine Lösung finden könnte. Möglicherweise würde sich sein Vater die Sache nochmals überlegen, wenn Rashno versuchte, die den Gästen vermeintlich zugefügte Beleidigung wiedergutzumachen. Ja, Hamids Empfehlung, auf Zeit und Ruhe zu setzen, war eine gute Idee gewesen. Die Wogen würden sich wieder glätten.

Doch es kam alles ganz anders.

Den nächsten Tag verbrachte Rashno mit Hamid. Nach den Vorlesungen am Vormittag nahmen sie am Basketballtraining in der Sporthalle der Universität teil. Es tat gut, sich zu verausgaben. Das lenkte Rashnos Gedanken von dem immer näher kommenden Abendessen mit der Familie seiner Braut und der Pflicht, sich bei ihnen zu entschuldigen, ab – auch von der Entscheidung, die sein Vater und alle anderen von ihm erwarteten. Rashno hatte zwar längst in seinem Inneren eine eigene getroffen, aber er musste einen Weg finden, wie er seinen Eltern diese schonend, aber unmissverständlich mitteilen konnte. Er sprach immer wieder mit Hamid darüber, aber auch dieser wusste keine wirkliche Lösung.

„Im schlimmsten Fall“, so stellte sein Freund resignierend fest, „musst du dir überlegen, von zu Hause auszuziehen. Wenn du die Heirat endgültig ablehnst und dich widersetzt, wirst du dort nicht mehr sicher leben können – nachdem, was dein Vater dir bereits angetan hat. Ich habe Angst, dass dir noch etwas Schlimmeres passiert.“

Rashno sah das im Prinzip genauso. Er würde nicht mehr unter einem Dach mit seinen Eltern leben können, wenn er der Heirat nicht zustimmen und sich fügen würde. Sein Vater würde ihn mit Sicherheit so lange regelmäßig verprügeln, bis er seinen Plänen nachgab. Vielleicht würde er ihn auch wegen der großen Schande für die Familie aus dem Haus werfen und ihn nie wieder sehen wollen. Schließlich musste der Vater sich vor allen rechtfertigen und beweisen, wer der Herr im Haus war.

„Du hast vermutlich recht. Aber wo soll ich hin? Ich kann mir keine Wohnung leisten, und auf die Schnelle eine Arbeit zu finden, wird auch nicht einfach sein. Außerdem könnte er mir jederzeit hier an der Uni auflauern und mich abfangen.“

Das Gespräch endete abermals, ohne einen Ausweg gefunden zu haben. Resigniert machte sich Rashno am frühen Abend auf den Heimweg.

Schon von Weitem erkannte er, dass etwas nicht stimmte. Die Haustür stand weit offen, und noch bevor er sie erreichte, vernahm er von drinnen lautes Geschrei. Zweifelsfrei erkannte er die Stimme seines Vaters. Noch konnte er nicht verstehen, was er brüllte. Aber er musste ziemlich aufgeregt und wütend sein.

Vor dem Haus standen die Autos von Rashnos Brüdern. Sie waren also auch anwesend. Es war unüblich, dass sie während der Woche hierherkamen. Rashno wurde unruhig. Es musste etwas passiert sein.

Langsam stieg er die wenigen Stufen zur Eingangstür hinauf und lauschte. Aus dem Wohnzimmer drangen aufgeregte Stimmen, aber weil alle wild durcheinanderriefen, verstand Rashno nicht, um was es ging. Andererseits gab es nicht viele Möglichkeiten, worüber seine Familie diskutierte. Es gab nur ein einziges offenes Thema, und er hatte keine Lust, sich heute Abend schon wieder zu streiten.

Mit leisen Schritten betrat er das Haus und schlich zur Treppe, um in sein Zimmer zu gehen. Doch noch bevor er die ersten Stufen hinaufsteigen konnte, wurde die Wohnzimmertür aufgerissen und sein Vater stand im Türrahmen.

„Rashno! Komm sofort hierher!“ Seine Worte hallten durch den Raum. Vermutlich hatten selbst die Nachbarn zwei Häuser weiter sein Gebrüll gehört.

Rashno starrte den Vater einige Sekunden wortlos an, bis dieser seine Aufforderung mit einem Fingerzeig bekräftigte und ihm befahl, ins Wohnzimmer zu kommen.

„Was ist denn los, Vater?“ Rashno versuchte ruhig zu bleiben und ging mit zögernden Schritten auf ihn zu. Als sein Vater einen Schritt zur Seite trat, um ihn ins Wohnzimmer einzulassen, zuckte Rashno merklich zusammen. Er rechnete mit erneuten Schlägen, die auf ihn einprasseln würden. Aber sein Vater eilte zu seinem Sessel und setzte sich ohne ein weiteres Wort. Die ganze Familie war versammelt. Rashnos Mutter hatte Tränen in den Augen.

„Was ist geschehen?“, wiederholte er seine Frage. Er zitterte innerlich, weil er immer noch nicht verstand, was los war.

„Schließ die Tür! Wir müssen etwas mit dir besprechen“, sprach sein Vater nun doch.

Wortlos gehorchte Rashno. Er blieb erwartungsvoll an der Tür stehen und sah von einem zum anderen. Unruhig flogen seine Augen durch den Raum, bis sie auf dem großen Tisch hängen blieben. Darauf lag ein einzelnes Blatt Papier. Es war zerknittert und sah aus, als wäre es bereits mehrmals zusammen- und wieder auseinandergefaltet worden. Rashno erkannte es sofort: Es war Hamids Gedicht.

Sein Herz schien stehen zu bleiben, und er spürte, wie seine Knie weich wurden. Das war also der Grund für die Aufregung und die Familienversammlung – warum sie mit ihm sprechen wollten.

„Was ist das?", fragte sein Vater mit eisiger Stimme, während er nach dem Blatt grapschte und es seinem Sohn hinhielt.

Rashno griff unruhig danach. „Ich verstehe nicht", stammelte er hilflos. Sein Gehirn suchte fieberhaft nach einer Ausrede. Wie konnte er das erklären, ohne sich in noch größere Probleme zu bringen? Das Gedicht mit Hamids Namen darunter, in seinen Sachen versteckt, musste ein eindeutiges Zeichen in den Augen seiner Eltern sein.

„Ich will wissen, was das zu bedeuten hat! Und wage es ja nicht, mich anzulügen! Überleg dir genau, was du sagst!", grölte der Vater laut. Selbst Rashnos Brüder zuckten bei der Heftigkeit des Geschreis zusammen.

„Das ist von Hamid", antwortete Rashno mit schwankender Stimme.

„Das weiß ich! Lesen kann ich selbst!"

„Und was willst du von mir wissen?" Rashno bereitete sich innerlich darauf vor, dass der Vater aufspringen und ihn wieder verprügeln würde. Doch er stand nicht auf. Stattdessen verständigte er sich mit einem kurzen Blick mit den anderen Anwesenden im Raum.

„Ich will wissen ... Wir wollen wissen, wieso du so etwas in deinem Zimmer versteckst. Warum du so ein schändliches Pamphlet eines Mannes in deinen Sachen versteckst?"

Rashno hielt die Luft an. Dann entschied er sich, die Wahrheit zu sagen. Jedenfalls bis zu einem gewissen Punkt.

„Hamid hat mich gebeten, das Gedicht zu lesen und ihm meine Meinung darüber zu sagen. Er will Schriftsteller werden. Was ist daran schändlich?“

Jetzt sprang der Vater doch auf, und Rashno wich unwillkürlich einen Schritt zurück. „Lüg mich nicht an!“ Seine Stimme war mittlerweile so laut, dass kaum zu verstehen war, was er schrie. „Wieso schreibt dir ein Mann ein Liebesgedicht? Hast du etwa eine weitere Schande über uns gebracht?“

Rashno bebte am ganzen Leib. In seinem Inneren tobte ein Tornado. Er war mit den Nerven am Ende, denn er wusste, keiner im Raum würde seinen Erklärungen Glauben schenken. Das Thema, von dem sie nie etwas hätten erfahren dürfen, stand plötzlich zwischen ihnen. Die hasserfüllten Blicke, die ihn förmlich zu durchbohren versuchten, ließen ihn erschaudern. Angst schnürte ihm die Kehle zu. Er kam einer möglichen Hinrichtung näher. Genau davor hatte er solche Furcht. Er wusste nicht, was er sagen sollte. Die Schlussfolgerung, die sie wegen des Gedichtes gezogen hatten, war offensichtlich. Sie alle dachten, dass er mit Hamid etwas Schändliches getan hatte. Dass er homosexuell war. Und das war auch eine perfekte Erklärung, warum er sich der Familientradition so unerwartet widersetzte und nicht die von seinem Vater ausgesuchte Frau heiraten wollte. Was immer er jetzt auch sagte, sie würden ihm mit Sicherheit nicht glauben. Jedes Wort der Verleugnung wäre umsonst

In seinen Gedanken formte sich zum ersten Mal eine Frage: Wollte er es überhaupt abstreiten und sich selbst verleugnen?

„Rashno! Rede endlich!“, schrie der Vater erneut.

Die Stimmung im Raum war zum Zerreißen gespannt. Wenn der Vater nicht gerade wie von Sinnen herumbrüllte, hätte man eine Stecknadel fallen hören können. Alle Augen waren auf Rashno gerichtet. Man erwartete eine Antwort.

„Junge, ich frage dich ein letztes Mal: Hast du mit diesem Mann widernatürliche Sachen getan?“ Diesmal schrie der Vater nicht, sondern flüsterte beinahe. Die Frage klang eher wie eine Drohung als die Suche nach einer Antwort.

Rashno stand mit hängendem Kopf da. Schweigend stierte er auf seine Füße. Er kämpfte mit sich selbst. Wie sollte er reagieren? Was sollte er tun? Er musste jetzt völlig unvorbereitet eine Entscheidung treffen. Entweder alles abstreiten, sich irgendwie herausreden und seine Familie davon überzeugen, dass sie das alles missverstanden – damit würde er sich auch selbst wieder verleugnen –, oder ihnen die Wahrheit gestehen, zugeben, dass er auf Männer stand und deswegen kein Interesse an der Heirat mit diesem Mädchen hatte. Welche Konsequenzen hätte das für ihn?

Langsam hob er seinen Blick und schaute erneut in die Runde. Wie schon bei der letzten Zusammenkunft starrten ihn seine Brüder mit abgrundtiefem Hass in den Augen an. Nur dieses Mal stand auch Abscheu und Ekel darin geschrieben. Seine Mutter fixierte den Boden und weinte. Sie ahnte, wie dieser Familienrat enden würde.

Rashno sah seinem Vater direkt in die Augen und holte tief Luft. „Ich habe nichts getan, weswegen ihr euch schämen müsstet.“ Seine Stimme klang erstaunlich ruhig und gefasst. Er wunderte sich über sich selbst, wie er seine Angst so gut verbergen konnte. „Und um deine Frage zu beantworten: Ja, Hamid hat das Gedicht für mich geschrieben. Er liebt mich, und ich bin nicht nur stolz darauf, sondern ich würde, wenn ich es könnte, für ihn die gleichen Gefühle ausdrücken. Er ist der liebevollste Mensch, den ich je getroffen habe. Hättet ihr euch jemals mit ihm unterhalten, wüsstet ihr das.“ Rashno entspannte sich. Je länger er sprach, desto ruhiger wurde er. „Ich verdiene seine Liebe nicht, und ich würde Allah dafür danken, wenn ich Hamid genauso lieben könnte wie er mich. Aber nein, wir haben nichts getan, was nicht in euer Weltbild passen würde. Noch nicht! Aber ich würde keine Sekunde zögern, mit ihm zu schlafen, wenn er mich darum bitten würde. Ja, ich bin das, was ihr widernatürlich nennt! Ich bin schwul und werde es immer sein!“ Schon beinahe trotzig fügte er hinzu: „Und damit habt ihr auch meine abschließende und einzige Antwort zu dem Thema Hochzeit: Ich werde diese Frau niemals heiraten! Diese nicht und auch keine andere! Mein Interesse gilt ausschließlich Männern!“

Rashnos Mutter schlug ihre Hände vor das Gesicht und heulte laut auf. Für sie brach eine Welt zusammen. Ihr war sogleich klar, dass sie hier und jetzt ihren Sohn verloren hatte.

Rashno wartete erst gar nicht auf eine Reaktion des Vaters oder seiner Brüder. Er wusste, dass mit dem Geständnis sein Leben in Gefahr war. Mit seiner Offenbarung hatte er seine Familie und sein Zuhause für immer verloren. Er riss die Wohnzimmertür auf und lief aus dem Raum, noch bevor ihn jemand aufhalten konnte. Glücklicherweise stand die Tür des Hauses noch immer weit offen. Wie schon am vergangenen Wochenende stürzte er hinaus und rannte die Straße hinunter. Er wollte nur weg von diesem Ort. Fort, von diesem kollektiven Hass. Mit jedem weiteren Schritt, mit dem er sich von dem Haus entfernte, das einmal sein Zuhause und eine Zufluchtsstätte gewesen war, ließ er auch seine Vergangenheit hinter sich. Er würde nie wieder dorthin zurückkehren. Denn Schutz und Geborgenheit oder eine Familie, die ihn liebte und die zu ihm stand, würde er dort nie wieder finden. So flüchtete er in der zunehmenden Dunkelheit aus seinem bisherigen Leben.

5 – HIMMEL

Rashno irrte lange umher. Ziellos lief er stundenlang durch die Straßen Teherans und überlegte fieberhaft, was er tun könne. Wohin sollte er gehen? Was würde aus ihm werden? Er hatte sein Zuhause verloren. Und nicht nur das Dach über dem Kopf, sondern auch die Geborgenheit der Familie war ihm genommen worden. Es war ein mutiges Geständnis gewesen, denn das Bekenntnis zu sich selbst, hatte ihm mehr bedeutet als ein eigenes Zimmer oder Menschen, die in ihm nur einen Perversen sahen. Das alles war es nicht wert, ein Leben zu führen, in dem er niemals glücklich werden würde. Er war bereit, die Konsequenzen zu tragen. Wenn seine Eltern ihn nicht so akzeptierten oder nicht zumindest versuchten seine Gefühle zu verstehen, dann verlor er nichts Wertvolles. Auch wenn er einsam durch die Nacht wanderte, war ihm das lieber als eine Existenz in Heimlichkeit und in ständiger Lebensgefahr.

Fürs Erste blieb ihm also nur eine Möglichkeit.

Rashno hoffte inständig, dass Hamid ihm nochmals beistehen und ihn für einige Zeit bei sich aufnehmen würde – wenigstens für diese Nacht, in der er nicht allein bleiben wollte. Es war schon nach Mitternacht und Hamid war wohl längst zu Bett gegangen. Doch er war der einzige Mensch, bei dem er jetzt Hilfe suchen und vielleicht auch finden würde. Er wäre ihm bestimmt nicht böse, wenn er ihn zu so später Stunde noch anrufen würde.

Mit zitternden Händen holte Rashno sein Handy heraus und drückte die Kurzwahltaste für Hamids Nummer. Es dauerte eine ganze Weile bis dieser sich verschlafen meldete. „Hallo?“

Rashno atmete erleichtert auf. Nicht auszudenken, was gewesen wäre, wenn Hamid sein Handy ausgeschaltet oder er es nicht gehört hätte.

„Hamid? … Rashno hier!“

„Rashno? Wie spät ist es?“

„Es ist nach zwölf.“

Ein leises Schnauben ertönte, als Hamid versuchte, den Schlaf abzuschütteln. „Was ist passiert? Stimmt etwas nicht?“ Er klang jetzt unvermittelt wacher. Es musste einen wichtigen Grund geben, warum Rashno so spät anrief.

Rashno hatte sich auf den Gehsteig gesetzt und fuhr sich mit einer Hand durch die Haare. Er suchte nach den richtigen Worten, um Hamid zu erzählen, was geschehen war. „Hamid ... Sie haben dein Gedicht in meinem Zimmer gefunden!“ Rashno machte eine Pause und ließ seine Worte wirken. Auch Hamid schwieg. „Ich habe es ihnen erzählt!“

Wieder entstand eine Pause, bis Hamid endlich sein Schweigen brach. „Wer hat es gefunden? Deine Eltern? Und was hast du ihnen erzählt?“

„Ja, meine Eltern. Ich habe ihnen alles gesagt. Dass ich schwul bin.“

„Ach du lieber Himmel!“ Entsetzen schwang in Hamids Stimme mit. „Du machst aber auch keine halben Sachen! Warum hast du das getan? Und … wie haben sie reagiert?“

„Es ging nicht anders“, murmelte Rashno. „Sie haben mir unterstellt, dass du und ich … na ja, dass wir beide … du weißt schon. Ich glaube, sie hätten mir ohnehin nicht geglaubt, wenn ich es abgestritten hätte, schwul zu sein. Und es ist auch besser so. Jetzt ist es endlich raus. Ich will mich nicht länger verstecken. Ich habe mich lange genug versteckt und diese Gefühle unterdrückt. Ich kann einfach nicht mehr. Und irgendwie tut es auch ein bisschen gut, dass ich es ihnen gesagt habe.“

„Kann ich verstehen“, meinte Hamid.

„Wie sie reagiert haben, weiß ich nicht. Ich bin sofort weggelaufen, nachdem es raus war“, fuhr Rashno fort. „Ich wollte nicht warten, bis mein Vater wieder anfängt mich zu verprügeln.“

„Vernünftige Entscheidung! Wer weiß, was sie dir sonst angetan hätten. Wo bist du jetzt? Was willst du tun?“

„Ich bin den ganzen Abend ziellos durch die Straßen gelaufen. Ich wollte einfach nur weg von zu Hause. Und ich musste erst mal einen klaren Kopf bekommen. Keine Ahnung, was ich jetzt machen soll. Nach Hause kann ich auf keinen Fall, so viel ist sicher ... Ich werde mir jetzt erst mal irgendwo einen Platz zum Schlafen suchen. Und morgen, mal sehen. Irgendwas wird mir schon einfallen.“ Natürlich lag Rashno die sinnvollste Lösung auf der Zunge, aber er traute sich nicht, Hamid zu fragen.

„Rashno! Du kommst sofort zu mir! Bitte bleib nicht auf der Straße oder in irgendeinem dunklen Loch. Das ist viel zu gefährlich“, rief Hamid. „Komm her! Du kannst erst mal bei mir bleiben, bis wir eine Alternative gefunden haben.“

Rashno fiel ein Stein vom Herzen. Er hatte gehofft, dass sein Freund ihm das anbieten würde. „Ich will dir nicht schon wieder zur Last fallen. Es wird mir schon nichts passieren“, sprach er dennoch.

„Keine Widerrede! Du fällst mir nicht zur Last. Wo soll ich dich abholen kommen?“

Tiefe Dankbarkeit stieg in Rashno auf. Wieder einmal bewies Hamid, was für ein großes Herz er hatte. Das war wirkliche Ehre. „Hamid, ich fühle mich schlecht dabei. Ich will dich nicht ausnutzen, nur weil du … weil du mich liebst.“

„Ach, nun vergiss das mal. Ich hätte dir das nicht sagen sollen. Ich bin dein Freund, und es ist selbstverständlich, dass ich dir helfe. Mach dir keine Gedanken. Du würdest das Gleiche für mich tun.“

„Vielen Dank, Hamid. Ich wüsste nicht, was ich ohne dich machen würde. Du bist der wichtigste Mensch in meinem Leben geworden.“

„Jetzt hör endlich auf ... Wo bist du? Ich komme dich abholen.“

„Musst du nicht. Ich bin nicht allzu weit weg. Ich kann in 15 Minuten bei dir sein.“

„Dann beeile dich. Ich mache mir Sorgen und werde keine ruhige Minute haben, bis du hier bist.“

„Danke", flüsterte Rashno abermals und machte sich sofort auf den Weg.

✦

Auf Hamids Gesicht erschien ein erleichtertes Lächeln, als er die Tür öffnete und Rashno vor sich sah. Die Zeit des Wartens war ihm endlos vorgekommen. Er war froh, dass Rashno wohlbehalten bei ihm angekommen war.

„Hallo, Rashno. Gut, dass du endlich da bist. Ich habe mir Sorgen gemacht." Er trat einen Schritt zurück und ließ seinen Freund in die Wohnung ein. Die Tür fiel sofort ins Schloss.

Rashno atmete erleichtert aus. Er fühlte sich zum ersten Mal seit Stunden in Sicherheit. Es war fast so wie zu Hause in seinem Zimmer. In dem Zuhause, das ihm seit heute Abend nie wieder den Schutz und die Geborgenheit bieten würde wie in seinen Kindertagen.

„Hallo, Hamid. Ich kann dir gar nicht genug dafür danken, dass du mir schon wieder hilfst."

„Du musst dich nicht dauernd bedanken. Ich freue mich doch, dass du hier bist."

Rashnos Augen füllten sich mit Tränen. Die unterschiedlichen Emotionen der letzten Tage, die Folgen seines Geständnisses, die Ausweglosigkeit seiner derzeitigen Situation und die scheinbar grenzenlose Hilfsbereitschaft seines besten Freundes waren mit einem Mal zu viel für ihn. Ihm wurde bewusst, dass er nun allein war. Die wenigen Habseligkeiten, die er in der Sporttasche von der Uni noch immer bei sich trug, waren alles, was ihm geblieben war. Jetzt, da man ihn aus dem Kreis der Familie verstoßen hatte, hatte er niemanden mehr. Er hatte quasi alles verloren. Lediglich Hamid war noch für ihn da. Rashno wusste, er konnte sich auf ihn verlassen. Erneut überfiel ihn tiefe Dankbarkeit. Wie ein hilfloses Kind stand er mit gesenktem Kopf in der Wohnung und wusste nicht, was jetzt werden sollte. Dicke Tränen suchten langsam ihren Weg über seine Wangen, bis er schließlich hemmungslos zu heulen begann.

Hamid kam einen Schritt auf Rashno zu und zog ihm die Sporttasche von der Schulter. Dann nahm er seinen Freund wortlos in die Arme und drückte ihn fest an sich.

„Es tut mir leid, Hamid", flüsterte Rashno mit tränenerstickter Stimme.

Sanft strich Hamid ihm mit der Hand über die Haare. „Da gibt es nichts, was dir leidtun muss. Lass es einfach raus. Ich würde auch weinen, wenn ich das erlebt hätte, was du in so wenigen Tagen alles mitmachen musstest. Es ist nicht einfach. Weinen ist keine Schande. Ich bin stolz auf dich, dass du diese Menschlichkeit zeigst."

Wie im Zeitraffer jagten die Bilder der letzten sieben Tage durch Rashnos Kopf. „Ich habe heute alles verloren", schluchzte er. „Ich habe kein Zuhause mehr, keine Familie … Ich habe nicht mal mehr was zum Anziehen." Verzweifelt schlang er seine Arme um Hamid und klammerte sich an ihn wie ein Ertrinkender an einen Rettungsring. Es war das erste Mal, dass sie sich so nahe kamen. Rashno fühlte tief unter den aufgewühlten Wellen seiner Empfindungen, dass ihm die Nähe guttat. Noch vor einer Woche war es nahezu undenkbar für ihn gewesen, einen Mann zu umarmen. Doch jetzt tat es nicht nur gut, es war ihm auch wichtig.

„Du hast viel verloren, und manches davon tut sicherlich sehr weh", begann Hamid vorsichtig. „Aber du hast auch etwas Neues gefunden, etwas viel Besseres. Du hast dich selbst gefunden. Zudem hast du immer noch deine Kraft, deinen Mut und deine Selbstachtung. Das alles ist durch deine Entscheidung gewachsen und viel stärker geworden ... Und du hast mich als deinen Freund. Ich werde immer für dich da sein."

Rashno nickte dankbar. Nach wie vor hielt er sich an Hamid fest. Es tat so gut, zu wissen, doch noch jemanden an seiner Seite zu haben, der zu ihm stand.

Die Uhr im Raum tickte leise. Rashno wusste nicht, wie lange sie schon so dastanden. Er hatte jedes Zeitgefühl verloren und nahm die Welt um sich herum nicht mehr wahr. Lediglich zwei Gefühle füllten sein Inneres aus: Zum einen war da die Verzweiflung über das, was geschehen war und was jetzt aus ihm werden sollte, und zum anderen gab es da die Geborgenheit, die er in Hamids Armen empfand. Gerade Letzteres war eine völlig neue Empfindung und nicht vergleichbar mit dem Gefühl, das er im Kreise seiner Familie oder als Kind in den Armen seiner Mutter gespürt hatte. In diesen Minuten war ihm aber nicht danach, den Grund für die Unterschiedlichkeit zu ergründen. Er wollte einfach nur genießen – war es doch ein Anker, der ihn in diesem Leben hielt.

Erst nach scheinbar endlosen Momenten versiegten Rashnos Tränen. Er löste sich aus der Umarmung, und Hamid führte ihn zu dem kleinen Tisch, der im Raum stand.

„Hast du heute Abend schon etwas gegessen?“, erkundigte er sich besorgt.

Rashno schüttelte den Kopf. „Nein, aber ich habe auch keinen Hunger. Ich kann jetzt nichts essen.“ Unruhig spielte er mit seinen Fingern und wischte von Zeit zu Zeit die auf seinen Wangen stehenden Tränen fort.

„Was hältst du davon, wenn ich uns einen Tee mache? Du kannst in der Zeit gerne duschen. Danach reden wir weiter. Einverstanden?“ Hamid lächelte Rashno beruhigend an.

„Danke. Du musst dir aber nicht so viel Mühe machen.“

„Jetzt hör auf! Das ist doch keine Mühe. Los, geh unter die Dusche, und nach einem heißen Tee wird es dir sicher etwas besser gehen.“

Rashno nickte und fügte sich. Eine Dusche würde ihm tatsächlich guttun. Langsam ging er ins Badezimmer. Hinter sich hörte er bereits Hamid, der in der Küchenecke herumhantierte und Wasser für den Tee aufsetzte.

❧✦☙

Die heiße Dusche wirkte Wunder. Sie spülte nicht nur die Tränen aus seinem Gesicht, sondern sie nahm auch einen Großteil der Anspannungen der letzten Stunden mit sich.

Erst jetzt merkte Rashno, wie sehr die emotionalen Aufregungen auch seinen Körper verkrampft hatten. Das Wasser war zwar nicht die Antwort auf die Frage, wie es jetzt weitergehen sollte, doch in ihm keimte so etwas wie Zuversicht. Irgendetwas würde sich schon ergeben. Auch wenn er noch nicht wusste, welchen Weg er beschreiten und wohin ihn dieser führen würde, so würde es auf jeden Fall eine Lösung geben. Er musste sie nur noch finden.

Als er wieder zurück ins Zimmer kam, war Hamid gerade dabei, den Tee in zwei Tassen zu gießen, die am Tisch standen.

„Ah, da bist du ja. Gerade rechtzeitig. Wie fühlst du dich? Geht's etwas besser?", fragte er.

„Ja, danke. Ich fühle mich etwas entspannter."

„Das freut mich. Setz dich doch und lass uns den Tee trinken, bevor er kalt wird."

Rashno ließ sich neben Hamid auf einem Stuhl nieder. Vorsichtig nahm er die heiße Tasse in die Hand und nippte an dem dampfenden Getränk. Es schmeckte köstlich. Hatte er jemals einen so guten Tee getrunken?

„Morgen Vormittag bringen wir erst mal deine Sachen zur Wäscherei, damit du was Frisches zum Anziehen hast. Und wir schauen, ob dir was von meinen Sachen passt."

„Danke. Ich habe heute Abend bereits die Kreditkarte, die ich mal von meinem Vater bekommen habe, geplündert, bevor er auf die Idee kommt, sie zu sperren. Ich habe also erst mal genug Geld."

„Mach dir darüber keine Gedanken. Wichtig ist, dass du zur Ruhe kommst. Ich bin mir sicher, du wirst deinen Weg gehen, auch wenn er am Anfang steinig ist. Wir werden das schaffen!"

Rashno sah seinen Freund überrascht an. Es tat zwar unendlich gut, dass Hamid von einem „Wir“ sprach, aber er spürte immer noch die Scham, dass sein „helfender Engel“ sich vielleicht benutzt fühlen könnte. Seine Gedanken wanderten wieder zu dem Gedicht, mit dem die Ereignisse der letzten Woche ihren Anfang genommen hatten. Jenes Gedicht, mit dem Hamid ihm seine Gefühle offenbart hatte. Auch wenn sich ihre Freundschaft seit diesem Tag im Park verändert hatte, so konnte Rashno nicht von Liebe sprechen, wenn er seine Empfindungen für den Freund einzuordnen versuchte.

„Hamid, du musst das nicht alles für mich tun. Ich fühle mich schlecht, wenn ich sehe, was du für mich machst. Ich bin dir unendlich dankbar dafür, aber bitte fühle dich zu nichts verpflichtet.“

Hamid schüttelte heftig den Kopf. „Jetzt rede nicht so einen Blödsinn! Natürlich fühle ich mich zu nichts verpflichtet. Ich habe dir schon mal gesagt, dass ich dein Freund bin und es für mich selbstverständlich ist, dir zu helfen.“

„Ich danke dir.“

„Keine Ursache“, murmelte Hamid und nahm einen weiteren Schluck Tee. „Ich habe mir etwas überlegt.“

Rashno hob überrascht die Augenbrauen.

„Was hältst du davon, wenn du erst mal bei mir wohnst? Mein Apartment ist zwar nicht besonders groß, aber wir werden uns schon arrangieren. In den nächsten Tagen werde ich in der Firma, wo ich nebenbei arbeite, fragen, ob die noch jemanden gebrauchen können. Und dann sehen wir weiter.“

„Das geht doch nicht, Hamid! Ich kann nicht so in dein Leben eindringen!“

„Hör endlich auf so zu reden, Rashno! Wie du weißt, bist du längst Bestandteil meines Lebens, und ich wäre glücklich, wenn ich dir damit helfen kann. Du musst keine Angst haben. Ich erwarte nicht, dass du deswegen etwas tust, was du nicht willst.“

Rashno verstand sofort, worauf er anspielte. „Natürlich habe ich deswegen keine Angst. Und ich werde niemals etwas tun, was ich nicht wirklich will. Aber wer kann schon wissen, was die kommende Zeit bringt? Eines Tages vielleicht … wenn du mir etwas Zeit gibst.“ Er überließ den Rest seines Satzes der Zukunft.

Hamid zeigte ein wunderschönes Lächeln auf seinem Gesicht.

Die nächsten Tage verbrachten sie damit, ihr neues gemeinsames Leben einzurichten. Wie Hamid vorgeschlagen hatte, gingen sie zunächst in eine nahe gelegene Wäscherei und wuschen die wenigen Sachen, die Rashno bei sich gehabt hatte. Sie entschlossen sich, den Sport am Samstag ausfallen zu lassen, um sich um wichtigere Dinge zu kümmern. Sie kauften zusätzliche Kleidung und sonstige Dinge, die Rashno in seinem neuen Zuhause brauchen würde, und besuchten auf dem Heimweg den großen Bazar im Zentrum der Stadt. Dort deckten sie sich mit Lebensmitteln ein. Hamid versprach, etwas für sie zu kochen.

Rashno war froh, wenn sie wieder in der Wohnung sein würden. Die ganze Zeit sah er sich nervös um. Er hatte Angst, dass jemand von seiner Familie ihn sehen könnte. Nicht auszudenken, was dann passierte. Seit dem Abend hatte er nichts mehr von ihnen gehört. Und das war auch erst mal ganz in seinem Sinne. Niemand versuchte, ihn anzurufen. Nicht einmal seine Mutter schickte eine SMS.

Auch in Zukunft war keine Kontaktaufnahme über sein Handy mehr zu erwarten: Es war gesperrt worden. Kurzerhand hatte Rashno die Karte entfernt und sie weggeworfen. Über die neue, die er sich besorgt hatte, war er für seine Familie nicht mehr erreichbar. Und da sie auch nicht wussten, wo Hamid lebte, konnten sie ihn nicht finden – obwohl ihnen klar sein musste, wo er sich aufhielt. Wo hätte er auch sonst sein können?

Mit jeder Stunde, die verstrich, fühlte sich Rashno besser und ruhiger. Der zeitliche Abstand zu den Ereignissen zu Hause ließ ihn entspannen und den Streit in den Hintergrund treten. Es gelang ihm, die Endgültigkeit der Veränderungen zu akzeptieren. In manchen Momenten freute er sich sogar ein bisschen auf sein neues Leben. Die Fesseln waren gesprengt, und das Gefängnis seiner wahren Interessen war niedergerissen.

Auch Hamid bemühte sich sehr, Rashno auf andere Gedanken zu bringen. Sie lachten viel, und das gemeinsame Kochen war für Rashno ein völlig neues Erlebnis, das ihm viel Spaß machte. Manchmal sahen sie sich nur schweigend in die Augen, bis Hamid nach einigen Sekunden den Blick abwandte, um seinen neuen Mitbewohner nicht mit seinen innersten Wünschen zu bedrängen. Denn mit jedem Augenblick, den sie zusammen verbrachten, wuchs das Gefühl der Liebe in ihm. Immer wieder bestätigte ihm Rashno unbewusst durch seine Art und sein Verhalten, dass es richtig war, ihn zu lieben. Aber auch die Lust auf dessen Körper, auf ein intensives Zusammensein mit viel Hautkontakt, wurde stärker. Das musste er sich eingestehen. Doch er hatte sich geschworen, sich zurückzuhalten. Wenn Rashno irgendwann die gleichen Gefühle für ihn entdecken würde, dann könnten sie sich auch näherkommen und dieses Verlangen stillen. Bis dahin wollte er geduldig sein und warten. Auch wenn es schwierig war, gerade, weil sie nachts nebeneinander im Bett lagen und schliefen. Oft wurde Hamid wach und beobachtete voller Sehnsucht, wie Rashno gleichmäßig atmend neben ihm lag.

Nach einer Woche verbrachten sie den Freitag gemeinsam im *Jamshidieh*-Park und genossen das herrliche Wetter. Hamid hatte seinen Laptop mit und begann ein neues Gedicht zu schreiben. Er wollte weiter an seiner Karriere als Schriftsteller arbeiten. Er sprühte nur so von Ideen. Währenddessen lag Rashno daneben und sah seinem Freund zu. Er fühlte sich immer noch überwältigt von dessen Hilfsbereitschaft. Nicht nur, dass er ihm einen Platz zum Wohnen und Schlafen zur Verfügung gestellt hatte, sondern auch sein Bemühen, ihn von der Trennung seiner Familie abzulenken, berührte sein Herz. Immer öfter bemerkte er, wie sehr er Hamid mochte. Irgendwie nahm er ihn heute anders wahr. War das noch die übliche Empfindung, die man für gute Freunde, selbst für einen „besten Freund", in sich trug? Oder war da vielleicht doch mehr?

Unbewusst schweiften seine Gedanken ab. Er stellte sich Hamid ohne Kleider vor. Sicher, er hatte ihn schon nackt beim Duschen nach dem Sport gesehen, aber heute wollte seine Begierde ihn mit anderen Augen betrachten. Wie es wohl sein würde, ihn zu berühren? Mit seinen Händen zu streicheln und ja, ihn zu küssen?

„Ist alles klar mit dir?"

Hamid hatte das Schreiben unterbrochen, um auf weitere Inspiration für sein neues Werk zu warten. Dabei hatte er bemerkt, dass Rashno ihn lächelnd beobachtete.

„Weißt du, Hamid", grinste dieser, „ich fühle mich glücklich. Ich meine, trotz allem, was passiert ist. Das ist ganz allein dein Verdienst."

„Das ist schön zu hören. Ich kann verstehen, dass du dich langsam besser fühlst. Als ich damals den Schock der Erkenntnis über meine Empfindungen überwunden und mich dazu durchgerungen hatte, sie zu akzeptieren und mit ihnen zu leben, fühlte ich mich auch befreit und glücklich."

„Das ist es nicht. Jedenfalls nicht das alleine."

„Sondern?"

Vorsichtig griff Rashno nach Hamids Hand, die unmittelbar neben der seinen auf der Wiese zwischen ihnen ruhte. „Ich bin glücklich, dich an meiner Seite zu haben, bei dir sein zu können."

Hamids Blick wechselte ungläubig zwischen Rashnos Augen, die ihn anstrahlten, und ihren Händen, die sich das erste Mal auf diese Weise zärtlich berührten. Sein Herz schlug schnell. „Rashno …"

Doch der schüttelte den Kopf. Er wollte jetzt nichts hören. Jedenfalls nicht das, was Hamid vermutlich sagen wollte. „Ich meine das so, wie ich es sage. Mach dir keine Sorgen. Ich mag dich sehr. Vermutlich sogar viel mehr als früher."

Tränen stiegen in Hamids Augen. Er hatte gehofft, dass Rashno das einmal sagen würde. Jetzt, wo er seinem Traum einen Schritt näher kam, war er überwältigt. „Das macht auch mich glücklich."

Sosehr sich Hamid auch bemühte, er fand nicht die nötige Konzentration, um weiter an seinem neuen Gedicht zu schreiben. Seine Gedanken kreisten die verbleibenden Stunden um die wunderschönsten Worte, die Rashno je zu ihm gesagt hatte. Ob das ein Anfang war? Der Beginn von etwas lang Ersehntem? War sein Traum gerade dabei, Wirklichkeit zu werden?

Hamid ahnte nicht, wie erleichtert auch Rashno war, als sie sich auf den Heimweg machten. Endlich hatte er sich einen weiteren Schritt nach vorn gewagt. Und auch diesmal bereute er es nicht.

~✦~

Den Abend verbrachten sie zu Hause. Sie hatten noch genug zu essen vom Vortag und mussten ihre Zeit nicht mit einer aufwendigen Zubereitung verschwenden.

„Zum Nachtisch habe ich eine Überraschung für dich: Es gibt etwas Süßes!", sprach Hamid geheimnisvoll.

„Echt? Willst du dich etwa auf meinen Teller legen?" Rashno erschrak, wie weit er sich mit dieser Äußerung vorwagte. So eindeutig hatte er noch nie einem Menschen zu verstehen gegeben, dass er ihn begehrte.

Hamid lächelte verlegen und wusste nicht so recht, was er darauf antworten sollte. „Das meinte ich zwar nicht. Aber wenn du es willst …"

„Na ja, nicht unbedingt auf den Teller."

Hamid grinste, ging aber nicht weiter darauf ein. Er zögerte immer noch, endlich mit Rashno das zu tun, was er sich seit Langem wünschte – und von dem er seit der Berührung ihrer Hände glaubte, dass auch Rashno es wollte. So machten sie es sich nach dem Essen auf dem Bett gemütlich. Hamid versuchte erneut, an seinem Gedicht zu schreiben. Trotzdem unterhielten sie sich beiläufig über den Studienfortgang und das Basketballteam.

Rashno blätterte in einer Zeitung. Er nahm nicht wirklich wahr, was dort stand. Aber er brauchte das Papier in seinen Händen, um etwas zu verbergen. Etwas, das ihm peinlich war. Die Nähe zu Hamid hatte die Lust in seinem Körper geweckt, und in seiner Hose hatte sich eine deutliche Beule gebildet. Noch immer verspürte er Scham, wenn ihm sein Körper unmissverständlich zu verstehen gab, dass er geil auf einen Jungen war.

„Wie lange willst du es noch verstecken?“, fragte ihn Hamid schließlich unvermittelt, ohne den Blick von dem Laptop auf seinen Oberschenkeln zu nehmen.

„Bitte? Was verstecken?“ Rashno tat überrascht – obwohl er genau verstand, was sein Freund meinte.

„Du musst dich nicht schämen! Ich habe längst bemerkt, dass du eine Erektion hast. Das ist nicht zu übersehen.“ Diesmal sah er Rashno an und lächelte. Dessen Herz schlug vor Aufregung wie wild.

„Ich weiß auch nicht, warum.“

Blödsinn! Er wusste genau weswegen! Warum konnte er nicht einfach ehrlich sein und zugeben, dass er scharf auf Hamid war?

„Ist doch nicht schlimm. Meinst du, du wärst der Einzige, dem so was passiert?“

Vermutlich nicht, dachte sich Rashno, sagte aber nichts. Er wusste nicht, was er jetzt tun sollte. Er spürte nur, was er wollte. Doch was wäre der richtige Schritt? War er denn überhaupt schon reif für den ersten schwulen Sex in seinem Leben? Für den ersten Sex überhaupt? Ihm fehlte jede Erfahrung, wie es sein würde und was er tun müsste. Er war sich auch nicht sicher, ob er es mit Hamid versuchen sollte. Würde das nicht vielleicht ihre Freundschaft belasten? Vor allem, weil Hamid mehr von ihm wollte als nur einfachen Sex? Wäre es richtig?

Auf der anderen Seite hatte er den deutlichen Wunsch, es endlich auszuprobieren. Warum musste alles immer so schwer zu entscheiden sein?

Je länger er neben Hamid auf dem Bett lag und darüber grübelte, wie der Sex zwischen zwei Männern überhaupt sein würde, desto erregter wurde er. Er hielt es fast nicht mehr aus, und schließlich traf er eine Entscheidung. „Ich würde es gerne tun!"

Hamid sah ihn fragend an. „Was tun? Was meinst du?" Eigentlich eine unnötige Frage, denn er ahnte genau, was Rashno meinte.

„Nun ja, ich … ich würde gerne … Sex mit dir haben." Er flüsterte beinahe nur noch.

„Bist du sicher? Ich meine … glaubst du, dass du wirklich schon so weit bist? Es ist so viel passiert in den letzten Tagen, und du solltest es nicht tun, wenn du nicht wirklich bereit dafür bist. Du musst nicht versuchen, dich auf diese Weise für meine Hilfe zu bedanken. Ich erwarte das nicht von dir."

Rashno schmunzelte und sah an sich herunter. „Dass ich bereit bin, ist ja nicht zu übersehen. Und es hat nichts mit meiner Dankbarkeit für deine Unterstützung zu tun. Ich will es wirklich endlich erleben. Mit dir! Wenn du es also auch willst …"

Hamid stellte seinen Laptop neben sich auf den Boden. „Du weißt, wie sehr ich mir das wünsche. Ich träume schon so lange davon. Aber ich habe Angst, dass es noch zu früh für dich ist und du es nicht so erleben kannst, wie dein erstes Mal sein sollte."

„Worauf soll ich noch warten, Hamid? Ich habe lange genug gezögert. Ich fühle, dass jetzt der Zeitpunkt gekommen ist. Ich will nicht länger warten." Statt sich weiter zu erklären, richtete er sich auf und zog sein T-Shirt aus. Dann nahm er Hamids Hand und führte sie zu seiner Brust

Auch wenn sie sich schon oft beim Sport oder bei der Begrüßung auf der Straße berührt hatten, war dieser Körperkontakt etwas ganz anderes. Rashno spürte das angenehme Prickeln, das die Wärme der Hand auf seiner Haut auslöste, und schloss die Augen. Als Hamid ihn sanft zu streicheln begann, legte er den Kopf genussvoll in den Nacken. Es fühlte sich so gut an, und obwohl sein Herz wie wild pochte, war es wohl das Schönste, was er jemals empfunden hatte.

Er öffnete wieder seine Lider und betrachtete Hamid langsam von oben bis unten. Die Zeichen seiner Erregung waren nicht zu übersehen. Hamid war ebenfalls bereit, diesen Schritt zu gehen. Dieser ließ seine Hand nicht mehr nur über Rashnos Brust gleiten, sondern streichelte jetzt auch seinen Oberarm und die Schulter. Er berührte die Wangen, zeichnete mit einem Finger die Konturen der Nase und Lippen nach und ließ seine Hand in Rashnos Nacken gleiten. Noch einmal sahen sie sich tief in die Augen. Dann zog Hamid Rashnos Kopf sanft zu sich. Ihre Lippen waren nur noch wenige Millimeter voneinander entfernt.

„Wirklich?", hauchte Hamid leise und suchte ein letztes Mal eine Bestätigung. Rashno musste diesen ersten Kuss wollen. Und tatsächlich schien dies der Fall zu sein, denn Rashno öffnete leicht seine Lippen und wartete regelrecht auf die zärtliche Vereinigung. Hamid wünschte sich selbst nichts sehnlicher.

Ihre Lippen berührten sich. Rashno hielt die Luft an, aber er fühlte sich trotz seiner Aufregung glücklich und zufrieden. Als sich ihre Zungen zuerst zögernd, dann immer gieriger aneinanderrieben, fielen von Rashno die letzten Zweifel ab. Endlich erlebte er das, was er sich seit Langem ersehnt, aber immer angstvoll unterdrückt hatte. Die Befreiung gab ihm den Mut, weiterzugehen. Er rückte näher an Hamid heran, streifte ihm das Shirt ab und presste seinen Oberkörper fest an ihn. Seine Arme legten sich wie von selbst um ihn und glitten sanft über den Rücken. Ihre Münder lösten sich schließlich und sie sahen sich tief in die Augen. Sie lächelten.

Es war ein wundervoller Anfang, und sie wollten beide mehr. Eng umschlungen sanken sie langsam auf das Bett zurück.

„Du musst mir zeigen, was ich tun soll. Ich habe das ja noch nie …", begann Rashno, doch Hamid legte einen Zeigefinder auf seine Lippen.

„Psst! Lass es einfach geschehen. Du wirst schon das Richtige tun."

Er vollführte ein gefühlvolles Spiel mit Lippen und Zunge auf Rashnos unbehaarter und vom Sport definierter Brust. Das Herz darin schlug vor Aufregung wild – hoffentlich vor Erregung und nicht aus Angst. Hamids Hand wanderte den Oberkörper hinab, umrundete die Hüften und erreichte die sanfte Wölbung des Hinterns. Langsam ließ er seine Finger an der Außenseite der Beine hinuntergleiten, nur um sie dann behutsam an der Innenseite wieder nach oben zu führen. Als sie bei der deutlichen Ausbeulung in Rashnos Hose ankamen und er den steinharten Schwanz dahinter spürte, schloss Rashno abermals die Augen. Er stöhnte laut. Der sanfte Druck, den Hamid durch den Stoff der Hose auf seine Erektion ausübte, trieb ihn fast in den Wahnsinn. Ein Schaudern lief durch seinen Körper und fand jeden einzelnen Nerv. Sein Herz raste. Es wetteiferte mit dem sexuellen Verlangen in seinen Lenden. Jedes Härchen auf seiner Haut richtete sich auf und brachte sein Wohlbefinden zum Ausdruck. Rashno hoffte, diese Empfindungen würden nie enden.

Mit geschlossenen Augen tastete er sich an Hamids Körper entlang. Er wollte ihn ebenfalls berühren, so, wie er ihn noch nie angefasst hatte. Seine Hand streifte zielsicher nach unten und fand, was er gesucht hatte. Hamids Glied war hart, und die leichte Sporthose, die er trug, weitete sich enorm. Mit vorsichtigen Bewegungen massierte er die Wölbung.

Währenddessen wollte Hamid endlich weitergehen. Er öffnete behutsam Rashnos Gürtel und zog langsam den Reißverschluss der Jeans nach unten. Jetzt konnte er die flache Hand zwischen den Stoff und Rashnos Körper schieben. Gekürzte Schamhaare kamen zum Vorschein – wie bei ihm selbst. Das erregte ihn noch mehr. Seine Hand drang tiefer vor. Die

Finger erreichten den steifen Penis, den er zwar schon öfter beim Duschen nach dem Sport gesehen hatte, aber weder in seiner jetzigen Größe noch hatte er ihn jemals berührt.

Auch Rashno wollte nicht länger warten. Für ihn war es das geilste Erlebnis, das er je in seinem Leben hatte. Er konnte die nächsten Schritte kaum erwarten. Ungestüm griff er nach seiner Jeans, zog sie hinunter und streifte sie mit den Füßen ab. Sie fiel achtlos auf den Boden.

Und Hamid zögerte nicht lange. Endlich konnte er den Schwanz seines Freundes aus nächster Nähe sehen – und das hart erigiert. Vor allem durfte er ihn anfassen. Vorsichtig umschlang er das riesige Teil und bewegte seine Hand sanft auf und ab. Rashno stöhnte. Das Gefühl, fremde Finger dort unten zu spüren, war für ihn völlig neu. Es sich selbst zu besorgen, war … anders. Hamid verstand es, eine geile Kombination aus leichtem Druck und sachten Bewegungen zu schaffen. Außerdem war Hamid bereit, Rashno mehr zu geben. Er wollte ihm zeigen, wie schön schwuler Sex sein konnte und worauf er so lange verzichtet hatte. Langsam bewegte er seinen Kopf nach unten, ohne das Spiel seiner Hand zu unterbrechen.

Rashno fühlte sich wie im siebten Himmel. Was Hamid da gerade mit ihm machte, brachte ihn fast um den Verstand. Die Hand an seinem besten Stück ließ die Begierde in seinem Inneren kochen. Als die Finger ihn losließen und Hamid stattdessen das Liebesspiel mit seinen Lippen und der Zunge fortführte, war die Welt für Rashno perfekt. Er vergaß alles um sich herum und gab sich vollends den Zärtlichkeiten hin. Niemals hätte er erwartet, dass es solch ein fantastisches Gefühl war. Dass ein Mann fähig sein konnte, einen anderen mit so viel Genuss zu verwöhnen. In diesem Moment wünschte er sich nicht nur, dass es niemals aufhören würde, sondern, dass er Hamid auf dieselbe Weise liebkosen durfte. Er hatte noch nie einen anderen Schwanz als seinen eigenen angefasst, geschweige denn, einen in den Mund genommen. Aber jetzt konnte ihn nichts mehr abhalten. Heute war der Tag, an dem er nicht länger warten und es endlich tun wollte.

„Ziehst du dich auch aus? Ich möchte dich ebenfalls gerne berühren." Rashnos Fingerspitzen tänzelten über Hamids nackte Brust.

Natürlich ließ sich Hamid das nicht zweimal sagen. Rasch zog er die Jogginghose hinunter und mit ihr gleich seine Unterhose. Achtlos warf er die Kleidungsstücke neben das Bett. Er freute sich, dass Rashno bereit war, ihn zu verwöhnen und legte sich erwartungsvoll auf den Rücken. Dieser zögerte auch keine Sekunde und gab Hamid das zurück, was er in den letzten Minuten von ihm empfangen hatte. Er küsste seine Brustwarzen, umspielte sie mit seiner Zunge und ließ seinen Mund weiter hinunterwandern. An Hamids Bauchnabel verweilte er kurz. Währenddessen erreichte seine Hand das Ziel, und das erste Mal in seinem Leben fühlte er nicht die Erektion des eigenen Gliedes, sondern die eines anderen Mannes. Es war so überraschend anders, nur die Härte dieses Körperteils zu spüren, nicht aber die Empfindungen, die diese Berührung auslöste. Ganz anders, als wenn er das Gleiche bei sich selbst machte. Er hob den Kopf und sah Hamid fragend an.

Der lächelte zufrieden und streichelte ihm sanft über die Haare. „Keine Sorge. Du machst das wirklich sehr gut. Hör nicht auf!"

Rashno war erleichtert und wandte sich wieder seiner Hand zu, die mit rhythmischen Bewegungen Hamids Glied bearbeitete. Anscheinend gefiel diesem, was er tat. Zumindest brummte er leise und genüsslich vor sich hin. Seine Bauchmuskulatur spannte sich an. Ja, er genoss es mit Sicherheit. Rashno grinste und wollte endlich wissen, wie es sich anfühlte, einen Mann mit dem Mund zu verwöhnen. Langsam näherte sich sein Gesicht dem großen Penis, bis er ihn schließlich mit seinen Lippen umschlang und seine Zunge um ihn kreisen ließ.

„Oh, Rashno, das ist gut! Du bist ein Naturtalent! Lange halte ich das nicht aus."

Hamid gab ihm durch ein paar kleine Berührungen zu verstehen, sich so hinzulegen, dass auch er sein Spiel fortführen konnte. Er wollte, dass sie sich gleichzeitig liebkosten und einem vermutlich intensiven Orgasmus näherbrachten. Rashno tat, wie ihm geheißen, ohne sein Liebesspiel zu unterbrechen, und als Hamid begann, auch seinen Penis wieder zu blasen, fühlte er, wie kurz er davor war zu kommen. Das war sein erstes Sexerlebnis – und es war mehr als geil. Sein Herz pochte schwer, sein Atem ging stoßweise. Sein Glied war zum Bersten mit Blut gefüllt. Er wusste, er würde jede Sekunde kommen.

Rashno unterbrach die Zärtlichkeiten und sah Hamid an. „Ich kann auch nicht mehr länger warten!"

Hamid hörte auf und blickte zu Rashno. „Dann warte nicht länger. Lass deinen Gefühlen freien Lauf."

Rashno erhob sich und presste seine Lippen auf Hamids Mund. Dieser umfasste seinen Schwanz mit der Hand und führte sie in rhythmischen Bewegungen wieder auf und ab. Rashno tat es ihm gleich, und schon nach wenigen Augenblicken explodierte die Leidenschaft nahezu gleichzeitig in ihnen. Es kostete sie einiges an Beherrschung, um vor Wollust nicht laut aufzuschreien. Noch nie hatte Rashno einen derart starken Orgasmus erlebt. Sein ganzer Leib kribbelte angenehm.

Erschöpft, aber restlos glücklich und zufrieden sanken sie zurück aufs Bett und atmeten schwer. Eine ganze Weile lagen sie schweigend nebeneinander, und jeder dachte über das, was in den vergangenen Minuten geschehen war, nach. Für Rashno war es die Erfüllung eines lang unterdrückten Verlangens. Er war froh, es endlich getan zu haben. Heute hatte er die Bestätigung gefunden, dass seine Fantasien und sein Verlangen nach Sex mit einem Mann richtig gewesen waren. Nichts war an seinen Vorstellungen darüber falsch gewesen. Nun war er vollends in der Welt der gleichgeschlechtlichen Begierde angekommen, und er konnte es kaum erwarten, dieses Erlebnis zu wiederholen.

Auch für Hamid bedeutete ihr erstes intimes Zusammensein mehr als nur eine einfache Bettgeschichte – mehr als die Befriedigung seiner aufgestauten Lust. Er hatte endlich mit dem Mann, den er über alles liebte, geschlafen. Auch wenn seine Liebe noch nicht von seinem Angebeteten erwidert wurde, so hatte er noch nie so intensiven Sex erlebt.

„Geht es dir gut, Rashno?", fragte er in die Stille hinein. Er hoffte inständig, dieser würde nicht bedauern, was passiert war. Doch der brummte nur leise und hauchte ein leises „Ja!"

„Wie war es für dich? War es so, wie du es dir vorgestellt hast, oder bereust du es?

Sofort setzte sich Rashno auf und ergriff Hamids Hand. „Es war nicht so, wie ich es erwartet hatte." Er machte eine kleine Pause und lächelte. „Es war viel, viel schöner! So etwas kann man sich nicht vorstellen, jedenfalls nicht, wenn man es noch nie erlebt hat. Und natürlich bereue ich es nicht! Ganz im Gegenteil. Ich war ein Narr, meine Gefühle so lange zu unterdrücken. Wir hätten das schon viel früher und viel öfter tun können. Stattdessen habe ich mich wie ein Idiot verhalten."

Hamid hörte ganz genau, dass Rashno das Wort „wir" benutzte. Das machte ihm Hoffnung. „Du hast diese Zeit gebraucht! Mach dir keine Vorwürfe. Jetzt weißt du, was du willst und wie es sich anfühlt. Jetzt steht dir fast nichts mehr im Wege, deine Sexualität auszuleben. Es gibt so viele von uns in der Stadt. Ich werde dir zeigen, wo und wie man sie kennenlernen kann. Dann kannst du weitere Erfahrungen sammeln."

Aber Rashno schüttelte energisch den Kopf. „Nein, ich will nicht auf diese Art ‚Erfahrung sammeln'."

„Willst du es denn bei diesem einen Erlebnis belassen?"

„Auch das nicht, Hamid. Ich möchte noch viele solcher Erlebnisse. Es gibt sicher noch viel mehr für mich zu entdecken. Aber ich will das nicht mit allen und jedem!"

„Sicher nicht mit allen, und auch bestimmt nicht mit jedem. Das ist klar. Aber du musst andere Schwule finden, mit denen du weitere Sachen ausprobieren kannst.“

„Nein. Hamid, ich wäre glücklich und zufrieden, wenn du bereit dazu wärst, und wir beide diesen Weg gemeinsam gehen. Wenn du es auch willst, würde ich gerne mit dir lernen.“

Hamid setzte sich nun ebenfalls auf. Stürmisch nahm er Rashno in seine Arme. „Es gibt nichts, was ich lieber täte. Ich bin glücklich, dass du mit mir auf diese Weise zusammen sein willst. Ich verspreche dir, es wird unsere Freundschaft nicht verändern.“ Er legte seinen Kopf auf Rashnos Schulter, sodass dieser nicht sehen konnte, wie er vor Freude zu weinen begann.

In Rashno hingegen festigte sich der Gedanke, dass sich ihre Freundschaft sehr wohl verändern würde. Bereits jetzt entwickelte sie sich zu etwas ganz anderem.

Als Rashno am nächsten Morgen erwachte, fühlte er sich wie ein neuer Mensch. Es war noch recht früh, und die Sonne war noch nicht weit genug über den Horizont gestiegen, um die Stadt restlos zu erhellen. Im Zimmer herrschte eine behagliche Dämmerung, und obwohl es in der Nacht nicht besonders abgekühlt hatte, empfand er die Körperwärme, die er in Hamids Armen spürte, als angenehm. Sein Freund lag auf dem Rücken und hatte die Augen geschlossen. Mit gleichmäßigen Atemzügen schlief er. Nur sein Brustkorb hob und senkte sich sanft. Hamids Arm ruhte unter Rashnos Nacken, und seine Hand berührte ihn leicht am Oberarm. Rashno selbst hatte sich nach dem Aufwachen auf die Seite gerollt. Jetzt beobachtete er Hamid.

Ja, er war restlos glücklich an diesem Morgen. Nicht nur, dass Hamid ihm in dieser schweren Zeit half, und auch nicht, weil sie gemeinsam gestern Abend etwas erlebt hatten, das Rashno die Richtigkeit all seiner getroffenen Entscheidungen bestätigte. Er spürte mehr und mehr, dass ihm an Hamid viel lag. Er war sein Freund, sein bester Freund, er war der wichtigste Halt in seinem Leben geworden. Aber Hamid war auch noch mehr. Konnte man ihre Freundschaft eigentlich noch als solche bezeichnen?

Er fühlte sich immer stärker zu ihm hingezogen, und jede Minute waren seine Gedanken bei ihm. War er nicht an seiner Seite, sehnte er sich sofort nach ihm.

„Guten Morgen! Hast du gut geschlafen?", fragte Hamid unerwartet und riss Rashno aus den Gedanken. Ein zufriedenes Lächeln umspielte seine Mundwinkel.

Rashno erwiderte es. „Aber klar. Nach so einem Abend und in deinen Armen kann man doch nur gut schlafen. Und du?"

„Danke für das Kompliment. Und ja, auch ich habe sehr gut geschlafen. Besser habe ich mich schon lange nicht mehr gefühlt." Er unterstrich seine Aussage mit einem leichten Kuss auf Rashnos Stirn.

„Ich denke, wir müssen uns langsam fertig machen. Ich will die Vorlesungen heute nicht verpassen."

„Ja, du hast recht. Obwohl … ich würde den Tag viel lieber mit dir hier im Bett verbringen."

„Würde ich auch lieber. Aber heute ist es wichtig für mich, pünktlich zu sein. Es stehen Themen auf der Tagesordnung, die ich für meine nächste Klausur brauche. Und nachmittags muss ich leider arbeiten. Aber ich denke, spätestens gegen 20 Uhr kann ich wieder zu Hause sein."

Rashno setzte ein theatralisches Schmollgesicht auf. „Na gut, dann werde ich heute Nachmittag zum großen Bazar gehen. Ich werde uns etwas Leckeres für den Abend kochen."

„Aha. Was gibt es denn?", erkundigte sich Hamid neugierig.

„Lass dich überraschen!"

„Dann bin ich ja mal gespannt! Gehst du heute auch zur Uni?“

„Aber klar. Heute Vormittag bin ich auch dort ... Willst du zuerst ins Bad?“

Hamid nickte, schwang sich aus dem Bett und verschwand im anliegenden Zimmer. Rashno stand ebenfalls auf und wartete am Fenster. Die ersten Sonnenstrahlen überfluteten mittlerweile die Stadt, und ein erneut sonniger und vermutlich heißer Tag kündigte sich über den Dächern Teherans an.

Eine Stunde später verließen sie gemeinsam die Wohnung und machten sich auf den Weg zur Universität. Dort angekommen, trennten sich vorerst ihre Wege.

„Wir sehen uns heute Abend, Hamid. Ich gehe mittags noch zum Sport und dann auf den Markt.“ Er sah sich vorsichtig nach allen Seiten um, bevor er leise flüsterte: „Ich freue mich auf dich!“

Beide wussten, was er meinte.

Hamid lächelte, und Rashno verstand. Ja, Hamid brannte wie er darauf, das Ereignis vom Vorabend zu wiederholen.

„Bis nachher, Rashno. Pass auf dich auf!“ Hamid ahnte nicht, wie wichtig dieser Ratschlag in wenigen Stunden sein würde.

6 – HÖLLE

Rashno fühlte sich frisch und erholt. Nach den eher langweiligen Vorlesungen am Vormittag tobte er sich endlich beim Sport so richtig aus. Selbst der Trainer bemerke, dass er heute viel befreiter und agiler spielte als sonst. Auch er empfand es, als wäre er von einer tonnenschweren Last befreit worden. Das Leben machte jetzt viel mehr Spaß als noch vor wenigen Wochen, als er die Bürde seines Geheimnisses mit sich herumgetragen hatte. Obwohl seine Gedanken sich ständig um Hamid und seine Gefühle für ihn drehten, zeigte er beim Training eine erstklassige Leistung. Dass Hamid nicht dabei war, half ihm sich auf den Sport und den Ball zu konzentrieren. Sonst würde er wahrscheinlich nur Augen für ihn haben.

Dennoch war er froh, als er nach einer heißen und ausgiebigen Dusche endlich den Campus verlassen konnte. Er wollte nicht, dass seine Freunde aus der Mannschaft etwas von der überschwänglichen Laune merkten und ihn danach fragten. Zielstrebig begab er sich in die Innenstadt, um auf dem großen Bazar die nötigen Zutaten für sein geplantes Abendessen zu besorgen. Außerdem wollte er noch etwas anderes kaufen. Er wusste noch nicht was, aber auf jeden Fall wollte er für Hamid ein Geschenk holen. Es sollte eine besondere Überraschung werden. Etwas, das nicht nur seine Dankbarkeit für all seine Unterstützung ausdrücken und eine „Belohnung“ für den ersten schwulen Sex darstellen würde. Er wollte ihm etwas ganz Spezielles mitteilen. Etwas, worüber er sich an diesem Vormittag während der Vorlesungen Gedanken gemacht hatte. Spätestens während der Dusche nach dem Sport hatte es sich als unumstößliche Tatsache in sein Hirn gebrannt: Er wollte es nicht länger verbergen und Hamid etwas schenken, mit dem er ihm zeigen konnte, dass er sich in ihn verliebt hatte.

Die Zutaten für das geplante Essen fand er schnell. Es gab unzählige Stände, die das anboten, was er suchte. Nur mit dem besonderen Geschenk für Hamid tat er sich schwer. Mit den Tüten voller Fleisch, Gemüse und Gewürzen beladen, wanderte er von Stand zu Stand und betrat eine endlose Anzahl von Geschäften auf dem riesigen Bazar. Er wusste genau, was das Geschenk ausdrücken sollte, aber er hatte immer noch keine konkrete Idee. Es sollte Hamid auf alle Fälle eine riesige Freude machen und etwas sein, mit dem er nie rechnen würde. Rashno überlegte. Am Wochenende hatte sich Hamid noch über seinen veralteten Laptop beklagt und davon geschwärmt, einmal genug Geld zu haben, um sich einen neuen, besseren kaufen zu können. Von der Erfüllung dieses Wunsches war er aber weit entfernt, denn das wenige Geld, das er in seinem Nebenjob verdiente, brauchte er zum Leben.

Jetzt stand Rashno vor einem großen Elektronik-Supermarkt und dachte nach. Das war eine zündende Idee, wie er fand. Sofort war er überzeugt. Es galt nur noch die Frage der Bezahlung zu lösen. So viel Geld trug er nicht bei sich. Es sei denn, seine Kreditkarte funktionierte noch und sein Vater hatte sie noch nicht sperren lassen. Dann könnte er seinem Geliebten einen Herzenswunsch erfüllen. Kurz entschlossen betrat Rashno das Geschäft. Er sah sich eine Weile um und fand eine schier unendliche Auswahl an Laptops. Da er keine Ahnung von diesen Dingen hatte, ließ er sich von einem Verkäufer, kaum älter als er selbst, beraten. Dieser empfahl ihm ein Gerät, und Rashno entschied sich, es zu kaufen. Es würde wohl am besten zu dem passen, was Hamid üblicherweise mit seinem Laptop tat. Doch je näher er der Kasse kam, desto nervöser wurde er. Würde seine Kreditkarte noch akzeptiert werden? Oder würde er sich gleich blamieren?

Als der Kassierer die Karte entgegennahm und in das Lesegerät einführte, hielt Rashno den Atem an. Es dauerte endlose Sekunden, bis das Display der Kasse anzeigte, dass die Zahlung erfolgreich war. Erleichtert atmete er aus. Scheinbar hatte sein Vater übersehen, ihm diesen Geldhahn zuzudrehen. Doch spätestens am Ende des Monats, wenn dieser die Abrechnung erhielt, wäre es vorbei mit dieser Geldquelle.

Mit dem Beleg der erfolgreichen Zahlung begab Rashno sich zur Warenausgabe und nahm den Karton mit dem neuen Laptop für Hamid entgegen. Obgleich er mittlerweile ziemlich beladen war, machte er sich glücklich und zufrieden auf den Heimweg. Ein Begriff, der für ihn seit heute eine ganz neue Bedeutung hatte. Es war nicht mehr nur ein Platz zum Schlafen für ihn. Nicht mehr nur ein Dach über dem Kopf, unter dem er den ersten Sex erleben durfte, sondern es war jetzt endgültig sein neues Zuhause. Ihr Zuhause, in das sie sich zurückziehen konnten, um von nun an ihre gemeinsame Liebe zu leben, das sie vor der übrigen Welt schützte, die ihre Gefühle füreinander verachtete und sie dafür sogar hasste.

Rashno freute sich auf die kommenden Stunden, in denen er wieder mit Hamid zusammen sein konnte. Er würde ihm endlich seine Liebe gestehen. Doch er hatte noch etwas Zeit. So gönnte er sich einen Tee in einem der zahlreichen Teehäuser auf dem Markt. Erst dann wollte er nach Hause gehen.

Er genoss das Glück und die gespannte Erwartung auf Hamids Reaktion so sehr, dass er das hasserfüllte Augenpaar, das ihn beobachtete, nicht bemerkte. Selbst als der Mann leise sein Mobiltelefon zückte und zu sprechen begann, achtete Rashno nicht darauf.

Etwa eine Stunde später machte sich Rashno auf den Weg. Die Sonne war bereits so tief gesunken, dass sie die Straßen in ein Gewirr von Licht und Schatten tauchte. Er hatte ein paar SMS mit Hamid ausgetauscht, und der hatte ihm bestätigt, dass er gegen 20 Uhr zu Hause sein würde. Also blieb Rashno noch etwas mehr als eine Stunde, um das Essen vorzubereiten. Er konnte es kaum erwarten. Noch nie hatte er sich auf irgendein Wiedersehen so sehr gefreut wie heute. Sein Denken und sein ganzes Herz drehten sich nur noch um Hamid.

Um schneller zu Hause zu sein, entschied Rashno sich, ein Taxi zu nehmen. Er verließ den Bazar und winkte sich ein vorbeifahrendes Taxi heran. Während der Fahrt dachte er über das Abendessen nach. Er hatte wenig, eigentlich fast gar keine Ahnung vom Kochen. Aber er war zuversichtlich, dass es ihm irgendwie gelingen würde, etwas Essbares auf den Tisch zu bringen. Viel mehr beunruhigte ihn sein bevorstehendes Geständnis Hamid gegenüber. Wann und wie würde er Hamid seine Liebe offenbaren und ihn mit dem Geschenk überraschen?

Rashno war so sehr mit sich beschäftigt, dass er nicht auf seine Umgebung achtete. Denn in einigem Abstand folgte dem Taxi, in dem er saß, ein anderes. Vier Männer saßen in dem Wagen. Sie hatten den Fahrer angewiesen, in ausreichendem Abstand zu bleiben, sodass ihre Verfolgung nicht bemerkt wurde. Als Rashno sein Ziel erreichte, stoppten sie keine hundert Meter hinter ihm und verließen ebenfalls das Fahrzeug.

Rashno hatte einige Mühe sich mit den Tüten und dem großen Karton aus dem Taxi zu bewegen. Er schaute nicht auf die Männer, die sich ihm allmählich näherten. Erst als er den Wohnungsschlüssel mühevoll aus seiner Hosentasche kramte, begriff er die Gefahr, in der er sich von einem Moment auf den anderen befand.

„Hallo, Rashno!" Die Stimme, die gepresst seinen Namen rief, erkannte er sofort. Sie erklang völlig unvermittelt in seinen Ohren und rief all die negativen Erinnerungen in ihm hervor, die er in den letzten Tagen so erfolgreich verdrängt hatte.

Langsam drehte er sich um. Noch immer hoffte er, sich getäuscht zu haben. Doch als er in das Gesicht des Mannes blickte, fand er seine schlimmsten Befürchtungen bestätigt.

Vor ihm stand sein Vater – und er war nicht allein. Auch seine Brüder hatten sich vor ihm aufgebaut.

„Hallo … Vater“, stammelte Rashno ängstlich vor Überraschung.

„Nenn mich nicht Vater! Hörst du? Nie wieder! Du bist alles, nur nicht mein Sohn!“ Er bemühte sich, nicht zu schreien, aber Rashno spürte deutlich den Hass, den die Stimme seines Vaters herauspresste. „So ein abscheuliches Schwein wie du gehört nicht mehr zu unserer Familie! Du hast nicht nur uns enttäuscht, sondern du hast uns allen eine Schande zugefügt, die nie wiedergutzumachen ist!“

„Vater …“

„Ich habe dir gesagt, dass ich nicht mehr dein Vater bin! Jedenfalls so lange nicht, bis du dich von deinem widerwärtigen Verhalten abwendest und ein Leben in Gehorsam und Sittsamkeit führen willst, um Allah, deine Eltern und deine Vorfahren zu ehren.“

Noch bevor Rashno zu einer Antwort fähig war, schnauzte sein ältester Bruder ihn an: „Was machst du hier in dieser Gegend? Wohnst du hier bei dieser Schwuchtel? Es ekelt mich an, wenn ich mir vorstelle, was für widerwärtige Sachen ihr miteinander treibt. Du solltest dich schämen! So verhält sich kein Mann!“

„Bei wem ich wohne und was ich hier tue, geht dich gar nichts an! Kümmere dich um deine eigenen Angelegenheiten und lass mich in Ruhe!“ Rashno zitterte am ganzen Leib, doch das hielt ihn nicht davon ab, weiterzusprechen. „Du meinst, ich verhalte mich nicht wie ein Mann? Findest du es besonders männlich, auf Anweisung deines Vaters brav irgendeine Frau zu heiraten, die du gar nicht liebst und nur fickst, um mit dem ersten Enkel protzen zu können? Mein Leben gehört mir, und ich verbringe es mit dem Menschen, den ich liebe und der gut für mich ist. Ich lasse mir nicht wie ein dummer Junge befehlen, wie ich leben und mit wem ich mein Leben teilen soll!“

Noch ehe Rashno reagieren konnte, war sein Vater mit zwei schnellen

Schritten bei ihm. Er riss ihn brutal an den Haaren zu sich heran. Rashno konnte die vollen Tüten mit den Einkäufen nicht mehr halten. Sie fielen zu Boden. Ihr Inhalt rollte über die staubigen Steinplatten zu ihren Füßen.

„Du bist ein kleiner dummer Junge, und du hättest tun sollen, was ich dir gesagt habe! Das wäre besser für deine Zukunft gewesen, als dieses Schwein, das dich zu diesen gotteslästerlichen Dingen überredet hat. Du bist noch viel zu jung, um zu wissen, was gut für dich ist."

Rashno atmete stockend. Er vermied es, laut aufzuschreien, obwohl der Zug seines Vaters an seinen Haaren entsetzlich wehtat. Nur die Tränen in seinen Augen konnte er nicht aufhalten.

„Hamid ist kein Schwein!", erwiderte er trotzig. „Er ist der liebevollste und gutmütigste Mensch, dem ich je begegnet bin. Im Gegensatz zu dir nimmt er mich und meine Gefühle ernst. Er respektiert mich. In jeder Minute bringt er mir mehr Liebe entgegen, als du es jemals getan hast. Und er betrachtet mich nicht als sein Eigentum, obwohl mein Herz nur ihm gehört. Ja, V a t e r, ich liebe Hamid von ganzem Herzen und mit jeder Faser meines Körpers! Und daran werdet ihr und kein anderer jemals etwas ändern können!"

Der Blick des Vaters durchbohrte ihn. Rashno hatte ihn schon oft wütend gesehen. Er erinnerte sich auch noch sehr genau an das böse Funkeln in seinen Augen, als er ihn gnadenlos verprügelt hatte. Aber jetzt schlug ihm abgrundtiefer, fanatischer Hass entgegen.

„Das werden wir ja sehen!", polterte der Vater. Er hob seinen Arm, und einen Sekundenbruchteil später spürte Rashno einen heftigen Schmerz in seinem Gesicht. Die Faust seines Vaters hatte ihn hart auf der Wange getroffen. Ihm wurde schwarz vor Augen. Seine Knie gaben nach. Sie schienen das Gewicht seines Körpers nicht mehr tragen zu können. Doch die Hand, die noch immer seine Haare hielt, hinderte ihn, zu Boden zu gehen. Weitere Faustschläge trafen sein Gesicht, ließen seine Lippen aufplatzen und einen heftigen Schwall Blut aus seiner Nase fließen. Immer wieder schlug sein Vater zu. Wie von Sinnen prügelte er auf ihn ein. Er hörte erst auf, als seine Kraft nicht mehr ausreichte, Rashno auf den Beinen zu halten. Er ließ die Haare los, und Rashno fiel besinnungslos vor seine Füße auf den Boden. Er war kaum fähig etwas wahrzunehmen, doch er ahnte, dass es nicht vorbei war. Schützend versuchte er seine Arme um den Kopf zu legen, wie er es immer getan hatte, wenn er geschlagen worden war.

Wie recht er mit seiner Vermutung hatte, fühlte er Sekunden später. Statt mit der Faust auf ihn einzuschlagen, attackierte der Vater ihn jetzt mit Fußtritten. Immer wieder trat er ihm in den Bauch, den Rücken und in die Seiten. Rashno versuchte, sich zur Seite zu drehen, um den Angriffen zu entkommen, doch sein Vater war nicht allein gekommen. Kaum hatte er sich von ihm abgewandt, trafen ihn erneut Tritte am ganzen Körper. Seine Brüder reihten sich um ihn und bildeten einen Kreis, aus dem es kein Entkommen mehr gab. Abwechselnd ließen sie ihre Wut und ihren Hass an ihm aus.

Rashno hatte keine Ahnung, wie lange er ihrer Gewalt ausgesetzt war. Er spürte mittlerweile kaum noch Schmerzen. Sein Zeitgefühl verließ ihn genauso wie seine bewusste Wahrnehmung. Es war wie eine Erlösung, als ihn endlich der dunkle Mantel der Bewusstlosigkeit umhüllte und sich sein Geist dieser Tortur entziehen konnte.

Er fühlte etwas Kühles auf seinen Wangen, das den heißen, brennenden Schmerz linderte, der sein ganzes Gesicht pulsierend überzog. Nur mühsam und in kleinen Schritten fand er den Weg aus der Dunkelheit zurück. Wo war er? Was war mit ihm geschehen? Und wieso löste jeder Atemzug solche Pein in ihm aus?

Als Erstes fiel ihm ein, wo er sich befand, und diese Erkenntnis tat auf jeden Fall schon mal gut. Er lag auf seinem Bett. Auf ihrem Bett. Also war er zu Hause. Vereinzelt aufblitzende Bilder erinnerten sein Gehirn Schritt für Schritt, warum er hier lag und wieso er sich so elend fühlte. Es waren Schnappschüsse von hasserfüllten Augen, von Fäusten und von Schuhen, die ihn wie einen Ring umgaben, der immer enger wurde. Schließlich entstand daraus ein Szenario, in dem er von seinem Vater und seinen Brüdern brutal zusammengeschlagen wurde. Gemeinsam hatten sie ihren Hass in einem Gewaltakt entladen. Seine Gedanken klarten zusehends auf, und Rashno öffnete vorsichtig die Augen weiter.

Ja, er war zu Hause, und alles kam ihm so vertraut vor, als hätte er bereits sein ganzes Leben hier gelebt. Dabei wohnte er doch erst seit Kurzem bei Hamid.

Hamid? Was war mit Hamid? Wo war er?

Er versuchte sich ruckartig aufzurichten, aber nicht nur sein Körper hielt ihn mit einem mächtigen Aufschrei starker Qual davon ab. Er spürte auch zwei Hände an seinen beiden Schultern, die ihn sanft, aber bestimmt zurück auf das Bett drückten. Vorsichtig drehte er den Kopf etwas zur Seite und erblickte Hamid. Dessen sorgenvolles Gesicht ließ nichts Gutes erahnen, aber immerhin lächelte er.

„Endlich, Rashno! Ich habe mir solche Sorgen gemacht. Wie fühlst du dich?"

Hamid saß neben ihm auf dem Bett, und Rashno sah jetzt, was die Schmerzen in seinem Gesicht mit angenehmer Kühle linderte. Sein Freund hatte eine Schüssel mit Wasser auf den kleinen Tisch gestellt, den er neben das Bett gezogen hatte. In sie tauchte er ein kleines Handtuch, wrang es aus und legte es Rashno vorsichtig auf sein geschundenes Gesicht.

„Frag mich das noch mal, wenn ich wieder lebe! Und wie geht es dir? Bist du in Ordnung?"

„Ja, sicher. Außer, dass ich vor Angst fast gestorben bin."

Rashno wollte ein Lächeln auf sein Gesicht zaubern, aber ein unangenehmes Ziehen seiner Lippen gebot ihm, den Versuch unverzüglich abzubrechen. „Kannst du mir bitte ein Glas Wasser geben? Ich habe das Gefühl zu verdursten."

Hamid ging zum Kühlschrank und holte ein bereits gefülltes Glas heraus. Vorsichtig half er seinem Freund sich etwas aufzurichten und führte ihm das Glas an seinen Mund. Rashno trank es in einem Zug fast komplett aus.

„Ich dachte mir schon, dass du Durst haben wirst."

„Wieso das?" Rashno sah ihn verwundert an.

„Nun, du hast sehr lange geschlafen."

„Lange? Wie lange denn?"

„Über 36 Stunden! Ich habe dich vorgestern Abend unten vor dem Haus gefunden, als ich von der Arbeit nach Hause kam."

Rashno riss erschrocken die Augen auf. „Bitte was?"

Hamid nickte zustimmend, um seine Aussage zu bestätigen. „Ja, du warst zwei Nächte und einen ganzen Tag bewusstlos."

„Ach du liebe Güte!"

„Jetzt erzähl aber mal: Was ist eigentlich passiert? Hast du dich mit einer Horde wilder Bären angelegt? Du siehst wirklich fürchterlich aus."

Rashno versuchte erneut zu lächeln. Diesmal ignorierte er das schmerzhafte Reißen um seinen Mund herum. Dann begann er mit kurzen Sätzen zu erzählen, was sein Vater und seine Brüder ihm angetan hatten.

„Was?", rief Hamid. „Wie kann man als Vater so etwas seinem Sohn antun? Das werde ich nie verstehen. Wieso sind sie denn so ausgerastet?"

„Na ja, ein Wort ergab das andere. Als ich ihnen sagte, was ich für dich empfinde und warum ich mit dir zusammen bin, ist bei meinem Vater die Sicherung durchgebrannt."

„Was du für mich empfindest?" wiederholte Hamid fragend.

Rashno wurde sich bewusst, dass er mit seinen Ausführungen etwas preisgegeben hatte, was er Hamid an jenem Abend gestehen wollte. Allerdings auf völlig andere Art und Weise. „Weißt du, eigentlich wollte ich dich mit einem selbst gekochten Essen und einem Geschenk überraschen, um dir zu sagen, dass ich … dass ich mich in dich verliebt habe. Ich habe endlich gemerkt, was du mir bedeutest, und ich wünsche mir nichts sehnlicher, als mit dir zusammen zu sein!“

Hamid starrte ihn ungläubig an. Er konnte nicht glauben, was Rashno ihm da gesagt hatte. Wenn das wirklich wahr sein sollte, wäre sein Traum endlich Realität geworden. Er spürte, wie seine Augen sich mit Tränen füllten. „Rashno, wenn du das fühlst, machst du mich zum glücklichsten Menschen der Welt.“

„Ja, Hamid. Ich fühle so! Ich denke, ich habe das schon länger gespürt, aber ich habe mich nie getraut, es als das zu verstehen, was es ist: Liebe! … Aber eine Bitte!“

Hamid sah ihn fragend an. „Was denn?“

„Nimm mich jetzt bitte nicht in den Arm und küss mich nicht! Sonst werde ich vor Schmerzen sofort wieder ohnmächtig!“ Rashno lächelte.

„In Ordnung … mein Engel! Du hast keine Ahnung, wie sehr ich dich liebe!“

„Ich liebe dich auch!“ Rashno schloss für einige Sekunden die Augen. Nach wie vor fiel ihm das Sprechen schwer, und er fühlte eine bleierne Müdigkeit in sich. „Hast du irgendwas von den Einkäufen retten können?“, murmelte er. „Ich glaube, die waren über den ganzen Boden verstreut.“

Hamid nickte. „Ja. Das meiste war noch zu gebrauchen. Der Nachbar von gegenüber hat freundlicherweise alles eingesammelt, während ich dich nach oben gebracht habe. Auch den Laptop!“

„Echt? Der war noch da?“

„Ja. Wofür hast du dir den eigentlich gekauft? Du interessierst dich doch gar nicht für so was.“

„Liebling, den habe ich nicht für mich gekauft, sondern für dich!“

„Für mich? Bist du verrückt?“

„Ja, verrückt nach dir! Ich wollte dir eine besondere Freude machen. Du hast so viel für mich getan, und neulich hast du dich so über deinen alten Laptop beklagt. Da dachte ich mir, ich nutze die Kreditkarte meines Vaters noch mal, um dir einen neuen zu holen. Also, wenn du dich bei jemandem bedanken willst, dann bei ihm!“

„Oh, Rashno, das ist so lieb von dir! Ich danke dir von ganzem Herzen.“ Hamid beugte sich vor und gab seinem Geliebten einen vorsichtigen Kuss auf die Stirn. Abermals hauchte er: „Ich liebe dich!“ Er setzte sich wieder auf und erneuerte das kühlende Handtuch auf Rashnos Gesicht. Der lächelte ihn dankbar an, bevor er die Augen schloss und einschlief.

Als Rashno wieder erwachte, saß Hamid nicht mehr bei ihm auf dem Bett. Vorsichtig bewegte er den Kopf und sah sich im Zimmer um, aber er war allein. Ein kurzer Blick zum Fenster signalisierte ihm, dass es draußen hell und sonnig war. Es musste also Tag sein. Er hatte keine Ahnung, wie lange er geschlafen hatte, aber zumindest sein Geist fühlte sich einigermaßen frisch und erholt. Der pulsierende Schmerz in seinem Gesicht hatte etwas nachgelassen, und Rashno entschloss sich aufzustehen. Er musste dringend ins Bad.

Langsam griff er nach der leichten Decke, die seinen Körper bedeckte, und zog sie behutsam zur Seite. Schon diese simple Bewegung ließ ihn ahnen, wie es sich anfühlen musste, wenn er seinen Körper aufrichten und aus dem Bett steigen würde. Mühsam setzte er sich etwas auf und stützte sich auf seine Arme. Sein Bauch und seine Rippen schrien gleichzeitig auf.

Rashno sah an sich herunter. Sein Oberkörper war übersät mit blauen Flecken, aufgeplatzten Wunden und Schrammen, auf denen sich eine leichte Kruste von Blut gebildet hatte. Er schloss die Augen und atmete tief durch. Wie lange würde es wohl dauern, bis alles verheilt war?

Der Druck in seiner Blase zwang ihn, wieder in die Realität zurückzukehren. Er arbeitete weiter an seinem Aufstehen. Langsam bewegte er ein Bein über die Bettkante, und als sein Fuß nach einer halben Ewigkeit endlich den Boden berührte, ließ er das zweite Bein folgen. Schließlich hatte er es geschafft und saß schwer atmend auf der Bettkante. Er hielt die Luft an. Sein gesamter Körper wehrte sich gegen jede Form von Bewegung. Er forderte unnachgiebig, sich wieder hinzulegen. Doch Rashno musste das ignorieren, ebenso die Welle von Schmerzen. Mit wackligen Beinen stand er vom Bett auf und stützte sich mit der Hand an der Wand ab. Er fühlte sich schwach, und er hoffte es bis zur Toilette zu schaffen. Qualvoll setzte er vorsichtig einen Fuß vor den anderen. Bei jedem Schritt suchte er nach einer Möglichkeit, sich irgendwo festzuhalten. Letztendlich hatte sich sein Kreislauf so weit in Gang gesetzt und seine Beine sich wieder daran gewöhnt, sein Gewicht zu tragen, dass er die letzten Meter zurücklegen konnte, ohne nach einem Halt suchen zu müssen. Sein Atem ging schwer, und Schweißperlen hatten sich auf seiner Stirn gebildet, als er endlich die Toilette erreichte. Er fühlte sich schlimmer als nach drei Stunden Ausdauertraining. Dennoch tat es gut, sich erleichtern zu können.

Von draußen drang ein dumpfes Geräusch zu ihm herein. Die Wohnungstür wurde aufgeschlossen. Sekunden später wurde sie geöffnet.

„Rashno? Rashno!“, rief Hamid, als er ihn nicht im Bett vorfand.

„Ich bin hier, Hamid!“ Rashno hatte an dem Tonfall der Stimme erkannt, dass sein Freund panisch war. Dieser erschien auch sogleich im Türrahmen.

„Was machst du hier?“, fragte er besorgt.

„Nach was sieht es denn aus?“, grinste Rashno.

„Ja … ja klar. Komm, ich helfe dir zurück ins Bett. Der Arzt hat gesagt, du darfst dich nicht zu viel bewegen.“

„Der Arzt? Welcher Arzt?"

„Ich habe einen Arzt kommen lassen, nachdem ich dich heraufgeschleppt hatte. Du sahst fürchterlich aus, und ich habe mir Sorgen gemacht, ob du vielleicht ernsthaft verletzt warst. Du hättest innere Verletzungen haben können."

„Du bist so ein Engel, Hamid. Wie lange habe ich denn noch zu leben?"

„Damit macht man keine Witze! Ich hatte wirklich Angst! Dem Himmel sei Dank hattest du keine lebensgefährlichen Verletzungen. Es war nichts gebrochen oder Schlimmeres geschehen. Aber du wirst dich noch einige Zeit schonen müssen."

„Es tut mir leid, Schatz. Ich wollte mich nicht über dich lustig machen."

„Schon gut. Aber jetzt komm. Ich bring dich zurück ins Bett."

Doch Rashno schüttelte den Kopf. „Wenn ich schon mal hier bin, würde ich gerne kurz duschen. Ich rieche fürchterlich."

Hamid überlegte. Er wollte Rashno so schnell wie möglich in sein Bett zurückbringen, andererseits wäre es leichter, ihn zu duschen, als ihn hinterher im Bett zu waschen. „Gut, aber dann lass mich dir helfen."

Rashno nahm dieses Angebot gerne an.

Hamid drehte das Wasser der Dusche an und stellte eine angenehme Temperatur ein. „Darf ich?", erkundigte er sich und half Rashno nach erhaltener Zustimmung die Sporthose und die Unterhose von den Beinen zu ziehen. Dann führte er ihn langsam unter die Dusche.

Das angenehm warme Wasser tat unendlich gut auf Rashnos Haut. Minutenlang ließ er es über sich prasseln. Es brachte ihm seine Lebensgeister ein gutes Stück zurück.

„Reichst du mir das Duschgel?", fragte er.

„Warte, ich mach das." Hamid drückte eine Handvoll Seife aus der Flasche auf seine Hand und verrieb sie vorsichtig auf Rashnos Rücken. An den Stellen, an denen sich die noch immer deutlichen Spuren der Misshandlung abzeichneten, war er besonders vorsichtig. Trotzdem konnte er nicht vermeiden, dass Rashno sich einige Male vor Schmerzen verkrampfte und die Luft anhielt.

Wäre Rashno nicht in diesem erbärmlichen Zustand gewesen, hätte er es als extrem anregend empfunden. Hamid wusch seinen gesamten Körper und berührte ihn überall mit seinen Händen. Aber so regte sich bei ihm gar nichts, und er war froh, als Hamid fertig war und das Wasser abstellte. Äußerst behutsam trocknete dieser ihn ab und half ihm anschließend zurück ins Bett. Innerhalb weniger Minuten fiel Rashno wieder in einen tiefen Schlaf.

In den darauffolgenden Tagen erholte sich Rashno zusehends. Bereits nach zwei Tagen musste er nicht mehr ständig das Bett hüten und konnte etwas aufstehen. Auch wenn ihn bei manchen Bewegungen die Schmerzen noch immer an sein Martyrium erinnerten, so wurde es auch besser.

Hamid kümmerte sich aufopferungsvoll um ihn. Er war Tag und Nacht an seiner Seite. Er ging nicht einmal zu den Vorlesungen, hatte sich beim Sport mit einem angeblich verstauchten Fuß entschuldigt, und auf der Arbeit hatte man ihm wegen einer „dringenden Familienangelegenheit“ Urlaub gewährt. So konnte er sich 24 Stunden um seinen geliebten Freund kümmern.

Rashno fühlte sich endlos glücklich. Auch wenn der Anlass eher angsteinflößend war und besser nie passiert wäre, so genoss er die gemeinsame Zeit mit Hamid. Jetzt, da er sich seine Liebe zu ihm eingestanden und sie ihm offenbart hatte, spürte er noch mehr das Verlangen, ihn in jeder Minute bei sich zu haben. Auch wenn sie im Moment wegen seines Zustandes keine weiteren Intimitäten austauschen konnten, so fühlte er sich absolut zufrieden. Es war, als hätten sein Herz und seine Seele den Grund gefunden, warum er auf dieser Welt war. Warum er geboren worden war, und wofür er in den letzten Jahren so gelitten hatte. Selbst, dass ihn seine Familie wegen der Liebe zu Hamid verstoßen und fast totgeschlagen hatte, war es ihm wert. Er würde sich an Hamid festhalten und ihn nie wieder aufgeben.

Ungefähr eine Woche nach dem gewaltsamen Wiedersehen mit seinem Vater und seinen Brüdern hatten sich die Spuren des Übergriffes in seinem Gesicht so weit gebessert, dass Hamid und er sich wenigstens wieder küssen konnten. Das war der Moment, den Rashno sich am sehnlichsten herbeigewünscht hatte. Zum ersten Mal bekam er seit dem Zwischenfall wieder eine Erektion. Es war für ihn der perfekte Augenblick der Nähe.

An diesem Tag, es war ein Sonntag, wollte er endlich die gemeinsame Wohnung für einen kleinen Spaziergang verlassen. Er konnte sich mittlerweile so weit bewegen, dass ihm das Anziehen keine unsäglichen Schmerzen mehr bereitete. Dennoch musste er behutsam vorgehen und durfte keine falsche Bewegung machen.

Vorsichtig stieg er die Treppe hinunter, und als sie auf der Straße vor dem Haus standen, sog er begierig frische Luft in seine Lungen. Endlich konnte er wieder tief durchatmen. Dass er bei den ersten Gehversuchen außerhalb der Wohnung Hamid an seiner Seite wusste, machte ihn zum glücklichsten Menschen der Welt.

Sein Blick fiel auf die Hauswand neben dem Eingang, und sofort kehrte er in die Realität zurück. Entsetzt riss er die Augen auf. Jemand hatte mit einer Spraydose das Wort „Lavat[7]" in riesigen Buchstaben auf die Fassade geschmiert.

„Seit wann steht das denn da?", fragte er erschrocken.

„Ich habe es am Tag nach dem Überfall bemerkt."

„Wir sollten das wegmachen!"

7 Begriff aus dem iranischen Strafgesetzbuch: Lavat = Geschlechtsverkehr zwischen Männern

„Habe ich schon versucht. Geht aber nicht. Lass uns lieber weitergehen, bevor jemand sieht, dass wir uns darüber unterhalten." Hamid zog ihn vorwärts.

Rashno nickte. Mit langsamen Schritten machten sie sich auf den Weg.

Rashnos Genesung schritt weiter rasch voran. Von Tag zu Tag ging es ihm besser. Die Blutergüsse an seinem Oberkörper wechselten von einem hellen Rot über ein tiefes Blau bis hin zu einem Schwarz-Gelb, bis sie schließlich verblassten. Drei Wochen nach dem Gewaltakt konnte er sich endlich schmerzfrei bewegen. Er besuchte auch wieder die Vorlesungen an der Universität. Zum Sport wollte er aber noch nicht gehen. Auch wenn es ihm schon fast perfekt ging, musste er sich noch etwas schonen, um die Verletzungen nicht erneut aufleben zu lassen. Auch psychisch erholte er sich gut. Zwar stellte der Überfall ein unangenehmes, lebensgefährliches Ereignis dar, doch es würde ihn immer an einen der schönsten Momente in seinem Leben erinnern. Es war der Tag, als er sich seiner Liebe zu Hamid deutlich bewusst geworden war – der Beginn ihrer Beziehung. Seither war ihre Liebe um ein Vielfaches gewachsen.

Nahezu einen Monat später war nicht mehr die Sonne das Zentrum, um das die Welt sich drehte. Für Rashno war jetzt Hamid zu diesem Mittelpunkt geworden. Nichts war mehr wichtiger als er und die Liebe, die sie sich entgegenbrachten. Sie gab Rashno die Kraft, den Bruch mit seiner Familie und den Verlust der Wurzeln seiner Herkunft zu verarbeiten. Selbst der abgrundtiefe Hass, mit dem sie ihm begegneten, erschien belanglos und unwichtig. Hamid ermöglichte es ihm, all die negativen Erfahrungen zu ignorieren und zu vergessen. Er schaffte es, die Leere in ihm zu füllen und das Verlorene nicht einfach auszutauschen, es eins zu eins zu ersetzen, sondern den Begriffen eine völlig neue Bedeutung zu geben. Eine Interpretation und eine Wichtigkeit, die Rashno so noch nie gespürt hatte. Seine physische Erholung ermöglichte es ihm auch, die aufgestaute Lust nach körperlicher Nähe weiter zu ergründen. Dabei war es nicht nur die Gier, das zu wiederholen, was sie vor einigen Wochen das erste Mal erlebt hatten, sondern auch der Wunsch, ja, das brennende Verlangen, die nächsten Schritte zu tun. Rashno wollte endlich mehr, und Hamid würde es ihm geben.

So führte Hamid ihn behutsam in die Welt der nie geahnten Gefühle des schwulen Sexes ein. Er zeigte ihm nach und nach, wozu zwei sich liebende Menschen fähig waren, auch wenn sie dem gleichen Geschlecht angehörten. Es gab keine Grenzen und keine moralischen Argumente. Nichts konnte Rashno davon abhalten, seinen und Hamids Körper zu ergründen. Waren die Tage ausgefüllt mit ihrem Studium und anderen lebensnotwendigen Verpflichtungen, so gehörten die Nächte nur ihnen. Im Schutze ihres Apartments, verborgen vor einer Welt, die ihre Zuneigung weder verstand noch tolerierte, konnten sie ihre Liebe leben und sich gegenseitig die Erfüllung ihrer körperlichen Sehnsüchte geben. Hier störte sie niemand. Sie mussten auf kein verräterisches Augenpaar achten, dass an ihrer Liebe Anstoß hätte nehmen können. Im Schutz ihres Zuhauses konnten sie sich gegenseitig das geben, was ihre Gefühle nicht nur von dem jeweils anderen erwarteten, sondern, was sie sich auch gegenseitig geben wollten. Alles war perfekt.

Bis zu jenem Tag im August.

Verschlafen öffnete Rashno die Augen. Es war dunkel im Zimmer, und er hatte keine Ahnung, wie spät oder früh es war. Ein Blick zum Fenster ließ ihn erkennen, dass es wohl mitten in der Nacht sein musste. Der Himmel war tiefschwarz, und nur die bunt leuchtende Reklametafel am gegenüberliegenden Haus spendete einen Hauch von Licht. Irritiert sah er sich im Raum um. Hamid lag neben ihm und atmete sanft und gleichmäßig. Er schlief auf dem Bauch und hatte im Schlaf einen Arm über Rashnos Brust gelegt.

Irgendein Geräusch hatte Rashno aufgeweckt. Er versuchte zu verstehen, was es gewesen war. Aber er konnte nichts hören. Alles war ruhig. Hatte er nur geträumt? Er wusste es nicht. So schloss er wieder die Augen, um weiterzuschlafen. Genau in diesem Moment hörte er abermals etwas. Ein zunächst leises, fast schon rhythmisches Rumpeln, das rasch lauter wurde. War das ein leichtes Erdbeben? Rashno schaute aus dem Fenster. Doch nichts. Vielmehr kam die Quelle des Lärms aus dem Treppenhaus. Irgendwer lief die Stufen rauf oder runter und störte sich nicht daran, dass es Nacht war. Es klang wie eine Horde Kamele, die durchs Haus trabte.

Rashno ärgerte sich über die rücksichtslosen Rüpel, bis das Trampeln der Schritte plötzlich verstummte. Endlich herrscht wieder Ruhe, dachte er sich, als in der gleichen Sekunde die Hölle über sie hereinbrach. Ein fürchterlich lauter Schlag gegen die Tür ihres Apartments ließ sie beide innerhalb eines Bruchteils hellwach werden.

Ruckartig richteten sich Rashno und Hamid auf. Sie starrten entsetzt zum Eingang. Er war nicht mehr verschlossen. Die alte Holztür war aus den Angeln gerissen worden und lag nun vor dem Bett auf dem Boden. Das grelle Licht mehrerer starker Taschenlampen durchschnitt die Dunkelheit in ihrem Zimmer. Sie schienen nach etwas zu suchen. Als sich die Lichtkegel nur Augenblicke später auf dem Bett sammelten, wussten Rashno und Hamid, was das Ziel der Erkundung war. Sofort wurde ihnen klar, wer sie mitten in der Nacht aus dem Schlaf gerissen hatte – und vor allem, warum.

„Muṭawwi![8]“, brüllten die Männer und stürmten in die Kleinwohnung. Sie stürzten sich auf Rashno und Hamid, zerrten sie aus dem Bett und schlugen und traten sie.

„Was ist los? Warum tut ihr das?“, rief Hamid, aber als Antwort erhielt er lediglich einen Faustschlag ins Gesicht, der ihm die Nase brach. Vor Schmerzen ächzte er laut auf.

„Hamid?“, schrie Rashno und erntete dafür einen starken Tritt in die Rippen. Sofort verstummte er. Ein heftiges Stechen durchfuhr seine Seite. Vermutlich waren mehrere Rippen gebrochen.

Jeweils drei Mann hielten sie am Boden fest, die Arme brutal auf den Rücken gedreht. Ein weiterer Polizist kam hinzu und legte Rashno Handschellen um seine Gelenke, die mit einem metallischen Klicken einrasteten. Auch Hamid wurde auf diese Weise gefesselt. Dann packte man sie an den Oberarmen und riss sie vom Boden hoch. Rashno erkannte im gespenstischen Schein der Taschenlampen Hamids Gesicht. Er war über und über mit Blut bedeckt. Nach wie vor lief es ihm aus der Nase. Für einen Sekundenbruchteil konnten sie sich in die Augen sehen, bevor ihnen schwarze Stoffsäcke über die Köpfe gezogen wurden. Beiden war klar, dass sie in Lebensgefahr waren.

Barfuß und nur mit einer kurzen Sporthose bekleidet, zerrte man sie aus dem Apartment und schleifte sie die Stufen hinunter. Rashno stolperte mehrmals, aber die Polizisten, die ihn rechts und links flankierten, hielten ihn auf den Beinen. Die groben Übergriffe verursachten heftige Schmerzen in seinem Oberkörper. Er konnte absolut nichts sehen, ahnte aber, dass sie den Hauseingang erreichten. Außer dem Trampeln der Schritte war es ruhig. Keiner der Polizisten sagte etwas. Auch Rashno vermied es, einen Laut von sich zu geben.

„Wir haben die Abartigen!“, rief ein Polizist unerwartet, als sie auf die

[8] islamische Religionspolizei

Straße traten. „Wir bringen sie jetzt ins *Evin*-Gefängnis. Dort werden sie den Preis für ihr perverses Verhalten zahlen. Möge wenigstens Allah ihnen gnädig sein!“

Unsanft stieß man Rashno in ein Fahrzeug. Das Stechen in seiner Seite war kaum auszuhalten. Noch immer war ihm durch die Kopfbedeckung jede Sicht genommen. Er spürte, dass er allein mit den Polizisten im Auto saß. Anscheinend war Hamid in ein anderes Fahrzeug gebracht worden – sofern er überhaupt noch lebte und nicht längst verblutet war. Das Bild seines verletzten Freundes in seinem Kopf trieb ihm Tränen in die Augen. Sein Herz raste vor Aufregung. Panische Angst ergriff ihn. Er wusste, was der Staat von Schwulen hielt und wie er mit ihnen umging. Hoffentlich würde es wenigstens schnell vorüber sein.

Der Wagen fuhr los und raste durch die nächtlichen Straßen Teherans. Rashno versuchte zu verstehen, wie und warum man sie entdeckt hatte. Sie hatten in der Öffentlichkeit immer aufgepasst und sich durch nichts zu erkennen gegeben. Kein flüchtiger Kuss, kein Händchenhalten. Nicht mal verräterische Blicke. Wieso war die Religionspolizei so zielstrebig in ihr Apartment gekommen?

Je mehr er darüber nachdachte, desto wahrscheinlicher kam für ihn nur eine Antwort infrage: Seine Familie musste sie verraten haben. Sein Vater und seine Brüder hatten herausgefunden, wo genau und bei wem er wohnte. Auch wenn sie nie in dem Haus gewesen waren, so war es doch ein Leichtes, ihre Kleinwohnung im Gebäude aufzustöbern. Die Polizei brauchte nur ein Bild von ihm den anderen Bewohnern gezeigt und sie etwas unter Druck gesetzt haben. Schon hatten Sie erfahren, wo er mit Hamid lebte. Doch warum hatte seine Familie das getan? War ihnen nicht klar, was ihnen jetzt drohte?

Rashno war, als hätte man ein Messer in sein Herz gestoßen. Es war seine Schuld, dass Hamid in Todesgefahr schwebte. Er hatte ihn in die Auseinandersetzung mit seinem Vater und seinen Brüdern hineingezogen.

Seinetwegen würde Hamid nun furchtbare Qualen erleiden und vielleicht sogar sein Leben verlieren. Hätte er sich doch nie so bereitwillig darauf eingelassen, bei ihm zu wohnen. Wenn er nur etwas mehr nachgedacht hätte, dann würden sie jetzt nicht in dieser gefährlichen Situation stecken. Konnte er nicht einfach aufwachen und feststellen, dass er nur träumte? Dass er immer noch neben Hamid im Bett lag und ihn beim Schlafen beobachtete?

Aber Rashno wachte nicht auf. Er träumte auch nicht. Seine Verletzungen zeigten ihm schmerzhaft, dass dies die Realität war. Tränen liefen ihm die Wangen hinunter.

Die Fahrt dauerte rund 20 Minuten. Rashno wünschte sich, sie würde nie enden. Kaum hatte der Wagen gestoppt, wurden die Türen aufgerissen. Kräftige Hände legten sich um seine Oberarme und zerrten ihn mit roher Gewalt aus dem Auto. Sein Kopf knallte heftig gegen das Dach des Fahrzeuges, aber das schien keinen zu interessieren.

„Los, *Kundeh*[9]! Beweg dich!"

Unsanft wurde er nach vorn gestoßen. Er stolperte, fiel zu Boden, ohne sich mit den Händen abstützen zu können, und landete auf der verletzten Körperseite. Vor Schmerzen schrie er laut auf.

Wortlos ergriffen die Polizisten ihn erneut und zogen ihn wieder auf die Beine. Wenigstens hielten sie ihn jetzt fest. Rücksichtlos führten sie ihn in ein Gebäude. Rashno vermutete, dass sie im Gefängnis waren. Er hörte das Rasseln eines Schlüsselbundes, gefolgt von dem typischen Geräusch, wenn eine Eisentür aufgeschlossen wurde. Keiner der Anwesenden sprach ein Wort. Lediglich ihre Schritte hallten in einem großen Raum oder einem langen Gang von den Wänden wider. Der Boden fühlte sich kalt und rau unter seinen Füßen an. Es war vermutlich Beton.

Abermals wurde eine metallene Tür oder ein Gitter aufgeschlossen.

[9] persisches Schimpfwort für Männer, die Sex miteinander haben

Rashno wurde zum Anhalten gezwungen. Unter seiner Maske konnte er nichts identifizieren. Als die Männer ihn weiterstießen, veränderte sich der Bodenbelag. Es fühlte sich anders an als vorher, viel glatter. Anscheinend hatten sie jetzt einen Raum erreicht, der mit Fliesen ausgelegt war. Bereits nach wenigen Schritten wurde ihm unsanft zu verstehen gegeben, dass er stehen bleiben sollte. Im selben Moment riss man ihm auch schon die Kapuze vom Kopf. Gleißend helles Licht hüllte Rashno ein, und er schloss für einige Sekunden die Augen. Die plötzliche Helligkeit schmerzte. Hinter ihm wurde die Tür verschlossen und verriegelt.

Rashno öffnete langsam die Lider und blinzelte. Vorsichtig sah er sich um. Es war ein kahler Raum, der tatsächlich mit Fliesen versehen war. Am Boden, an den Wänden und an der Decke. Überall die gleichen gelblich schimmernden Kacheln. Zwei Männer waren mit ihm im Raum. Einer stand etwas abseits und starrte ihn mit einem einsatzbereiten Maschinengewehr böse an. Der andere hatte die Tür versperrt.

„Los! Ausziehen!“, befahl Letzterer schroff und stieß Rashno nach vorn. Benommen taumelte er einige Schritte, bis er die gegenüberliegende Wand erreichte und sich unsicher umdrehte.

„Du sollst dich ausziehen, du perverses Schwein! Es macht dir doch Spaß, dich für Männer auszuziehen! Worauf wartest du also? Zeig uns doch mal, was du zu bieten hast!“ Der Polizist grinste den anderen Wärter an, und beide stimmten in ein schallendes Gelächter ein.

Rashno ahnte, was nun kommen würde. Er hatte den Wasserschlauch neben dem Eingang bemerkt. Vermutlich wollten sie ihn einer gründlichen Reinigung unterziehen.

Der bewaffnete Mann drohte ihm mit einer kurzen Bewegung des Gewehrs.

Rashno wandte sich etwas zur Seite und zog umständlich die Sporthose aus. Es war nicht einfach, da seine Hände immer noch gefesselt waren. Irgendwie gelang es ihm dennoch. Es war beschämend und erniedrigend, so völlig nackt vor den gaffenden Männern zu stehen. Er konnte seine Blöße nicht mal mit den Händen bedecken.

„Na, da ist aber den Frauen ein ordentliches Kaliber durch die Lappen gegangen. Eine echte Schande!“

Abermals lachten die beiden Uniformierten, als hätten sie den tollsten Witz der Welt gemacht. Rashno war nicht nach Lachen zumute. Er wäre am liebsten im Erdboden versunken. Voller Angst wartete er, was als Nächstes passieren würde. Würden sie ihn gleich hier und jetzt vergewaltigen? Er hatte gehört, dass das in Gefängnissen oft passierte.

Als der Witzbold nach dem Schlauch griff und das Ende auf Rashno richtete, hielt er die Luft an. Im selben Moment öffnete der Wärter die Verriegelung, und ein eiskalter Wasserstrahl schlug hart auf Rashnos Körper auf. Instinktiv versuchte er zurückzuweichen, doch die Wand hinter ihm stoppte ihn. Das Wasser kam mit hohem Druck. Nicht nur die Kälte tat weh, auch das Atmen fiel ihm schwer, und sein Körper verkrampfte sich.

Der Mann spritzte ihn von oben bis unten ab. Immer wieder versuchte er widerlich grinsend Rashnos Genitalbereich mit dem harten Strahl zu treffen. Es schien ihm Spaß zu machen, sein wehrloses Opfer zu quälen. Wenn Rashno sich zum Schutz zur Seite drehte, richtete der Kerl den Schlauch auf sein Gesäß. Oder er traf genau die Körperseite, in der der Schmerz der vermutlich gebrochenen Rippen hämmerte.

Als der Kerl endlich fertig war und das Wasser abstellte, fror Rashno jämmerlich. Der Aufseher mit dem Gewehr gab ihm zu verstehen, in Richtung Tür zu gehen. Langsam, und ohne den Mann aus den Augen zu lassen, tat er, wie ihm befohlen wurde.

Der andere Polizist hatte mittlerweile die Tür wieder aufgeschlossen und geöffnet. Er hängte den Schlüssel an seinen Gürtel und griff dann mit festem Druck nach Rashnos Handschellen. Sadistisch zog er sie nach oben und zwang ihn, sich nach vorn zu beugen.

Rashno hatte Mühe, sich auf dem nassen Fliesenboden zu halten. Er taumelte.

„Na, Kleiner … das ist doch eine Stellung, die du magst! Gefällt es dir?" Er ließ ihm keine Zeit für eine Antwort und dirigierte ihn aus dem Raum. Sie waren jetzt tatsächlich in einem langen, fensterlosen Gang, der im weiteren Verlauf durch mehrere Gittertore versperrt war.

Rashno zitterte am ganzen Leib. Nackt und klitschnass wurde er zur ersten Eisentür geführt. Außer ihnen war niemand zu sehen. Nach einem kurzen Stopp, um das Tor zu öffnen, schleppten sie ihn weiter zum nächsten. Immer wieder schubsten sie ihn an. Das Ganze wiederholte sich vier Mal. Sie erreichten jetzt einen Abschnitt in dem Gebäude, in dem es fürchterlich nach Urin und Kot stank. Rechts und links befanden sich in kurzen Abständen zahlreiche Türen. Vor einer zwang der Wärter Rashno stehen zu bleiben. Er öffnete die schmale Eisentür. Rashno war mittlerweile richtig übel von dem beißenden Gestank. Es war kaum auszuhalten.

Die Zelle, dessen Tür der Mann soeben geöffnet hatte, war winzig klein. Sie maß höchstens ein mal zwei Meter. Es gab kein Fenster, und nichts befand sich darin. Nur der blanke, verdreckte Boden. Es stank noch fürchterlicher als auf dem Gang.

Rashno sah seinen Peiniger fragend an.

„Ist dir das nicht fein genug?", fragte der Kerl grinsend, als er das Entsetzen in Rashnos Augen bemerkt hatte. „Du stocherst doch gerne in Scheiße herum. Stell dich also nicht so an!"

Er zwang ihn, sich umzudrehen, damit er ihm die Handschellen abnehmen konnte. Der zweite Mann richtete seine Waffe auf ihn und drohte ihm, ja keine Schwierigkeiten zu machen. Ein Klacken ertönte. Rashnos Hände waren wieder befreit. Im selben Augenblick stieß man ihn mit einem kräftigen Schubs in die kleine Zelle. Durch den feuchten Boden rutschte Rashno aus. Unsanft fiel er auf die Erde und schlug sich den Kopf an der Wand an. Wenigstens konnte er diesmal den Sturz mit seinen

Händen etwas abfangen. Er wusste nicht, was schlimmer war: die Schmerzen in seinem Körper oder der Ekel vor dem mit Exkrementen verdreckten Boden.

Die Eisentür wurde ohne ein weiteres Wort der Wachleute mit einem lauten Knall zugeschlagen. Bis auf einen winzigen Lichtstrahl, der durch das Guckloch der Tür nach innen drang, umhüllte Rashno völlige Dunkelheit. Dazu kam der kaum auszuhaltende Gestank. Frierend hockte er sich auf den Boden und lehnte sich mit dem Rücken an die Wand. Er zog die Beine ganz nah an seinen Körper und umschlang sie mit den Armen. So konnte er sich vielleicht etwas warm halten. Resigniert legte er die Stirn auf seine Knie. Dann begann er jämmerlich zu weinen. Warum musste ihm das alles passieren? Er hatte doch niemandem etwas zuleide getan! Konnten sie nicht einfach akzeptieren, dass Hamid und er sich liebten? Was konnte daran so falsch sein?

Hamid! Erst jetzt fand Rashno Gelegenheit, an seinen Freund zu denken. Seit ihrer Festnahme hatte er ihn nicht mehr gesehen. Wo war er? Was hatten sie mit ihm gemacht? Hoffentlich lebte er noch.

Verzweifelt rief er laut den Namen seines Freundes.

Aber er erhielt keine Antwort.

Die Zeit verging quälend langsam. Die Dunkelheit und das Fehlen jeglicher Geräusche von außen ließen ihn jedes Zeitgefühl verlieren. Er wusste nicht, wie lange er schon in der kleinen Zelle kauerte. Es mussten Stunden sein, denn seine Gelenke fingen von dem langen Hocken auf dem Boden zu schmerzen an. Seine Nase nahm den beißenden Geruch längst nicht mehr wahr. Ein paar Mal war er aufgestanden, um die Beine auszustrecken, aber es gab gerade genügend Platz, um einige Schritte auf und ab zu gehen. Also hatte er sich wieder hingesetzt. Er hatte aufgehört zu frieren. Das Wasser auf seinem Körper war längst getrocknet, und vermutlich hatte draußen bereits der Tag begonnen, denn die Temperaturen in seinem Verlies stiegen merklich an. Seine Kehle war ausgetrocknet, und sein Magen signalisierte ihm, dass er auch bald etwas zu essen brauchte.

Mehrmals fiel er in einen leichten, traumlosen Schlaf, aus dem er immer wieder aufschreckte. Er fühlte sich elend. Seine gebrochenen Rippen jagten in rhythmischen Abständen stechende Schmerzen durch seinen Körper, und die Gedanken an das, was noch kommen würde, machten ihm noch mehr Angst.

Plötzlich tat sich etwas an der Tür. Ein Schlüssel wurde ins Schloss gesteckt. Von außen wurde aufgeschlossen und dann öffnete sich der Eingang. Das grelle Licht aus der Deckenbeleuchtung des Flures blendete Rashno, und er hob schützend den Arm vor die Augen. Er konnte nicht erkennen, was draußen los war.

„Mitkommen!“, befahl eine raue Stimme.

Mühsam erhob sich Rashno und trat vorsichtig hinaus auf den Gang. Dass er völlig nackt war, störte ihn nicht mehr. Er war nur froh, endlich aus diesem dunklen und schmutzigen Loch herauszukommen.

Wieder führten ihn zwei Männer den Gang entlang, öffneten und schlossen mehrere Absperrgitter und brachten ihn schließlich in einen anderen Raum. Er hatte schon befürchtet, abermals zu einer Säuberung geführt zu werden. Das Zimmer, in das sie ihn diesmal dirigierten, war kaum eingerichtet. Grauer Beton auf dem Boden und an den Wänden erzeugte eine kalte Atmosphäre. Gegenüber dem Eingang befand sich ein großer schwerer Schreibtisch, hinter dem ein fettleibiger Mann saß und in irgendwelchen Papieren kramte, die vor ihm lagen. In der Mitte des Raumes hingen zwei Seile herab. Sie wurden an der Decke über zwei schwere Eisenrollen geführt und endeten rechts und links an den Wänden. Einer der Wärter schob Rashno zwischen die Seile. Der andere löste das Ende von einem Haken an der Wand und ließ es etwas herab. Dann ging er zur anderen Seite des Raumes und tat dort das Gleiche. Zu zweit griffen sie nach seinen Händen und banden die Stricke um die Handgelenke.

Rashno sah ihnen willenlos zu und ließ es geschehen. Erst als die beiden Männer die Seile wieder nach oben zogen und er kurz darauf mit den Füßen etwa 50 Zentimeter über dem Boden baumelte, jaulte er vor Schmerzen auf. Die Stränge schnitten in seine Haut. Das Gewicht seines Körpers belastete seinen verletzten Brustkorb.

Die Minuten verstrichen, ohne dass der Mann am Schreibtisch von seinen Papieren aufschaute. Endlich erhob er sich von seinem Stuhl und sah Rashno an.

„Soso", krächzte er, „du bist also einer dieser Arschficker! Wie heißt du, mein Junge?"

Rashno hatte Mühe zu atmen. Er war unfähig zu antworten.

Der dicke Mann wartete einige Sekunden, bevor er weitersprach. Er griff sich eines der Papiere auf seinem Tisch und las kurz nach. „Aha, Rashno ist also dein Name! Da ist der Engel aber tief gefallen, nicht wahr?" Mit einem kurzen Handzeichen gab er den Wachen zu verstehen, dass sie den Raum verlassen sollten.

Als sie die Tür hinter sich geschlossen hatten, kam er hinter seinem Schreibtisch hervor, zog sich Gummihandschuhe über und trat langsam auf Rashno zu. Der versuchte, den Mann im Auge zu behalten, aber die hängende Position an den Seilen ließ ihn nicht weit genug nach unten sehen.

„Ich will dir jetzt mal erklären, wie das hier funktioniert." Er baute sich vor Rashno auf und griff nach seinem Penis. Ungerührt drückte er fest zu. „Prächtiges Teil!", grunzte er. „Wäre doch viel zu schade, den abzuschneiden."

Rashno bemühte sich, die ekelhafte Berührung zu ignorieren.

„Zuerst musst du wissen, dass ich hier der Leiter dieses Zellentraktes bin. Damit bin ich so was wie ein Gott für dich. Du wirst mir bedingungslos gehorchen und meine Fragen beantworten. Hast du das verstanden?“

Rashno zögerte. Er wartete viel zu lange, um die Frage zu bestätigen, denn der Kerl umfasste mit seiner anderen Hand seine Hoden und drückte fest zu. Rashno schrie laut auf.

„Habe ich mich klar genug ausgedrückt?“, brüllte er.

Der Druck der Hand verursachte grausame Schmerzen. Sofort gab Rashno die gewünschte Antwort. „Ja … ja, ich habe verstanden! Bitte hören Sie auf!“

Überraschenderweise ließ der Mann los. „Gut. Dann weiter: Ich werde dir jetzt einige Fragen stellen. Und ich erwarte, dass du sie wahrheitsgemäß beantwortest. Ist das klar?“ Er hob seine Hand in die Höhe und vollführte die gleiche Griffbewegung wie zuvor, ohne jedoch Rashno zu berühren.

„Ja, ja … ich werde alle Ihre Fragen beantworten.“ Rashno fürchtete einen erneuten Griff an seine Genitalien.

Der Mann nickte zufrieden. „Wenn du kooperierst, kann ich dir weitere Unannehmlichkeiten ersparen. Also: Zunächst möchte ich wissen, woher du diesen anderen Typen kennst, mit dem wir dich im Bett erwischt haben.“

„Aus der Universität.“

„Wusstest du, dass dieser perverse Bastard auf Männer steht und sich an kleinen Jungs vergeht?“

„Hamid hat keine Kinder angefasst. So etwas tut er nicht.“

Dem Aufseher schien die Antwort oder der Ton, in dem Rashno sie gab, nicht zu gefallen. Vielleicht auch beides. Wortlos griff er zwischen Rashnos Beine und drückte zu. Abermals schrie Rashno auf. „Ich habe dich nicht verstanden, du Hurensohn!“

Rashno schnappte nach Luft. „Ja! Ja, ich wusste das. Ja!“

Endlich löste sich die Hand von seinen Hoden. Der Schmerz trieb ihm

Tränen in die Augen. Rote Kreise tanzten vor seinen Augen. Jetzt verstand er, was hier gespielt wurde. Es ging nicht darum, irgendwelche Fragen zu beantworten, sondern sie wollten ihn lediglich dazu zwingen, ihre falschen Behauptungen zu bestätigen.

„In Ordnung. Dann weiter: Seit wann wohnst du bei diesem Bastard?"

„Seit etwa zweieinhalb Monaten."

„Hattest du vorher schon mal Sex mit einem Mann?"

„Nein", stammelte Rashno und rang nach Luft.

„Sehr schön. Wann hat dich der Typ das erste Mal zum Sex mit ihm gezwungen?"

„Er hat mich nicht dazu gezwungen."

Wieder war es die falsche Antwort. Eine neue Schmerzwelle jagte durch Rashnos Körper. Er hätte es wissen müssen.

„Ich kann dich nicht verstehen!", knurrte der Mann.

„Bitte, aufhören! Hören Sie auf. Ich halte das nicht mehr aus. Glauben Sie mir doch. Er hat mich zu nichts gezwungen."

Der Druck um seine Hoden verstärkte sich. Mit der anderen Hand begann der Kerl an seinem Penis zu ziehen. Rashno schrie. Sternchen tanzten vor seinen Augen. Endlich gab sein Gehirn auf und erlöste ihn mit einer Ohnmacht.

Als Rashno erwachte, lag er auf einer harten Holzbank. Es dauerte einige Sekunden, bis ihm wieder einfiel, dass er im Gefängnis war und was sie mit ihm gemacht hatten. An den Handgelenken zeichneten sich rote Striemen ab. Ein pulsierender Schmerz in seinem Unterleib erinnerte ihn an die brutale Folter, die er erlitten hatte. Er hatte keine Ahnung, wie lange er bewusstlos gewesen war und wo er sich jetzt befand. Man hatte ihn nicht wieder in das ekelhafte Verlies gesperrt, in dem er am Anfang gewesen war. Stattdessen befand er sich jetzt in einer größeren Zelle. Aber er war noch immer nackt. Vorsichtig schaute er sich um und sah neben der Bank auf dem Boden einen Becher mit Wasser. Auch ein Stück Brot lag dort. Gierig griff er nach dem Wasser und trank es in einem Zug – sein Hunger war ihm aber vergangen.

Langsam legte er sich wieder auf die Bank und starrte an die Decke. Seine Gedanken wanderten zu Hamid. Irgendwo in dem Gefängnis musste sein Freund sein. Vermutlich quälten sie ihn genauso wie ihn. Wahrscheinlich sogar noch schlimmer. Rashno hatte an den Fragen des Aufsehers gemerkt, dass sie Hamid irgendetwas anhängen wollten. Sie unterstellten ihm, andere zum Sex gezwungen und sich sogar an Kindern vergangen zu haben. Nichts war absurder als diese Behauptung. Doch die Anschuldigungen dienten vermutlich dazu, ihn vor den Augen des Gesetzes schuldig zu sprechen und verurteilen zu können. Sie suchten nach einer zusätzlichen Berechtigung für ihr Handeln. Mit der Folter versuchten sie Rashno dazu zu bringen, alles zu bestätigen. Rashno wusste, mit welcher Strafe Hamid dann zu rechnen hatte.

Ein Gefängniswärter erschien vor der Zelle und riss Rashno aus den Gedanken. Er schloss die schwere Gittertür auf und kam in den Raum. In seinen Händen hielt er etwas zum Anziehen. Es war die übliche Gefängniskleidung.

„Zieh dich an! Du hast Besuch“, befahl der Mann und warf die Kleider vor Rashno auf den Boden.

Besuch?, wunderte sich Rashno. Wer sollte ihn hier besuchen? Wer wusste überhaupt, dass er hier war? Eigentlich konnte es nur einen Menschen geben, der eine Ahnung davon hatte. Aber ob er den wirklich sehen wollte? Wortlos zog er die Sachen an. Es war das erste Mal, seit er hier war, dass er nicht nackt herumlaufen musste. Aber besser fühlte er sich deshalb nicht.

„Merk dir eins: Du wirst kein Wort darüber verlieren, was hier im Gefängnis passiert. Wenn du etwas Falsches sagst, wirst du mit 50 Peitschenhieben bestraft und kommst wieder in die Einzelzelle. Ist das klar?"

Rashno nickte. Dann folgte er dem Wärter, der ihn über einen langen Gang und eine Treppe hinunter in das Besucherzimmer führte. Der Raum war völlig leer. Ein dickes Eisengitter teilte ihn in zwei Hälften. Auf der Seite, auf der er sich befand, waren wohl die Gefangenen. Auf der anderen wurden vermutlich die Besucher hereingeführt. Im Augenblick war er alleine.

Rashno ging zur Mitte des Gitters und wartete. Hinter ihm schloss sich die Tür. Sie wurde verriegelt. Es dauerte einige Minuten, dann ging auf der anderen Seite der Raumtrennung eine andere Tür auf.

Herein kam sein Vater. „Hallo, Rashno!"

Hasserfüllt wandte sich Rashno ab. „Wie konntest du das nur tun, Vater? Ach … ich vergaß: Du bist ja gar nicht mehr mein Vater!"

„Hör zu, mein Junge! Ich will dir doch nur helfen! Irgendetwas musste ich doch tun, um dich da herauszuholen."

„Mich rausholen? Wo wolltest du mich rausholen? Sieh, wohin du mich damit gebracht hast! Ist das dein Verständnis von Hilfe? Ich war glücklich mit Hamid. Ich liebe ihn, und er liebt mich. Wir hatten ein perfektes Leben vor uns. Mit deinem feigen Verrat hast du uns zum Tode verurteilt."

Der Vater kam näher an das Gitter und griff mit beiden Händen nach den Stäben. „Rashno. Es ist falsch, was du getan hast! Dieser Typ hat dich manipuliert. Er hat dir eingeredet, etwas zu tun, was du gar nicht wirklich willst."

„Was weißt du schon davon, was ich wirklich will? Für dich zählt doch nur deine scheiß Ehre! Ist dir eigentlich klar, dass du Hamid und mich damit dem Henker auslieferst?"

„Mach dir darüber keine Sorgen, mein Sohn. Ich habe bereits alles arrangiert. So weit wird es nicht kommen!"

Rashno sah seinen Vater überrascht an. „Was hast du arrangiert?“

„Ich habe mit dem Polizeipräsidenten und dem Richter gesprochen. Ich habe ihnen Geld gegeben. In ein paar Tagen ist das hier vorbei.“

„Nur gut, dass du mit deinem Geld alles und jeden kaufen kannst. Du ekelst mich an!“ Wutentbrannt entfernte sich Rashno von seinem Vater und hämmerte an die Tür, durch die er eben den Raum betreten hatte.

Der Wärter öffnete und brachte ihn, ohne Fragen zu stellen, zurück in die Zelle.

Am nächsten Morgen wurde Rashno wieder zum Leiter des Zellentraktes gebracht. Er machte sich schon auf das Schlimmste gefasst. Was würde er ihm heute antun, um die Antworten zu erhalten, die er haben wollte?

Diesmal waren die Seile von der Decke entfernt worden. Stattdessen stand ein Stuhl an dem Platz vor dem großen Schreibtisch, an dem er gestern gehangen hatte.

„Ah, Rashno, komm rein und setz dich.“

Rashno tat, wie ihm geheißen.

„Da wir ja jetzt die Missverständnisse von gestern geklärt haben, können wir in deinem Verfahren weitermachen. Durch deine Kooperation können wir die Anklage wegen ‚Lavat‘ gegen dich fallen lassen. Die ‚Kleinigkeit‘ des unsittlichen Kontaktes mit einem Mann bekommen wir auch noch geregelt. Der Richter hat zugestimmt, den Prozess gegen eine Strafe von einhundert Peitschenhieben zu streichen und dich freizulassen.“

Rashno schloss die Augen und sank in sich zusammen. Das war also das Geschäft, das sein Vater ausgehandelt hatte.

„Was ist mit Hamid?“, erkundigte er sich.

„Mach dir keine Sorgen. Er wird dabei sein, und auch er wird eine weise und gerechte Strafe erhalten. Bist du mit der Lösung einverstanden?"

Rashno schluckte. Wie hätte er das auch nicht sein können? Wenn er diese Strafe nicht akzeptierte, dann wäre wohl auch die Vereinbarung zwischen seinem Vater und dem Richter geplatzt. Man würde sie beide hängen. Ihm blieb ja gar keine andere Wahl. Wortlos nickte er.

„Prima. Das Gericht hat den Vollzug der Strafe für morgen früh angeordnet. Und Junge: Lass dir das eine Lehre sein! Du hast dich auf einen verwerflichen Pfad begeben. Noch kann dir Allah helfen! Begehe diese Sünde nicht noch einmal!" Er musterte ihn prüfend und wandte sich dann an die Wachen. „Bringt ihn zurück in seine Zelle. Er soll sich waschen und etwas Anständiges zu essen erhalten!"

Die beiden Angesprochenen verbeugten sich leicht vor dem Aufseher und geleiteten Rashno beinahe höflich und zuvorkommend aus dem Raum.

✦

Rashno erwachte am nächsten Morgen bereits lange vor dem offiziellen Wecken. Er hatte schlecht geschlafen und war froh, dass die Nacht endlich vorbei war. Zum einen hatte er Angst vor der Strafe, die er heute erdulden musste. Es würden wohl unsägliche Schmerzen sein, wenn er mit hundert Schlägen ausgepeitscht wurde. Aber das war immerhin besser, als mit einem Strick um den Hals an einem Baukran zu baumeln, bis man qualvoll erstickte. Die Wunden würden heilen. Zum anderen würde er, wenn der Aufseher Wort hielt, endlich Hamid wiedersehen. Und darauf freute er sich. Er sehnte sich nach seinem Freund. Wenn sie das alles irgendwie überstanden hatten, könnten sie wieder zusammen sein. Vielleicht nahm ja alles doch noch ein gutes Ende.

Rashno fuhr aus seinen Gedanken hoch. Ein Wärter öffnete seine Zelle und forderte ihn auf, ihm zu folgen. Auch wenn er Angst hatte, so ging er trotzdem mit raschen Schritten den Zellentrakt entlang. Die Freude, Hamid endlich wieder zu treffen, ließ ihn die Furcht ignorieren. So führte man ihn nach unten in einen Innenhof, in dem die Strafe vollzogen werden sollte. Man wies ihn an, sein Oberteil auszuziehen und sich an einen großen Holzpfahl zu stellen. Ein Mann band ihm seine Hände am oberen Ende fest. Dann wartete er. Endlose Minuten verstrichen, in denen Rashno jede Sekunde damit rechnete, den ersten Peitschenhieb auf seinem Rücken zu spüren. Aber nichts geschah. Auch Hamid hatte er noch nicht gesehen.

Er musste wohl ungefähr 30 Minuten gefesselt und voller Angst an dem Holzpfahl gestanden haben, als sich endlich etwas tat. Die Tür zum Innenhof öffnete sich. Mühsam drehte Rashno den Kopf auf die andere Seite. Endlich kam Hamid. Doch was er sah, ließ ihn zutiefst erschrecken. Hamid sah grauenvoll aus. Sein Gesicht war kaum noch als solches zu erkennen. Der Bereich um die Nase war dick geschwollen, und die Augen waren kaum sichtbar. Alleine konnte er sich anscheinend auch nicht mehr auf den Beinen halten, denn er musste von zwei Gefängnisangestellten gestützt werden. Mit roher Gewalt schleiften sie ihn zu dem zweiten Holzpfahl direkt neben Rashno und banden ihn fest. Rashno brach es das Herz, seinen Freund in diesem Zustand zu sehen. Welche Qualen musste er erlitten haben?

Als Hamid angebunden war, nahm er endlich Rashno wahr. Er versuchte ein Lächeln auf sein geschundenes Gesicht zu zaubern. Entsetzt sah Rashno, dass ihm mindestens zwei der vorderen Zähne fehlten. Blut lief aus seinen Mundwinkeln.

„Hamid! Was haben sie dir angetan?“

Doch Hamid war zu keiner Antwort fähig. Völlig leblos hing er am Pfahl. Nur die Seile an seinen Händen hielten ihn aufrecht.

Schließlich begannen die Wärter, das Urteil an ihnen zu vollstrecken. Rashno hörte das schneidende Geräusch der Peitsche. Dann fühlte er auch schon den brennenden Schmerz auf seinem Rücken, als das Leder seine Haut traf. Panisch schrie er auf. Er hörte ein zweites Geräusch, doch diesmal folgte kein Treffer auf seinem Rücken. Stattdessen sah er, wie Hamid sich verkrampfte. Der Schlag hatte ihm gegolten. Doch Hamid fehlte die Kraft, um seinen Schmerz hinauszuschreien. Schweigend ertrug er die Qual.

Beharrlich traf die Peitsche Rashnos Rücken, und immer wieder folgte dem Treffer ein anderer Schlag in Richtung Hamid. Zu Beginn hatte Rashno noch versucht, die Peitschenhiebe zu zählen, aber als ihre Anzahl über 20 stieg, verlor er die Konzentration. Nach ungefähr der Hälfte der Strafe nahm er auch die Schmerzen nur noch verschwommen wahr. Sein Rücken brannte wie Feuer. Längst hatte er die Kraft verloren, sich von selbst auf den Füßen zu halten. Genau wie Hamid hielten ihn jetzt nur noch seine gefesselten Hände aufrecht. Diesmal erlöste ihn keine Bewusstlosigkeit von der grauenhaften Tortur. Bis zum letzten Schlag blieb er wach. Als die Wachen ihn endlich losbanden, war sein Rücken blutüberströmt. Sie konnten ihn gerade noch auffangen, damit er nicht stürzte. Sie legten ihn vorsichtig auf den Boden, und kurz darauf ergoss sich ein Schwall Wasser über seinen Körper. Das linderte etwas die Schmerzen und wusch das Blut weg.

Nach wie vor hörte Rashno das pfeifende Geräusch der Peitsche und das Aufschlagen auf nackter Haut. Mit letzter Kraft drehte er den Kopf und sah nach Hamid. Der stand immer noch angebunden am Pfahl. Der Vollzugsbeamte ließ nach wie vor die Peitsche auf seinen Rücken niedergehen. Immer wieder riss das Leder weitere Wunden in das Fleisch. Hamids Rücken war bereits übersät mit tiefen Platzwunden, aus denen unaufhörlich Blut quoll.

„Hört doch endlich auf! Er hat seine Strafe bekommen. Ihr bringt ihn noch um!“ Rashno versuchte zu schreien, aber seine Stimme klang wie ein jämmerliches Stöhnen.

Der Vollzugsbeamte ließ sich davon ohnehin nicht beeindrucken. Wieder und wieder hob er seinen Arm und ließ das mittlerweile blutdurchtränkte Leder auf Hamids Rücken niedergehen. Rashno versuchte abermals zu schreien, streckte seine Hand in Richtung des schlagenden Mannes aus, aber er hatte keine Chance. Er konnte nichts tun, um diesen Wahnsinn zu stoppen. Völlig hilflos musste er mit ansehen, wie sein Geliebter immer weiter misshandelt wurde. Er hoffte, dass Hamid längst das Bewusstsein verloren hatte, damit er nicht mehr mitbekam, wie die Peitsche weitere Hautfetzen aus seinem Rücken riss. Jeder Schlag auf Hamids Körper war ein Treffer in Rashnos Seele, und der tat fast genauso weh.

Nach einer gefühlten Ewigkeit endete auch für Hamid das Auspeitschen, und er wurde losgebunden. Zwei Helfer kamen mit einer Trage, legten ihn mit dem Gesicht nach unten darauf und trugen ihn zurück ins Gebäude. Auch Rashno wurde zurück in seine Zelle gebracht. Er schaffte es, gestützt durch zwei Wärter, sich auf den eigenen Füßen hinzuschleppen. Sein Rücken brannte höllisch, und er konnte sich lediglich auf den Bauch legen. Aber es dauerte ohnehin nur wenige Sekunden, bis er auf der Holzbank in einen tiefen Schlaf fiel.

Rashno erwachte. Ein vertrauter Geruch stieg ihm in die Nase. Woran erinnerte ihn dieser bloß? Er war sich sicher, ihn zu kennen. Nach wie vor lag er auf dem Bauch. Aber statt der harten Holzbank war nun eine weiche Matratze unter ihm. Sein Kopf ruhte auf einem Kopfkissen. Auch die Gerüche des Gefängnisses waren verschwunden. Vorsichtig öffnete er die Augen, und schlagartig wurde ihm bewusst, wo er sich befand. Er erkannte das Bettzeug sofort. Jetzt fiel ihm auch ein, woran ihn der Geruch erinnerte. Es war etwas Vertrautes, etwas Bekanntes. Er lag auf seinem eigenen Bett, im Zimmer seines Elternhauses, und der Duft in seiner

Nase war das bekannte Aroma des Waschmittels, das seine Mutter immer benutzte. Erschrocken probierte er sich aufzurichten, aber ein heftiges Reißen auf seinem Rücken zwang ihn, sich wieder hinzulegen.

„Rashno! Beweg dich nicht! Bleib ruhig liegen!“

Die Stimme seiner Mutter klang in seinen Ohren. Sie saß neben dem Bett auf einem Stuhl und sah ihn besorgt an. „Wie fühlst du dich?“

Rashno blickte schweigend zu ihr und versuchte sich zu erinnern, wie er hierhergekommen war. Das Letzte, was er bewusst wahrgenommen hatte, waren die harte Holzbank in der Gefängniszelle, die schier unerträglichen Schmerzen, die die Peitschenhiebe ihm zugefügt hatten, und der erlösende Moment, als er endlich Schlaf gefunden hatte. Aber er hatte keine Ahnung, wie er in sein Zimmer und in sein Bett gekommen war.

„Hallo, Mutter“, flüsterte Rashno leise. „Ich fühle mich wie tot!“

Seine Mutter nickte verständnisvoll. „Ja, mein Sohn. Du hast ziemlich schwere Verletzungen. Der Arzt hat gesagt, du darfst dich die nächsten drei Tage nicht bewegen. Die Wunden auf deinem Rücken und die gebrochenen Rippen müssen erst verheilen. Er hat dich an den Tropf gelegt, damit du zu Kräften kommst.“

Erst jetzt bemerkte Rashno, dass an seinem Arm eine Infusionsnadel angebracht war, an deren Ende eine große Flasche mit einer Flüssigkeit hing, die langsam in die Verbindungskanüle tropfte. „Wie lange … wie lange bin ich … schon hier?“ Das Sprechen fiel ihm unendlich schwer.

Die Mutter erhob sich von ihrem Stuhl und setzte sich zu ihm auf die Bettkante. Liebevoll strich sie ihm über das Haar. „Versuch nicht zu sprechen, mein Engel. Dein Vater hat dich vor drei Tagen aus dem Gefängnis geholt. Seitdem hast du hier gelegen und nur geschlafen. Du hast viel Blut verloren, und du hast drei gebrochene Rippen. Du musst dich unbedingt beruhigen und ruhig liegen bleiben. Möchtest du etwas trinken?“

Rashno nickte leicht. Ja, er hatte Durst. Seine Zunge klebte an seinem Gaumen. Er musste unbedingt einen Schluck Wasser zu sich nehmen.

Vorsichtig hielt ihm seine Mutter ein Glas an den Mund, und er nahm es in kleinen Schlucken in sich auf. Erschöpft ließ er sich anschließend wieder auf sein Kopfkissen nieder.

„Ich werde jetzt deine Wunden auf dem Rücken versorgen. Das wird vermutlich wehtun. Beiß die Zähne zusammen, mein Sohn. Ich werde so vorsichtig wie möglich sein."

Sie hatte recht. Das Entfernen der Wundauflagen verursachte enorme Schmerzen. Die Verbände hatten sich mit dem getrockneten Blut verbunden und klebten fest. Obwohl seine Mutter sie mit warmem Kamillenwasser einweichte, lösten sich die Verkrustungen nicht vollständig und rissen einen Teil der Wunden wieder auf. Doch trotz der neuerlichen Pein fühlte sich Rashno nach der Prozedur erfrischt und gestärkt. Danach fielen ihm die Augen zu. Er schlief erneut ein.

Als er das nächste Mal erwachte, hörte er leise Stimmen, die sich im Raum unterhielten. Er war noch zu verschlafen, um zu verstehen, was sie sagten. Aber er erkannte zweifelsfrei seine Mutter. Und die andere Stimme? Wenn er sich nicht täuschte, war das sein Vater. Er öffnete die Augen und hob vorsichtig den Kopf, um sich umzusehen. Ja, dort standen tatsächlich seine Eltern im Raum und unterhielten sich leise. Als sie erkannten, dass Rashno aufgewacht war, kamen sie auf ihn zu.

„Guten Morgen, mein Sohn. Hast du dich etwas erholt?" Sein Vater klang ernsthaft besorgt, und die Sanftmütigkeit in seiner Stimme hatte Rashno noch nie gehört.

„Ja, es geht mir etwas besser. Aber das habe ich sicher nicht dir zu verdanken!" Bitterkeit klang aus ihm. Er konnte nicht vergessen, wer für seinen Zustand verantwortlich war – dass es sein Vater gewesen war, der ihn beinahe dem Henker ausgeliefert hatte.

„Eines Tages wirst du verstehen, warum ich das tun musste. Es wird der Tag kommen, an dem du mir dafür danken wirst, dass ich dich auf den richtigen Weg zurückgebracht habe. Ich bedaure sehr, dass es mit so vielen Unannehmlichkeiten verbunden war."

„Unannehmlichkeiten? Das ist es für dich? Nicht mehr als Unannehmlichkeiten? Erst hast du mich zusammen mit meinen Brüdern krankenhausreif geprügelt. Dann verrätst du mich an die Religionspolizei und lässt zu, dass sie mich und Hamid mitten in der Nacht verhaften und verschleppen. Weißt du eigentlich, was sie uns im Gefängnis alles angetan haben? Kannst du dir vorstellen, welche erniedrigende Misshandlung wir dort erdulden mussten? Hat dir schon mal jemand die Eier so lange zerquetscht, bis du ohnmächtig wurdest? Oder kannst du dir vorstellen, wie sich einhundert Peitschenhiebe anfühlen? Tage ohne Wasser und Essen? Oder in der Scheiße und Pisse anderer Leute liegen zu müssen? Nein, *Vater*, das sind deutlich mehr als Unannehmlichkeiten."

„Wir werden uns darüber unterhalten, wenn du dich beruhigt hast und wieder vernünftig geworden bist!"

Rashno ließ seinen Kopf auf das Bett sinken. „Was ist mit Hamid? Wie geht es ihm? Wo ist er?"

Seine Eltern sahen sich unsicher an.

Rashno wusste, irgendetwas stimmte nicht. Er ignorierte die Wunden auf seinem Rücken und setzte sich ruckartig auf. „Vater! Rede! Wo ist Hamid?"

„Ich weiß es nicht", flüsterte der und vermied es, Rashno anzusehen.

„Was soll das heißen? Wieso weißt du nicht, wo er ist? Ich denke, du hast uns da herausgekauft! Sag jetzt nicht, dass das eine Lüge war!"

„Sohn, ich habe nie gesagt, dass ich euch beide aus dem Gefängnis holen würde."

Rashno riss den Mund weit auf. Er konnte nicht glauben, was er da gerade hörte. „Sag das noch mal! Habe ich das gerade richtig verstanden?"

„An dem Tag, als wir im Gefängnis gesprochen haben, habe ich dir gesagt, dass das bald alles vorbei sein würde. Ich habe nie behauptet, dass das auch für ... für diesen Typen gilt. Du bist mein Sohn, und der andere geht mich nichts an. Er hat schließlich auch Eltern. Sollen die sich um ihn kümmern." Der Vater sprach mit eiskalter Stimme. Er zeigte kein bisschen Bedauern über seine Worte.

„Seit wann bin ich denn wieder dein Sohn?", schrie Rashno ihm wütend entgegen und schloss die Augen. Besorgt vergrub er sein Gesicht im Kopfkissen. Wenn es wahr war, was sein Vater ihm da gerade gesagt hatte, dann war Hamid noch immer im Gefängnis. Er war nach wie vor der bestialischen Folter und den menschenverachtenden Misshandlungen der Gefängniswärter ausgesetzt – wenn er überhaupt noch lebte. Selbst wenn sie ihn noch nicht zu Tode gequält hatten, so war es nur eine Frage der Zeit, bis sie ihn verurteilten und hinrichteten. Es musste doch irgendetwas geben, das er tun konnte. Er musste Hamid helfen. „Ich muss zu ihm! Ich will ihn sehen!"

Rashno riss sich die Injektionsnadel aus seinem Arm, sprang trotz der Schmerzen aus dem Bett und suchte in seinem Schrank nach etwas zum Anziehen. Seine Mutter versuchte ihn zurückzuhalten.

„Mein Engel, du darfst nicht aufstehen. Deine Wunden … Du bist zu schwach …"

„Lass mich, Mutter! Ich kann nicht hier rumliegen, während der Mensch, den ich liebe, gerade zu Tode gefoltert wird."

„Sag nicht so was!", flehte ihn seine Mutter an.

Rashno starrte zu ihr. „Was soll ich nicht sagen? Dass wegen ihm …", er wies mit dem ausgestreckten Arm auf seinen Vater, „ … gerade in dieser Minute ein Mensch brutal misshandelt wird? Dass sie ihn vermutlich vergewaltigen, auspeitschen oder sonst wie quälen? Dass sie ihn wahrscheinlich aufhängen, während die Leute grölend zuschauen? Oder soll ich nicht sagen, dass ich Hamid liebe? Ja! Begreift es endlich! Ich liebe ihn, und ich werde ihn immer lieben! Es ist nichts Falsches an dieser Liebe. Hamid ist der Mensch, mit dem ich mein Leben verbringen will. Und auch wenn es euch nicht gefällt: Ich liebe es, seinen Schwanz zu blasen und ihn zu ficken! Es ist das Beste, das ich je getan und gespürt habe. Und jetzt lasst mich in Ruhe! Ich muss zu ihm."

Seine Mutter wich augenblicklich zur Seite und ließ ihn an seinen Schrank. Rashno begann sich, so schnell es sein Zustand erlaubte, anzuziehen.

„Sohn! Warte!" Natürlich meldete sich sein Vater wieder zu Wort. „Rashno! So hör doch! Es hat keinen Sinn. Du kannst ihn nicht besuchen!"

Rashno fixierte seinen Vater. „Warum nicht? Weißt du etwas, das du mir nicht sagst? Vater, bitte! Lebt er noch, oder haben sie ihn bereits … umgebracht?"

Der Vater senkte die Lider und wich Rashnos Blicken aus.

„Vater! Bitte! Sag etwas."

„Er lebt wohl noch."

Rashno atmete erleichtert aus, aber er wurde das Gefühl nicht los, dass in der Antwort ein verborgenes „Aber" mitklang. „Ist das alles, was du weißt? Oder verschweigst du mir noch etwas?"

Die Mutter legte ihrem Mann die Hand auf die Schulter. „Sag es ihm!"

Rashnos Blick wechselte zwischen seiner Mutter und dem Vater hin und her. „Was soll er mir sagen? Was verschweigt ihr mir? Redet schon!"

Sein Vater drehte sich wieder zu ihm um, kam ein paar Schritte auf ihn zu und fasste ihn mit beiden Händen an den Schultern. „Rashno. Er … Hamid … er lebt noch. Aber es geht ihm so schlecht, dass das Gericht eine Schnellverhandlung angesetzt hat. Er hat alles gestanden, was sie von ihm hören wollten. Sie haben ihn vor zwei Tagen nach nur 10 Minuten Verhandlung … zum Tode verurteilt. Das Urteil soll morgen Vormittag um 11 Uhr auf dem Parkplatz der *Shahid Beheshti* Universität vollstreckt werden. Es gibt nichts mehr, was du noch tun kannst. Keiner kann mehr etwas für ihn tun."

Rashno stierte seinen Vater fassungslos an. „Was? … Nein … Bitte sag, dass das nicht wahr ist!"

Doch der Vater schwieg. Rashno erkannte, dass er die Wahrheit gesagt hatte. Panik ergriff ihn, und seine ohnehin schon zitternden Knie konnten ihn nicht mehr auf den Beinen halten. Mit einem lauten Aufschrei fiel er zu Boden. Tränen ergossen sich über sein Gesicht. Verzweifelt warf er sich hin und her, und die Wunden auf seinem Rücken rissen erneut auf. Schon nach kurzer Zeit waren die Verbände blutdurchtränkt. Sie hinterließen ihre Spuren auf dem Teppich. Rashno nahm die damit verbundenen Schmerzen nicht wahr. Immer wieder schrie er laut den Namen seines Freundes: „HAMID! … HAMID! … HAMID!"

Der Vater versuchte ihn zu beruhigen. Er wollte ihn festhalten und zurück aufs Bett heben, aber Rashno stieß ihn hasserfüllt von sich.

„Lass mich in Ruhe! Verschwinde! Haut ab – alle beide! Ich will euch nicht mehr sehen! Nie wieder!"

„Rashno! Bitte! Denk doch an deine Verletzungen! Dein Rücken blutet stark." Auch seine Mutter wollte ihn beruhigen.

„Zur Hölle mit meinem Rücken! Diese Wunden sind doch gar nichts im Vergleich zu dem, was sie Hamid antun. Über seine Qualen solltet ihr euch Gedanken machen. Das ist nur eure Schuld! Ihr habt ihn getötet! Ihr habt ihn auf dem Gewissen!" Rashnos Stimme überschlug sich. Er hämmerte mit den Fäusten vor Wut und Verzweiflung auf den Boden.

„Hol den Arzt, Frau, sofort!", forderte sein Vater. Die Mutter rannte los.

„Ich will keinen Arzt! Du hast mir das Einzige genommen, was ich jemals wirklich in meinem Leben gebraucht habe! Du hast mir das Herz aus dem Körper gerissen und es mit den Füßen zertreten. Ich hasse dich!" Rashno war völlig außer sich. Er zitterte am ganzen Leib und schrie wie ein Wilder.

Nun erschien auch der älteste Bruder im Zimmer. Fragend sah er den Vater an. „Was ist denn los? Was ist mit Rashno?“

„Gut, dass du da bist. Hilf mir! Wir müssen ihn beruhigen und aufs Bett legen.“

Gemeinsam packten sie Rashno an den Armen und zogen ihn mit aller Kraft vom Boden hoch.

„Ihr sollt mich in Ruhe lassen!“, kreischte Rashno und wehrte sich.

Doch gegen die beiden Männer hatte er keine Chance. Sie zerrten ihn zum Bett und legten ihn mit dem Gesicht nach unten auf die weiche Matratze. Der Vater drückte mit aller Kraft seine Schultern auf das Laken. Sein Bruder hielt die Beine fest. So gelang es ihnen schließlich, ihn etwas ruhigzustellen.

Zehn Minuten später erschien die Mutter mit dem Arzt im Zimmer. Sie hatte ihm auf dem Weg berichtet, was vorgefallen war, und der Mediziner handelte sofort. Ohne etwas zu sagen, zog er eine Spritze auf. Dann trat er ans Bett und verabreichte Rashno die Injektion in seinen Oberarm.

Nach wenigen Augenblicken verstummte Rashno, und seine Gegenwehr hörte auf. Die Welt um ihn herum wurde undeutlich, die Farben verblassten, und schließlich senkte sich Dunkelheit über ihn.

„Ich habe ihm ein sehr starkes Beruhigungsmittel gegeben“, erklärte der Arzt. „Er wird etwa zwölf Stunden schlafen. Nutzen Sie die Zeit, um seine Wunden zu reinigen und die Verbände zu erneuern. Er muss unbedingt ruhig liegen bleiben, sonst heilt das nie. Ich komme morgen Mittag nochmals vorbei.“

Nur mühsam konnte er die Augen öffnen. Seine Lider fühlten sich so schwer an, als hingen Gewichte daran. Auch sein Körper war nicht fähig, sich zu bewegen. Ein bleierner Druck lastete auf ihm und schien ihn auf seinem Bett festhalten zu wollen. Nur seine Gedanken waren sofort hellwach. Sie zwangen ihm die entsetzlichen Erinnerungen an die Aussagen seines Vaters über seinen Freund auf. Er sah Hamids Gesicht vor sich, das er bei ihrem letzten Treffen im Gefängnis gesehen hatte. Seine Fantasie fügte weitere Bilder hinzu. Situationen, die er gar nicht sehen wollte, aber die sich in seinem Kopf unaufgefordert bildeten. Sie zeigten ihm grausame Szenen dessen, was mit Hamid im Gefängnis geschah und was noch passieren würde. Oder schon passiert war? Wie viel Uhr war es? Welcher Tag war heute? Wie lange hatte dieser verdammte Arzt ihn mit seiner Spritze außer Gefecht gesetzt?

Rashno strengte sich an, den Kopf anzuheben und in Richtung des Fensters zu drehen. Draußen war es dunkel. Es war Nacht. Damit wusste er aber immer noch nicht, welcher Tag war und wie lange er geschlafen hatte. Lebte Hamid noch, oder hatten sie ihn bereits umgebracht?

Irgendwie musste er es schaffen, aus dem Bett zu kommen. Langsam versuchte er, seine Gliedmaßen zu bewegen. Zuerst eine Hand, dann die andere. Als ihm das gelungen war, bemühte er sich, ein Bein zu sich heranzuziehen. Es fühlte sich immer noch an, als würde es von jemandem festgehalten werden. Doch schließlich gelang ihm auch das. Als Nächstes drehte er seinen Kopf wieder in Richtung der Tür und hob seinen Oberkörper vom Bett an. Natürlich gab ihm sein geschundener Rücken zu verstehen, dass das keine gute Idee war. Aber Rashno biss die Zähne zusammen und ignorierte die Schmerzen. Er musste aufstehen. Die Ungewissheit um Hamids Schicksal ließ ihm keine Ruhe. Außerdem hatte er Durst. Auch die Toilette rief ihn eindringlich zu sich.

Er schaffte es, sich aufzurichten und seine Füße auf den Boden zu stellen. Jetzt saß er zumindest aufrecht. In seinem Kopf drehte sich alles. Das Beruhigungsmittel, das man ihm verabreicht hatte, hüllte ihn noch immer wie in einen dunklen, undurchdringlichen Nebel ein und nahm ihm einen Großteil der Körperkoordination. Er atmete tief durch, als könnte er damit dessen Wirkungen fortblasen. Pure Angst wieder gegen seinen Willen einzuschlafen, übermannte ihn. Mit aller Kraft zwang er sich, aufzustehen. Für einen kurzen Moment stand er auf wackligen Beinen und glaubte, es geschafft zu haben. Doch dann gehorchten ihm seine Muskeln nicht länger und verweigerten ihm ihren Dienst. Rashno verlor das Gleichgewicht und fiel vornüber. Er konnte sich gerade noch am Schreibtisch neben dem Bett abstützen. Mit einem lauten Aufprall fegte er eine Lampe und einige Bücher von der Tischplatte. Dann knallte er selbst auf den Boden. Er landete unsanft auf seinem Rücken. Nur der brennende Schmerz, der ihn dabei durchzuckte, bewahrte ihn davor, abermals das Bewusstsein zu verlieren. Keuchend blieb er liegen und starrte resigniert an die Decke.

Keine Minute später wurde die Tür seines Zimmers geöffnet. Seine Mutter hatte seinen Sturz wohl gehört. Sie schaltete das Licht ein und sah mit besorgtem Blick auf ihn nieder. „Rashno! Was machst du? Warum bist du nicht im Bett? Komm, ich helfe dir zurück."

„Es geht schon, Mutter. Ich muss zur Toilette. Und ich brauche etwas zu trinken." Rashno versuchte erneut aufzustehen, und dank der Hilfe seiner Mutter konnte er sich diesmal auf den Beinen halten. Mit langsamen Schritten führte sie ihn zum WC.

„Ich hole dir in der Zwischenzeit Wasser. Warte hier, bis ich zurück bin."

Rashno nickte. Als seine Mutter wiederkam und ihn in sein Zimmer brachte, standen auf dem Tisch bereits eine Flasche Wasser und ein gefülltes Glas. Rashno trank es gierig aus. Erschöpft setzte er sich auf sein Bett. „Welcher Tag ist heute? Wie lange habe ich geschlafen?"

„Du hast gestern den ganzen Tag geschlafen. Seit etwa Mittag. Heute ist Dienstag, und es ist kurz nach fünf Uhr morgens. Die Sonne wird bald aufgehen."

Fünf Uhr! Also war es noch nicht vorbei. Noch war Hamid am Leben.

Einige Stunden blieben ihm noch. Aber war das wirklich gut für Hamid? Wäre es nicht vielleicht besser, wenn er schon von seinen Qualen erlöst wäre? Wenn sie der grausamen Folter ein Ende gesetzt hätten? Rashno fragte sich, wie es Hamid ging. Nicht wegen der Schmerzen und den Erniedrigungen. Die waren sicher die Hölle. Aber hatte Hamid die Kraft, an ihn zu denken? Vermisste Hamid ihn so, wie er sich nach ihm sehnte?

„Junge! Leg dich wieder hin. Du musst noch schlafen. Das Beruhigungsmittel des Arztes wirkt noch."

„Wie kann ich schlafen, während sie meinen Freund vor einer schaulustigen Meute aufhängen?" Resignation klang in seiner Stimme, und erneut bahnten sich Tränen ihren Weg über sein Gesicht.

„Du liebst ihn wirklich, nicht wahr?" Seine Mutter setzte sich zu ihm auf das Bett und ergriff seine Hand.

„Ja, Mutter. Du kannst dir nicht vorstellen wie sehr! Er ist der wundervollste Mensch, den ich je kennengelernt habe. Wir waren so glücklich miteinander. Ein Leben lang habe ich auf jemanden wie ihn gewartet, und jetzt, wo er da ist, nimmt man ihn mir schon nach kurzer Zeit wieder weg." Weinend vergrub er sein Gesicht an ihrer Schulter. Sie streichelte ihm sanft über das Haar.

„Es tut mir so leid, Rashno. Ich wünschte, ich könnte etwas tun. Auch wenn es für mich schwer ist zu verstehen, wie du einen Mann lieben kannst, so weiß ich doch, wie stark Liebe ist. Nichts ist in der Lage, schlimmere Schmerzen zu bereiten als sie."

„Ja, es tut so unendlich weh, zu wissen, ihn wahrscheinlich nie wiederzusehen. Er hat niemanden hier in der Stadt außer mir. Wie alleine muss er sich jetzt fühlen? Könnte ich doch wenigstens bei ihm sein, ihm beistehen, wenn sie … wenn sie ihn töten."

Seine Mutter saß noch einige Zeit bei ihm und versuchte, ihn zu trösten. Aber sie ahnte, dass nichts und niemand ihren Sohn stärken konnte. Keiner konnte das Unvermeidliche noch aufhalten. Es gab keinen Ratschlag, der ihm helfen würde, wie er die nächsten Stunden und vor allem die Zeit danach ertragen sollte.

„Ich wäre jetzt gerne alleine, Mutter!", flüsterte Rashno.

Sie respektierte diesen Wunsch. Schweigend erhob sie sich und verließ das Zimmer.

Rashno weinte leise vor sich hin. Je mehr er darüber grübelte, desto unerträglicher wurde der Gedanke, dass Hamid die Situation alleine durchstehen musste. Nur umgeben von Leuten, die ihn hassten, die ihn anspuckten, auslachten, und die keinen Funken Mitleid für ihn aufbrachten. Keiner würde da sein, der ihm die Hand hielt, ihn tröstete oder ihm Mut zusprach. Nicht mal ein mitfühlender Blick würde ihn erreichen.

Als die ersten Sonnenstrahlen an diesem Morgen die Stadt mit Leben zu füllen begannen, hatte Rashno eine Entscheidung getroffen. Einen Entschluss, der für ihn wahrscheinlich mit den schlimmsten Qualen seines Lebens verbunden sein würde. Viel schlimmer als das, was sie mit ihm im Gefängnis gemacht hatten. Aber er wollte es tun. Er musste es tun.

Er war es Hamid schuldig, in den letzten Momenten seines Lebens bei ihm zu sein. So nah es eben ging. Er würde an diesem Vormittag bei der Hinrichtung seines Freundes dabei sein.

Obwohl das Beruhigungsmittel ihn immer noch völlig apathisch machte, schaffte es Rashno, sich anzuziehen. Er hatte sich aufgrund seiner Verbände vorsichtig geduscht und sich die Tränen aus seinem Gesicht gewaschen. Es war zehn Uhr morgens. Gemeinsam mit seiner Mutter trank er unten in der Küche einen heißen Tee. Dabei erzählte er ihr von seinem Plan.

„Denkst du wirklich, dass das eine gute Idee ist, Rashno? Willst du dir das tatsächlich antun? Es wird grausam für dich sein!"

„Grausam? Für mich? Für Hamid ist es um ein Vielfaches schlimmer!“

„Natürlich, aber du musst dir doch nicht ansehen, wie es passiert.“

„Mutter, ich bin sein Freund, sein Partner! Ich liebe ihn und kann ihn doch nicht einfach alleinlassen, nur weil es mir unangenehm ist. Ich habe keine Ahnung, woher ich die Kraft nehmen soll, das durchzustehen, aber ich werde ihn in diesem schrecklichen, barbarischen Moment nicht alleinlassen!“

Die Mutter sah ein, dass sie ihrem Sohn das nicht ausreden konnte. Sie wollte es auch gar nicht. Hoffentlich würde er diesen Augenblick irgendwie ertragen, ohne eine Dummheit zu machen.

„Ich muss jetzt los.“ Rashno erhob sich.

„Soll ich dich begleiten?“

Doch Rashno schüttelte den Kopf. „Nein, Mutter, da muss ich alleine durch. Aber danke.“

„Pass auf dich auf, Sohn. Mach keine Fehler. Ich will dich nicht auch so verlieren müssen.“

Rashno küsste sie auf die Stirn und verließ Minuten später das Haus. Mit schweren Schritten schleppte er sich durch die Straßen. Teilnahmslos ging er den Weg, den er nur zu gut kannte. Er ahnte, warum sie ausgerechnet die Universität, an der sie studierten, zum Ort für diesen Gewaltakt ausgewählt hatten. Er lag nicht nur neben dem Gefängnis, sondern man konnte den gesamten Studenten ein Exempel statuieren. Man wollte ihnen zeigen, dass Homosexualität nicht geduldet wurde und welche Strafe dafür zu erwarten war.

Noch bevor Rashno das Gelände der Universität erreichte, konnte er das makabre Werkzeug, mit dem das Urteil vollstreckt werden sollte, sehen. Zwischen den Bäumen hindurch erblickte er den aufgerichteten Arm eines Kranwagens. Zahlreiche Menschen hatten sich bereits eingefunden, um dem Schauspiel beizuwohnen.

Tat er wirklich das Richtige? Er zögerte kurz, aber dann wusste er, dass er es tun musste. Langsam bahnte er sich seinen Weg durch die umherstehenden Menschen, bis er eine Stelle erreichte, an der er Hamid so nahe sein konnte, wie es ging. Mit etwas Glück konnten sie sich vielleicht ein letztes Mal in die Augen sehen. Es war jetzt kurz vor elf. Rashno fühlte sich katastrophal. Obwohl er immer noch unter dem Einfluss des Beruhigungsmittels stand, zitterte er am ganzen Körper. Sein Herz raste wie wild.

Als sich die Köpfe der Menschen zur Seite drehten, folgte Rashno ihren Blicken. Dort kam ein Polizeiwagen. Es war ein kleiner Transporter, und vermutlich war Hamid dort drinnen. Der Wagen fuhr bis neben den Kranwagen und hielt. Als die Türen geöffnet wurden, sprangen einige Männer heraus. Einer von ihnen hielt das Seil in den Händen, mit dem Hamid in wenigen Minuten hingerichtet werden würde. Er hatte seinen Kopf mit einer Kapuze bedeckt, die lediglich einen Spalt für die Augen hatte.

Und dann sah Rashno auch endlich seinen Freund.

Zwei Polizisten führten ihn aus dem Wagen und warteten, bis der Henker seine Vorbereitungen abgeschlossen hatte. Ungefähr zehn Meter trennten sie jetzt voneinander, und Rashno konnte Hamid direkt in die Augen sehen. Dessen Blick war teilnahmslos und leer.

Es brach Rashno das Herz, seinen Geliebten so zu sehen. Er trug eine graue Gefängniskleidung, und seine Hände waren auf den Rücken gefesselt. Die Zeichen der Schläge in seinem Gesicht waren besser geworden. Offensichtlich hatten sie zumindest diesen Bereich seines Körpers in den letzten Tagen verschont. Dennoch bot Hamid ein erschütterndes Bild. Er hatte deutlich abgenommen und konnte sich offensichtlich nur gestützt aufrecht halten.

Rashno hätte schreien können. Und er tat es. Gerade so laut, dass er die wenigen Meter bis zu seinem Freund überbrücken konnte. „Hamid!“

Niemand konnte sagen, von wem und woher dieser Ruf gekommen

war. Die Menschen, die direkt neben ihm standen, sahen ihn nur kurz an, schenkten ihm aber keine weitere Beachtung.

Aber Hamid hatte den Ruf gehört. Er erkannte die Stimme, und seine leblosen Augen füllten sich mit neuem Leben. Suchend schaute er sich um. Rashno wäre am liebsten losgerannt und hätte ihn in seine Arme genommen. Ihre Blicke trafen sich. Sekundenlang verharrten sie und sahen sich tief in die Augen. Auf Hamids Gesicht erschien ein Lächeln. Es schien, als würde er in seiner ganzen Haltung erstarken. Rashno trieb es erneut die Tränen in die Augen, doch Hamid schüttelte fast unmerklich den Kopf.

Weine nicht!, sendete er ihm wortlos.

Unbewusst beendeten die Polizisten den unbemerkten Blickkontakt. Sie brachten Hamid zum Henker, der ihm den Strick um den Hals legte und ihn dann auf den bereitstehenden Sockel steigen ließ.

Noch einmal fanden sich Rashnos und Hamids Blicke. Abermals sandte Hamid ihm ein Lächeln. Diesmal schaffte es auch Rashno, mit dieser Geste zu antworten.

Nur gut, dass sein Freund über die Distanz seine Tränen nicht sehen konnte.

Dann wurde das Urteil vollstreckt.

Der Henker gab einem Mann am Kranwagen ein Zeichen. Er stieß den Sockel, auf dem Hamid stand, um, und der Körper wurde von dem Kran in die Höhe gezogen. Hamids Todeskampf dauerte über eine Minute, bis er schließlich leblos und in kreisenden Bewegungen dahing.

Rashno konnte sich das nicht länger anschauen. Er schloss die Augen und hoffte, dass es vorbei war. Als er sie schließlich wieder öffnete, lief er wie von Sinnen davon. Ziellos rannte er von diesem grausamen Ereignis fort. Er wollte einfach nur weg. Jetzt hielt ihn hier nichts mehr.

7 – AUSWEGE

Gedankenverloren stand Rashno auf dem *Behesht-e Zahra* Friedhof – wieder einmal. Wie jede Woche seit nunmehr über acht Monaten kam er hierher, um Hamids Grab zu besuchen. Immer noch trauerte sein Herz um den Verlust seines geliebten Freundes. Jedes Mal trieb es ihm die Tränen in die Augen, wenn er an ihn und ihre gemeinsame Zeit dachte. Die Bilder der Hinrichtung wollten einfach nicht aus seinem Kopf verschwinden. Auch heute tanzten sie in seinen Gedanken, und er konnte sie nicht unterbinden.

Aber er war auch froh, dass er hier stehen konnte. Hier, wo der Körper Hamids ein paar Meter unter der Erde lag. So hatte er die Möglichkeit, bei Hamid zu sein und, wenn die Trauer besonders wehtat, auch mit ihm zu reden. Er hatte das schönste Foto von Hamid rahmen lassen und es auf die Grabplatte gestellt.

Auf Drängen seiner Mutter hatte sein Vater dafür gesorgt, dass Hamids Körper nicht irgendwo namenlos verschachert worden war. Er hatte seine Beziehungen als Anwalt genutzt und mit einer entsprechenden „Bearbeitungsgebühr" dafür gesorgt, dass der Leichnam auf diesem Friedhof hatte bestattet werden können. Überraschenderweise hatte er sogar eine aufwendige Steinplatte anfertigen lassen, die das Grab jetzt bedeckte. Sie trug nur Hamids Vornamen, sein Geburtsdatum und das Datum seines Todes. Seither kümmerte sich Rashno darum, dass frische Blumen auf der Grabstätte standen und keine Verschmutzung den Anblick störte.

Die Zeit nach der Hinrichtung war schrecklich gewesen. Die Verzweiflung hatte Rashno immer wieder übermannt. Bis heute sah er jede Nacht in seinen Träumen die Schreckensbilder, wie Hamid zuckend an diesem Seil hing und qualvoll starb. Immer wieder schreckte er deswegen schreiend aus dem Schlaf auf. Endlose Stunden verbrachte er dann auf der

Dachterrasse oder im Garten seines Elternhauses. Er weinte und versuchte, die Bilder zu vergessen. Eine Zeit lang nahm er sogar die Hilfe eines Geistlichen, und später eines Psychologen in Anspruch. Seine Mutter bemühte sich ständig, ihn zu trösten und auf andere Gedanken zu bringen. Sie konnte seine Liebe zu Hamid zwar immer noch nicht gutheißen, aber sie sah, wie sehr Rashno litt. Sie hatte Angst, er könnte sich vielleicht eines Tages etwas antun. Außerdem würde er bestimmt schneller zu einem „angemessenen" Leben finden, wenn er verstand, wie aussichtslos die Liebe zwischen Männern war. Aus diesem Grund hatte sie Rashnos Vater davon überzeugt, Hamid anständig beerdigen zu lassen, sodass ihr Sohn an der Grabstätte seinen Verlust verarbeiten konnte. Vielleicht würde er dadurch erkennen, dass ein homosexuelles Leben nicht das Richtige war.

Aber all das hatte Rashno nicht wirklich geholfen. Er konnte den Tod seines geliebten Freundes nicht überwinden. Wie sollte er auch? Sie hatten ihm die erste und einzige Liebe seines Lebens genommen. Das konnte er niemals verzeihen. Er würde sein ganzes Leben nicht vergessen, wer die Schuld an dieser Tragödie trug.

Seit diesem schrecklichen Tag im August versuchte Rashnos Familie, ihn wieder auf den „richtigen" Weg zu bringen. Sie zeigten keine Spur mehr von ihrem verächtlichen Hass, und auch der Vater hatte ihm seither nicht mehr mit der früheren Gewalt klarzumachen versucht, wie abscheulich er sein Verhalten fand. Auch seine angeordnete Heirat war nicht mehr Thema gewesen. Dennoch spürte Rashno ihre Ablehnung dessen, was er war oder was er gemacht hatte. Aber das war ihm egal. Sollten sie doch denken, was sie wollten. Er würde niemals so sein, wie alle es von ihm forderten. Dass er schwul war, würde sich nicht ändern. Heute stand er voller Überzeugung dazu, und er hatte sich geschworen, sich auf keinen Fall wieder selbst zu verleugnen. Zur Not sollten sie ihn eben auch töten.

Rashno hatte sich in den vergangenen Monaten noch mehr zurückgezogen als früher. Nach einigen Wochen war er zwar wieder zur Universität gegangen, aber so richtig konnte er sich nicht auf den Lehrstoff konzentrieren. Zum Sport ging er auch nicht mehr. Alles, was ihm früher einmal wichtig gewesen war, hatte an Bedeutung verloren. Stattdessen verbrachte er seine Zeit alleine in seinem Zimmer und schloss sich den ganzen restlichen Tag ein. Er wollte niemanden sehen. Im Internet hatte er das Portal für Schwule entdeckt, das nur Insidern bekannt war. Hamid hatte ihm früher schon davon erzählt, aber damals hatte es nur sie beide gegeben. Sie hatten diesen Chat nicht gebraucht. Jetzt verbrachte Rashno unzählige Stunden dort, um sich mit Gleichgesinnten zu unterhalten. Er war überrascht, wie viele es in seiner Stadt gab, die so waren wie er. Die meisten, mit denen er ins Gespräch kam, wollten ihn zu schnellem Sex überreden, aber Rashno ließ sich nie darauf ein. An so was hatte er kein Interesse. Er wollte sich unterhalten und ablenken. Nach Sex stand ihm nicht der Sinn.

Bisher beschränkten sich seine Kontakte in diesem Portal ausschließlich auf die Virtualität des Internets, aber heute wollte er das ändern. Vor einigen Wochen hatte er im Chat jemanden getroffen, der ihn nicht für ein Sex-Date kennenlernen wollte. Sie hatten sich nächtelang geschrieben, und Rashno hatte erfahren, dass auch für den Unbekannten das Leben nicht einfach war. Ihm war nicht das Schicksal widerfahren, wie er es hatte erleiden müssen, aber auch er litt unter der Ausgrenzung und dem gefährlichen Versteckspiel. Irgendwann hatte ihm Rashno seine Geschichte erzählt.

Bis jetzt hatte er es immer abgelehnt, sich persönlich zu treffen. Doch der Fremde hatte ihn überzeugt, und heute wollten sie sich endlich persönlich sehen. Sie hatten lange gechattet und auch schon ein paarmal telefoniert, dass Rashno genug Vertrauen gefasst hatte, um sich auf ein Treffen einzulassen. Nach seinem Besuch auf dem Friedhof würde er zurück in die Stadt fahren, um den Mann in einem Einkaufszentrum unweit der Universität zu treffen. Dort, unter so vielen Menschen, würden sie nicht auffallen.

Rashno war nun über eine Stunde am Grab seines Freundes und hatte sich pausenlos das Bild Hamids angesehen. Jetzt wurde es Zeit, sich auf den Weg zu machen. Schweren Herzens verabschiedete er sich und ging.

Rashno war pünktlich am verabredeten Treffpunkt. Unauffällig sah er sich um. Das Einkaufszentrum bestand aus einer Vielzahl kleinerer und größerer Geschäfte, die über mehrere Etagen verteilt waren. Außerdem gab es einige Teehäuser, in denen man sich vom Einkaufsstress erholen konnte. Es war recht voll an diesem Nachmittag, und Rashno hoffte, er würde seinen Internetkontakt in der Menge der herumlaufenden Menschen überhaupt ausmachen können. Gleichzeitig versuchte er herauszufinden, ob ihn irgendjemand beobachtete. Aber keiner schien sich für ihn zu interessieren.

Mittlerweile war es bereits zehn Minuten später, als sie sich verabredet hatten. Rashno kamen Zweifel.

„Hallo! Ich bin Jalil![10]“, ertönte es unerwartet hinter ihm.

Rashno sah sich um. Er war also doch gekommen. „Hallo. Ich bin Rashno. Freut mich, dich zu sehen.“

„Ja, schön, dass wir uns endlich persönlich kennenlernen. Tut mir leid, dass ich etwas zu spät bin. Meine Mutter hat mich ausgefragt, wo ich hingehe.“ Er verdrehte genervt die Augen.

„Ist nicht schlimm. Das Problem kenne ich.“

„Was wollen wir machen? Hier ist es ziemlich voll heute. Da kann man sich kaum irgendwo in Ruhe unterhalten.“

[10] groß, großartig

Rashno nickte. „Lass uns doch in den Park nebenan gehen", schlug er vor. „Wir könnten ein paar Runden um den See spazieren und dabei reden."

„Gute Idee. Da dürfte um diese Zeit noch nicht so viel los sein."

Obwohl es mit 25 Grad für die Jahreszeit schon ziemlich warm war, hielten sich tatsächlich nur wenige Menschen im *Mellat*-Park auf. Auf dem See zogen ein paar Enten gemächlich ihre Runden, und im Hintergrund konnte man die schneebedeckten Gipfel der Berge sehen.

Rashno und Jalil folgten dem Verlauf der gewundenen Wege im Park. Leise unterhielten sie sich zunächst über ihre Erfahrungen und Erlebnisse mit der Internetseite, über die sie sich kennengelernt hatten. Auch Jalil trieb nicht die Lust auf schnellen Sex dorthin, und Rashno war beruhigt, dass er sich nicht in ihm getäuscht hatte. Wie er suchte sein neuer Bekannter vielmehr nach anderen schwulen Jungs, um sich auszutauschen oder einfach nur Zeit miteinander zu verbringen. Er selbst lebte natürlich auch nicht offen schwul und verbarg seine Interessen. Aber er glaubte, dass seine Mutter etwas ahnte. Die Angst vor dem, was passieren könnte, wenn er jemals zugab, sich für Männer zu interessieren, hielt ihn zurück, mit ihr darüber zu sprechen. Als Rashno ihm vor Kurzem seine traurige Geschichte erzählt hatte, war das für ihn wie eine Bestätigung gewesen.

„Ich glaube, ich werde niemals ein Leben führen, wie ich es mir wünsche: nicht mehr alleine sein, mit jemandem zusammenwohnen, gemeinsam kochen und essen, und abends in den Armen von jemandem einschlafen. Manchmal träume ich davon, wie offen man zum Beispiel in Europa leben kann. Ich habe gehört, da dürfen die jetzt sogar heiraten!"

Rashno nickte abermals. „Ja, habe ich auch gehört. Es muss toll sein, sich nicht mehr verstecken zu müssen. Aber ich weiß nicht, ob ich jemals wieder mit einem Menschen zusammen sein kann. Im Moment habe ich Angst, noch mal jemanden zu verlieren."

„Das kann ich verstehen. Auch wenn man dort nicht so bestraft wird wie hier, irgendwas kann immer passieren. Das wäre sicher schmerzhaft. Na ja, aber auf der anderen Seite bestimmt auch besser, als hier alleine zu bleiben und in ständiger Angst leben zu müssen. Vielleicht sollte man einfach abhauen und in ein Land gehen, wo man … wo wir frei sind. Ich habe gehört, Deutschland soll sehr schön sein. Auch wenn die da nicht unser Wetter haben." Jalil grinste scherzhaft.

„Ja, auswandern wäre sicher die beste und einzige Lösung. Aber wie soll man das anstellen? Man kann ja schlecht zu den Behörden gehen und sagen, aus welchen Gründen man hier wegwill!"

„Sicher nicht. Aber es gibt ja auch andere Wege."

„Welche anderen Wege meinst du?"

„Ich kannte mal jemanden aus dem Chat, der ist tatsächlich gegangen. Er floh, ist heimlich über die Grenze in die Türkei gegangen und hat dort offiziell um Asyl gebeten. Die Türkei weist Leute wie uns nicht wieder aus. Von da aus muss man aber selbst sehen, wie man weiterkommt. Angeblich ist er jetzt in Deutschland."

Rashno dachte angestrengt nach. War das vielleicht eine Möglichkeit? Könnte er in einem anderen Land endlich ungefährdet so leben, wie er es wollte? Mit etwas Glück könnte er das doch auch schaffen – wenn er den Mut dafür aufbrächte.

Sie liefen noch über zwei Stunden durch den Park und sprachen von ihren Ängsten und Träumen, doch Rashno konnte sich nicht mehr so richtig auf das Gespräch konzentrieren. In seinem Kopf drehte sich alles nur noch um diese Idee: Flucht!

Schließlich verabschiedeten sie sich. Sie verabredeten sich für den nächsten Donnerstag, und eilig machte sich Rashno auf den Weg nach Hause.

Jalil und er sollten sich nie wieder sehen.

✦

In den nächsten Tagen grübelte Rashno nur über ein einziges Thema. Er recherchierte im Internet, wollte alles über ein Verlassen des Landes herausfinden. Je mehr er darüber nachdachte, desto deutlicher wurde ihm die Tatsache, dass das die einzige Lösung war. Hier konnte er nicht mehr bleiben. Hier wollte er nicht mehr leben. Er musste weg, fort aus diesem Gefängnis und endlich in die Freiheit, in der sein Leben nicht mehr ständig in Gefahr war.

Noch in der gleichen Nacht traf er eine Entscheidung und erstellte einen Fluchtplan. Je mehr Details er zusammensuchte, umso machbarer erschien ihm sein Vorhaben.

Am Donnerstagabend würde er mit dem *Trans Asya Zug* die Stadt verlassen. Etwa drei Tage später wäre er dann in Istanbul. Die Fahrt war mit knapp 800 Rial[11] auch vergleichsweise günstig. Von Istanbul aus würde er dann mit dem Bus bis nach Deutschland weiterfahren. Hier war die Chance am größten, als Flüchtling anerkannt zu werden. Und dort brauchte er sich dann auch nie wieder zu verstecken. Über den Chat im Internet hatte er sich bereits mit verschiedenen deutschen Schwulen ausgetauscht – illegal verstand sich –, und so nicht nur erfahren, mit welchen Buslinien man von Istanbul aus nach Deutschland fahren konnte, sondern auch, wie offen man in diesem Land als Homosexueller lebte. Diese Vorstellung erschien ihm unvorstellbar. Konnten dort wirklich zwei Männer Hand in Hand über die Straße gehen und sich öffentlich küssen? Es musste ein Paradies sein.

Rashno hatte knapp drei Tage Zeit, alles vorzubereiten. Zur Universität ging er jetzt ganz bestimmt nicht mehr. Wozu auch? Er nutzte die Zeit anders. Somit verließ er wie gewohnt das Haus. Doch statt zu den Vorlesungen zu gehen, brachte er jeden Morgen einen weiteren Teil seiner Sachen, die er mit auf die Reise nehmen wollte, in ein Schließfach am

[11] iranische Währung; 800 Rial = ca. 50€

Bahnhof. Er besorgte sich ein Einreisevisum für Deutschland und gab an, für einen Kurzurlaub nach Köln fahren zu wollen. Überraschenderweise hatte er ziemlich schnell das Dokument in seinen Händen. Am Ticketschalter der Zuggesellschaft musste er sich erneut in Geduld üben. Aber schließlich händigte man ihm sein Ticket nach Überprüfung aller Unterlagen aus. Er hatte sich vorsorglich einen Hin- und Rückfahrschein gekauft, um keine Fragen zu riskieren. Für die Fahrt von Istanbul nach Köln müsste er sich das Ticket vor Ort besorgen.

Am Mittwochabend verfasste er einen kurzen Abschiedsbrief. Er wollte zumindest seine Mutter nicht im Ungewissen über seinen Verbleib lassen. Er schrieb, dass er es hier nicht mehr aushielt und Angst hätte, eines Tages das gleiche Schicksal zu erleiden wie Hamid. Er erzählte mit wenigen Sätzen, wie frei das Leben für ihn in Deutschland sein würde und dass sie sich keine Sorgen um ihn machen mussten. Es würde alles gut werden.

Am nächsten Morgen, als sein letzter Tag in Teheran angebrochen war, brachte Rashno die letzten Dinge zum Bahnhof. Anschließend nutzte er noch einmal seine Kreditkarte und versorgte sich mit so viel Bargeld wie möglich. Auf seiner Reise würde er Geld brauchen. Dann ging er zum *Jamshidieh*-Park. Für wenige Stunden wollte er genau an der Stelle sein, an der sich Hamid und er geoutet hatten. Hier hatte alles angefangen. Hier würde es auch enden.

Nachdem er zur gewohnten Zeit mittags zu Hause war und aß, schöpfte seine Mutter keinen Verdacht. Danach verabschiedete er sich von ihr und gab vor, zum Friedhof zu gehen. Abermals ließ er sein Zuhause hinter sich. Doch diesmal war er sich sicher, dass er nie wieder zurückkehren würde.

Rashno eilte tatsächlich zum Friedhof, um sich auch von Hamid zu verabschieden. Auch hierher würde er nie wieder zurückkommen. Über drei Stunden verbrachte er am Grab, und in seinen Gedanken erklärte er Hamid, was er vorhatte und warum er das tat. Er schnappte schließlich das

Bild und packte es in seine Tasche. Dann verließ er die Grabstätte. Mit der Metro fuhr er direkt zum Bahnhof. Dort holte er seine deponierten Sachen aus dem Schließfach und atmete erst einmal tief durch.

Noch blieben ihm etwa viereinhalb Stunden. Tat er tatsächlich das Richtige? Er überlegte, doch er blieb bei seinem Vorhaben – es stand unerschütterlich fest. In weniger als einer Woche würde er in Freiheit sein. Dieses Ziel würde er nicht mehr aufgeben.

Um 21 Uhr war der Zug bereit zum Einsteigen. Rashno begab sich in den Wagen, in dem ein Sitzplatz für ihn reserviert war. Es war mühevoll, sich mit dem Gepäck durch die engen Gänge des Abteils zu zwängen. Immer wieder quetschte er sich an Leuten vorbei, die ihrerseits mit Koffern, Taschen oder Tüten beladen waren und nach ihren Sitzen suchten. Doch schließlich fand er seinen Platz. Er verstaute die meisten Sachen in der Gepäckablage über dem Sitz und behielt lediglich eine kleinere Umhängetasche bei sich, in der er seine Dokumente, das Geld und andere Wertsachen hatte – und das Bild von Hamid! Zufrieden ließ er sich nieder und atmete kräftig durch. Er hatte es geschafft. Jetzt konnte seine Reise endlich beginnen.

Es dauerte fast eine Stunde, bis alle Fahrgäste eingestiegen waren, ihre Sitzplätze gefunden und ihre Sachen ebenfalls untergebracht hatten. In dieser Zeit glich der Waggon einem Ameisenhaufen. Es herrschte ein ständiges Kommen und Gehen. Regelmäßig liefen die Leute wild durcheinander.

Dann war es so weit. Draußen auf dem Bahnsteig ertönte ein lang gezogenes Pfeifen. Sekunden danach setzte sich der Zug langsam in Bewegung. Er verließ den Bahnhof und nahm an Fahrt auf, während er sich Richtung Westen der Stadtgrenze näherte. Nach einigen Minuten passierten sie den internationalen Flughafen, und der Zug wurde schneller. Zu seiner Rechten zogen die Berge vorbei. Die Stadt blieb immer weiter hinter ihnen, und damit auch Rashnos bisheriges Leben. Auch von Hamid entfernte er sich immer weiter. Doch es war nur ein Grab. Sein Freund war in seinem Herzen, und dort würde er ihn überallhin mitnehmen, wohin er auch ging. An seine Familie dachte Rashno nur kurz. Mittlerweile würden sie wohl gemerkt haben, dass er nicht nach Hause gekommen war. Seine Mutter machte sich bestimmt schon Sorgen. Vermutlich hatte sie bereits den Abschiedsbrief in seinem Zimmer gefunden. Da er seine Handykarte zu Hause gelassen hatte, konnten sie ihn auch telefonisch nicht erreichen. Und das war auch erst mal gut so. Er wollte nicht, dass sie ihn unter Tränen von seinem Plan abzubringen versuchte.

Rasch senkte sich die Dunkelheit über die Landschaft. Die Dichte der Bebauungen wurde zusehends geringer, und die Beleuchtung der Stadt erhellte immer weniger die Umgebung. Schon bald war es draußen so dunkel, dass Rashno nichts mehr erkennen konnte.

Von einem Mitarbeiter der Bahn, der die Reisenden mit kleinen Snacks versorgte, kaufte sich Rashno etwas zu essen und zu trinken. Danach wollte er etwas schlafen. Er achtete darauf, dass seine Tasche so verstaut war, dass sie ihm niemand unbemerkt stehlen konnte, und schloss die Augen.

Am frühen Abend des nächsten Tages erreichten sie gegen 18 Uhr den Ort *Kapiköy-Razi* an der iranisch-türkischen Grenze. Da die Bahngesellschaft schon für eine ausführliche Überprüfung der notwendigen Papiere vor Ausgabe der Tickets gesorgt hatte und keine Fahrgäste ein- oder ausgestiegen waren, beschränkten sich die Grenzkontrolleure auf Stichproben im Zug. Die Fahrt ging also rasch weiter.

Für Rashno war es ein einschneidender Moment, denn er verließ das erste Mal in seinem Leben den Iran. Es war schon ein merkwürdiges Gefühl, das Land, in dem er geboren worden und wo er aufgewachsen war, hinter sich zu lassen. Aber die Gefahren dort und die Hoffnung auf das, was ihn zukünftig erwartete, zählten viel mehr. Das, was er zurückließ, war nicht Halt genug gewesen. Auch wenn es ihm nicht leicht fiel, seine Mutter nie wiederzusehen oder die Möglichkeit zu haben, Hamids Grab zu besuchen, so überwog dennoch die Erleichterung, dass er jetzt den Iran verließ. Hier war sein Leben zu sehr bedroht.

Zweieinhalb Stunden später erreichte der Zug die Stadt *Van Iskelesi*, die direkt am See *Van Golu* lag. Die Zugstrecke endete hier, und der Zug wurde langsam auf eine Eisenbahnfähre verladen, die anschließend ihre schwere Last in gut acht Stunden über das riesige Gewässer bis zum nächsten Etappenziel, der Stadt *Tatvan İskelesi*, beförderte. Dort begannen die Gleise, die sie weiter durch die Türkei führen würden.

Am nächsten Morgen gegen vier Uhr dreißig verließ der Zug somit die Fähre und erreichte den Bahnhof. Nach etwa 20 Minuten Aufenthalt setzten sie ihre Reise durch das bergige Gelände der Osttürkei fort. Die Landschaft war recht eintönig und bot nicht viel Abwechslung. Rashno nutzte die Zeit, um erneut ein wenig zu schlafen.

26 Stunden später kam der Zug in *Ankara* an, die letzte große Zwischenstation vor dem Endbahnhof in *Istanbul*. Ein- und aussteigende Fahrgäste hatten eine Stunde Zeit, den Zug zu verlassen oder ihre gebuchten Plätze zu finden, bevor die Fahrt fortgesetzt wurde.

Die erste Etappe der Reise, die Rashno vor drei Tagen in Teheran begonnen hatte, endete schließlich am frühen Abend am *Sirkeci*-Bahnhof in der Metropole am Bosporus. Noch am gleichen Abend nahm er ein Taxi und ließ sich zum Busbahnhof bringen, von wo aus ihn eine internationale Linie nach Köln in Deutschland bringen würde. Er hatte sich für diese Stadt entschieden, weil er in den Internet-Chats erfahren hatte, dass dort ein besonders offenes und tolerantes Klima für Schwule und Lesben herrschte. Die internationale Busstation *Uluslararasi İstanbul Otogari* lag im Zentrum der Stadt, nur ein paar Kilometer vom Bahnhof entfernt, aber der einsetzende Berufsverkehr verstopfte die Straßen, und Rashno brauchte fast 45 Minuten für die relativ kurze Strecke. Schon vor der Abreise hatte er den Fahrplan herausgesucht und festgestellt, dass es eine tägliche Busverbindung zu seinem endgültigen Ziel gab, die um 11 Uhr vormittags Istanbul verließ. Somit wollte er den Bus am nächsten Morgen nehmen. In weniger als 48 Stunden würde ihn die Fahrt in die langersehnte Freiheit bringen. Er hatte also noch ausreichend Zeit, sich am Schalter ein Ticket zu kaufen.

Mühsam schleppte er sich mit seinem Gepäck durch die Halle des Busbahnhofs und hielt Ausschau nach dem Ticketschalter. Wie gut, dass er nahezu fließend Englisch sprach, so fand er die Verkaufsstelle ziemlich schnell. 15 Minuten später hielt er seinen Busfahrschein nach Deutschland in den Händen. Glücklicherweise hatte er noch einen Platz in dem Bus ergattert, der am nächsten Morgen in Richtung seiner Zukunft aufbrechen würde. Jetzt konnte ihn eigentlich nichts mehr aufhalten.

Er verstaute sein Gepäck in einem Schließfach und schaute sich nach einem öffentlichen Waschraum um, in dem er duschen konnte. Nach der langen Zugfahrt hatte er das dringend nötig. Nachdem er sich gewaschen und seine Kleidung gewechselt hatte, setzte er sich in ein Schnellrestaurant, um sich vor der Nacht zu stärken. Die Kleinigkeiten im Zug hatten ihn nicht wirklich satt gemacht. Er hatte Hunger.

Frisch gestärkt ließ er sich im Warteraum des Bahnhofs in einer abgeschiedenen Ecke nieder. Obwohl er im Zug viel geschlafen hatte, war die dreitägige Reise über die teilweise recht maroden Schienenstränge doch anstrengend gewesen. Die Enge und die fehlende Bewegungsfreiheit forderten ihren zusätzlichen Tribut. Er fühlte sich ausgelaugt und müde. Rashno versuchte, den Bildern auf den im Wartebereich aushängenden

TV-Bildschirmen zu folgen, aber bereits nach wenigen Minuten wurde die Müdigkeit übermächtig, und er schlief ein. Er schaffte es, über zehn Stunden in seiner sitzenden Position auf der Bank zu schlafen, immer wieder unterbrochen von kurzen Momenten, in denen er aufschreckte, gestört von einem Geräusch oder von unangenehmen Traumbildern. Oft fragte er sich, wo er gerade war. Doch schließlich hatte er auch diese unbequemen Stunden hinter sich, und je näher der Moment der Abfahrt kam, desto nervöser wurde er. Was würde ihn in dem fremden Land erwarten, in dem Homosexuelle ohne Angst leben konnten, wie die Natur es für sie vorbestimmt hatte? In einer Gesellschaft, in der keine Religion und keine Politik sie für das verurteilte, was sie waren und wen sie liebten? Er konnte es kaum erwarten und schloss die Augen abermals.

Als er gegen 6 Uhr am nächsten Morgen wieder erwachte, war die Sonne über Istanbul schon aufgegangen. Im Busbahnhof herrschte ein reges Treiben. Rashno vergewisserte sich als Erstes, ob seine Wertsachen noch in der Tasche waren, bevor er sich nach ein paar auflockernden Schritten zu einem nahe gelegenen Café begab, um etwas zu frühstücken. Er bestellte sich einen Kaffee und aß dazu mit Hackfleisch gefüllte Teigtaschen. Währenddessen dachte er das erste Mal darüber nach, was er nach seiner Ankunft machen würde. Wenn er Köln erreichte und den Bus verließ, endete seine Planung. Wichtig war ihm bis jetzt nur das Ankommen gewesen, denn alles andere würde sich schon ergeben. Die einfachste Möglichkeit wäre wohl, sich bei der Polizei zu melden und zu erklären, warum er nach Deutschland gekommen war. Die würden ihm dann sicher sagen, was er tun musste.

Nach dem Frühstück nutzte er die Zeit, um draußen etwas spazieren zu gehen. Bald würde er wieder stundenlang sitzen und sich kaum bewegen können. Es tat gut, etwas Energie und frische Luft zu tanken. Auf seinem Rundgang besorgte er sich noch etwas Verpflegung für die lange Fahrt. Die Zeit zog sich endlos dahin. Rashno wollte endlich losfahren.

Um halb elf holte er sein Gepäck aus dem Schließfach und ging zum Abfahrtspunkt des Busses. Dieser stand schon bereit, und Rashno konnte seine Sachen direkt in dem Fahrzeug verstauen. Es gab keine festen Sitzplatzreservierungen. Daher wählte er einen Fensterplatz ganz vorne. So konnte er während der Fahrt etwas von der Landschaft sehen und die ersten visuellen Eindrücke von Europa sammeln.

Pünktlich zur vorgesehenen Abfahrtszeit schlossen sich die Türen des Busses und er fuhr los. Das Fahrzeug reihte sich in den dichten Verkehr ein, und bereits nach etwa 15 Minuten bog es auf die Autobahn ab, die sich durch die Stadt schlängelte.

Sechs Stunden später erreichte der Linienbus die Grenze zu Bulgarien. Sie hatten unterwegs zweimal eine kurze Pause eingelegt, und die Fahrgäste hatten sich die Füße vertreten. Dann ging es weiter Richtung Sofia. Hier hatten sie eine Stunde Aufenthalt, bevor sie nach Belgrad in Serbien und Zagreb in Kroatien fuhren. Danach durchreisten sie ein Stück von Slowenien und schließlich kamen sie in Österreich an. Der Bus passierte Graz und überquerte die deutsche Grenze am frühen Abend des nächsten Tages. Jetzt trennten Rashno nur noch etwa zehn Stunden von Köln. Er wurde immer nervöser und fieberte förmlich seinem Ziel entgegen. Leider bekam er von der Fahrt durch das „Gelobte Land“ nicht viel von der Gegend mit. Es war Nacht, und Rashno nutzte die Zeit, um zu schlafen. Er wollte bei seiner Ankunft erholt sein. Wenn alles gut ging, würde er Deutschland zukünftig noch oft genug sehen.

Um fünf Uhr morgens weckte der Fahrer die schlafenden Fahrgäste. In knapp einer Stunde würden sie Köln erreichen. Es war noch dunkel draußen, aber im Osten kündigte sich bereits die aufgehende Sonne an.

Rashno zog sich die Schuhe an und packte seine Sachen zurück in die Umhängetasche. Etwas später konnte er bereits die ersten Einzelheiten seiner hoffentlich neuen Heimatstadt sehen. Zu seiner Linken erkannte er einzelne Hochhäuser, und vor ihm zeichnete sich eine riesige christliche

Kirche ab, die leicht grünlich beleuchtet war. Der Verkehr wurde langsam dichter. Der Bus überquerte einen Fluss, der die Stadt teilte, und kurze Zeit später endete die Fahrt endgültig an einem Busterminal neben dem Bahnhof.

Rashno war an seinem Ziel.

TEIL 2 – DEUTSCHLAND

1 – GELOBTES LAND

Der Morgen dämmerte bereits, und es war hier merklich kälter als in Rashnos Heimat. Verloren stand er neben der Bushaltestelle und sah sich das erste Mal in der fremden Stadt um. Vor ihm lag der Bahnhof mit seinem gewölbten Glasdach. Dahinter erkannte er die Türme der Kirche, die er aus dem Bus schon von Weitem gesehen hatte. Zahlreiche Menschen liefen umher. Mit ihrer hellen Haut wirkten sie fremdartig.

Rashno nahm sein Gepäck vom Busfahrer entgegen und ging einige Schritte, um dem Gewirr von Leuten mit Koffern, Taschen und Tüten zu entkommen. Er hatte endlich sein Ziel erreicht. Erleichterung machte sich in ihm breit. Bisher hatte er es ohne Probleme geschafft. Jetzt galt es nur noch zu überlegen, was er als Nächstes tun sollte. Zur Polizei zu gehen, war wahrscheinlich die beste Idee, denn hier auf der Straße konnte er unmöglich einfach jemanden fragen. Selbst wenn ihm jemand eine Anlaufstelle für Asylbewerber nennen könnte, hätte er keine Ahnung, wie er dahin kommen sollte. Also nahm er seine Sachen und ging in Richtung Eingang des Bahnhofes. Vielleicht gab es dort drinnen eine Polizeistation, an die er sich wenden könnte.

Als er den Bahnhof betrat, breitete sich eine riesige Halle vor ihm aus. Zahlreiche Geschäfte reihten sich rechts und links aneinander. Es herrschte ein wildes Durcheinander an umhereilenden Leuten – viel mehr Hektik, als er das von Teheran gewöhnt war. Gerne hätte er sich einen Kaffee und Frühstück besorgt, aber noch hatte er kein deutsches Geld. Er musste erst sehen, wo er seine iranischen Rials wechseln konnte. Wenn er Glück hatte, gab es hier auch eine Bank.

Langsam schritt Rashno durch das Bahnhofsgebäude und hielt Ausschau nach einer Polizeistation, doch bisher hatte er keine gesehen. Er stellte sein Gepäck ab und sah sich um.

„Guten Tag. Ihren Ausweis bitte!", sprach ihn unerwartet jemand an.

Rashno drehte sich um. Vor ihm standen zwei uniformierte Männer. Auf ihrer Kleidung stand das Wort „Polizei". Rashno war sich sicher, dass dies das deutsche Wort für „police" sein musste. Was man zu ihm gesagt hatte, wusste er allerdings nicht. „I don't understand. English?[12]"

Der Mann nickte und wiederholte seine Frage in englischer Sprache. Jetzt verstand Rashno und holte seinen Pass aus der Tasche. Wortlos übergab er ihn dem Polizisten.

Dieser blätterte das Dokument durch und suchte nach dem Eintrag des Visums für Deutschland. Danach gab er Rashno den Pass zurück.

„Wo kommen Sie her? Aus Teheran?", fragte der Polizist auf Englisch.

Rashno bestätigte die Frage. Er war froh, dass die Polizisten so gut Englisch sprachen. „Ich bin soeben mit dem Bus angekommen."

„Zu welchem Zweck sind Sie nach Deutschland gereist?"

Jetzt war der Moment der Wahrheit gekommen. Wenn er jetzt eine Ausrede erfinden würde, wäre die nächste Frage sicher die nach seinem Wohnort oder dem Hotel, in dem er hier in der Stadt bleiben würde. Rashno musste also alles auf eine Karte setzen. „Ich bin hierhergekommen, um Asyl zu beantragen."

Die beiden Polizisten sahen sich flüchtig an.

„Dann seien Sie bitte so freundlich und begleiten Sie uns." Mit einer Geste der Hand wies einer der Uniformierten Rashno an, zurück in die Richtung, aus der er gekommen war, zu gehen. Rashno nahm sein Gepäck wieder auf. Gemeinsam traten sie auf die Straße hinaus. Der Polizist griff nach seinem Funkgerät, das er an seinem Gürtel befestigt hatte, und sprach etwas.

Rashno verstand kein Wort. Stattdessen wartete er geduldig. Der zweite Polizist ließ ihn ohnehin nicht aus den Augen.

[12] „Ich verstehe nicht. Englisch?"

„Wir bringen Sie zur Anlaufstelle für Asylbewerber“, erklärte der Beamte, nachdem er sein Funkgerät weggesteckt hatte. „Dort wird man alles Weitere mit Ihnen besprechen.“

„Ja, vielen Dank.“

Alles schien sich so zu entwickeln, wie Rashno es erhofft hatte. Es dauerte auch nicht lange, da fuhr ein Polizeiauto vor. Die beiden Männer gaben Rashno zu verstehen, einzusteigen. Dann sprachen sie mit den zwei uniformierten Insassen. Kurze Zeit später fuhr der Wagen los. Die Fahrt dauerte nur knapp 15 Minuten, und Rashno bemerkte, dass er zum zweiten Mal an diesem Tag den Fluss überquerte – diesmal in entgegengesetzter Richtung. Schließlich kamen sie vor einem großen Gebäude an.

Die Polizisten stiegen aus und öffneten die hintere Tür des Autos, um Rashno aussteigen zu lassen. Sie warteten geduldig, bis er alle seine Sachen aus dem Fahrzeug genommen hatte. Einer der Männer ging wortlos voran, während der zweite Rashno folgte. Sie betraten das Bauwerk und eilten in ein Büro, direkt auf der rechten Seite. Hier saß eine ältere Frau an einem Schreibtisch und schaute die Eintretenden fragend an. Die Polizisten unterhielten sich eine Weile mit ihr. Rashno verstand nichts, vermutete aber, dass sie ihr erklärten, warum sie gekommen waren. Er sah, dass die Frau ihn zwischendurch immer wieder anblickte. Schließlich wurde er abermals nach seinem Pass gefragt, und der Polizist reichte das Dokument an die Angestellte weiter. Dann verabschiedeten sie sich und gingen, ohne Rashno weiter zu beachten. Ihre Aufgabe war wohl erledigt.

„Sprechen Sie Englisch?“, erkundigte sich die Frau mit freundlicher Stimme in fließendem Englisch und lächelte Rashno an.

„Ja, tue ich.“

„Gut. Mein Name ist Maia Weber. Ich nehme Ihren Antrag auf Asyl entgegen und werde Ihnen erklären, wie es weitergeht. Bitte nehmen Sie doch Platz.“ Sie wies auf einen Stuhl an einem weiteren Tisch im Raum.

Rashno stellte sein Gepäck in eine Ecke und setzte sich.

Die Frau folgte ihm und ließ sich ihm gegenüber nieder. „Wir müssen erst den Papierkram erledigen. Danach werden Sie von einem Arzt untersucht. Sind Sie damit einverstanden?“

Natürlich war Rashno einverstanden.

„Sehr gut! Möchten Sie etwas trinken? Wann haben Sie zuletzt etwas gegessen?“

„Ich habe kurz vor meiner Ankunft im Bus etwas gegessen. Ich habe also keinen großen Hunger … Aber könnte ich bitte ein Glas Wasser haben?“

Frau Weber erhob sich und holte eine Flasche Wasser aus einem Kühlschrank in ihrem Büro. Sie stellte ein Glas vor Rashno ab und schenkte ihm ein. „Nach der Untersuchung erhalten Sie bei uns einen Schlafplatz zugewiesen, bis über Ihren Antrag entschieden wird. Leider sind unsere Kapazitäten in Köln sehr begrenzt. Daher können wir Sie nur hier in der Sporthalle unterbringen, bis wir eine andere Möglichkeit gefunden haben. Das wird hoffentlich nicht länger als ein bis zwei Wochen dauern. Ob Sie dann hier in Köln bleiben werden, kann ich jetzt noch nicht sagen. Sie erhalten eine vorläufige Aufenthaltsgestattung. Haben Sie alles bis hierher verstanden?“

Rashno nickte. Hoffentlich wurde sein Aufenthalt bestätigt. Er konnte nicht wieder zurück in den Iran.

Frau Weber griff nach einem mehrseitigen Papierbogen und begann ihn auszufüllen. „Das ist der Asylantrag. Ich benötige zunächst Ihre persönlichen Angaben.“

„Rashno Merizadi“, sprach Rashno und nannte sein Geburtsdatum, seine Heimatadresse und seinen Familienstand. Frau Weber nahm die Daten auf und füllte das Formular Zeile für Zeile aus. Dabei verglich sie die Schreibweise mit den Angaben in seinem Pass.

Rashno gab zusätzlich seine schulische Ausbildung an.

„Warum wollen Sie Asyl beantragen?“

Rashno schluckte unruhig. Es war das erste Mal in seinem Leben, dass er mit einem Fremden über seine Homosexualität sprechen sollte. Etwas Undenkbares, wo er herkam. Sofort drängten sich ihm die Gefahren seines Landes und das Versteckspielen in den Kopf. Er sah den gequälten Körper Hamids und sein grausames Ende vor sich. Dennoch fasste er allen Mut zusammen. Hoffentlich hatten die Kontakte im Internet nicht gelogen oder zu viel versprochen.

„Ich bin homosexuell", antwortete er schließlich. „Im letzten Jahr war ich im Gefängnis und wurde wegen meiner sexuellen Orientierung gefoltert. Mein Freund wurde öffentlich hingerichtet. Wenn man mich noch mal deswegen verhaftet, droht mir das Gleiche. Ich habe Angst um mein Leben." Tränen standen in seinen Augen. Er versuchte sie wegzublinzeln.

Die Frau starrte ihn verblüfft an. Sie reichte ihm ein Papiertaschentuch und räusperte sich verlegen. „Das tut mir leid zu hören", erklärte sie betroffen. Die Bestürzung war ihr ins Gesicht geschrieben.

„Danke … Meine Eltern wollen mich zu einer Ehe mit einer Frau zwingen. Ich kann dort nicht bleiben. Lieber sterbe ich!" Die letzten Worte waren ihm einfach so herausgerutscht. Verzweiflung klang aus seiner Stimme.

„Ich verstehe." Sie kritzelte etwas auf das Formular.

Unverständnis über solche Grausamkeiten und die Angst, die sie erzeugten, war ihr ins Gesicht geschrieben. Welche Schmerzen hatte dieser junge Mensch erleiden, welche Verletzungen sein Körper erdulden müssen, nur weil er einen Mann liebte? Und dann die seelischen Qualen, seinen Geliebten so verlieren zu müssen. Was für ein grausames Regime. Welche gnadenlose Religion konnte einem Menschen so etwas antun?

„Gut." Sie sah wieder von ihrem Bogen auf. Noch immer wirkte sie betroffen. „Ich bringe Sie jetzt zu Doktor Schmidt. Der wird Sie ausführlich untersuchen. Anschließend erhalten Sie von mir die vorläufige Aufenthaltsgestattung, und ich begleite Sie zu Ihrem Schlafplatz."

Sie erhob sich und legte den Antrag auf ihrem Schreibtisch ab. Mit einem weiteren Formular in der Hand verließ sie gemeinsam mit Rashno den Raum.

Das Büro des Arztes war gleich gegenüber. Frau Weber klopfte an die Tür und trat mit Rashno ein. Ein Mann Mitte 30 empfing sie. Sie übergab ihm das Dokument und verließ mit einem Lächeln auf den Lippen wieder den Raum.

Dr. Schmidt begrüßte Rashno freundlich. Auch er sprach fließend Englisch. „Hallo, Herr Merizadi. Freut mich, Sie kennenzulernen."

Rashno erwiderte die Begrüßung. „Hallo. Bitte nennen Sie mich Rashno."

„Gerne. Nehmen Sie doch bitte Platz. Bevor wir anfangen, würde ich Ihnen gerne ein paar Fragen zu Ihrer Gesundheit stellen."

Rashno setzte sich auf den angebotenen Stuhl. „Selbstverständlich!" Er knetete unruhig seine Finger.

„Haben Sie irgendwelche Krankheiten? Hatten Sie Kinderkrankheiten?"

Rashno versuchte so genau wie möglich zu antworten. Er wollte nichts falsch machen.

„Leiden Sie an irgendwelchen ansteckenden Infektionen?"

„Nein."

„Gut." Der Arzt erhob sich. „Ich werde zunächst mal Ihren Blutdruck messen. Wenn Sie bitte Ihre Jacke ausziehen würden."

Rashno nickte und streifte die Jacke ab. Der Arzt legte ihm die Manschette um den Oberarm.

„Okay", sagte Dr. Schmidt, nachdem er den Blutdruck gemessen hatte. „Wenn Sie bitte auch Ihr T-Shirt ausziehen würden … Ich möchte Ihr Herz und Ihre Lunge abhören."

Rashno stülpte das Shirt über seinen Kopf und legte es zur Seite. Er wusste, jetzt würde der Mann seine Narben sehen.

„Oh mein Gott!“, ertönte es auch schon im selben Moment. Der Arzt starrte auf die Narben der Auspeitschung, die Rashno vor über acht Monaten zugefügt worden waren. Vorsichtig tastete er sie ab. Er erkannte, woher die Narben kamen und was Rashno durchgemacht haben musste. „Haben Sie Probleme mit den Verletzungen?“

„Nein, mittlerweile ist alles gut verheilt.“

„Sie sollten dennoch die Narben regelmäßig mit einer Salbe pflegen. Dann werden sie sich etwas mehr zurückbilden und weicher werden. Ich verschreibe Ihnen ein entsprechendes Mittel.“ Er notierte etwas auf den Papieren. „Wären Sie damit einverstanden, wenn wir ein Foto Ihres Rückens machen würden? Das wäre für Ihren Asylantrag hilfreich und würde vermutlich Ihre Chancen deutlich erhöhen.“

„Natürlich.“ Wenn Rashno dafür bessere Aussichten für die Bewilligung seines Asylantrages bekam, würde er sich fotografieren lassen.

Nach 30 Minuten war die Untersuchung beendet. Dr. Schmidt brachte Rashno zurück zu Maia Weber.

„Der junge Mann ist kerngesund“, berichtete er der Sachbearbeiterin. „Lediglich die Narben auf dem Rücken sollten noch etwas behandelt werden.“

Frau Weber sah zunächst den Arzt, dann Rashno fragend an.

„Die Narben der Folter“, erklärte Rashno.

Sie nickte verstehend.

Der Arzt übergab ihr die von ihm ausgefüllten Formulare. „Muss eine schlimme Tortur gewesen sein. Ich habe eine Aufnahme davon gemacht. Das können Sie dem Asylantrag beifügen.“ Er verabschiedete sich von Rashno und verließ den Raum.

Nun war Rashno mit Frau Weber wieder allein. Diese händigte ihm ein Dokument aus. „Das ist die vorläufige Aufenthaltsgenehmigung. Sie müssen sie zusammen mit Ihrem Pass bitte immer bei sich tragen. Die Bearbeitung Ihres Asylantrages kann bis zu vier oder sechs Wochen dauern. Manchmal geht es auch schneller. Bis dahin wohnen Sie erst mal hier bei uns. Ich zeige Ihnen gleich den Schlafplatz, die Toiletten, Duschen und den Essraum."

Sie gab ihm einen Stadtplan und eine Streckenübersicht der öffentlichen Verkehrsmittel sowie ein Dauerfahrticket. Dann führte sie Rashno in den Saal, wo er bis auf Weiteres wohnen würde. Es war eine große Sporthalle, in der viele Feldbetten aufgestellt waren. Die einzelnen Reihen waren durch Stellwände voneinander getrennt worden, um den Bewohnern etwas Privatsphäre zu ermöglichen. Einige waren zu kleinen Gruppen zusammengefasst, in denen Familien mit Kindern wohnten. Die meisten der Betten in der Halle waren in Gebrauch.

„Momentan leben hier rund 180 Asylbewerber", erzählte Frau Weber und führte Rashno in den hinteren Teil des Saales zu einem freien Bett. „Hier können Sie schlafen. Bitte achten Sie auf Ihre Wertsachen!"

Rashno nickte und stellte sein Gepäck auf seinem Schlafplatz ab.

„Dort drüben finden Sie den Sanitärbereich."

Rashno nickte wieder. Er wollte unbedingt als Erstes eine Dusche nehmen. Nach der langen Busfahrt fühlte er sich schmutzig. Er würde sich etwas frisch machen und sich umziehen.

„Es gibt noch einen Gemeinschaftsraum, in dem es einen Fernseher und zwei Computer mit Internetzugang gibt." Frau Weber zeigte in die andere Richtung. „Wenn Sie dem Gang dort hinten folgen, kommen Sie in den Essraum. Dort bekommen Sie eine warme Mahlzeit und Frühstück."

Rashno bedankte sich und verabschiedete sich schließlich von Frau Weber. Müde holte er frische Sachen aus seinen Taschen, um zu duschen.

✦

In den ersten Tagen in seiner neuen Heimat geschah nicht wirklich viel. Rashno verbrachte den Tag ausschließlich in der Unterkunft. Er knüpfte einige Kontakte zu Mitbewohnern und unterhielt sich mit ihnen über deren Erlebnisse und die Gründe, warum sie in Deutschland Asyl beantragt hatten. Seine eigenen Motive hielt er zurück, jedenfalls das wahre Motiv. Er erzählte nur von der vorgesehenen Zwangsverheiratung und der Gewalt seines Vaters ihm gegenüber. Über seine Homosexualität schwieg er sich aus, denn er wusste nicht, wie die anderen Asylanten darauf reagieren würden. Sie kamen meistens aus Ländern, in denen die Akzeptanz von Schwulen nicht so groß war wie hier. Daher zog er es vor, darüber nicht zu sprechen.

Er nutzte auch den Computer im Gemeinschaftsraum, um sich über Deutschland und Köln zu informieren. Es gab nicht viele Seiten, die ihm die Informationen in englischer Sprache lieferten, aber es reichte, um einen groben Überblick zu erhalten. Außerdem verfolgte er die Nachrichten aus seinem Ursprungsland. „Heimatland" mochte er es jetzt nicht mehr nennen, denn der Iran und die Stadt Teheran waren nicht mehr das, was er so bezeichnen konnte. Der Staat, die Religion und seine Familie hatten ihm klargemacht, dass er mit seinem Interesse am eigenen Geschlecht nicht willkommen war. Rashno sagte sich, dass er dann auch sie nicht mehr brauchte.

In den Momenten, in denen er alleine im Gemeinschaftsraum war, loggte er sich in den schwulen Chat ein, den er schon früher in Teheran genutzt hatte. Zunächst schrieb er Jalil eine lange Nachricht und entschuldigte sich. Er hatte ihn versetzt. Vor Aufregung über die Entscheidung und die Vorbereitungen der Flucht hatte er das zweite Treffen nicht abgesagt. Jalil war ihm glücklicherweise nicht böse. Er war überrascht, aber auch begeistert, dass Rashno sein Schicksal in die Hand genommen und das Land verlassen hatte. Manchmal klang Neid und Bewunderung in seinen Nachrichten mit. Sie unterhielten sich beinahe täglich im Chat, und Rashno erzählte ihm ausführlich von seiner anstrengenden Reise und den ersten Eindrücken aus Deutschland.

Er schaffte es sogar, über die Internetseite erste Kontakte zu Schwulen aus Köln zu knüpfen. Auch hier suchten die meisten wieder nur den schnellen Sex, oder aber sie wollten gleich die große Liebe finden. Auf eine schnelle Affäre hatte Rashno keine Lust, und für etwas Ernsteres war er noch nicht bereit. Sein Herz schmerzte immer noch wegen der Erinnerungen und der Liebe zu Hamid. Da war für niemand anderen Platz, und er wollte nicht die Gefühle von jemandem verletzen. Nach wie vor betrachtete er jeden Tag stundenlang das Bild seines verstorbenen Freundes. Auch jetzt noch musste er manchmal weinen, wenn er daran dachte, was alles passiert war und wie sein Leben mit Hamid hätte werden können. Wer weiß, vielleicht hätten sie eines Tages gemeinsam den Iran verlassen und in einem anderen Land glücklich werden können.

Eine Woche nach seiner Ankunft kam Frau Weber zu ihm und bat ihn zu sich ins Büro.

„Wie geht es Ihnen?“, erkundigte sie sich freundlich.

„Gut, danke.“

„Das freut mich zu hören. Ich habe gute Nachrichten für Sie. Ihr Antrag wurde bereits bewilligt! Sie erhalten Asyl in Deutschland. Ich beglückwünsche Sie von ganzem Herzen. Sie haben es wirklich verdient, nach allem, was Sie durchmachen mussten.“

Rashno riss überrascht den Mund auf. So schnell hatte er mit keiner Zusage gerechnet. Sein Herz schlug schneller vor Aufregung. Endlich fiel die Angst, in diesem Land nicht aufgenommen und möglicherweise wieder in den Iran abgeschoben zu werden, von ihm ab. Jetzt war er frei und konnte sein neues Leben beginnen. Es war, als ginge die Sonne nach einer endlosen Nacht wieder auf. Er lächelte erleichtert. Freudentränen stiegen in ihm hoch. Das war die beste Information, die er seit Langem erhalten hatte. Das Abenteuer seiner Flucht in die Freiheit war erfolgreich zu Ende gegangen. Jetzt hatte er eine neue Heimat gefunden. Er war überglücklich. „Vielen Dank!"

Frau Weber schmunzelte. „Sie werden zunächst in einem Wohnheim hier in Köln untergebracht, bis wir eine endgültige Wohnung für Sie gefunden haben", erklärte Sie ihm die weiteren Schritte. „Außerdem erhalten Sie eine finanzielle Unterstützung vom Staat, bis Sie eine Arbeit finden. Sie sind damit auch krankenversichert. In den nächsten Wochen werden Sie an einem Integrationskurs teilnehmen. Dort lernen Sie alles, was für das Leben in Deutschland wichtig ist. Zusätzlich besuchen Sie einen Sprachkurs, um die deutsche Sprache zu lernen. Das soll Ihnen ermöglichen, sich hier zurechtzufinden. Bei allen diesen Dingen wird Ihnen jemand behilflich sein. Wir haben einige Studenten, die unsere Asylanten bei allen Dingen, wie zum Beispiel den Behördengängen, unterstützen und ihnen auch die Stadt zeigen. So können Sie Köln schneller kennenlernen und haben jemanden, den Sie um Rat fragen können."

Rashno nickte. Er war froh, dass sich alle so sehr um ihn bemühten.

„Ich habe Ihnen einen jungen Mann namens Jan Westermann zugeordnet. Er wird morgen am frühen Nachmittag hierherkommen, um Sie kennenzulernen. Er unterstützt uns schon länger und kennt sich gut aus. Machen Sie sich keine Sorgen. Jan ist offen homosexuell. Sie können also ruhig mit ihm darüber sprechen."

„Vielen Dank für die Mühen." Rashno war nun noch mehr überrascht. Alles schien so leicht zu verlaufen.

„Nichts zu danken. Haben Sie sonst noch Fragen?"

„Ja, wann genau kann ich in das Wohnheim umziehen?"

„Ihr Zimmer dort ist frei. Sie können jederzeit dorthin wechseln. Ich werde morgen Vormittag mit Jan sprechen, bevor er zu Ihnen kommt. Sie können sich mit ihm abstimmen, wann Sie umziehen." Sie händigte ihm ein dickes Paket an Unterlagen aus und entließ ihn. „Ich wünsche Ihnen alles Gute, Rashno." Sie lächelte.

„Danke."

Rashno ging zurück zu seinem Schlafplatz. Erleichtert legte er sich auf das Feldbett und schloss die Augen. Perfekter hätte es für ihn nicht laufen können. Jetzt gab es nichts mehr, um das er sich noch Sorgen machen müsste.

Am nächsten Vormittag packte Rashno seine Sachen und verabschiedete sich von den Bekannten, mit denen er im Auffangheim Kontakt gehabt hatte. Er hatte sich entschlossen, heute noch in das ihm zugewiesene Apartment umzuziehen. Hoffentlich fühlte sich Jan nicht überrumpelt. Aber dort würde er mehr Privatsphäre haben als in dieser riesigen Sporthalle mit so vielen anderen.

Mittags war er bereits so aufgeregt, dass er das Essen ausfallen ließ. Er konnte jetzt nichts zu sich nehmen. Stattdessen nutzte er nochmals einen Computer im Gemeinschaftsraum und schrieb Jalil eine Nachricht. Er berichtete ihm von den Veränderungen und wie sehr er sich freute, dass sein neues Leben in diesem fremden Land endlich konkrete Formen annahm. Dann ging er zurück zu seinem Bett und wartete. Was Jan wohl für ein Mensch war?

Dass er sich als Student nebenbei noch um soziale Angelegenheiten der Stadt kümmerte, fand Rashno bemerkenswert. Es war gut, dass ihm jemand bei all den Formalitäten helfen und ihm die Stadt zeigen würde. So konnte er sich hier wesentlich schneller zu Hause fühlen. Natürlich war er auch besonders gespannt, den ersten Schwulen in Köln persönlich kennenzulernen. Es war für ihn immer noch schwer vorstellbar, dass Schwule hier offen zu ihrer sexuellen Orientierung stehen konnten. Dass Maia Weber ihm einen homosexuellen Studenten zugeordnet hatte, fand er gut. Dadurch würde er sich nicht nur schneller zurechtfinden, sondern er würde auch sehen und hoffentlich erleben, wie Schwule in Deutschland lebten.

Gegen 14 Uhr war es endlich so weit. Frau Weber kam zu ihm an seinen Schlafplatz. „So, Rashno. Jan ist eben gekommen. Er wartet in meinem Büro. Wie ich sehe, haben Sie Ihre Sachen schon gepackt. Ich nehme an, Sie wollen heute auch direkt ins Wohnheim wechseln?“

Rashno nickte. „Ja, sehr gerne. Wenn Jan Zeit dafür hat und mir dabei helfen würde, wäre das sehr schön.“

Sie lächelte. „Das wird er. Dafür arbeitet er ja bei uns. Und er macht das auch gerne. Sie werden sehen, Jan ist ein sehr umgänglicher junger Mann. Sie werden sich sicher gut verstehen. Ach ja: Er spricht natürlich auch sehr gut Englisch!“

„Das ist toll.“ Rashno nahm seine Sachen und folgte Frau Weber in ihr Büro. Dort wartete Jan auf sie.

„So, Rashno, das ist Jan! Jan, das ist Rashno!“

Ein schlanker Mann erhob sich vom Stuhl und streckte Rashno zur Begrüßung die Hand entgegen. „Hallo, Rashno! … Hab ich deinen Namen richtig ausgesprochen?“

„Hallo, Jan. Ja, perfekt.“ Rashno musterte Jan kurz. Er hatte dunkelblonde Haare, helle Augen und ein freundliches Lächeln. Er sah ziemlich gut aus und wirkte sympathisch.

„Super. Es freut mich, dich kennenzulernen. Ich hoffe, deine Zeit hier war nicht allzu schlimm?“

„Nein, nein! Überhaupt nicht. Alle waren sehr nett zu mir. Und ich bin so froh, dass ihr alle Englisch sprecht. Ich kann leider kein Deutsch!“

„Das ist doch selbstverständlich. Woher solltest du auch unsere Sprache können?“ Jan schmunzelte.

„Rashno möchte heute schon in sein Zimmer im Wohnheim umziehen“, ergriff Frau Weber das Wort. „Würden Sie ihm dabei bitte helfen, Jan? Sie wissen ja, was zu tun ist.“ Sie ging zu Ihrem Schreibtisch und nahm einen Schlüsselbund aus einem Kuvert. „Hier sind die Schlüssel und die Adresse."

Jan nahm beides entgegen. „Gerne", sprach er und wandte sich wieder an Rashno. „Sind das alle deine Sachen?"

„Ja, mehr konnte ich nicht mitbringen."

Jan griff nach einer der Reisetaschen. „Lass mich dir helfen. Wir können uns das teilen."

Dankbar reichte ihm Rashno eine der Taschen mit seinen wenigen Habseligkeiten. „Danke. Vielen Dank, Jan."

„Hey, du musst dich nicht alle 2 Minuten bei mir für irgendwas bedanken! Ich mache das gerne."

Rashno verstand. Beinahe hätte er sich schon wieder bedankt.

„Ich wünsche Ihnen alles Gute für Ihre Zukunft", verabschiedete sich Frau Weber noch einmal. „Wenn es Probleme gibt, dürfen Sie sich gerne bei mir melden."

„Vielen Dank für alles!" Rashno reichte ihr die Hand, dann verließ er mit Jan das Auffangheim.

„Wir werden mit der U-Bahn zum Wohnheim fahren", erklärte Jan. „Die Haltestelle ist nur ein paar Minuten entfernt, da vorn um die Ecke. In 20 Minuten sind wir da. Alles bereit?"

Und wie bereit Rashno war. Er war so aufgeregt. Er konnte es kaum erwarten, in seinem neuen Zuhause anzukommen.

Wie Jan gesagt hatte, lag die Haltestelle ganz nahe. Dennoch hatte er sich noch nie vom Auffangheim so weit entfernt gehabt. Begierig nahm er die optischen Eindrücke in sich auf. Als sie die U-Bahnstation erreichten und die Treppen nach unten stiegen, warteten sie nicht mal drei Minuten, bis ihre Bahn kam.

„Die nehmen wir", meinte Jan, und sie stiegen ein. „Wir fahren einige Stationen und müssen dann einmal umsteigen. Der Stadtteil, in dem das Wohnheim liegt, heißt ‚Ehrenfeld'. Von da aus kannst du mit der U-Bahn ganz bequem alles erreichen. In 20 Minuten ist man selbst zu Fuß in der Innenstadt."

Rashno nickte und ging auf die zwei freien Plätze zu. Er nutzte die Fahrt, um sich Jan verstohlen näher anzusehen. Dieser war ein wenig kleiner als er und hatte eine sehr athletische Figur. Vermutlich betrieb er auch irgendeinen Sport. Seine dunkelblonden Haare waren ganz kurz rasiert, und Rashno sah jetzt deutlicher, dass seine hellen Augen blau waren. So etwas sah man in seinem Land nicht.

Rashno blickte aus dem Fenster, da die Bahn den Tunnel verließ und jetzt oberirdisch weiterfuhr. Die Strecke führte sie wieder über den Fluss. Dieses Mal war es jedoch eine andere Brücke. Nach zwei weiteren Haltestellen stiegen sie aus, und Jan eilte mit ihm eine Treppe hinunter zur nächsten U-Bahn. Sie mussten ein paar Minuten auf ihren Anschluss warten, doch schließlich kam die Bahn. Diesmal lag die Strecke ausschließlich unterirdisch.

„Ich kann gar nichts von der Stadt sehen", beschwerte sich Rashno scherzend.

„Keine Sorge. Das holen wir nach. Dir werden schon noch früh genug die Füße wehtun vom vielen Rumlaufen." Jan lächelte vielversprechend.

Nach 20 Minuten erreichten sie ihr Ziel und verließen die U-Bahn. Jetzt trennten nur ein paar Minuten Fußweg Rashno von seinem ersten Zuhause.

Seine eigene Ein-Zimmer-Wohnung, von wo aus er sein neues Leben gestalten würde!

„Hier sind wir!", verkündete Jan, holte den Schlüssel aus seiner Tasche und öffnete die Haustür.

„Du hast das Apartment 119. Es liegt auf der ersten Etage." Gemeinsam gingen sie hinauf, und nach einem kurzen suchenden Blick fand Jan den Eingang zu Rashnos Kleinwohnung. „Möchtest du?", fragte er und hielt ihm den Schlüssel entgegen. „Es ist schließlich dein Zuhause."

Rashno nahm den Schlüssel freudig an und schloss die Tür auf. Langsam trat er ein und sah sich neugierig um. Das Zimmer war nicht besonders groß, aber es reichte für ein Bett und einen Schreibtisch mit Stuhl auf der einen Seite des Raumes. Auf der anderen waren ein Kleiderschrank mit einer angrenzenden Schrankwand und ein Waschbecken inklusive Herd zum Kochen. Direkt rechts vom Eingang befand sich eine schmale Tür, die offen stand und hinter der das Bad lag.

Rashno stellte seine Sachen am Bett ab und ging dann zum Fenster. Unter ihm lag ein Innenhof, eingerahmt von einigen Bäumen.

Auch Jan warf die Tasche, die er für Rashno getragen hatte, aufs Bett. „Wie gefällt es dir? Es ist kein 5-Sterne-Hotel, aber deutlich besser als die Sporthalle."

„Es ist perfekt", grinste Rashno und fühlte sich glücklich. Ein bisschen erinnerte es ihn an das Apartment, in dem er mit Hamid gelebt hatte.

„Na schön. Willst du direkt auspacken, oder soll ich dir erst etwas mehr von der Umgebung zeigen? Wo du einkaufen kannst, zum Beispiel?"

„Ja. Auspacken kann ich auch später noch. Ich muss auf jeden Fall mein iranisches Geld irgendwo wechseln, und ich möchte mir gerne eine neue Handykarte besorgen, damit ich telefonieren kann. Wenn du Zeit hast, würde ich auch gerne etwas von der Stadt sehen."

„Gute Idee. Dann gehen wir zuerst das Geld umtauschen und besorgen dir die Karte. Danach gehen wir in die Stadt. Wir könnten irgendwo etwas essen. Nachher sehen wir weiter. Einverstanden?"

Rashno nickte. Er freute sich riesig auf seinen ersten Ausflug, dennoch war er irritiert. „In die Stadt? Wir sind doch hier in der Stadt!", fragte er.

„Mit ‚Stadt' meinen wir hier die Innenstadt, das Zentrum. Dort sind die größten Einkaufsstraßen und viele Restaurants, Bars und Kneipen."

„Ach so."

„Vergiss nicht deinen Pass und die Aufenthaltserlaubnis mitzunehmen.

Die musst du immer bei dir haben. Ach ja: Und auch nie den Schlüssel von deinem Apartment vergessen.“

„Hab alles bei mir“, murmelte Rashno und zeigte auf seine Hosentasche. Den Schlüssel hielt er noch immer umklammert. Alles war so aufregend. Er konnte noch immer nicht glauben, dass seine Flucht und der Antrag auf Asyl so reibungslos verlaufen waren.

Im vergangenen Jahr hatte er noch am Abgrund gestanden. Das Leben war damals so aussichtslos gewesen, und er hatte nicht gewusst, wie es weitergehen sollte. Er hatte alles verloren und vor dem Nichts gestanden. Doch jetzt konnte er neu anfangen. Hier in diesem Land boten sich alle Möglichkeiten, und er freute sich sehr darauf, sie zu ergründen.

„Sollen wir mit der U-Bahn fahren oder lieber laufen?“, fragte Jan und riss ihn aus den Gedanken. Grinsend hielt er ihm die Tür auf.

„Laufen wir“, antwortete Rashno, verließ seine Ein-Zimmer-Wohnung und schloss hinter sich ab.

Gemeinsam eilten sie aus dem Haus.

Jan zeigte ihm nahe gelegene Lebensmittelgeschäfte. Erst dann gingen sie in Richtung Zentrum. Sie folgten der Hauptstraße, und 15 Minuten später erreichten sie die Innenstadt.

„Das hier ist der ‚Rudolfplatz‘“, erklärte Jan. „Das ist eigentlich die beste Gegend, wenn man ausgehen will. Hier gibt es Cafés, Bars und Clubs. Bei vielen kann man bei schönem Wetter auch draußen sitzen und ein Bier genießen. Aber du trinkst sicher keinen Alkohol, nehme ich an?“

„Habe ich bisher nie, weil es so was im Iran höchstens illegal gibt. Alkohol ist strikt verboten. Aber ich bin kein überzeugter Anhänger dieser Regeln. Für unsere Religion habe ich nicht viel übrig. Ich habe auch kein Problem damit, Schweinefleisch zu essen. Und ein Bier würde ich gerne mal versuchen.“ Er grinste Jan an.

„Okay. Hast du schon Hunger? Wollen wir was essen und dann weitergehen?“

Ja, Rashno hatte Hunger. Sein Magen beklagte sich bereits über das fehlende Mittagessen. „Das wäre toll."

„Dann schlage ich vor, wir gehen dort vorne hin. Dort gibt es meiner Meinung nach das beste Bier, und auch das Essen ist super. Und vor allem: Es ist nicht zu teuer!"

Rashno folgte dem Fingerzeig und erblickte ein altes Gebäude. Es sah aus wie ein Torbogen. „Was ist das?", fragte er. „Es sieht alt aus."

„Das ist eins der wenigen Überreste der alten Stadtmauer, die Köln früher einmal umgeben hatte. Es war ein Tor, durch das man in die Stadt kam."

Für Rashno war es beeindruckend. Er kannte alte Bauten aus früheren Zeiten der Stadtgeschichte Teherans, aber so massiv und imposant wie dieses hier, war ihm nie eins vorgekommen. Fasziniert schaute er sich um, als sie durch das Tor schritten. Unmittelbar dahinter war direkt das Lokal, das Jan vorgeschlagen hatte. Trotz des recht schönen Wetters waren nicht alle Tische, die davor standen, besetzt, und sie hatten freie Wahl.

Sofort kam ein Kellner und brachte ihnen die Speisekarte.

„Was möchtet ihr trinken?"

Jan übersetzte Rashno die Frage. „Magst du mal ein Bier probieren? Es ist nicht besonders stark."

Rashno nickte.

„Zwei Kölsch, bitte!", bestellte Jan beim Kellner.

Es dauerte nur 3 Minuten, bis dieser zurückkam und ihnen zwei Gläser auf den Tisch stellte.

„So, auf was hast du denn Appetit? Was würdest du gerne essen?"

Rashno sah sich die Speisekarte an, aber er verstand kein Wort. „Ich hab keine Ahnung. Was nimmst du denn?"

„Ich nehme auf jeden Fall einen Salatteller mit Putenbruststreifen. Der ist groß und extrem lecker hier!"

„Klingt gut. Dann nehme ich den auch."

Kurz darauf gab Jan die Bestellung auf. Dann griff er nach seinem Kölsch und hielt es in Rashnos Richtung. Auch Rashno nahm sein Glas und stieß mit Jan an. Vorsichtig trank er den ersten Schluck Bier in seinem Leben.

„Und?“, erkundigte sich Jan.

„Super! Echt lecker und erfrischend! Da habe ich bisher was verpasst.“

Jan schmunzelte. „So, jetzt erzähl doch mal, was dich ausgerechnet nach Deutschland geführt hat.“

„Hat Frau Weber dir nichts gesagt?“ Ein ungutes Gefühl befiel Rashno. Noch immer verursachte das Sprechen über seine Homosexualität Beklemmungen in ihm. Er hatte sich noch nicht daran gewöhnt, dass man hier frei darüber reden konnte – und wohl erst recht nicht mit jemandem, der selbst schwul war.

„Doch, sicher. Ich weiß, dass du in deiner Heimat wegen deiner Homosexualität verfolgt wurdest. Aber warum ausgerechnet Deutschland? Warum Köln?“

Bei dem Wort Homosexualität sah sich Rashno automatisch um und machte sich unbewusst etwas kleiner auf seinem Stuhl. Natürlich bemerkte Jan seine Reaktion.

„Mach dir keine Gedanken. Das ist hier in Köln nichts, was man verstecken muss. Wir haben hier ein völlig freies Leben und werden akzeptiert. Hier nebenan ...“, er wies mit dem Kopf auf das Nachbarlokal, „ist zum Beispiel eine Kneipe für Schwule. Und selbst hier sitzen sehr viele von uns.“

Rashno nickte, auch wenn er an seiner Unruhe nichts ändern konnte. „Als ich mich zur Flucht entschieden habe, bin ich im Internet auf die Suche gegangen, wo ich hingehen könnte. Im Chat haben mir Bekannte von Deutschland erzählt. Sie sagten, dass Köln eine der liberalsten Städte in eurem Land ist. Also habe ich mich dafür entschieden, hierherzukommen.“

„Gute Wahl!“, grinste Jan. „Wie ist es denn so als Schwuler im Iran? Da kann man sich vermutlich gar nicht zeigen? Man liest ja einiges im Internet, aber man weiß auch nie, ob das wirklich so ist oder nicht vielleicht noch schlimmer.“

„Nein. Zeigen niemals! Im Iran steht darauf die Todesstrafe.“ In seinen Gedanken blitzte das Bild von Hamids Hinrichtung auf.

„Wie schrecklich! Hattest du dort einen schwulen Freundeskreis? Oder einen festen Freund?“

Rashno sah nachdenklich auf das Glas Kölsch.

„Wenn du nicht darüber reden möchtest, ist das völlig in Ordnung!“, erklärte Jan, der das Zögern bemerkt hatte.

„Nein, nein. Ist schon okay. Einen schwulen Freundeskreis hatte ich nicht. Da muss man sehr vorsichtig sein. Es gibt viele Spitzel, die einen an die Polizei verraten. Ich habe selbst erst vor etwa einem Jahr bemerkt, dass ich schwul bin. Nein, eigentlich habe ich das schon vor vielen Jahren gemerkt, aber ich wollte es nie wahrhaben. Vor nicht ganz einem Jahr habe ich es dann akzeptiert.“

„Wie kam das?“

Rashno sah vor seinem geistigen Auge jenen Nachmittag im Park, als er mit Hamid über dessen Gedicht gesprochen hatte. Er erinnerte sich, wie dieser sich im Verlauf des Gesprächs ihm gegenüber offenbart hatte. Ja, wenn er es sich recht überlegte, war genau das der Moment gewesen, in dem er angefangen hatte, sein Interesse am gleichen Geschlecht zu akzeptieren. Nicht vollständig, aber es war der Beginn gewesen. „Ein Freund hat mir ein Gedicht geschrieben und mir seine Liebe gestanden.“

„Oh, wie romantisch! Das klingt schön. Hast du denn seine Liebe erwidert? Seid ihr ein Paar geworden?“

„Anfangs nicht. Ich war zu Beginn viel zu sehr mit mir selbst beschäftigt. Erst etwas später habe ich mich dann in ihn verliebt und wir sind ein Paar geworden.“

Jan schaute ihn verwundert an. „Und warum bist du jetzt alleine hier? Wo ist dein Freund?“

Rashno schluckte. Er wollte es nicht. Ein Stück weit schämte er sich sogar, aber er konnte nicht verhindern, dass ihm die Tränen in die Augen traten. Sekunden später weinte er auch schon. „Er ist tot!“

„Oh mein Gott. Das tut mir leid. Wenn ich das gewusst hätte ... dumme Frage! Bitte entschuldige.“

Rashno schüttelte den Kopf. „Ist schon gut. Es ist jetzt etwa neun Monate her, aber manchmal tut es immer noch weh.“

„Das glaube ich. Darf ich fragen, was geschehen ist?“

Rashno sah Jan in die Augen. „Er wurde hingerichtet!“

„Bitte was?“, fragte Jan entsetzt.

Rashno wischte sich die Tränen fort. „Meine Familie hat uns verraten, und wir wurden verhaftet. Mein Vater ist Anwalt und hat mich mit Beziehungen und Geld wieder rausgeholt. Aber Hamid hatte keine Familie. Um ihn hat sich niemand gekümmert. Im Gefängnis wurden wir brutal gefoltert, ich musste ihre Lügen bestätigen. Sie haben ihm völlig absurdes Zeug vorgeworfen, und dann haben sie ihn öffentlich aufgehängt.“

Jan schlug vor Entsetzen die Hände vor den Mund. Er konnte nicht glauben, was er da hörte. „Rashno, das tut mir so entsetzlich leid. Bitte verzeih mir, dass ich so neugierig gefragt habe.“

„Schon gut. Es ist passiert und kann nicht mehr rückgängig gemacht werden. Ich muss lernen, damit zu leben. Darüber zu sprechen, hilft vielleicht dabei.“

„Wie können Menschen so grausam sein? Ich werde das nie verstehen.“

Eine Weile herrschte Schweigen. Rashno wartete, dass die schmerzhaften Emotionen wieder abklangen, und Jan musste den Schock erst mal verarbeiten. Er entschied, das Gespräch auf andere Themen zu lenken.

„Was hast du denn sonst in Teheran gemacht? Hast du gearbeitet?“

„Ich studierte und war Mitglied im Basketballteam. Ich wollte in der Nationalmannschaft spielen."

„Basketball? Das ist gut. Ich bin in einem schwulen Sportverein hier in Köln Mitglied. Ich spiele dort Volleyball. Wir können ja mal zusammen hingehen. Die haben auch eine Basketballgruppe."

Rashno stimmte begeistert zu. „Was studierst du denn hier in Köln?", erkundigte er sich.

„Ich studiere Medizin im vierten Semester. Ich habe aber seit letztem Jahr eine ‚Pause' für ein soziales Jahr eingelegt. Deswegen bin ich jetzt in der Betreuung von Asylanten tätig. Ich bin fast fertig damit. Du bist sozusagen der letzte ‚Fall' für mich." Jan unterbrach sich, weil endlich ihre Salate kamen.

Hungrig begannen sie zu essen.

„Lebst du hier alleine? Oder hast du einen Freund?", erkundigte sich Rashno.

„Ja, ich lebe alleine. Und nein, ich habe keinen Freund. Der Richtige ist mir noch nicht über den Weg gelaufen. Die meisten sind mir zu oberflächlich und suchen nur ihren Spaß. Das ist eben der Nachteil, wenn man als Schwuler in Köln Sex an jeder Ecke und bei jeder Gelegenheit finden kann. Auf was Ernsthaftes will sich kaum einer einlassen."

Rashno stimmte ihm zu. Den Eindruck hatte er bereits im Chat gewonnen. „Wie und wo lernt man denn hier andere Schwule kennen?"

„Je nachdem, was einem gefällt, kann man sich das aussuchen. Es gibt viele Cafés und Kneipen für Schwule. Meine Lieblingskneipe zum Beispiel ist gleich hinter diesem Haus." Jan wies auf ein großes rundes Glashaus auf der anderen Straßenseite. „Wenn du willst, können wir ja heute Abend mal hingehen."

In Rashnos Kopf ratterten die Gedanken wild durcheinander. In eine solche Kneipe ausgehen? Andere Schwule in der Öffentlichkeit treffen? Ja, das war genau das, was er sich zu Hause in Teheran immer gewünscht hatte. Jetzt die Möglichkeit zu haben, es auch zu erleben, war eine Herausforderung an seinen Mut.

Jan lächelte ihn beruhigend an, sagte aber kein Wort.

„Okay, gerne“, stimmte Rashno schließlich zu.

Nachdem sie ihre Salate gegessen und der Kellner nicht nur die Teller abgeräumt, sondern ihnen auch gleich zwei neue Kölsch auf den Tisch gestellt hatte, sprachen sie noch lange miteinander. Jeder wollte mehr über das Leben des anderen erfahren, und Rashno hatte noch so viele Fragen über die Stadt und die Leute hier.

Es war bereits nach 18 Uhr, als sie sich entschlossen nach Hause zu gehen. Sie machten sich auf den Weg, um die Karte für Rashnos Handy zu kaufen.

„So, jetzt kannst du auch telefonieren. Bekomme ich deine Telefonnummer?“, erkundigte sich Jan und sah Rashno verschmitzt an.

„Aber gerne doch“, erwiderte Rashno und beobachtete Jan, wie er die Nummer in sein eigenes Handy eingab.

„Ich schlage vor, wir gehen jetzt erst zu dir. Ich denke, du willst dich sicher noch etwas frisch machen, bevor wir später ausgehen. Außerdem brauchen wir vor 21 Uhr nicht da sein. Vorher ist kein Mensch dort“, erklärte Jan.

„Ja, ich würde auf jeden Fall gerne duschen und mich umziehen“, gestand Rashno.

„Ich auch. Wenn du fertig bist, gehen wir zu mir und ich kann auch schnell duschen und was anderes anziehen. Ist kein großer Umweg.“

❧✦☙

Der Abend in der Schwulenkneipe war sehr schön. Rashno war total aufgeregt, weil er das erste Mal ein Lokal betrat, in dem nur Gleichgesinnte waren. Es war ein merkwürdiges Gefühl, die neugierigen Blicke der Anwesenden zu spüren und dabei zu wissen, dass ihn keiner heimlich ausspionieren und verraten wollte.

Jan hatte ihm die Kneipe bereits von Weitem gezeigt, und bevor sie ins „Edge" gegangen waren, hatte er Rashno noch einmal auf die zahlreichen anderen schwulen Bars in der gleichen Straße hingewiesen. Es war für ihn unglaublich, wie viele Möglichkeiten es hier gab, andere Schwule kennenzulernen. Allein sechs solcher Lokale in einem Umkreis von 100 Metern. Und keiner musste sich verstecken und heimlich hineingehen. Teilweise gingen die Männer sogar Hand in Hand auf der Straße. Einige küssten sich öffentlich. Keiner nahm Anstoß daran.

Das „Edge" war nicht besonders groß, und als sie um 21 Uhr dort ankamen, waren auch noch nicht viele Besucher dort. Gleich nach dem Eingang war auf der linken Seite eine lange Theke, die sich durch den ganzen Raum zog. Auf den Barhockern davor saßen nur zwei Männer, die sich unterhielten. Auf der rechten Seite war eine lange Fensterreihe, und auf den breiten Fensterbänken saßen einige Leute.

Rashno bemerkte sofort, dass ihn alle ansahen.

„Lass dich nicht verunsichern. Du bist hier ein neues Gesicht, und jeder will wissen, wer dieser gut aussehende Neuling ist." Jan grinste ihn breit an.

Rashno bemerkte sehr wohl das Kompliment in seiner Aussage, reagierte aber nicht darauf. Er wusste ohnehin nicht, was er dazu sagen sollte.

Sie fanden am Fenster einen Platz, wo sie sich beide setzen konnten.

„Was möchtest du trinken? Ein Kölsch?"

Rashno nickte. Ihm schmeckte Bier.

Jan grinste und ging zur Theke, um die Getränke zu holen. Rashno sah sich in der Zwischenzeit weiter um. Am anderen Ende, gegenüber dem Eingang, war eine Garderobe und links davon offensichtlich der Weg zu den Toiletten. Die Kneipe war einfach eingerichtet, und es roch nach kaltem Zigarettenrauch. Unauffällig besah er sich die anwesenden Leute.

„Hier bin ich wieder“, rief Jan und hielt vier Gläser Bier in den Händen.

„Warum so viele?“, erkundigte sich Rashno überrascht.

„Zwischen 21 und 22 Uhr ist ‚Happy Hour‘. Dann gibt es immer zwei Gläser für den Preis von einem.“

„Wie praktisch!“ Rashno schmunzelte und nahm seine Kölsch entgegen.

„Das hier ist meine Lieblingskneipe. Ist eigentlich nichts Besonderes, aber hier komme ich schon am längsten her, und mir gefällt das Publikum ganz gut.“ Jan machte eine kleine Pause. „In Teheran habt ihr so was gar nicht, oder?“

„Nein, Kneipen gibt es gar nicht, auch nicht für Heteros. Wegen des Alkoholverbotes. Dafür haben wir viele Teehäuser, wo man sich trifft. Aber natürlich keine mit ausschließlich schwulen Gästen.“

„Wie langweilig. Was macht ihr denn, um einfach Party zu machen?“

„Na ja, man verabredet sich im Internet und trifft sich gelegentlich an möglichst unauffälligen Orten. Hauptsächlich kommt man auf privaten Partys bei einem der Chatkontakte zusammen.“

„So was ist für uns hier völlig unvorstellbar. Aber du wirst im Juli sehen, wie offen man hier leben kann. Dann ist CSD, und auf der Abschlussparade ziehen Tausende Schwule und Lesben durch die Stadt und zeigen sich.“

„Was ist CSD?“, fragte Rashno.

„Das ist der Christopher Street Day. Heute ist es hauptsächlich eine Gedenkveranstaltung und Demonstration für völlige rechtliche Gleichstellung unserer Partnerschaften mit heterosexuellen Ehen. Trotz aller Offenheit und Akzeptanz gibt es immer noch Benachteiligungen vor dem Gesetz. Es gibt riesige Paraden. Du wirst erstaunt sein!“

„Seit wann weißt du denn, dass du schwul bist?“, erkundigte sich Rashno schließlich.

„Schon seit vielen Jahren. Ich glaube, mit 14 habe ich es das erste Mal bemerkt. Mit 16 hatte ich dann den ersten Sex mit einem anderen Jungen, und seitdem stehe ich auch dazu."

„Und deine Eltern? Wie haben die reagiert?"

„Die hatten damit überhaupt kein Problem. Sie haben das akzeptiert. Meine Mutter meinte sogar, sie hätte das schon immer gespürt. Weißt du, ich denke, Mütter merken so was als Erstes."

Rashno nickte. Ob seine es auch geahnt hatte? Er konnte sich das nicht vorstellen.

Der Abend verging für Rashnos Geschmack viel zu schnell. Jan war ihm sehr sympathisch, und sie hatten sich gegenseitig viel zu erzählen. Aber irgendwann war es spät geworden, und sie entschieden sich nach Hause zu gehen. Jan brachte Rashno noch bis zur Tür. Sie verabredeten sich für den nächsten Morgen, damit Rashno beim Bürgeramt seinen Wohnsitz anmelden konnte. Dann machte sich auch Jan auf den Heimweg.

Die ersten Wochen in seiner neuen Heimat vergingen für Rashno wie im Fluge. Er hatte am Anfang so viele Dinge zu erledigen, bei denen ihm Jan jederzeit behilflich war. Er begleitete ihn zu den Behörden, zur Anmeldung an der Volkshochschule für den Deutsch- und den Integrationskurs, und er zeigte ihm engagiert die Stadt. Bereits in der zweiten Woche gingen sie gemeinsam zu Jans Sportverein, und Rashno meldete sich schließlich für die Basketballgruppe an.

Mittlerweile konnte er die ersten kurzen Sätze auf Deutsch sprechen. Er brauchte keine Hilfe mehr, wenn er zu bestimmten Orten innerhalb der Stadt wollte. Sogar eine Arbeit hatte er gefunden. Jan hatte ihm einen Job in einer Wäscherei vermittelt, bei dem es nicht auf perfekte Sprachkenntnisse ankam. Er kannte den Inhaber, und nach einem kurzen Vorstellungsgespräch und einem Probearbeitstag hatte er den Job bekommen. Es war eine anstrengende Arbeit, aber sie machte Spaß, und sie brachte Rashno mehr Geld ein als die staatliche Unterstützung, die er bis dahin erhalten hatte.

Er hatte auch darüber nachgedacht, ob er sein Studium fortsetzen sollte, aber dafür fehlten ihm noch die notwendigen Sprachkenntnisse. Er arbeitete deshalb hart, sich zu verbessern. Immer wieder forderte er Jan auf, so viel Deutsch wie möglich mit ihm zu sprechen.

Sie verbrachten viel Zeit miteinander, und obwohl Jans Aufgabe, Rashno in den ersten Wochen zu unterstützen, längst erfüllt und er eigentlich von ihr entbunden war, trafen sie sich beinahe täglich. Sie verstanden sich ausgezeichnet und teilten auch viele gemeinsame Interessen und Einstellungen. Jan hatte ihm nicht nur die Sehenswürdigkeiten der Stadt, sondern auch weitere Schwulenkneipen gezeigt.

Irgendwann hatte Rashno ihm gesagt, dass er nicht seine gesamte Freizeit in Bars verbringen wollte, und Jan stimmte ihm erleichtert zu. Stattdessen gingen sie nun lieber ans Rheinufer und beobachteten die vorbeifahrenden Schiffe. Oder sie verbrachten die sonnigen Tage in einem Park mit einem künstlich angelegten See nahe dem Zentrum. Es war ein heißer und sonniger Sommer geworden, und manchmal erinnerte Rashno das an seine alte Heimat.

An Teheran selbst dachte er kaum noch, und wenn, dann nur, weil ihm klar wurde, welcher Hölle er entkommen war. Seine Familie fehlte ihm trotz allem, insbesondere seine Mutter. Seit nunmehr gut drei Monaten hatte er keinen Kontakt mehr zu ihr, und er hatte ihr auch bisher kein Lebenszeichen zukommen lassen. Ihm fehlte einfach der Mut. Er hatte Angst, alte Wunden wieder aufzureißen. Trotzdem tat es weh, wenn er daran dachte, wie verzweifelt sie vermutlich auf einen Anruf wartete. Irgendwann würde er es tun. Eines Tages würde er das Schweigen brechen und ihr erzählen, was er hier in Deutschland erreicht hatte. Die Augenblicke, in denen er sehnsuchtsvoll an Hamid dachte, wurden nicht weniger, aber sie begannen, nicht mehr so qualvoll zu sein. Die Tränen versiegten, und er fühlte sich besser, wenn er das Bild seines verstorbenen Freundes neben seinem Bett betrachtete. Langsam lernte er, mit der Erinnerung an das Geschehene zu leben. Der Gedanke, dass Hamid es dort, wo er jetzt war, besser hatte als in einer Welt, die seine Liebe nicht respektieren konnte, half ihm immer wieder, stark zu sein.

Aber es gab noch etwas, das ihn von den manchmal aufziehenden dunklen Wolken in seiner Gedankenwelt fortzog. Etwas, das für ihn zu einem Fixpunkt schlechthin in seinem neuen Leben geworden war und an dem er sich festhalten konnte. An dem er sich anlehnen durfte, wenn ihm danach zumute war. Ja, Jan war zu einem neuen Mittelpunkt seines Lebens geworden. Er war immer für ihn da. Rashno hatte schon lange nicht mehr so viel gelacht, diskutiert oder einfach nur Spaß gehabt. Jan war wirklich zu einem guten Freund geworden. Obwohl er durch ihn auch andere Leute kennengelernt hatte und zu ihnen einen mehr oder weniger regelmäßigen Kontakt pflegte, war Jan sein bester Freund. Er freute sich jedes Mal, wenn sie sich trafen, und manchmal, wenn sie sich in Momenten des Schweigens ansahen und ihre Blicke sich förmlich ineinander verhakten, dann glaubte Rashno ein Prickeln zu spüren. Von Jan ging eine besondere Anziehungskraft aus, die ihn immer wieder einfing und fesselte. Es war nicht nur sein Aussehen, sondern auch die Art, wie er sprach, und die Gemeinsamkeiten, die sie miteinander teilten. Mit ihm zusammen zu sein, war einfach ein gutes Gefühl, das ihn die Schrecken der Vergangenheit mehr und mehr vergessen ließ.

Rashno hatte den Eindruck, dass auch Jan gerne Zeit mit ihm verbrachte. Er schien die gemeinsamen Augenblicke ebenfalls zu genießen. Gelegentlich glaubte Rashno auch von ihm intensive Blicke zu erhalten. Manche seiner anscheinend zufälligen Berührungen erschienen ihm doch recht beabsichtigt. War ihre Freundschaft wirklich noch das, als was sie nach außen den Anschein machte? Hatte sich ihr Kontakt und die Art und Weise, wie sie miteinander umgingen, nicht längst zu etwas anderem entwickelt? Konnte man dieses ausgeprägte Interesse aneinander und die Nähe, die sich zwischen ihnen entwickelt hatte, nicht längst als etwas Größeres verstehen? Als den nächsten Schritt, den zwei Menschen, die sich mochten, irgendwann gehen würden? Gehen mussten?

Sicher, aufgrund der Umstände ihres Kennenlernens und dem Austausch teils recht privater Hintergrundinformationen waren sie sich vielleicht schneller nähergekommen und hatten mehr über den jeweils anderen erfahren, als in anderen Freundschaften üblich. Aber wenn das so war und sie immer noch „nur“ gute Freunde waren, fragte zumindest Rashno sich, warum er sich so oft das Foto von Jan auf seinem Handy ansah.

Je mehr er über dieses Thema nachdachte, desto verwirrter wurde er.

Es war Mitte August, als sich Rashno entschied, seine Mutter anzurufen. Er hatte schon lange mit sich gerungen, ob er mit ihr in Kontakt treten sollte oder nicht. Aber vor drei Tagen, am ersten Jahrestag von Hamids Hinrichtung, wandelte sich die anfängliche Trauer dieses Tages in ein Gefühl der Stärke und des Stolzes. Er hatte sein Leben nach all den Tiefschlägen und der ganzen hassvollen Ablehnung, die sie ihm entgegengebracht hatten, neu gestaltet. Heute schämte er sich nicht mehr, dass er schwul war. Es gab ihm das Selbstvertrauen, sein Schweigen endlich zu brechen. Sollte seine Familie über ihn denken, was sie wollten. Er war nun mal nicht so, wie es sich seine Eltern gewünscht hatten und wie es ihnen die Religionsfanatiker immer wieder eintrichterten.

Andererseits war er noch immer ihr Sohn. Der Zeitpunkt, eine Versöhnung über die Distanz hinweg anzustreben, war gekommen. Wenn er es nicht wenigstens versuchen würde, hätte er niemals Gewissheit, ob sie nicht zumindest auf einer sachlichen, informationellen Ebene wieder zusammenfinden könnten. Vielleicht würde es die Entfernung seinen Eltern einfacher machen, ihn so zu tolerieren, wie er war.

Rashno stand in einer kleinen Kabine in einem Internetcafé, in dem man kostengünstig ins Ausland telefonieren konnte. Er sah den Hörer in seinen Händen zögernd an. Dann wählte er die Nummer seines früheren Elternhauses. Er hoffte, dass seine Mutter zu Hause war. Unter Berücksichtigung des Zeitunterschiedes zwischen Köln und Teheran müsste sein Vater eigentlich noch in der Arbeit sein. Wenn seine Mutter nicht gerade zum Einkaufen unterwegs war, bereitete sie wohl gerade das Abendessen zu. Eigentlich die beste Zeit des Tages, sie zu erreichen.

Es dauerte eine ganze Weile, bis die Verbindung stand und Rashno das Rufzeichen am anderen Ende der Leitung vernahm. Bereits nach dem zweiten Klingeln wurde der Anruf entgegengenommen.

„Hallo?“, hörte Rashno die fragende Stimme seiner Mutter. Er hatte einen Kloß im Hals. Es dauerte einen Moment, bis er sprechen konnte.

„Hallo, Mutter!“

Es herrschte ein kurzes Schweigen. Offenbar versuchte seine Mutter zu begreifen, dass da wirklich ihr Sohn anrief.

„Rashno? Bist du das?“

„Ja, Mutter, ich bin es.“

Ein lauter Freudenschrei ertönte am anderen Ende der Leitung. Rashno hielt den Hörer etwas weiter von seinem Ohr weg.

„Mein Sohn! Du lebst! Wo warst du so lange? Warum hast du dich nicht gemeldet? Geht es dir gut?“ Sie hatte so viele Fragen und wusste gar nicht, welche sie zuerst stellen sollte.

„Ja, es geht mir gut. Mach dir keine Sorgen!“

„Ich soll mir keine Sorgen machen? Wie stellst du dir das vor? Ich hatte

Todesängste, als ich deinen Brief gefunden hatte. Seit Monaten habe ich kein Lebenszeichen von dir! Und du sagst mir, ich soll mir keine Sorgen machen?“

„Ich weiß, Mutter. Es tut mir leid. Aber es ging nicht anders. Geht es euch ansonsten gut?“

„Ja, sicher. Wo bist du? Wann kommst du nach Hause?“

„Ich bin in Deutschland. In einer Stadt namens Köln. Es ist wunderschön hier. Alles ist so perfekt, und die Menschen hier sind sehr freundlich. Ich habe eine Arbeit und viele neue Freunde gefunden.“ Er machte eine kleine Pause. „Mutter, ich werde nicht mehr nach Hause kommen. Nie mehr! Du weißt, was mir da droht. Ich kann nicht mehr zurückkehren.“

„In Deutschland? Was machst du denn in diesem Land? Wie bist du dahin gekommen? Warum ...“

„Mutter, ich habe hier Asyl beantragt und erhalten.“ Kurz berichtete er in wenigen Sätzen von seiner Reise, dem Asylverfahren, seinem Apartment und der Arbeit, die er gefunden hatte. Und er erzählte von Jan. Seine Mutter schwieg. Rashno hatte den Eindruck, dass sie weinte. „Wie geht es Vater? Und meinen Brüdern?“

„Frag lieber nicht! Er hat getobt, als er deinen Brief gelesen hatte. Du kannst froh sein, weit weg gewesen zu sein.“

„Er hat mich immer noch nicht so akzeptiert, wie ich bin, nicht wahr?“

„Nein. Und das wird er auch niemals. Er und deine Brüder hassen dich dafür.“

Rashno hatte insgeheim gehofft, dass sein Weggehen und die Zeit es ermöglicht hätten, ihn anzunehmen, wie er war. Dass seine Familie sich damit abgefunden hätte, dass er schwul war. Sie mussten es ja nicht toll finden, aber wenigstens schweigend zur Kenntnis nehmen. Aber anscheinend trennte sie immer noch eine Wand aus Hass. Nur seine Mutter schien es hinzunehmen, obgleich auch sie nicht glücklich darüber war.

„Mutter, ich muss jetzt Schluss machen. Es ist zu teuer, länger ins Ausland zu telefonieren. Wenn du magst, melde ich mich nächste Woche wieder bei dir."

Natürlich wollte seine Mutter das. Sie vereinbarten, dass Rashno jeden Samstag um dieselbe Zeit anrief. Dann legte er auf.

Noch ahnte er nicht, wie sehr er diesen Anruf bereuen würde.

2 – FRÜHLINGSERWACHEN

Finde ich toll, dass du sie angerufen hast. Sie hat sich bestimmt sehr darüber gefreut und wird jetzt etwas beruhigter schlafen können.“ Rashno und Jan lagen nebeneinander im hohen Gras und sahen zu den wenigen Wolken, die sich kaum merklich am Himmel bewegten. Sie hatten sich an diesem Sonntagmittag zwei Fahrräder ausgeliehen und sich nach einer langen Rundfahrt entlang des Flusses an einer ruhigen Stelle am Ufer des Rheins niedergelassen. Jetzt genossen sie die Strahlen der sich langsam dem Horizont nähernden Sonne. Es tat gut, sich nach der langen Radtour auszuruhen und die Stille der Abgeschiedenheit zu genießen.

Rashno hatte Jan während dieser Pause von seinem Telefonat mit seiner Mutter am Vortag berichtet, und ja, auch er war froh, dass er den Mut gefunden hatte, mit ihr zu sprechen. Auch wenn sich die Dinge zu Hause nicht so entwickelt hatten, wie er es sich gewünscht hatte, so tat es gut zu wissen, dass alle gesund waren und seine Mutter jetzt wenigstens wusste, dass er in Ordnung war.

„Hast du auch mit deinem Vater gesprochen?“, erkundigte sich Jan.

„Nein. Er war zu dieser Zeit im Büro. Aber ist vielleicht auch besser so. Wenn meine Mutter recht hat, sollte ich ihm so weit wie möglich aus dem Weg gehen. Er und meine Brüder werden mich nie akzeptieren. Sie hassen mich. Ich will mir gar nicht vorstellen, wie sie reagieren würden, wenn sie irgendwann einmal erfahren, dass ich einen neuen Freund habe.“

Jan sah ihn verwundert an. „Einen neuen Freund? Habe ich was verpasst? Verheimlichst du mir etwas?“ Er spielte den Entsetzten und Empörten.

Einen Moment lang war Rashno verwirrt, denn seine Gedanken hingen noch bei seiner Familie in Teheran, doch dann verstand er, was Jan meinte. „Ach was, nein, ich verheimliche nichts. Ich habe keinen festen Freund."

„Keinen ‚festen'?", hakte Jan nach. „Aber es gibt da schon jemanden?"

Rashno lachte. „Nein, es gibt da niemanden! Keine Sorge!"

War das wirklich die Wahrheit, die er da sagte?

„Wer sagt, dass ich mich sorge?", fragte Jan. Er drehte sich etwas zur Seite und sah den neben sich liegenden Freund grinsend an.

Mein Gott! Wie schön er ist!, dachte er sich und betrachtete Rashno eine Weile schweigend. Er war von Anfang an von ihm fasziniert gewesen. Die schwarzen Haare, seine braunen Augen und das strahlende Lächeln, das jedes Mal wunderschöne, weiße Zähne freilegte, hatten bereits am ersten Tag ein Verlangen in ihm keimen lassen. Mit jedem Tag, den sie sich seither sahen, war es weiter gewachsen. Und dann war etwas geschehen, was alles verändert hatte. Von einem Augenblick auf den anderen war alles ganz anders geworden. Jan hatte gemerkt, dass er für Rashno mehr empfand als reine Lust, als eine rein sexuelle Gier. Er hatte sich verliebt. Als ihm das klar geworden war, hatte sich das Verlangen des ersten Tages in etwas Größeres gewandelt. Nicht minder fordernd in seinem Innern, aber ganz anders und viel intensiver.

Rashno lag auf dem Rücken und hatte die Hände hinter seinem Kopf verschränkt. Mit geschlossenen Augen versuchte er sich vorzustellen, was sein Vater und seine Brüder mit ihm anstellen würden, wenn er ihnen jemals wieder gegenüberstünde. Vor allem, wenn sie ihn Arm in Arm mit einem Freund sehen würden. Er hatte erlebt, zu was sie fähig waren. Aber wenn weder die Erniedrigungen der erlittenen Folter noch der brutale Mord an Hamid etwas geändert hatten, wie sollte dann seine Flucht ihre Meinung ändern? Nein, sie würden niemals hinnehmen, dass ein Mitglied der Familie sich der Sünde der gleichgeschlechtlichen Liebe hingab. Andererseits würde er ohnehin nie wieder eine Beziehung zu einem Mann haben. Nicht noch einmal könnte er es ertragen, den Menschen, den er liebte, zu verlieren. Das würde er nicht überleben. Da blieb er lieber alleine.

„Es klang so, als würdest du dir Sorgen machen, Jan. Aber vielleicht habe ich mich auch geirrt“, antwortete Rashno endlich.

Jan verzehrte Rashno immer noch mit den Augen. Er sagte kein Wort. Stattdessen hob er seinen Oberkörper an und stützte sich auf seinen Ellenbogen. Dieser wunderschöne Mann hatte recht mit seiner Aussage. Er hatte sich nicht geirrt. Er hatte tatsächlich einen Stich in seinem Herzen gespürt, als Rashno von einem festen Freund gesprochen hatte. Angst war spontan in ihm emporgestiegen – die Befürchtung, er könnte zu lange gewartet und damit seine Chance verspielt haben.

„Wer weiß?“, flüsterte Jan, und die Frage klang eher wie eine Aussage.

Rashno öffnete die Augen und drehte seinen Kopf zu Jan. „Bitte? Was hast du gesagt?“ Er hatte ihn genau verstanden. Auch wenn Jan nur geflüstert hatte, so hatte Rashno die beiden Worte doch sehr genau gehört.

„Ach, nichts!“, versuchte Jan abzuwiegeln. Es klang nicht besonders glaubwürdig.

„Wer weiß was?“, hakte Rashno nach. „Machst du dir tatsächlich Sorgen, ich könnte einen Freund oder jemanden im Auge haben?“

„Ein wenig schon“, gestand Jan.

„Warum das denn? Hast du Angst, wenn es so wäre, könnte das unsere Freundschaft verändern?“

Jan schüttelte den Kopf. „Nein. Das nicht.“

„Aber?“

Jan lächelte und sah Rashno tief in die Augen. Dann beugte er sich zu ihm und küsste ihn auf die Stirn.

Das vorbeiziehende Flusswasser war das Einzige, was in diesen Augenblicken zu hören war. Kein Rauschen des Windes in den Blättern der Bäume, kein Gesang von Vögeln. Es schien, als sei die Zeit angehalten worden. Keiner von ihnen sagte ein Wort. Sie sahen sich nur stumm in die Augen.

Jan wartete auf eine Reaktion, aber Rashno reagierte nicht. Er sagte nichts, und auch sein Gesicht zeigte keine Emotion. Lediglich in seinen Augen glaubte Jan die Frage zu erkennen, was das zu bedeuten hatte. Endlose Sekunden verstrichen.

„Es tut mir leid. Ich hätte das nicht tun sollen. Bitte entschuldige." Jan setzte sich aufrecht hin und legte die Arme um die angewinkelten Knie. Nachdenklich blickte er über den Fluss auf die andere Seite. Er suchte nach den passenden Worten, um die Situation zu retten. Doch was sollte er sagen? Rashno gestehen, dass er sich in ihn verliebt hatte? Dass er sich nach seiner Nähe, seinen Küssen und seinen Berührungen sehnte? Oder sich irgendwie herausreden? Er könnte ihm sagen, er habe nur Spaß gemacht. Oder ein Anflug von Romantik habe ihn übermannt. Doch stattdessen sprach er die Wahrheit aus. „Ich liebe dich, Rashno!" Er hatte nicht wirklich laut gesprochen, aber die Worte hallten in seinen Ohren wider, als hätte er sie geschrien. „Ich möchte nicht, dass das unsere Freundschaft belastet. Es wird sicher irgendwann auch wieder aufhören."

Rashno setzte sich jetzt ebenfalls auf und legte vorsichtig einen Arm um Jans Schultern. Er spürte, dass sein Freund zitterte. „Es wird unsere Freundschaft nicht belasten … Und ich hoffe doch sehr, dass es nicht aufhören wird." Grinsend blickte er auf das Gras zu seinen Füßen.

Jan sah ihn überrascht an. „Warum?", fragte er kurz.

Rashno lächelte noch breiter. „Warum wohl? Was glaubst du?"

„Ich habe keine Ahnung! Ich verstehe nicht." Eigentlich verstand Jan genau, was Rashno meinte, aber er wagte nicht zu hoffen.

Statt weiterer Worte ließ Rashno seinen Arm von Jans Schulter in den Nacken gleiten und zog seinen Kopf sanft zu sich – immer näher, bis sich ihre Lippen endlich zu einem ersten Kuss vereinigten. Es war ein berauschendes Gefühl, Jan so nahe neben sich zu spüren. Jetzt war endgültig die dunkle Zeit in seinem Leben zu Ende gegangen. Mit Jan kehrte das Licht in sein Dasein zurück. Dank ihm hatte er die traurigen Kapitel seiner Vergangenheit geschlossen und einen Neuanfang gewagt. Es war der schönste Tag, den er seit vielen Monaten genießen konnte. Die Schmerzen waren zwar nicht vergessen, das konnte er auch niemals, aber sie waren verblasst. Sie glichen einem Punkt in der Erinnerung, der ihn ein Leben lang begleiten, aber ihn nie wieder belasten oder aufhalten würde. Das galt gleichermaßen für die Leiden seines Körpers als auch für die seiner Seele und seines Herzens.

Rashno löste sich von dem Kuss und sah Jan schweigend an. Die Minuten verstrichen, ohne dass sie sich abwandten. Erst nach einer Weile blickten sie zum Rheinufer. Sie waren beide gleichermaßen überrascht und froh, was zwischen ihnen passiert war. Sie lächelten zufrieden. Für Jan war der Kuss wohl genauso bedeutungsvoll wie für Rashno. Es schien, als manifestierte er in beiden etwas, das jeder in sich bereits lange gespürt oder zumindest geahnt hatte, aber das keiner gewagt hatte, in Worte zu fassen. Für Rashno war die Realität noch viel schöner, als er sie sich in seiner Fantasie immer vorgestellt hatte. All die Zweifel in seinem Kopf, ob er sich wirklich noch mal auf jemanden derart einlassen wollte, waren verschwunden. Er durfte die Angst, wieder einen geliebten Menschen zu verlieren, nicht sein Leben bestimmen lassen. Wenn er sich jetzt nicht seinen Gefühlen für Jan öffnen würde, dann hätte er den Verlust, vor dem er sich fürchtete, schon erlitten.

„Rashno, ich habe mich wirklich in dich verliebt!“, flüsterte Jan leise und beendete das Schweigen zwischen ihnen. „Ich fühle das schon seit einiger Zeit, aber ich habe mich nicht getraut, dir das zu gestehen. Ich fühle mich so glücklich, wenn ich mit dir zusammen bin, und jede Minute ohne dich ist so leer. Noch nie habe ich für jemanden solche Gefühle empfunden. Ich bin selbst überrascht, und ich habe Angst, dass meine Empfindungen uns vielleicht trennen könnten.“

„Du, Narr!“ Rashno nahm Jans Gesicht in seine Hände. „Mach dir keine Gedanken. Warum sollten sie uns auseinanderbringen? Ich fühle doch dasselbe … ich sehne mich schon lange nach deiner Nähe. Deine Liebe macht mich zum glücklichsten Menschen auf der Welt. Nichts habe ich mir mehr gewünscht, als dass du meine Gefühle erwiderst. Ich liebe dich auch!“

Jan lächelte erleichtert. Dennoch war er etwas besorgt. „Was ist mit Hamid? Ich meine, ich weiß, wie sehr du um ihn trauerst, was auch völlig verständlich ist. Was ihr erlebt habt, und wie du ihn verloren hast …“

„Psst …“ Rashno legte seinen Zeigefinger auf Jans Lippen. „Er wird immer in mir sein, ja! Er war ein besonderer Mensch, und durch ihn habe ich gelernt zu akzeptieren, dass ich schwul bin. Ohne ihn wäre ich jetzt nicht hier, und wir hätten uns nie kennengelernt. Dass ich ihn verloren habe, auf diese Weise von ihm getrennt worden bin, ist immer noch ein schmerzhafter Teil meiner Geschichte, und das wird es immer bleiben. Aber es ist eben ‚Geschichte‘. Ich habe lange genug an Erinnerungen und Träumen festgehalten. Du allein hast es geschafft, mich von diesem Trauma zu lösen! Dank dir kann ich mich wieder auf das Heute konzentrieren. Nicht nur in meinem Handeln, sondern auch in meinem Fühlen. Ich muss endlich mit der Vergangenheit abschließen und mich meinem neuen Leben widmen.“

Jan lächelte. Freudestrahlend nahm er Rashno in den Arm und drückte ihn an sich. „Du machst mich sehr glücklich. Ich hatte solche Angst, dass deine Erlebnisse in deinem Heimatland jegliche Gefühle für mich verhindern würden.“

Die Sonne verschwand langsam am Himmel, dennoch redeten sie noch immer über ihre Liebe zueinander und ihre Zweifel. Immer wieder bekräftigten sie mit Worten und zärtlichen Berührungen ihre Empfindungen füreinander.

Jan wurde nicht müde zu versichern, wie ernst und ehrlich seine Gefühle waren, und Rashno machte ihm nicht nur klar, dass er genauso empfand, sondern auch, dass Hamid zwar immer ein Teil seines Lebens bliebe, dass er ihrem Glück aber nicht im Wege stehen würde. Schließlich machten sie sich auf den Weg zurück. Waren sie mittags als Freunde aufgebrochen, so kehrten sie an diesem frühen Abend als glückliches Liebespaar heim.

Sie entschlossen sich, nach der Rückgabe der Fahrräder in Rashnos Apartment zu gehen, um dort den Abend zu genießen. Keiner von ihnen hatte Lust, diesen besonderen Tag in irgendeiner Kneipe zu verbringen. Das war jetzt ihr Tag! Etwas Wundervolles war geschehen, und sie wollten dieses Ereignis miteinander erleben.

Als sie das Apartment erreichten, gab es für Rashno nur eins, was ihm wichtig war und das er unbedingt als Erstes tun musste. Während Jan kurz zur Toilette ging, nutzte er den Moment, um Hamids Bild auf dem Nachttisch neben seinem Bett zu entfernen. Er nahm es in die Hand und sah seinen ehemaligen Geliebten ein weiteres Mal an.

Ich werde dich niemals vergessen, Hamid! Du wirst immer in meinem Herzen sein, aber ich habe erkannt, dass mein Leben weitergehen muss. Ich danke dir für alles, was du für mich getan hast. Sei mir nicht böse, dass ich jetzt meinen Weg gehe. Ich werde dich nie vergessen.

Mit diesen Gedanken öffnete er die Schublade des Nachttisches und legte das Bild hinein.

Als Jan aus dem Bad zurückkam, nahmen sie sich abermals in den Arm. Eine ganze Weile standen sie nur so da und sahen sich an.

„Magst du etwas trinken?“, erkundigte sich Rashno.

„Nein“, flüsterte Jan. „Dazu müsste ich dich loslassen, und das will ich auf keinen Fall.“

Rashno sah ihm lächelnd in die Augen. „Du bist süß!“

Erneut fanden sich ihre Lippen zu einem langen Kuss. Wie lange hatte Rashno das vermisst. Er wünschte sich, es würde nie enden.

„Vielleicht sollten wir etwas kochen“, nuschelte Rashno in Jans Mund. Er nickte. Er trennte sich nur äußerst ungern von ihm. Andererseits konnte er so zumindest den Hunger stillen – jedenfalls den Hunger auf Nahrung. Das andere Verlangen, das ihn verzehrte, musste noch etwas warten.

Keiner traute sich, den ersten Schritt zu tun. Also ließen sie sich nach dem Essen zusammen auf Rashnos Bett nieder. Jan setzte sich mit dem Rücken an die Wand, und Rashno legte sich zwischen seine Beine und drückte den Kopf an seine Brust. Sanft spürte er Jans Herzschlag … und dessen Verlangen.

Rashno grinste. Auch sein Unterleib signalisierte ihm, dass er die endlose Zeit der Enthaltsamkeit gerne beenden würde. Als Jan unruhig hin und her rutschte, um seine Erektion nicht ganz so deutlich gegen seinen Rücken zu pressen, brach er endlich das Schweigen. „Mich stört das nicht. Ganz im Gegenteil“, flüsterte er leise.

„Du hast es also gemerkt?“

Jans Frage war wohl eher rhetorisch gemeint, denn natürlich musste Rashno die Wölbung in seiner Hose gespürt haben. So, wie er zwischen seinen Beinen und in seinen Armen lag, war das nicht zu leugnen.

„Natürlich, und es muss dir nicht peinlich sein. Mir geht es genauso!“

„Was denkst du? Sind wir schon so weit, es nicht mehr voreinander zu verbergen?“

„Nichts lieber als das“, antwortete Rashno. Er setzte sich auf und drehte sich um. Auch Jan richtete sich auf. Sie saßen sich nun auf den Knien hockend gegenüber. Nach einem ermunternden Lächeln zogen sie sich gegenseitig die T-Shirts über den Kopf und warfen sie achtlos auf den Boden.

Rashno hatte Jans Oberkörper schon öfter nackt gesehen, doch heute steigerte dieser Anblick seine Lust ins Unermessliche. Jetzt, da er ihn nicht nur sehen, sondern auch berühren konnte, erzitterte er vor Gier. Sanft streichelte er Jans Wange, streifte an seinem Hals hinab bis zur Schulter und fühlte schließlich die feste Brust unter seiner Handfläche.

Jan tat es ihm gleich. Er fasste Rashnos Arme an und wanderte mit den Fingern über den südländischen Oberkörper hinab. Vorsichtig strich er über die Brustwarzen und glitt weiter bis zum Bauchnabel. Abermals kamen sich ihre Lippen nahe und vereinigten sich zu einem Kuss. Zunächst noch langsam und zurückhaltend, dann begannen ihre Zungen ein wildes Spiel miteinander. Jan fingerte an Rashnos Hosengürtel. Auch hier handelte er zunächst zögerlich, doch erneut wurde er ungeduldiger. Ungestüm riss er daran. Die Schnalle löste sich. Mit flinken Fingern öffnete er die Knöpfe der Jeans. Rashno hob sein Gesäß an und machte es Jan damit etwas leichter. So vor ihm kniend, war Rashnos Kopf jetzt über Jans, und um den Kuss nicht beenden zu müssen, umfasste er diesen mit beiden Händen und hielt dessen Gesicht fest.

Jan zog gierig die Hose nach unten. Ihre Lippen trennten sich, doch Rashno hielt Jans Gesicht noch immer mit beiden Händen umschlossen. Mit Blicken, die in wenigen Sekunden mehr ausdrückten, als viele Worte das jemals sagen konnten, sahen sie sich tief in die Augen.

„Ich liebe dich so sehr, Jan“, hauchte Rashno. „Du bist in den letzten Monaten der wichtigste Mensch in meinem Leben geworden. Jetzt zu wissen, dass du mich auch magst, tut unendlich gut. Ich will dich nie, nie wieder verlieren.“

Jan lächelte zufrieden. „Mach dir keine Sorgen, Rashno. Ich liebe dich auch, von ganzem Herzen, und wenn du es wirklich willst, werden wir uns niemals verlieren. Schon an dem Tag, als wir uns das erste Mal gesehen haben, war ich von dir begeistert. Und mit jedem Tag ist dieses Gefühl gewachsen.“ Jan machte eine Pause und bedeckte Rashnos Gesicht mit zahlreichen Küssen. „Auch du bist mir wichtig. Du musst mir glauben: So etwas habe ich noch nie für jemanden empfunden. ‚Verliebt‘ war ich schon einige Male, aber so wie bei dir … Diesmal ist es wirkliche Liebe." Langsam leckte er mit seiner Zunge an Rashnos Hals entlang nach unten.

Ihr Verlangen steigerte sich immer weiter. Worte sollten sie jetzt nicht länger aufhalten, waren sie auch noch so schön. Rashno wollte es endlich wieder tun. Nicht nur, weil er seit mehr als einem Jahr mit keinem Mann mehr geschlafen hatte, sondern auch, weil er in Jan jemanden gefunden hatte, der perfekt war.

Auch Jan konnte es nicht mehr erwarten. Er erhob sich vom Bett und zog sich langsam aus. Rashno grinste. Dann befreite auch er sich von den restlichen Textilien.

„Cremst du mir den Rücken ein?" Rashno drehte sich auf den Bauch und reichte Jan die Salbe, die er vom Arzt für seine Narben bekommen hatte. Er strahlte ihn freudig an. Nicht nur, um ihn damit zu motivieren, ihm diesen Gefallen zu tun, sondern auch, weil er glücklich war. So zufrieden hatte er sich schon seit Langem nicht mehr gefühlt. Seine Gedanken wanderten zurück zu dem Moment, als er Jan vor wenigen Stunden das erste Mal nackt gesehen hatte – mit einem deutlichen körperlichen Signal seiner Lust. Jan hatte auf seine Berührungen regelrecht gewartet. Er war einfach fehlerfrei. Er überzeugte mit seiner gefühlvollen Art und seinem Gespür für das Wichtige. Er war nicht oberflächlich, nicht nur auf die reine Befriedigung von Lust aus, sondern von ihm kam eine Welle von Emotionen, die Rashno fesselte. Hätte er sich einen Mann seiner Träume backen können, er wäre wohl zu 100 Prozent so wie Jan geworden. Er war wunderschön, hatte einen makellosen Körper und einen vollkommenen Charakter. Rashno hatte etwas Angst, dass die hässlichen Narben auf seinem Rücken abstoßend auf andere, insbesondere auf Jan, wirken könnten.

„Diese Narben entstellen meinen ganzen Körper“, stellte er selbstkritisch fest. Dieser optische Makel wog bisweilen schwerer als die Erinnerung an die Schmerzen der Peitschenhiebe.

„Mach dir keine Gedanken. Es sind nur Narben. Und sie machen dich nicht weniger begehrenswert. Sie erzählen eine Geschichte, eine traurige, entsetzliche Geschichte, aber sie machen dich in meinen Augen nicht weniger schön. Und schau: Ich habe auch eine Narbe.“ Jan zeigte mit dem Finger auf sein Knie. Eine kleine Hautunebenheit zeichnete sich dort ab. Beide lachten über den Scherz.

Rashno war froh, dass Jan das so sah. Andere hätten sich vielleicht entsetzt und geschockt von ihm abgewandt, weil er nicht dem einwandfreien Bild entsprach. Dass sein Freund darin nicht etwas Abstoßendes sah, sondern vielmehr etwas, das Rashno als einen interessanten Menschen mit einer dramatischen Vergangenheit auszeichnete, machte ihn glücklich. Es zeigte, dass Jan nicht nur an Äußerlichkeiten interessiert war, sondern sein Interesse ihm als Person galt. Er war etwas ganz Besonderes, da war sich Rashno sicher. Deswegen hatte er sich auch in ihn verliebt.

Als sie sich vor Stunden nackt und erregt in den Armen gelegen hatten, hatte das nicht zur Debatte gestanden. Beide waren einfach nur unendlich geil aufeinander gewesen, und das Wissen, dass sich diese Gier auf das Gefühl der Liebe stützte und von ihr genährt wurde, hatte ihre Lust noch weiter gesteigert.

Sie hatten sich vor diesem Abend nie darüber unterhalten, was jeder von ihnen beim Sex mit einem Mann besonders mochte. Als reine Freunde war das einfach nie ein Thema zwischen ihnen gewesen. Keiner hatte die prickelnde Stimmung des Abends aber mit diesem Gesprächsthema belasten wollen. Es würde sich ergeben. Und es hatte sich gezeigt. Jan verstand es vortrefflich, ihm die verschiedensten Glücksgefühle beim Sex zwischen zwei Männern zu enthüllen. Er war nicht nur einfallsreich, sondern auch geübt darin, ihn mit einer besonderen Mischung aus Fantasie, Zärtlichkeit und Wildheit zu verwöhnen. Rashno war nicht absolut unerfahren, aber die kurze Zeit mit Hamid hatte ihm nicht genug Gelegenheiten gegeben, alles kennenzulernen, was zwischen zwei Männern möglich war. Er ließ sich deshalb gerne von Jan führen, um neue, bisher unbekannte Wege zu gehen. Und die Liebe als Grundlage ihres Verlangens ermöglichte es ihm, dass er das Neue auch genießen konnte. Noch nie hatte ein Mann – und es hatte in seinem Leben ja nur einen gegeben – ihn von hinten genommen. Er hatte am Anfang Angst davor gehabt. Er konnte sich nicht vorstellen, welches befriedigende Gefühl es erzeugen konnte.

Doch Jan wusste, wie er ihm diese Angst nehmen konnte. „Hab keine Furcht. Ich werde vorsichtig sein“, flüsterte er ihm zärtlich ins Ohr, als er merkte, dass Rashno sich nicht sicher war, ob er es zulassen wollte. Zumal Jan auch besonders üppig ausgestattet war. „Vertrau mir und entspann dich. Es wird nichts passieren, was du nicht als schön empfindest. Wenn es nicht geht, sag Bescheid, und ich werde sofort aufhören.“

Rashno entspannte sich. Er überwand seine Angst und gab sich völlig den Liebkosungen seines Geliebten hin. Es war ihm gelungen, genug Vertrauen aufzubringen, und Jan hielt sein Versprechen. Er ging ganz behutsam vor, achtete immer wieder darauf, ob Rashno die neue Erfahrung genoss und er ihm keinen Schmerz zufügte. Es war schließlich Rashno, der Jan durch kleine Zeichen, ein zufriedenes Stöhnen oder eine Bewegung seines Hinterteils dazu aufforderte, ihnen beiden einen nie erlebten Höhepunkt zu verschaffen. In dem Moment, als Jan den Gipfel erklomm, riss sein Aufstöhnen auch Rashno mit in die Welle der Wollust. In einer nicht enden wollenden Explosion von Glücksgefühlen und triebartiger Befriedigung bedeutete dieser Augenblick das körperliche Ende einer langen Wartezeit und die Erfüllung eines lang gehegten Traumes.

Im Taumel dieses fantastischen Gefühls schwor sich Rashno, nie wieder so lange auf die Befriedigung seiner Lust zu warten.

An diesem Tag hatte sein Leben endlich einen neuen Sinn erfahren.

3 – GEISTER DER VERGANGENHEIT

Rashno? Was ist los mit dir? Du siehst aus, als hättest du einen Geist gesehen. Ist alles in Ordnung?" Jan wartete auf ihn im Biergarten, in dem sie an ihrem ersten Abend zusammengegessen und Rashno sein erstes Bier getrunken hatte. Rashno war in das nahe gelegene Internetcafé gegangen, um den vereinbarten wöchentlich Anruf bei seiner Mutter zu tätigen. Als er jetzt langsamen Schrittes und mit hängendem Kopf zurückkam, merkte Jan sofort, dass etwas nicht stimmte.

Rashno setzte sich zu ihm an den Tisch. Der Blick, mit dem er seinen Freund ansah, spiegelte blankes Entsetzen wider.

„Nun red schon! Was ist passiert? Geht es deiner Mutter gut?" Jan hatte Rashno noch nie so niedergeschlagen gesehen.

„Ja, meiner Mutter geht es gut", erwiderte Rashno kurz.

Der Kellner kam und stellte unaufgefordert ein weiteres Kölsch auf den Tisch. Rashno ergriff das Glas und leerte es in einem Zug.

„Aber? Was ist los? Irgendwas stimmt doch nicht, oder?" Jan beugte sich etwas vor und glaubte, in Rashnos Augen Tränen zu sehen.

„Ich habe mit meinem Vater gesprochen!"

Mehr brauchte er nicht zu sagen. Jan war klar, dass es kein angenehmes Gespräch gewesen war. Er wusste, wie ablehnend Rashnos Vater ihm und seinen Gefühlen für das eigene Geschlecht gegenüberstand. Aber warum war Rashno so niedergeschlagen? Warum war er kurz davor, in Tränen auszubrechen?

„Und? Was hat er gesagt? Habt ihr euch gestritten?"

Rashno schüttelte den Kopf. „Nein, wir haben nicht gestritten. Wir haben nicht mal richtig miteinander geredet. Na ja, ich jedenfalls nicht."

„Wieso?"

Rashno ergriff Jans Hand und hielt sie fest. Das Gespräch am Telefon belastete ihn mehr, als er zugeben wollte. Er drückte Jans Hand beinahe so fest, dass es schon fast schmerzte. Er schien wirklich verzweifelt zu sein. „Als ich angerufen habe, war nicht meine Mutter am Telefon, sondern er."

„Dein Vater? Wieso war er denn zu Hause? War er nicht arbeiten?"

„Nein. Meine Mutter hat ihm anscheinend von unseren Telefonaten erzählt. Und deswegen war er wohl heute zu Hause und hat den Anruf abgefangen."

„Was hat er denn gesagt? Hat er dich wieder beleidigt? Oder dich endgültig verstoßen?"

Rashno seufzte laut. „Wenn er nur das getan hätte! Dann wäre alles viel einfacher."

„Wieso einfacher?"

Rashno konnte seine Tränen nicht länger zurückhalten. Der Damm in seinem Inneren brach. Sofort reichte Jan ihm ein Taschentuch.

„Jetzt beruhig dich erst einmal wieder." Besorgt strich er ihm über die Schulter.

„Wenn er mich tatsächlich als seinen Sohn ignorieren würde, wenn ich ihm einfach nur egal wäre, dann wäre alles viel einfacher", wisperte Rashno heulend.

„Aber?"

„Er hat mir gedroht! Ich soll unverzüglich zurückkommen."

Jan hob überrascht die Augenbrauen. „Er will, dass du zurückkommst? Was verspricht er sich davon?"

„Ich habe keine Ahnung. Wahrscheinlich glaubt er, dass er mich zu Hause unter seiner Kontrolle von meiner ‚Krankheit' heilen kann. Vermutlich geht es ihm aber auch nur um die Familienehre. Die ist ihm schon immer sehr wichtig gewesen."

„Ach, Rashno. Lass ihn einfach reden. Du bist über 4000 Kilometer von ihm entfernt. Was kann er schon tun? Womit hat er dir überhaupt gedroht?“

Rashno seufzte abermals. „So einfach ist das nicht, Jan.“

„Wieso nicht?“

„Er hat mir gedroht, wenn ich nicht innerhalb einer Woche zurückkommen würde, dann würde er mich mit meinen Brüdern holen kommen.“

„Rashno, das sind doch nur leere Reden. Er kann dich nicht zwingen, selbst wenn er hierherkommt. Er kann dich nicht einfach entführen und mitnehmen.“

Rashno sah ihn eindringlich an. „Nein, entführen kann er mich nicht. Und freiwillig würde ich auch nie zurück nach Teheran gehen. Aber er hat gesagt, wenn ich nicht freiwillig mitginge, würde er mich in einem Sarg zurückholen. Jan, er ist bereit, hierherzukommen und mich umzubringen. Ich wusste, dass er niemals aufgeben würde.“

„Oh mein Gott!“ Jetzt endlich verstand Jan, warum Rashno so fertig war. „Was willst du tun?“

„Ich weiß es nicht. Aber eins ist klar: Ich habe Angst! Er ist wirklich dazu in der Lage. Und meine Brüder sind genauso fanatisch. Ich traue ihnen wirklich zu, einzureisen, um mich zu töten. Sie scheinen zu allem bereit zu sein … Ich dachte, dass ich hier endlich in Sicherheit wäre und nicht mehr mit dieser Angst leben müsste.“

„Nun beruhig dich erst mal. Wie sollen sie dich denn finden? Die Stadt ist groß. So einfach ist das nicht.“

„Keine Ahnung, aber in seinem Wahn wird er Wege finden. Er sprach von irgendwelchen Beziehungen, die er nützen würde. Jan, ich habe nicht nur Angst um mein Leben. Wenn sie uns zusammen auflauern, dann bist auch du in Gefahr. Sie machen vor nichts Halt! Vergiss nicht, sie haben schon mal einen Freund von mir in den Tod getrieben und teilnahmslos zugesehen. Durch ihre Schuld ist Hamid tot. Ich will nicht noch einmal einen geliebten Menschen wegen des abartigen Hasses meiner Familie verlieren. Schon damals habe ich nicht weit genug gedacht. Wenn das wieder passiert …“

„Rashno! Du bist mein Freund, und ich liebe dich von ganzem Herzen. Nichts und niemand kann uns trennen. Ich habe keine Angst vor deiner Familie! Was immer passiert, wir stehen das gemeinsam durch. Wir gehen zur Polizei. Die wird uns helfen.“

„Und was sollen die tun? Uns 24 Stunden am Tag beschützen? Ein paar Leibwächter zur Verfügung stellen? Ich bin hierhergekommen, um in Freiheit zu leben, und nicht um die gleichen Ängste zu haben wie dort!“

„Ich weiß es nicht. Aber die Polizei wird wissen, was zu tun ist. Und erst mal ist es ja auch nur eine Drohung. Vielleicht können sie deinen Vater an der Einreise hindern, sodass er erst gar nicht nach Köln kommt. Wer weiß, ob er überhaupt jemals hierherkommen will.“

Rashno wünschte sich nichts mehr, als dass Jan mit seiner Aussage recht behielt. Aber sein Vater war entschlossener, als Jan es wahrhaben wollte. „Ich denke, das sind nicht nur leere Drohungen. Ich kenne meinen Vater nur zu gut. Er und meine Brüder haben mich bereits einmal krankenhausreif geschlagen. Sie haben dafür gesorgt, dass ich verhaftet und gefoltert wurde. Ich bin mir sicher, sie werden es wieder tun, wenn sie die Gelegenheit dazu bekommen. Und die werden sie sich bestimmt verschaffen. Es war ihnen egal, dass ich tagelang nackt in einer Zelle in meiner eigenen Pisse hocken musste, dass ich nichts zu essen bekam, dass sie mir fast die Eier zerquetscht und mich brutal ausgepeitscht haben. Mein Vater hat nichts dagegen unternommen, dass Hamid hingerichtet wurde. Im Gegenteil! Alles hat er in Kauf genommen, die ganzen Grausamkeiten waren ihm egal. Wir müssen einfach vorsichtig sein. Vielleicht sollten wir uns eine Zeit lang nicht treffen.“

Jan sah ihn entsetzt an. „Niemals, Rashno! Das kannst du nicht von mir verlangen. Mir ist egal, was deine Familie über dich oder uns denkt. Ich habe keine Angst! Und ich lasse mich nicht von dir trennen! Wir stehen das gemeinsam durch. Lieber sterbe ich hier mit dir zusammen, als dass sie dich mir wegnehmen!“

„Ich will dich ja auch nicht verlieren, Jan. Aber ich könnte es nicht ertragen, wenn dir etwas passiert. Ich habe schon mal jemanden wegen meiner Familie verloren, und ich will nie wieder die Schuld dafür tragen.“

Jan streichelte liebevoll Rashnos Wange. „Liebling, du hast keine Schuld an dem, was damals passiert ist. Hör auf, dir das einzureden. Es waren dein Vater und deine Brüder, die dich und Hamid in diese Hölle getrieben haben. Sie tragen die Schuld. Nicht du! Und was immer passiert, ich halte zu dir. Wir werden gemeinsam dafür kämpfen, dass du hier so leben kannst, wie du es willst. Und mit wem du möchtest. Ich werde immer für dich da sein. Das ist meine Entscheidung, mein Wunsch. Was immer vielleicht passiert, ich will das mit dir zusammen durchstehen.“

Jans Worte machten Rashno etwas Mut. Aber sie nährten auch seine Angst, seine Familie könnte wieder dafür sorgen, dass ihm der Mensch, den er über alles liebte, genommen und grausam von seiner Seite entrissen werden würde. Noch einmal würde er das nicht durchhalten.

Die folgenden Wochen lebte Rashno in ständiger Furcht. Bei jedem Geräusch an der Tür und jedes Mal, wenn auf der Straße jemand hinter ihm ging, zuckte er panikartig zusammen. Er traute sich kaum noch, sein Apartment zu verlassen. Immer wieder musste er an jene Nacht denken, als die Polizisten in ihr Zimmer gestürmt waren und Hamid und ihn ins Gefängnis gebracht hatten. Obwohl nicht nur die Wochenfrist seines Vaters, sondern auch der Sommer zu Ende ging, ohne dass er die Drohung wahr gemacht hatte, fühlte sich Rashno nicht mehr sicher. Er rechnete täglich damit, dass dieser Wahnsinnige zusammen mit seinen fanatischen Brüdern vor ihm stehen würde. Jan versuchte ihn immer wieder zu beruhigen und abzulenken, aber dennoch kreisten seine Gedanken oft um die Gefahr. Selbst als sie in eine kleine gemeinsame Wohnung zogen, und Rashno die Nächte nicht mehr alleine verbringen musste, verringerten sich seine Ängste nicht. Jan und er waren nun ständig zusammen, was die Gefahr für seinen Freund erhöhte. Rashno hoffte inständig, dass bald wieder Normalität in sein Leben zurückkehren würde.

Andererseits war die gemeinsame Wohnung auch etwas ganz Besonderes. Trotz oder gerade auch wegen der Bedrohung durch seine Familie hatte sich ihre Beziehung weiter gefestigt. Ihre Liebe wurde von Tag zu Tag stärker. Rashno hatte sich nie vorstellen können, einmal mit einem Mann zusammenzuleben. Sie hatten ein gemeinsames Leben begründet. Morgens neben seinem Geliebten aufzuwachen und abends in seinen Armen wieder einzuschlafen, war unendlich schön. Sie waren nicht mehr nur ein Liebespaar – sie waren jetzt eine Familie. Sie konnten viel mehr Zeit miteinander verbringen, als wenn jeder in seinem eigenen Apartment lebte.

„fereshteye man[13]," flüsterte Jan Rashno ins Ohr und strich ihm mit dem Zeigefinger sanft über die Nase. „Es ist Zeit aufzustehen, du Schlafmütze."

Nach dem Mittagessen hatten sie sich hingelegt, denn heute Abend wollten sie endlich wieder ausgehen und dafür ausgeschlafen sein. Es würde bestimmt spät werden, denn es war ein besonderer Tag. An diesem Tag im September war der Vorabend von Rashnos Geburtstag, in den sie reinfeiern wollten.

Verschlafen öffnete Rashno die Augen. Als er Jan so nahe neben sich

[13] mein Engel

erblickte, erhellte ein Lächeln sein Gesicht. „Hallo, mein Schatz. Wie spät ist es?"

„Es ist kurz nach 19 Uhr. Wir sollten uns langsam fertig machen. Oder willst du deinen eigenen Geburtstag verpassen?"

Das wollte Rashno natürlich nicht. Er freute sich darauf, heute Abend mit seinen Freunden zusammen zu sein. Und natürlich mit Jan. „Nein. Aber wir haben doch bestimmt noch etwas Zeit, oder?"

„Ja, sicher. Wir treffen uns um 21 Uhr mit den anderen. Warum? Bist du immer noch müde? Willst du noch im Bett bleiben?"

„Müde nicht, aber ich würde gerne noch etwas bleiben."

„Warum das?"

Rashno lächelte ihn vielsagend an. Statt einer Antwort legte er seine Arme um Jans Hals und zog ihn näher zu sich heran. „Man kann im Bett doch mehr tun, als nur schlafen", flüsterte er leise.

„Stimmt. Du hast recht." Jan schmunzelte. „Ich denke, dafür haben wir noch genug Zeit." Er küsste Rashno. Ein eindeutiges Zeichen dafür, dass er bereit war.

Eilig zogen sie sich aus. Wieder einmal bewiesen sie sich, wie schön der Sex zwischen ihnen geworden war. Mit jedem Mal erreichten sie einen höheren Gipfel der Erregung und ließen sich in die Tiefen ihrer Begierde hinabgleiten. Sie versanken erneut in einem Meer zärtlich-geiler Gefühle, das die gegenseitige Gier aufeinander befriedigte.

Danach wurde es langsam Zeit, sich für die Nacht vorzubereiten. Sie duschten gemeinsam und konnten schon wieder kaum die Hände voneinander lassen. Beinahe wären sie abermals übereinander hergefallen.

„Deine Narben sind schon wesentlich besser geworden. Die Schwellungen treten gar nicht mehr so deutlich hervor."

„Ja, ich denke, das ist durch die Creme des Arztes. Es spannt auch nicht mehr so wie früher. Nur schade, dass sie nie ganz verschwinden werden. Es sieht nicht so schön aus."

„Du hast trotzdem einen beneidenswerten Körper, Liebling. Mach dir keine Sorgen."

„Du Charmeur!" Rashno grinste und gab seinem Freund einen Kuss auf die Wange.

Kurze Zeit später verließen sie das Bad und zogen sich endlich an. Jetzt konnte ein perfekter Abend beginnen. Sie hatten lange geschlafen, hatten wundervollen Sex miteinander gehabt und fühlten sich frisch und erholt. Es war Viertel vor neun, als sie ihre Wohnung verließen. Hand in Hand machten sie sich auf den Weg, um ihre Freunde zu treffen. Den Schatten, der sich ein paar Meter weiter von einer Hauswand löste und ihnen folgte, sahen sie nicht.

Um Punkt Mitternacht wechselte die Musik. Der Barkeeper spielte auf Jans Wunsch ein Geburtstagslied. Alle Anwesenden in der voll besetzten Bar sahen sich um, wem das Ständchen galt.

Jan war der Erste, der Rashno fest in den Arm nahm und ihm gratulierte. „Alles Liebe zu deinem Geburtstag, mein Engel!"

Ihr scheinbar nicht enden wollender Kuss erzeugte zustimmende Rufe und Pfiffe. Doch schließlich trennten sie sich.

Auch die gemeinsamen Freunde wollten dem Geburtstagskind gratulieren. „Alles Gute zum Geburtstag, Rashno. Das hier ist ein Geschenk von uns allen. Ich denke, das könnt ihr in der neuen Wohnung gut gebrauchen."

„Vielen Dank euch allen. Ich freue mich, dass ihr mit mir meinen runden Geburtstag feiert." Rashno sprach in perfektem Deutsch und löste damit Beifall aus.

„Sehr gut, Rashno! Dein Deutsch wird immer besser. Alle Achtung!", wurde wild durcheinandergerufen.

Nun trat auch Jan wieder nahe zu ihm. In der Hand hielt er ein kleines Geschenk. „Das ist von mir, Liebling!“

„Das ist lieb von dir, Jan. Aber du hättest das nicht …“

„Still. Sag nichts, und pack es aus.“

Gespannt öffnete Rashno die kleine Schleife und entfernte dann das Geschenkpapier. Zum Vorschein kam ein kleines blaues Kästchen, das mit einer goldfarbenen Krone bedruckt war. Verwundert sah Rashno Jan an. Was mochte das sein?

„Nun mach schon auf!“, forderte Jan. Er war mindestens so aufgeregt wie sein Freund. Zu dessen 20. Geburtstag hatte er sich etwas ganz Besonderes einfallen lassen.

Rashno öffnete das Kästchen. Zwei wunderschöne silberne Ringe steckten nebeneinander in einem kleinen Samtkissen. Er schluckte.

In der Bar war es mucksmäuschenstill geworden. Auch die Musik war verklungen. Anscheinend wussten alle Bescheid. Sie bildeten einen kleinen Kreis um das Liebespaar. Jan hielt plötzlich ein Mikrofon in der Hand, das er vom Barkeeper gereicht bekommen hatte. Verwirrt sah sich Rashno um. Dann wechselten seine Blicke zwischen den Ringen und seinem Freund.

„Lieber Rashno.“ Jans Stimme dröhnte laut aus allen Lautsprechern im Raum. „Du machst mich jetzt seit langer Zeit zu einem sehr glücklichen Menschen. Meine Zeit mit dir ist das Wunderbarste, das ich je erlebt habe. Keine Sekunde, die wir zusammen sind, dürfte jemals vergehen. Ich bin so stolz, dich zum Freund zu haben. Daher möchte ich dich hier und heute vor allen anderen fragen, ob du mich heiraten willst?“

Lauter Jubel brach in der Bar aus. Alle waren begeistert von dem Heiratsantrag und warteten auf die Antwort. Augenblicklich herrschte wieder gespanntes Schweigen.

Rashno bekam vor Rührung eine Gänsehaut und überlegte nicht lange. Für ihn war klar, dass Jan der Mann war, mit dem er gerne sein Leben verbringen würde. Er kam einen Schritt auf ihn zu, küsste ihn auf die Stirn und sprach ebenfalls in das Mikrofon: „Ja, nichts würde ich lieber tun. Ich liebe dich, Jan." Diesen Satz hatte er nie geübt, aber er brachte ihn dennoch fehlerfrei auf Deutsch heraus.

Erneut jubelten die Zuschauer.

Jan nahm einen Ring aus dem Kästchen und griff nach der linken Hand seines Verlobten. Vorsichtig streifte er ihm den Ring über den Finger und sah ihm in die Augen. Dann nahm Rashno den anderen aus der Schatulle und zog ihn über Jans linken Ringfinger.

Erneut brandete Beifall auf. Sie fielen sich glücklich in die Arme. Kurz darauf erklang aus den Lautsprecherboxen der Hochzeitsmarsch. Jeder im Raum drängte sich um die frisch Verlobten und gratulierte ihnen.

Es war die schönste Geburtstagsüberraschung, die Rashno je erhalten hatte. Er hatte sich nie vorgestellt, jemals einen Heiratsantrag zu bekommen – schon gar nicht von einem Mann und auch noch in aller Öffentlichkeit. Jetzt fühlte er sich restlos glücklich. Jan war für ihn die Liebe seines neuen Lebens. Er wünschte sich nichts mehr, als ihn nie wieder zu verlieren.

Die Nacht verging wie im Flug. Sie feierten ausgelassen. Die Uhr zeigte bereits 5 Uhr morgens, als sie sich endlich entschlossen, nach Hause zu gehen. Der Abend war lang gewesen, und trotz ihres Schlafes am Nachmittag fühlten sie sich jetzt ziemlich müde und erschöpft. Sie hatten auch viel zu viel getrunken. Der Alkohol ließ ihre Körper langsam schwer werden. Außerdem wollten sie endlich alleine sein. Unter dem Protest ihrer Freunde verabschiedeten sich Rashno und Jan und machten sich auf den Weg.

Draußen war es recht kühl an diesem Sonntagmorgen, doch die frische Luft tat gut.

Rashno legte seinen Arm um Jans Schultern, und Jan fasste ihn um die Hüften. Eng aneinandergeschmiegt verließen sie die Kneipe.

„Es war ein wundervoller Abend“, stellte Jan leise fest.

„Ja, der schönste Abend meines Lebens“, bestätigte Rashno. „Du hast mir den größten Wunsch meines Lebens erfüllt. Vielen Dank für alles. Ich liebe dich so sehr.“

„Es ist unser gemeinsamer Traum, Schatz. Ich möchte nichts lieber, als auch vor dem Gesetz zu dir zu gehören“, stellte Jan fest und gab Rashno einen Kuss auf die Wange.

„Hallo, Rashno! Endlich sehen wir uns wieder“, rief unerwartet jemand. Der perfekte Traum von Glück und Zufriedenheit wandelte sich schlagartig zum Albtraum. Die Stimme klang kalt und drohend. Innerhalb eines Sekundenbruchteils wurde Rashno aus seinem Glücksgefühl herausgerissen. Seine Angetrunkenheit verflog blitzartig. Er erkannte die Stimme, noch bevor er sehen konnte, wer ihn da angesprochen hatte. Es war nicht nur ihr Klang, sondern es war auch die Sprache. Noch nie hatte in dieser Stadt jemand in seiner Muttersprache mit ihm geredet. Ihm war sofort klar, dass sein Vater hier war.

Rashno schluckte und sah hoch. Sein Vater hatte sich breitbeinig vor ihnen aufgebaut und versperrte ihnen den Weg. Als wäre das nicht schon schlimm genug, flankierten ihn auch noch seine Brüder.

Jan und Rashno befanden sich keine 100 Meter von der Kneipe entfernt, in der sie seinen Geburtstag gefeiert hatten. Dennoch würde sie keiner hören.

„Ich habe dir gesagt, dass du zurückkommen sollst. Warum hast du meine Anordnung nicht befolgt? Hast du geglaubt, ich meine es nicht ernst?“, schrie sein Vater.

Rashno starrte ihn entsetzt an.

Jan wusste nicht mit Bestimmtheit, wer ihnen da den Weg versperrte, aber die Tatsache, dass er die Sprache nicht verstand und er panische Angst in den Augen seines Verlobten erkannte, machte ihm klar, dass es sich nur um Rashnos Vater und seine Brüder handeln konnte. Also hatte der Mann seine Drohung tatsächlich wahr gemacht und war nach Deutschland gekommen, um Rashno zu holen.

„Was willst du von mir? Ich habe dir gesagt, ich werde niemals zurückkommen. Ich lebe jetzt hier und bin glücklich."

„Ist das noch immer dein Verständnis von Glück?", rief sein Vater und deutete mit dem Finger auf Jan. Der begriff kein Wort, aber der Tonfall und der Fingerzeig machten ihm deutlich, dass man über ihn sprach. Energisch trat er einen Schritt vor und sprach den Wortführer an.

„Lassen Sie uns in Ruhe! Verschwinden Sie hier, oder ich rufe die Polizei!" Kaum hatte er die Worte, von denen sein Gegenüber natürlich nicht eine Silbe verstanden hatte, ausgesprochen, griff er in seine Tasche, um das Handy herauszuholen.

„Sag diesem *Kundeh*[14], dass er sich raushalten soll, wenn er nicht im Straßengraben enden will. Das ist eine Familienangelegenheit, die ihn nichts angeht."

Wut stieg in Rashno empor, die ihn jegliche Angst und Vorsicht vergessen ließ. „Das ist Jan!", zischte er seinen Vater an. „Er ist meine Familie! Mehr als ihr es jemals wart. Und damit du es weißt: Ich liebe ihn, und er liebt mich. Wir werden heiraten." Demonstrativ fasste er Jan, der nicht mehr als seinen Namen verstanden hatte, im Nacken, zog ihn zu sich heran und gab ihm einen intensiven Zungenkuss.

Sein Vater schrie vor Entsetzen. Auch seine Brüder schlugen geschockt ihre Hände vors Gesicht. „Rashno! Hör sofort mit dieser Schweinerei auf! Das ist abstoßend und ekelhaft!"

„Geht zurück in euer heiliges Land und lasst mich hier in Ruhe. Ich gehöre nicht mehr zu euch und eurem menschenverachtenden Religionsverständnis. Wenn ihr nicht verstehen wollt, dass ich in Jan einen Menschen gefunden habe, der mich liebt und den ich liebe, dann habe ich mit

[14] persisches Schimpfwort für Männer, die Sex miteinander haben

euch nichts mehr zu tun. Er ist wahrscheinlich der Einzige auf der Welt, der mich wirklich liebt. Ihr seid nicht mehr meine Familie!“ Seine Stimme hatte sich während seiner Worte immer mehr gesteigert.

Sein Vater war nun außer sich vor Wut. Mit hochrotem Kopf kam er einen Schritt auf Rashno zu.

Jan handelte sofort. Ohne zu überlegen, stellte er sich ihm in den Weg, um Rashno zu schützen. Niemand würde seinen Freund angreifen oder gar verletzen.

Doch alles ging so schnell.

Rashno wollte Jan warnen. Er rief seinen Namen, doch schon im nächsten Moment packte sein älterer Bruder Jan und stieß ihn brutal zur Seite. Jan wurde von den Füßen gerissen und landete auf dem Gehweg genau vor den Füßen der übrigen Brüder.

Jan sah nicht ihren kurzen, fragenden Blick zum Vater. Er bemerkte auch nicht dessen zustimmendes Kopfnicken. Stattdessen spürte er nur die Fußtritte, die jetzt schmerzhaft seinen Körper trafen. Er versuchte sich wegzurollen und aufzustehen, aber die Männer kreisten ihn ein und verhinderten eine Flucht.

Rashno wollte Jan zu Hilfe eilen, doch sein Vater packte ihn und presste ihn mit aller Kraft gegen die Hauswand. „Ich habe dich gewarnt, du perverses Schwein! Ich habe dir meine Hilfe angeboten, um dich zurück in die Familie zu bringen und dich den wahren Weg Allahs zu lehren. Das war deine letzte Chance! Ich habe dir gesagt: Wende dich ab von diesem widernatürlichen Tun und öffne dich für ein Leben, wie es unserem Herrn gefällt. Lebe nicht weiter in Schande, oder du wirst sterben!“

„Wieso sollte ich das verleugnen, was ich bin? Ich will deine Hilfe nicht. Und dein ‚Allah‘ interessiert mich einen Dreck! Lass mich in Ruhe! Bring mich doch um, wenn dir das so wichtig ist!“

Sein Vater schnaubte vor Wut. „Nicht ich werde dich umbringen! Das werden andere erledigen.“

„Seit wann brauchst du Helfer für deine krankhaften Attacken?“, schrie Rashno und versuchte sich aus dem Griff zu befreien. Immer noch traten seine Brüder auf Jan ein. Doch sein Vater hielt ihn eisern fest.

„Ich brauche niemanden dafür. Im Gegensatz zu dir bin ich ein Mann und kann alleine mein Recht durchsetzen.“

„Dein Recht? Wer gibt dir das Recht darüber zu urteilen, wie ich lebe und wen ich liebe?“

„Das Gesetz! Du bist vom Gericht in Teheran in deiner Abwesenheit angeklagt und zum Tode verurteilt worden. Es ist meine Pflicht, dich zurückzubringen!“

Rashno sah seinen Vater entsetzt an. „Was? Wieso verurteilt? Lüg mich nicht an! Du selbst hast mich damals freigekauft. Ich glaube dir kein Wort! Lass mich los!“

„Du, Narr! Dass ich dich damals rausgeholt habe, war an Bedingungen geknüpft. Sie haben mir ein Jahr Zeit gegeben, dich auf den rechten Weg zu bringen und dich mit einer Frau zu verheiraten. Mit deiner Flucht hast du alles zunichtegemacht und dich selbst in diese Situation gebracht. Ich habe dir damals gesagt, dass ich dir helfen will, dass du nicht so endest, wie alle Schwuchteln enden. Es ist deine eigene Schuld. Jetzt musst du die Konsequenzen hinnehmen und wirst dafür bestraft. Wie dieser andere Bastard. Du hattest deine Chance. Du kommst mit mir zurück und wirst die Familienehre wieder herstellen.“

Rashno riss geschockt den Mund auf – nicht nur über die Verurteilung und die Hinrichtung, die ihm jetzt im Iran drohte, sondern auch mit welchem abgrundtiefen Hass sein Vater bereit war, ihn dem Henker zu überstellen. „Niemals! Ich werde weder nach Teheran zurückkommen noch werde ich mich jemals ändern. Begreife endlich: Ich bin schwul, und ich liebe Jan. Ja, ich bin schwul, Vater! Ich bin schwul! ICH … BIN … SCHWUL!“ Er brüllte den Satz so laut er konnte. „Und ich bin stolz darauf. Geh zurück in dein Mittelalter und küss die Füße deines Imam. Ich will eher sterben, als mich zu verleugnen und Jan zu verlieren!“ Er schnappte nach Luft.

„Das kannst du haben!“, antwortete sein Vater mit gepresster Stimme und schlug ihm mit der Faust ins Gesicht. Immer wieder holte er weit aus.

Rashno spürte die Schläge kaum. Stattdessen suchten seine Augen den Blickkontakt zu Jan. Entsetzt sah er, dass er noch immer auf dem Boden lag und seine Brüder brutal auf ihn eintraten. Er hatte es aufgegeben, aufzustehen und schützte sich stattdessen so gut es ging mit den Armen.

Rashno wusste hinterher nicht, wie lange der Angriff gedauert hatte, aber die relative Erträglichkeit der Schmerzen, die die Schläge seines Vaters verursachten, und die leichten Verletzungen, die er davontrug, ließen ihn vermuten, dass es nur wenige Augenblicke gewesen waren. Neben ihnen hielten mehrere Polizeiwagen. Mit quietschenden Reifen und rotierenden Blaulichtern stoppten sie. Sekunden später sprangen mehrere Polizisten aus den Wagen.

„Aufhören, und Hände hoch!“ Sie hatten ihre Waffen gezogen und richteten sie auf Rashnos Vater und seine Brüder. Diese hielten inne. Einen Augenblick später lagen sie mit dem Gesicht nach unten auf dem Boden. Die Pistolen hatten es für die Angreifer unnötig gemacht, die Sprache zu verstehen. Mit hasserfüllten Augen leisteten sie der Aufforderung der Ordnungsbeamten Folge.

Besorgt sah sich Rashno nach Jan um. Er lag immer noch am Boden und hielt sich vor Schmerzen den Bauch. Voller Angst lief er zu ihm und beugte sich über ihn. „Jan? Jan! Alles in Ordnung? Bist du verletzt?“

Jan stöhnte leise und konnte kaum sprechen, aber immerhin bewegte er sich noch. „Ich weiß nicht. Es tut höllisch weh!“, keuchte er.

Rashno sah sich nach einem der Polizisten um. „Wir brauchen einen Arzt! Bitte, schnell!“

Der Beamte kam auf ihn zu. „Ist schon unterwegs. Machen Sie sich keine Sorgen. Sind Sie verletzt?“

„Nein, mir geht es gut. Aber mein Freund braucht Hilfe!“

Mittlerweile hatte sich die Straße mit Schaulustigen gefüllt. Die Polizisten hatten Mühe, die Menschen auf Abstand zu halten. Auch die Freunde, mit denen sie die Nacht in der Bar verbracht hatten, standen nun hier und beobachteten entsetzt das Geschehen. Einer von ihnen hatte wohl geistesgegenwärtig die Polizei gerufen. Jan hatte dazu keine Gelegenheit mehr gehabt.

Rashnos Vater und seinen Brüdern wurden Handschellen angelegt. Stumm führte man sie ab.

Ein paar Minuten später kam endlich auch ein Rettungswagen. Bis dahin hatte Rashno einem der Polizisten seine Personalien gegeben und auch Jans Ausweis gezeigt. Die Sanitäter eilten zu seinem Verlobten und leisteten Erste Hilfe. Sie sprachen kurz mit ihm.

Rashno war viel zu aufgeregt, um den Inhalt der Unterhaltung zu verstehen. Seine eigenen Schürfwunden im Gesicht sah man sich nur kurz an.

Die Helfer holten eine Trage aus dem Krankenwagen.

„Was ist mit ihm?“, erkundigte sich Rashno nervös.

„Wir nehmen ihn mit ins Krankenhaus. Er muss gründlich untersucht werden. Bitte treten Sie zurück.“

„Ich will mitkommen!“

Der Sanitäter sah den Polizisten fragend an. Der nickte zustimmend.

„In Ordnung. Aber bitte behindern Sie uns nicht bei der Arbeit.“

Jan wurde vorsichtig auf die Trage gelegt, und die Männer trugen ihn zum Fahrzeug. Rashno ging neben ihm her und hielt seine Hand.

„Es tut mir so leid, Jan“, flüsterte er.

„Nicht deine Schuld, mein Engel“, murmelte Jan. „Es wird schon wieder. Mach dir keine Sorgen.“

Obwohl ihm das Sprechen schwerfiel und er Schmerzen zu haben schien, versuchte er tapfer zu sein. Für Rashno. Dieser nahm im Krankenwagen neben ihm Platz. Der Fahrer schaltete das Blaulicht und die Sirene ein, und sie fuhren los.

⁂

Rashno spürte eine Hand auf seinen Haaren. Er saß neben Jans Bett im Krankenhaus auf einem Stuhl und hatte seinen Kopf auf die Bettdecke sinken lassen. Irgendwann musste er eingeschlafen sein, nachdem er stundenlang an seiner Seite gesessen und auf sein Aufwachen gewartet hatte. Jan war operiert worden. Er hatte innere Verletzungen gehabt, die behandelt werden mussten. Seither hatte Rashno angstvoll darauf gewartet, dass er wieder erwachte.

Als er das sanfte Streicheln fühlte, hob er seinen Blick und sah Jan an. Sein Freund lächelte ihm entgegen.

„Wie geht es dir, Liebling?“, erkundigte sich Rashno.

„Es geht schon. Ich fühle mich, als sei eine Herde Elefanten über mich gerannt. Aber ich denke, ich werde es überleben!“ Dass er schon wieder zu Scherzen aufgelegt war, schien ein gutes Zeichen zu sein.

„Das will ich doch sehr hoffen! Ich brauche dich noch.“

„Wie spät ist es? Wie lange habe ich geschlafen?“

Rashno sah zur Uhr über dem Eingang. „Es ist gleich 15 Uhr 30. Du hast über neun Stunden geschlafen.“

„Und du hast die ganze Zeit hier gesessen?“

„Aber natürlich. Glaubst du, ich würde dich hier alleine liegen lassen?“

„Das ist lieb von dir! Aber du solltest nach Hause gehen und auch schlafen. Du musst ja völlig fertig sein.“

Rashno schüttelte den Kopf. „Nein. Ich bleibe hier. Ich habe bereits etwas geschlafen. Um 16 Uhr wollte der Arzt kommen. Da will ich dabei sein.“ Er ergriff Jans Hand. „Jan, es tut mir wirklich leid, was meine Brüder dir angetan haben. Sie hatten nicht das Recht, dich da reinzuziehen.“

„Hör auf, dir Vorwürfe zu machen, Schatz. Es ist nicht deine Schuld. Ich habe mich eingemischt und habe das selbst provoziert. Ich habe dir gesagt, dass ich dir beistehen werde. Was wollten sie eigentlich von dir? Das, was dein Vater dir angedroht hat?“

„Ja. Er wollte mich zurück nach Teheran bringen. Notfalls mit Gewalt.“

„Ich verstehe das nicht. Wenn er so gegen dich ist, warum will er dann unbedingt, dass du zurückkommst? Er sollte doch froh sein, dass du weit weg von ihm bist und er nicht mit ansehen muss, welch ‚schändliche‘ Dinge du tust.“

Rashno zuckte resignierend mit den Schultern. „Auf der einen Seite ist das für ihn eine Frage der Familienehre. Er kann es nicht ertragen, dass sein Sohn schwul ist. Das ist mit seinem Weltverständnis nicht vereinbar.“

„Und auf der anderen Seite?“, hakte Jan nach. Er glaubte, dass sein Freund ihm nicht alles erzählte.

„Nichts!“

„Rashno? Sei ehrlich zu mir! Da ist doch noch etwas anderes? Was verheimlichst du mir?“

Rashno sah Jan in die Augen und seufzte. „Er will mich hauptsächlich zurückbringen, weil ein Gericht in Teheran mich wegen meiner Homosexualität angeklagt hat.“

„Und er glaubt, du würdest brav hingehen, um dich wieder misshandeln zu lassen und an der Verhandlung teilzunehmen? Wie naiv!“

„Es gibt keine Verhandlung mehr!“

Jan sah ihn überrascht an. „Warum das? Ich denke, sie hätten dich angeklagt.“

„Ja, aber die Verhandlung hat bereits ohne mich stattgefunden.“

„Und das bedeutet? Wozu sollst du dann noch zurückfliegen?“

„Damit sie das Urteil vollstrecken können. Sie haben mich zum Tode verurteilt.“

Jan fuhr hoch, sank aber im nächsten Moment wieder zurück in die

Kissen. Er stöhnte vor Schmerzen. „Was? Das ist doch ...“ Ihm fehlten die Worte. Wie konnte ein Gericht solch bestialische Urteile fällen? „... unglaublich!“, beendete er seinen Satz. „Und dein Vater will dich diesen Fanatikern ausliefern und lieber dabei zusehen, wie sie dich umbringen, als dich zu schützen? Was ist das für ein Vater? Das ist barbarisch!“

„Mein Vater ist genauso ein Fanatiker. Er ist den Imamen hörig und steht voll hinter deren Weltanschauung und den Gesetzen unseres – seines – Landes. Außerdem ist es für ihn, wie gesagt, eine Frage der Ehre. Er glaubt, es sei seine Pflicht, mich zurückzubringen, damit das Urteil vollstreckt werden kann.“

„Was sollen wir jetzt tun?“

„Ich habe heute Morgen bereits mit der Polizei gesprochen. Ein Beamter war hier und hat Fragen zu dem Überfall gestellt. Ich habe ihm alles erzählt.“

„Hat er gesagt, was sie mit deinem Vater und deinen Brüdern tun werden?“

„Wenn wir eine Anzeige erstatten, kommen sie hier möglicherweise vor Gericht. Wenn wir das nicht tun, werden sie abgeschoben.“

„Also, meinetwegen können wir auf eine Anzeige verzichten. Mir ist es lieber, dass die so schnell wie möglich wieder aus Deutschland verschwinden. Ich möchte denen nicht noch mal begegnen.“

Rashno nickte. „Ja, das sehe ich genauso.“

Ein leises Klopfen an der Tür unterbrach sie. Ein Arzt trat ein.

„Hallo, Herr Westermann. Schön, dass Sie wach sind. Mein Name ist Dr. Hansen. Wie fühlen Sie sich?“

„Na ja, ich würde sagen, den Umständen entsprechend. Aber ich will auf jeden Fall hier raus und wieder nach Hause.“

Der Doktor schüttelte den Kopf. „Ich fürchte, Sie werden noch einige Tage unsere Gastfreundschaft hier genießen müssen. Sie haben keine ungefährlichen inneren Verletzungen. Ihre Milz wurde verletzt und hat innere Blutungen verursacht. Sie wurden heute Morgen schon operiert, und wir hoffen, damit den Riss dauerhaft geschlossen zu haben. Sie bleiben noch einige Tage unter Beobachtung. Zusätzlich erhalten Sie vorbeugend Antibiotikum, um eine Infektion zu verhindern."

„Na super!", seufzte Jan.

„Ansonsten haben Sie eine Rippenprellung, Hautabschürfungen und eine Menge Blutergüsse im gesamten Bauch- und Rippenbereich. Das wird vermutlich Schmerzen bei Bewegungen hervorrufen, ist aber nicht dramatisch."

„Nicht dramatisch? Na, Sie sollten mal spüren, wie sich das anfühlt." Jan grinste den Arzt an, und der erwiderte das Lächeln.

„Sie müssen sich auf jeden Fall schonen. Die nächsten 48 Stunden dürfen Sie das Bett nicht verlassen. Vermeiden Sie jede Bewegung und Anstrengung. In zwei bis drei Tagen sehen wir weiter. Heute Abend werden wir uns noch mal die Operationswunde ansehen und ein Ultraschall machen, um zu sehen, ob alles in Ordnung ist. Bis dahin: absolute Bettruhe und möglichst wenig Bewegungen!"

Der Doktor machte einige Eintragungen in seinen Papieren. Dann verabschiedete er sich und verließ wieder das Zimmer.

Am nächsten Vormittag erschienen zwei Polizeibeamte in Jans Krankenzimmer. Einen kannte Rashno schon von seiner eigenen Befragung nach dem Überfall.

„Guten Tag, Herr Westermann. Mein Name ist Hessel, und das ist mein Kollege Döring. Wir würden Ihnen gerne noch ein paar Fragen zu dem Vorfall stellen. Wenn Sie sich dazu in der Lage fühlen?"

Jan nickte. Er hatte keine Einwände. „Wenn es in Ordnung ist, dass ich liegen bleibe!? Ich darf nicht aufstehen. Kann mein Freund hierbleiben?"

„Selbstverständlich. Und natürlich kann Ihr Partner dabei sein. Es betrifft ja wohl sie beide.“

Jan atmete erleichtert aus. Die Polizisten stellten ihm zwar nur Fragen zu dem Überfall, aber er wollte dennoch nicht alleine sein.

Wie war es zu dem Angriff gekommen? Warum war er zu dieser Zeit am Morgen noch unterwegs gewesen? Was war genau passiert? Kannte er die Angreifer? Hatte er etwas getan, das die Angreifer provozierte?

Jan beantwortete alle Fragen so genau er konnte.

„Wie wird es denn jetzt weitergehen? Ich meine, was passiert denn jetzt, damit die uns nicht noch mal angreifen?“

„Der Fall wurde der Staatsanwaltschaft übergeben. Zurzeit sind die Täter in U-Haft. Sofern Sie beide als Opfer keine Anzeige erstatten, werden sie wohl kurzfristig des Landes verwiesen und ein Einreiseverbot für die Zukunft erhalten. Falls Sie jedoch eine Anzeige machen wollen, wird der Staatsanwalt entscheiden, ob eine offizielle Anklage wegen gefährlicher Körperverletzung und versuchten Mordes erhoben wird.“

Jan sah Rashno fragend an. Was sollten sie tun?

„Wir werden darüber noch einmal nachdenken“, flüsterte Rashno.

Die Polizisten nickten und verabschiedeten sich.

Jan und Rashno sahen sich bedrückt an. Sosehr sie sich auch wünschten, dass ihre Peiniger für ihre Tat bestraft wurden, stellten sie sich trotzdem die Frage, was es bringen sollte. Im besten Fall würden Rashnos Vater und seine Brüder für eine Zeit lang ins Gefängnis kommen. Aber dann wären sie wieder frei und womöglich immer noch in Deutschland. Viel wichtiger war, dass sie ihnen nie wieder begegnen müssten. So entschieden sie sich, keine Anzeige zu erstatten.

Ein paar Tage später unterzeichneten sie im Büro des zuständigen Staatsanwaltes eine Verzichtserklärung – Jan war nur wenige Stunden zuvor aus dem Krankenhaus entlassen worden.

Kurz darauf erhielten sie die Bestätigung, dass Rashnos Vater und seine

Brüder des Landes verwiesen und ausgeflogen worden waren. Es war ihnen für den Rest ihres Lebens verboten, nochmals nach Deutschland einzureisen.

4 – ZUKUNFT

„Guten Tag, Frau Westermann! Herr Westermann!"

Es war ein wunderschöner Tag. Eiskalt, aber am wolkenlosen Himmel strahlte die Sonne. Es war der vierte Januar, der Tag ihrer Hochzeit.

Zu der Zeremonie im Rathaus der Stadt waren nicht viele Gäste gekommen. Lediglich Jans Eltern und zwei Tanten nebst Ehemännern und Kindern sowie ihre gemeinsamen Freunde nahmen an diesem Vormittag an der „Verpartnerung" teil.

„Ich denke, Rashno, es wird Zeit, die Förmlichkeiten wegzulassen. Wir werden heute deine Schwiegereltern, und es reicht, wenn du mich ‚Elli' nennst." Jans Mutter nahm Rashno in den Arm und gab ihm einen Kuss auf die Wange.

„Und ich bin Hans. Willkommen in der Familie." Sein Schwiegervater reichte ihm die Hand.

„Vielen Dank. Ich freue mich, zu Ihrer ... eurer ... Familie gehören zu dürfen. Das macht mich sehr glücklich."

„Wir freuen uns auch, Rashno. Aber du musst uns eins versprechen!"

Rashno sah sie fragend an. Was sollte er ihnen versprechen?

„Du darfst Jan niemals unglücklich machen!"

„Mutter!", protestierte Jan. „Du bringst Rashno in Verlegenheit!"

Rashno lächelte. „Das ist ein Versprechen, Elli, das ich sehr gerne gebe. Ich liebe Jan von ganzem Herzen, und wenn er nur halb so glücklich mit mir ist, wie ich es mit ihm bin, dann habe ich dieses Ziel erreicht. Ich werde immer mein Bestes geben, versprochen!"

„Ich bin restlos glücklich. Macht euch mal keine Sorgen um mich!", versicherte Jan.

Sie hatten lange auf diesen Tag gewartet. Es war der frühestmögliche

Termin gewesen, den sie vom Standesamt erhalten hatten. Aber die lange Vorlaufzeit hatte es zumindest ermöglicht, dass alle eingeladenen Gäste auch wirklich ihr Kommen einrichten konnten.

Jan und Rashno freuten sich darauf, sich heute das Ja-Wort zu geben. Rashno war so glücklich, vor allem, weil auch Jans Eltern gekommen waren und ihn offen in die Familie aufnahmen.

Jans Verletzungen nach dem Überfall im September waren schnell verheilt. Er hatte das Krankenhaus rasch wieder verlassen können. Da im Rahmen des Verfahrens ihre Adresse in den Papieren zu dem Überfall erschienen war, hatten sie sich entschlossen, eine neue Wohnung zu suchen. Anfang Dezember hatten sie ihr neues, gemeinsames Domizil bezogen. Jans Eltern hatten ihnen dabei finanziell geholfen. Schließlich wollten sie ihren Sohn und seinen Freund in Sicherheit wissen.

Die Tatsache, dass im Iran ein dort gültiges Todesurteil gegen Rashno immer noch in Kraft war, belastete ihn dennoch sehr. So entschied er, sich an Amnesty International zu wenden. Er hatte sie auf seinen Fall aufmerksam gemacht und darum gebeten, sich für ihn einzusetzen. Das Urteil musste aus der Welt gebracht werden, auch wenn er wohl niemals wieder das Land, in dem er geboren worden und aufgewachsen war, betreten würde. Die Menschenrechtsorganisation hatte ihm rasch bestätigt, dass sie versuchen würden, ihm zu helfen. Kurze Zeit später erhielt er die Kopien zweier Schreiben. Eins hatte Amnesty an den iranischen Justizminister gesandt und darin gefordert, dass das Todesurteil aufgehoben wurde. Das andere Schreiben war an den UN-Menschenrechtsrat in Genf gerichtet. Darin wurde ebenfalls verlangt, sich gleichfalls für die Rücknahme des unmenschlichen Urteils einzusetzen.

Wie nicht anders zu erwarten, passierte nichts. Die Verantwortlichen im Iran antworteten nicht einmal. Damit war selbst ein Besuch seines Herkunftslandes zu Urlaubszwecken nie mehr möglich. Sobald Rashno den Iran wieder betrat, müsste er mit seiner sofortigen Verhaftung und

Hinrichtung rechnen. Doch das war nicht wichtig für sie. Rashno zog es nicht zurück in dieses Land, und Jan hatte auch nicht das Verlangen, Rashno und sich dort in Gefahr zu bringen.

Um 10.40 Uhr begab sich die Hochzeitsgesellschaft in den Saal. Dort schlossen Rashno und Jan den Bund fürs Leben. Der feierliche Akt dauerte rund zwanzig Minuten, und als sie schließlich wieder hinaus auf den sonnigen Rathausvorplatz traten, waren aus den Freunden „Lebenspartner" geworden. Jetzt konnte die Zukunft beginnen. Ihre Zukunft.

Von seinem Vater und seinen Brüdern sah und hörte Rashno nie wieder etwas.

~ ENDE ~

Anmerkungen zu „Lavat“

Im Iran stellt nicht der Sonntag den Ruhetag der Woche dar, sondern der Freitag. Damit sind die meisten Büros ab Donnerstagnachmittag geschlossen. Ein allgemeines Öffnungsverbot für Geschäfte an einem Freitag gibt es jedoch nicht.

Im Iran existiert eine Internetzensur. Damit sind Seiten mit Informationen zur Anonymisierung im Internet, Nachrichtendienste, reformpolitische, pornografische und homosexuelle Webseiten sowie als unmoralisch geltende Seiten gesperrt.

Mithilfe von frei zugänglichen Proxyservern, Picidae und das Tor-Netzwerk kann die Sperre umgangen werden. Die Proxyserver filtern jedoch pornografische Webseiten sowie Seiten mit homosexuellem Inhalt (vor allem das Schlüsselwort „gay“). Mit genügend Know-how können diese Sperren ebenfalls umgangen werden.

Iranische Toiletten bestehen aus einer am Boden eingelassenen Toilettenschüssel, über die man sich hockt. Meist gibt es kein Klopapier, dafür aber eine Wasserspülvorrichtung.

Der Zeitunterschied zwischen Köln und Teheran liegt bei 2,5 Stunden (unter Berücksichtigung deutscher Sommerzeit).

Ortschaften und Gebäude, die im Verlauf des Romans nicht näher erläutert wurden, sind hier kurz aufgeführt:

***Jamshidieh*-Park:** befindet sich im Norden von Teheran am Fuße des ***Kolaktschal*-Berges**. Er gilt als einer der schönsten und malerischsten Parks der Stadt.

***Shahid Beheshti* Universität**: vormals die Nationaluniversität Irans

Kaschan: etwa 200 km südlich von Teheran

Maschhad: etwas 1000 km östlich von Teheran

***Evin*-Gefängnis:** gefürchtetes Gefängnis im Norden Teherans. Es befindet sich in unmittelbarer Nähe zur *Shahid Beheshti* Universität

***Behesht-e Zahra* Friedhof**: größter Friedhof Teherans, südlich der Stadt gelegen

***Mellat*-Park**: im Norden von Teheran; größtes Erholungsgebiet der Stadt

Van Golu: Vansee

Aus unserem Sortiment

Lavat 2 – Ein teuflischer Plan

Stephan Klemann

Roman

ISBN Print: 978-3-903238-14-5
ISBN PDF: 978-3-903238-15-2
ISBN EPUB: 978-3-903238-16-9
ISBN PRC: 978-3-903238-17-6

Obwohl Rashno und Jan glücklich verheiratet sind, trübt Rashnos Vergangenheit ihr Leben. Immer wieder holt ihn der Schmerz ob seiner Verhaftung im Iran und des Bruchs mit der Familie ein. Um anderen Leidensgenossen zu helfen, gründet er eine Hilfsorganisation und schöpft daraus wieder Mut.
Doch ein Anruf seiner Mutter ändert alles. Sein Vater verkraftet nach wie vor nicht den Gesichtsverlust wegen Rashnos Homosexualität und entwickelt sich mehr denn je zum Schwulenhasser und Religionsfanatiker. Immer häufiger erhebt er die Hand gegen seine Frau. Als diese schließlich ins Krankenhaus eingeliefert wird, fassen Rashno und Jan einen Entschluss und versuchen sie heimlich nach Deutschland zu holen. Alles scheint nach Plan zu verlaufen, bis Jan unerwartet verschwindet. Rashno ist sofort klar: Dahinter kann nur sein Vater und die Religionspolizei stecken …

Endstation Wirklichkeit

Stephan Klemann

Roman

ISBN Print: 978-3-902885-21-0
ISBN PDF: 978-3-902885-22-7
ISBN EPUB: 978-3-902885-23-4
ISBN PRC: 978-3-902885-24-1

David ist achtzehn und lebt in einem kleinen Dorf außerhalb von Los Angeles. Sein größter Wunsch ist es, nach L.A. zu gehen und Schauspieler zu werden. Als die Beziehung zu seinem Freund zerbricht, kehrt er seinem Zuhause den Rücken und versucht seinen Traum zu realisieren. Alles scheint nach Plan zu verlaufen, und als David auch noch Mike kennenlernt, könnte es nicht mehr besser kommen. Doch als er aufgrund von Dreharbeiten nach Russland fliegt, lernt er den gut aussehenden Kellner Alyosha kennen ...

Schatten auf dem Regenbogen

Stephan Klemann

Roman

ISBN Print: 978-3-902885-66-1
ISBN PDF: 978-3-902885-67-8
ISBN EPUB: 978-3-902885-68-5
ISBN PRC: 978-3-902885-69-2

Als sich Frank unerwartet das Leben nimmt, glaubt Kevin keine Minute an Selbstmord. Da für die Polizei die Sachlage jedoch eindeutig ist, nimmt Kevin die Lösung des Falles selbst in die Hand. Bei seiner Suche stößt er auf Franks Tagebuch. Alle Spuren führen ihn zu der Newcomerband *Sunrisers*, die bei einer Castingshow gewonnen hat. Kevin beschließt, sich die Band auf einem Sommerfest genauer anzusehen und erhält dort ein überraschendes Angebot vom Leadsänger der Band ...

Sommergayflüster

Bernd Auzinger, Laurent Bach, Stepahn Klemann, Yara Nacht, Alec Xander, Roy Francis Ley (Hg.)

Homoerotische Anthologie

ISBN Print 978-3-902885-29-6
ISBN PDF: 978-3-902885-30-2
ISBN EPUB: 978-3-902885-31-9
ISBN PRC: 978-3-902885-32-6

Warum fürchtet sich Lars, eine feste Beziehung zu Stefan einzugehen? Kann eine Liebe gesellschaftliche Normen brechen? Und was glaubt Paul zu erreichen, wenn er sich bei Viktor nicht mehr meldet?

Kann ein Obdachloser wieder festen Fuß fassen? Und müssen Tattoos immer sichtbar sein? Was passiert mit einer verhängnisvollen SMS, während Mark sich heimlich auf Toiletten rumtreibt?

Auf erotische und sinnliche Weise beantworten diese und andere Fragen sechs außergewöhnliche Autoren mit einer Lektüre, die unter die Haut geht.

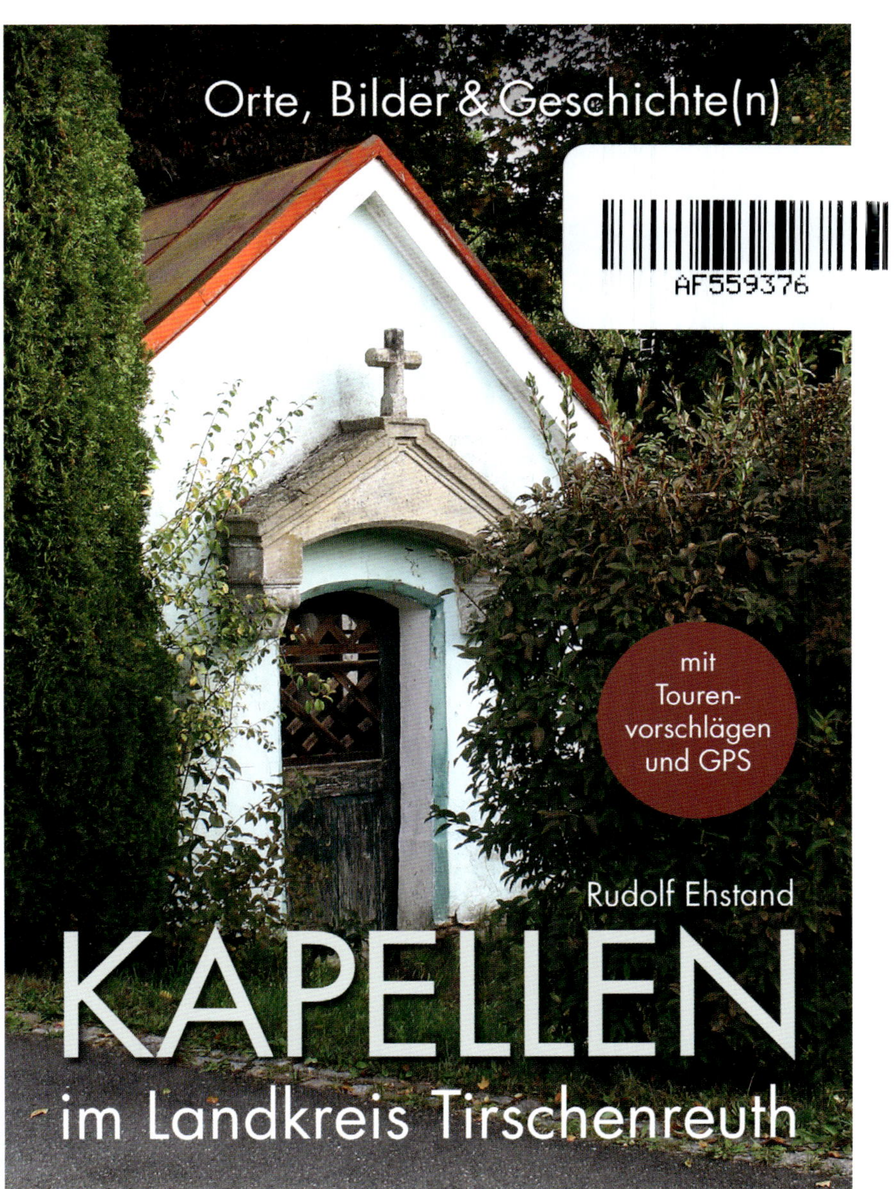

BUCH- UND KUNSTVERLAG OBERPFALZ

Bibliografische Information der Deutschen Nationalbibliothek

Die Deutsche Nationalbibliothek verzeichnet diese Publikation in der Deutschen Nationalbibliografie; detaillierte bibliografische Daten sind im Internet über http://dnb.dnb.de abrufbar.
ISBN 978-3-95587-107-9

Für uns, die Battenberg Gietl Verlag GmbH mit all ihren Imprint-Verlagen, ist Nachhaltigkeit ein wichtiger Teil unserer Unternehmensphilosophie. Daher achten wir bei allen unseren Produkten auf den Einsatz umweltschonender Ressourcen und Materialien.
Dieses Buch wurde auf FSC®-zertifiziertem Papier gedruckt. FSC (Forest Stewardship Council®) ist eine nicht staatliche, gemeinnützige Organisation, die sich für die verantwortungsvolle und ökologische Nutzung der Wälder unserer Erde einsetzt.

Unsere Partnerdruckerei kann zudem für den gesamten Herstellungsprozess nachfolgende Zertifikate vorweisen:
- Zertifizierung für FOGRA PSO
- Zertifizierungssystem FSC®
- Leitlinien zur klimaneutralen Produktion (Carbon Footprint)
- Zertifizierung EcoVadis (die Methodik besteht aus 21 Kriterien in den Bereichen Umwelt, Einhaltung menschlicher Rechte und Ethik)
- Zertifikat zum Energieverbrauch aus 100 % erneuerbaren Quellen
- Teilnahme am Projekt „Grünes Unternehmen" zum Schutz von Naturressourcen und der menschlichen Gesundheit

1. Auflage 2024
ISBN 978-3-95587-107-9

www.battenberg-gietl.de
Layout & Satz: Margit Schmidt

Vorwort

Als Ausdruck einer besonderen Volksfrömmigkeit findet man im Landkreis Tirschenreuth eine Vielzahl von Kapellen. Viele dieser Kapellen wurden aus Dankbarkeit oder als Erinnerung an besondere Ereignisse errichtet und werden von den Familien und Eigentümern vor Ort bis heute gehegt und gepflegt.

So entstand bei meinen vielen ausgedehnten Radfahrten und Wanderungen im Landkreis Tirschenreuth die Idee, diese Vielzahl von Kapellen aufzunehmen und zu dokumentieren.

Über die Jahre ist dieses Buch entstanden, in dem die Kapellen im Landkreis Tirschenreuth vorgestellt werden. Das Buch bietet auch die Möglichkeit, sich näher mit den Kapellen zu beschäftigen bzw. die Kapellen auf verschiedenen Touren zu besuchen (siehe Tourentipps am Ende des Buches).

Mein Dank gilt den Eigentümern der Kapellen für die vielen angenehmen Gespräche und Auskünfte, den Tourismusbüros der Städte und Gemeinden sowie allen nicht namentlich genannten Personen für die Informationen zu den Kapellen im Landkreis Tirschenreuth.

Ein besonderer Dank gilt Herrn Prof. Leonhard Zintl aus Waldeck. Nur durch seine tatkräftige Unterstützung konnte dieses Buch verwirklicht werden.

Tirschenreuth, im März 2024

Rudolf Ehstand

Kapellen im Landkreis Tirschenreuth (Nr. 1–265)

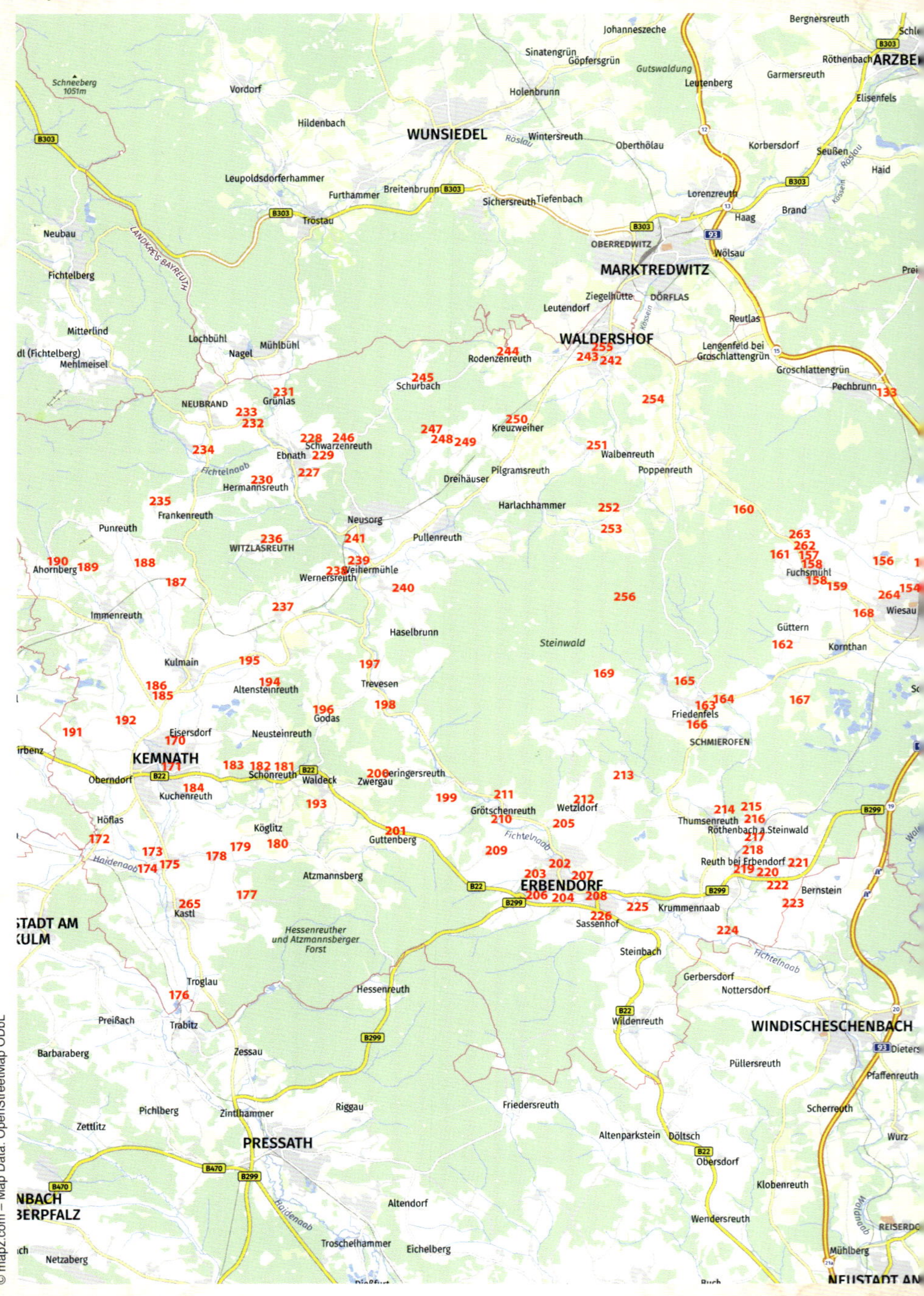

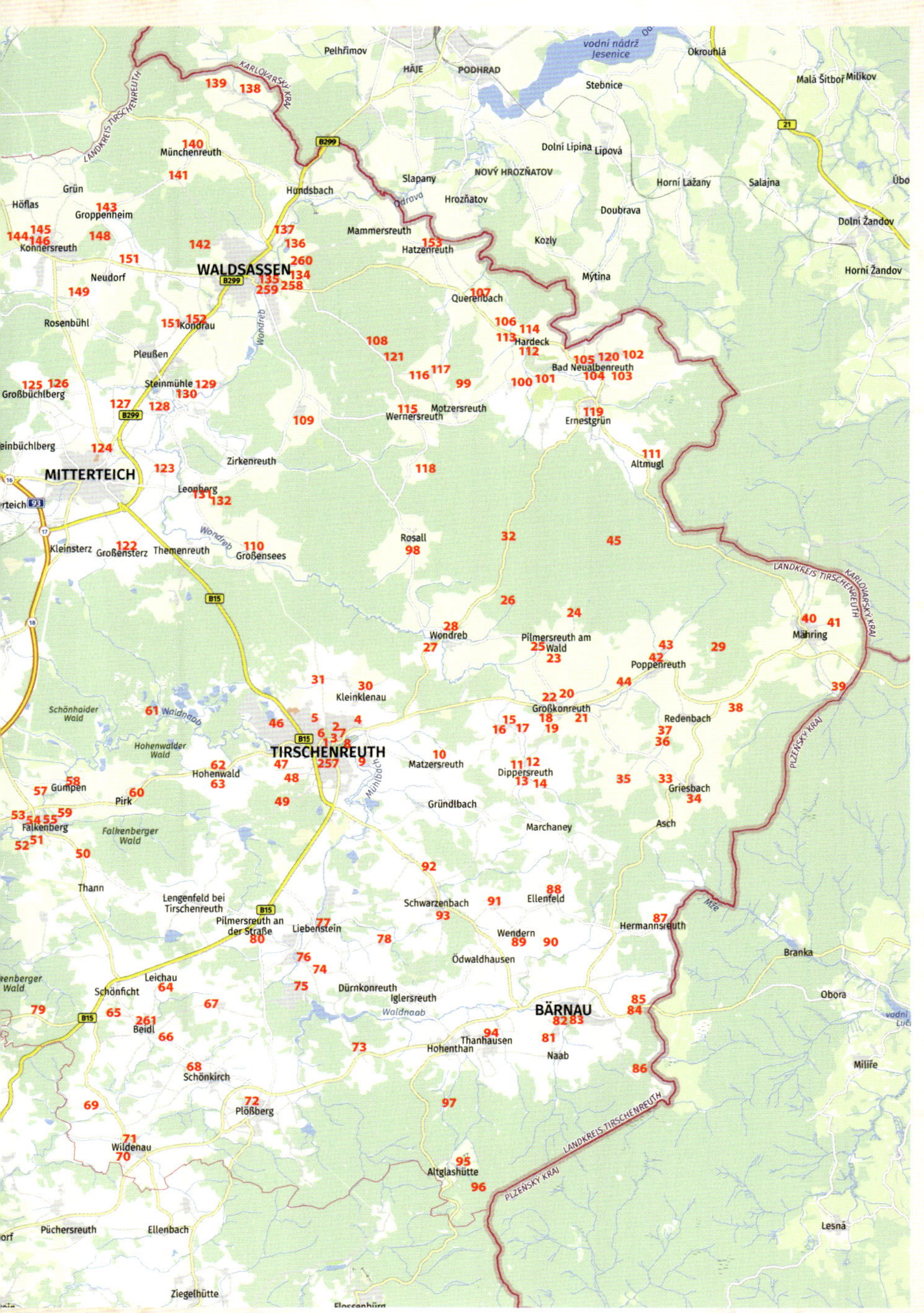

Pelhřimov
HÁJE
PODHRAD
vodní nádrž Jesenice
Okrouhlá
Malá Šitboř
Milíkov
Stebnice
KARLOVARSKÝ KRAJ
LANDKREIS TIRSCHENREUTH
Münchenreuth
Dolní Lipina
Lipová
Slapany
NOVÝ HROZŇATOV
Horní Lažany
Salajna
Hundsbach
Hrozňatov
Odrava
Doubrava
Dolní Žandov
Höflas
Grün
Groppenheim
Konnersreuth
Mammersreuth
Hatzenreuth
Kozly
Horní Žandov
WALDSASSEN
Neudorf
Mýtina
Querenbach
Rosenbühl
Kondrau
Wondreb
Hardeck
Pleußen
Bad Neualbenreuth
Großbüchlberg
Steinmühle
Motzersreuth
Wernersreuth
Ernestgrün
Altmugl
MITTERTEICH
Zirkenreuth
Leonberg
Rosall
Kleinsterz
Großensterz
Themenreuth
Großensees
Wondreb
Pilmersreuth am Wald
Mähring
Poppenreuth
Kleinklenau
Schönhaider Wald
Waldnaab
Großkonreuth
Redenbach
Hohenwalder Wald
TIRSCHENREUTH
Hohenwald
Matzersreuth
Dippersreuth
Griesbach
Gumpen
Pirk
Mühlbach
Gründlbach
Asch
Falkenberg
Falkenberger Wald
Marchaney
PLZEŇSKÝ KRAJ
Thann
Lengenfeld bei Tirschenreuth
Schwarzenbach
Ellenfeld
Pilmersreuth an der Straße
Liebenstein
Wendern
Hermannsreuth
Mže
Ödwaldhausen
Branka
Leichau
Schönficht
Dürnkonreuth
Iglersreuth
BÄRNAU
Obora
Beidl
Waldnaab
Thanhausen
Hohenthan
Naab
Schönkirch
Miliře
Plößberg
Wildenau
Altglashütte
Püchersreuth
Ellenbach
Lesná
Ziegelhütte
Flossenbürg
B299
B15
21

Kapitel 3: Kapellen in und um Wiesau 91

Kapitel 4: Kapellen in und um Kemnath 103

Kapitel 5: Kapellen in und um Erbendorf 125

Ursprung der Wallfahrt 1692

Rudolf Ehstand

Kapellen im Landkreis Tirschenreuth
Orte, Bilder & Geschichte(n)

Kapitel 1

Kapellen in und um TIRSCHENREUTH

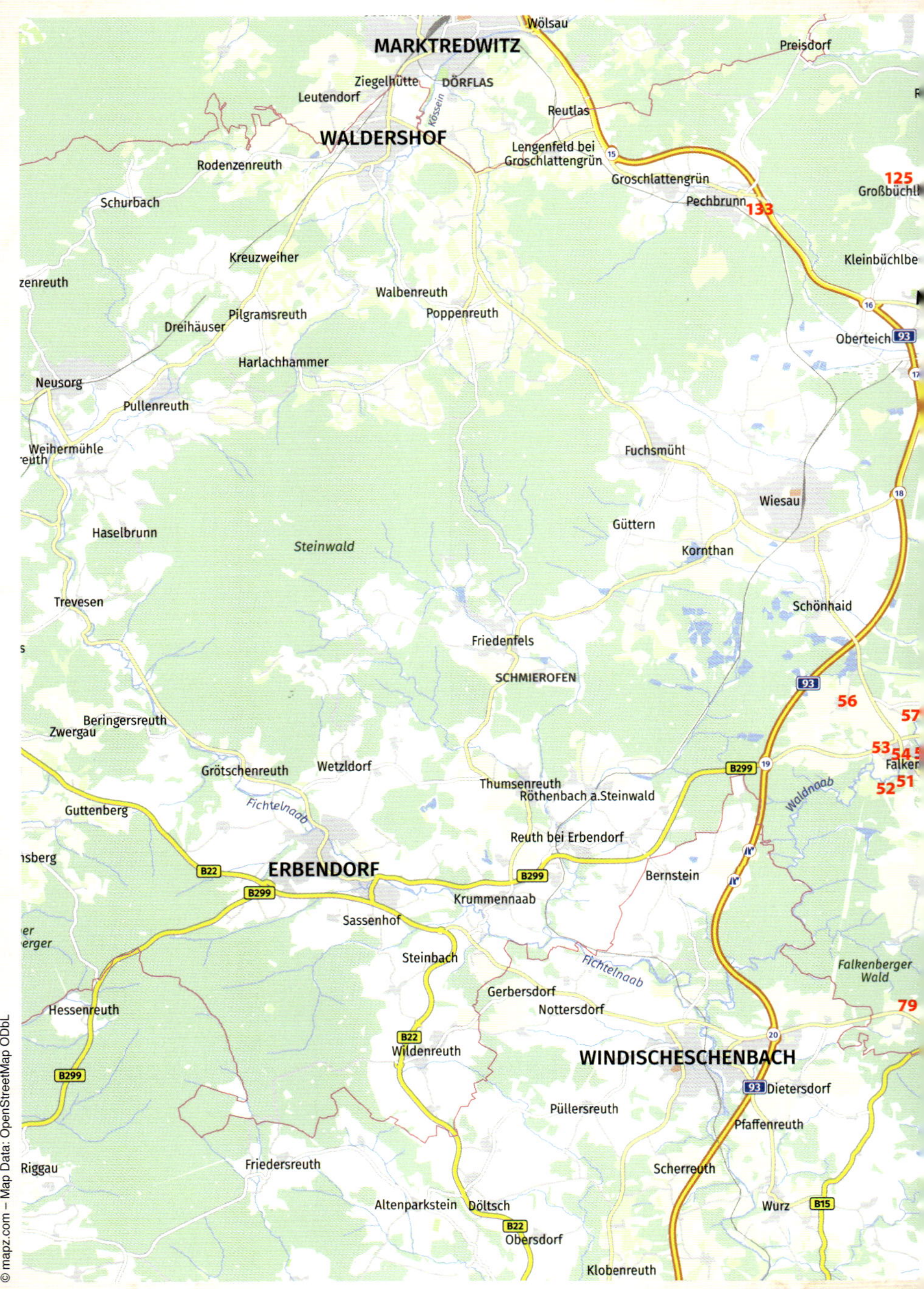
Wölsau
MARKTREDWITZ
Preisdorf
Ziegelhütte
DÖRFLAS
Leutendorf
Kössein
Reutlas
WALDERSHOF
Lengenfeld bei Groschlattengrün
Rodenzenreuth
Groschlattengrün
125
Pechbrunn
133
Schurbach
Kreuzweiher
Walbenreuth
Poppenreuth
Pilgramsreuth
Dreihäuser
Oberteich
Harlachhammer
Neusorg
Pullenreuth
Weihermühle
Fuchsmühl
Wiesau
Haselbrunn
Güttern
Steinwald
Kornthan
Trevesen
Schönhaid
Friedenfels
SCHMIEROFEN
56
Beringersreuth
Zwergau
53
51
52
Grötschenreuth
Wetzldorf
Thumsenreuth
Röthenbach a.Steinwald
Waldnaab
Guttenberg
Fichtelnaab
Reuth bei Erbendorf
ERBENDORF
Bernstein
Krummennaab
Sassenhof
Steinbach
Fichtelnaab
Falkenberger Wald
Gerbersdorf
Nottersdorf
79
Hessenreuth
Wildenreuth
WINDISCHESCHENBACH
Dietersdorf
Püllersreuth
Pfaffenreuth
Riggau
Friedersreuth
Scherreuth
Altenparkstein
Döltsch
Wurz
Obersdorf
Klobenreuth
B22
B299
B15
93

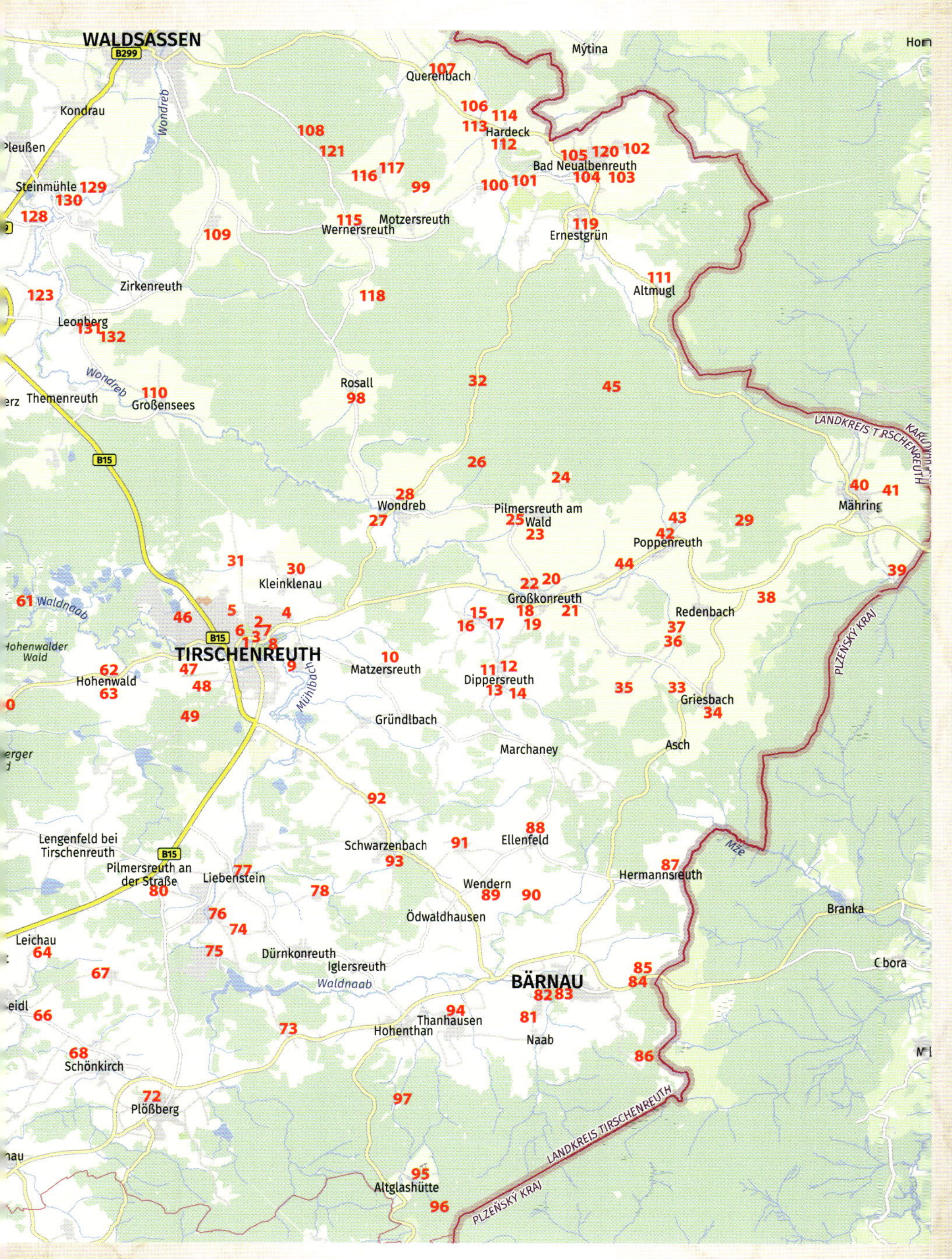
WALDSASSEN
Querenbach
Mýtina
Kondrau
Hardeck
Bad Neualbenreuth
Pleußen
Steinmühle
Motzersreuth
Wernersreuth
Ernestgrün
Altmugl
Zirkenreuth
Leonberg
Rosall
Themenreuth
Großensees
Wondreb
Pilmersreuth am Wald
Mähring
Poppenreuth
Kleinklenau
Großkonreuth
Redenbach
TIRSCHENREUTH
Matzersreuth
Dippersreuth
Hohenwald
Griesbach
Gründlbach
Marchaney
Asch
Lengenfeld bei Tirschenreuth
Schwarzenbach
Ellenfeld
Pilmersreuth an der Straße
Liebenstein
Wendern
Hermannsreuth
Branka
Ödwaldhausen
Leichau
Dürnkonreuth
Iglersreuth
BÄRNAU
Thanhausen
Hohenthan
Naab
Schönkirch
Plößberg
Altglashütte
LANDKREIS TIRSCHENREUTH
PLZEŇSKÝ KRAJ

Allgemeines

Die Stadt Tirschenreuth ist Kreisstadt im gleichnamigen Landkreis im bayerischen Regierungsbezirk Oberpfalz und liegt im Herzen Europas.
Die Stadt ist nach Osten nur wenige Kilometer von der bayerisch-tschechischen Grenze entfernt.

Die Stadt wurde 1134 das erste Mal urkundlich erwähnt. Durch einen Tausch von Grundstücken mit den damaligen Besitzern und dem Kloster Waldsassen war das Kloster Waldsassen Besitzer geworden. Es begann eine jahrhundertelange enge Beziehung zwischen dem Kloster Waldsassen als geistlichem Mittelpunkt und der späteren Stadt Tirschenreuth mit dem Schloss als weltlichem Zentrum der Äbte des Kosters Waldsassen.
1364 wurde Tirschenreuth zur Stadt erhoben. Tirschenreuth diente dem Kloster Waldsassen lange Zeit als Ort der Teichwirtschaft, von der die Tirschenreuther Teichpfanne mit ihren Teichen zeugt.
Heute ist Tirschenreuth ein blühendes Mittelzentrum und ein wirtschaftliches Schwergewicht in der nördlichen Oberpfalz.

Quelle: Chronik der Stadt Tirschenreuth

Der Marktplatz in der Stadt Tirschenreuth gilt als einer der schönsten und prächtigsten der Oberpfalz. Unter vielen weiteren Sehenswürdigkeiten ist das Museumsquartier (MQ) mit dem Fischereimuseum und anderen Abteilungen und besonders der im Rahmen der Gartenschau „Natur in Tirschenreuth 2013" angelegte Fischhofpark hervorzuheben, der das historische Stadtbild mit dem Oberen Stadtteich wiederbelebt. Besonderheiten im Fischhofpark sind die in Europa wohl einmalige Spannbandbrücke (Max-Gleißner-Spannbandbrücke), der Fischhof (erbaut im Jahre 1217 als Meier- und Ökonomiehof) und die Fischhofbrücke (erbaut 1748/50).

In der Stadt Tirschenreuth und in den umliegenden Ortschaften sind insgesamt 133 Kapellen auf den vorgeschlagenen Routen zu erreichen. Die Kapellen wurden in den letzten 200 Jahren teilweise als einfache Gebäude und teilweise als kunsthistorisch sehenswerte Bauwerke errichtet.

Hinweis:

Bei den Beschreibungen der Kapellen sind Koordinaten (z. B. 367068, 5032389) angegeben. Mit deren Hilfe kann mit dem „Bayernatlas" (Karten-Viewer des Freistaats Bayern; www.bayernatlas.de) der Standort der Kapellen festgestellt werden.

1. Ölberggrotte an der Katholischen Stadtpfarrkirche

(Baudenkmal D-3-77-154-18)
GPS UTM 33U 308654, 5528593 / 505 m ü. NHN

An der südlichen Schrägseite des Chores ist eine offene Ölberggrotte mit lebensgroßen Figuren aus Granit, abgeschlossen mit einer Steingalerie angebaut.
Darüber ragt ein Kreuz empor, von dem sich Christus zur hl. Luitgard herabbeugt. Die eingemeißelten Jahreszahlen 1708 und 1744 geben die Entstehungszeit an.

2. Ölberggrotte am Kreuzweg zum Friedhof

(Baudenkmal D-3-77-154-8) GPS UTM 33U 308830, 5528863 / 495 m ü. NHN

Friedhofaufgang mit Kreuzweg um 1900; südlich angeschlossener, kapellenartiger Bau mit Ölbergszene; 1708, renoviert 1980 und 2021.

3. Hauskapelle BRK Seniorenzentrum Haus Mühlbühl

GPS UTM 33U 308661, 5528820 / 490 m ü. NHN

Mühlbühlstraße 7, 95643 Tirschenreuth

4. Hauskapelle BRK Seniorenzentrum Haus Ziegelanger

GPS UTM 33U 309505, 5529284 / 505 m ü. NHN

Egerstraße 27, 95643 Tirschenreuth

5. Hauskapelle Krankenhaus Tirschenreuth

GPS UTM 33U 308396, 5529281 / 520 m ü. NHN

St.-Peter-Straße 31, 95643 Tirschenreuth

6. Lourdeskapelle am Mühlbühl in Tirschenreuth

GPS UTM 33U 308534, 5528837 / 508 m ü. NHN

In den 60er-Jahren des letzten Jahrhunderts wurde die Lourdesgrotte im Zuge der Außenrenovierung der Stadtpfarrkirche abgebaut und fand ihren jetzigen Platz auf der Mühlbühlanlage in Tirschenreuth. Gestiftet 1902 von Gutsbesitzer Joseph Schrems aus Dank für eine überstandene Krankheit.

7. Murschrottkapelle in Tirschenreuth

(Baudenkmal D-3-77-154-37) GPS UTM 33U 308845, 5528825 / 493 m ü. NHN

Die kleine, Mitte des 20. Jhs. (1949) entstandene Murschrott-Brunnenkapelle ist über der Murschrottquelle errichtet. Laut Überlieferung ereigneten sich 1692 und 1714 Heilungswunder bei dem dort an einem Lindenbaum angebrachten Gnadenbild der Schmerzhaften Muttergottes. Zu diesem Gnadenbild pilgerten bereits im Jahre 1718 mehr als 11.000 Wallfahrer. Die Linde hinter der Kapelle ist in jüngerer Zeit neu gepflanzt worden, um an den historischen Lindenbaum zu erinnern, an dem das Gnadenbild befestigt war.

Kleiner verputzter Massivbau mit Zeltdach. Abstieg zur Quelle.

8. Fischhofkapelle am Fischhof in Tirschenreuth

(Baudenkmal D-3-77-154-28) GPS UTM 33U 309144, 5528642 / 492 m ü. NHN

Am Nordflügel des Fischhofs in Tirschenreuth befindet sich die Fischhofkapelle, die dem hl. Achatius und dem hl. Alexius geweiht ist, in der Form eines ausspringenden Rundturmes mit aufgeputzter Lisenengliederung. Der Altar im Inneren der Kapelle ist im Rokokostil, die Figuren stellen den hl. Aloysius und den hl. Stanislaus dar.

Kapellenraum mit Pilastergliederung und einem kunstvoll geschmiedeten Rokokogitter mit dem Wappen des Abtes vom Kloster Waldsassen, Wigand von Deltsch (1756–1792).

9. Dorfkapelle in Lohnsitz

GPS UTM 33U 309715, 5528247 / 491 m ü. NHN

Der Privatmann Michael Meißner aus Lohnsitz legte zu Lebzeiten ein Gelübde ab, dass nach seinem Tode eine Kapelle erbaut werden soll. Geweiht wurde die Dorfkapelle in Lohnsitz dann im Jahr 1892.
Kleiner verputzter Massivbau mit Satteldach, Rundbogenfenster mit Putzfaschen, an Traufe und Ortgang Putzgliederung.

10. Ortskapelle Matzersreuth

GPS UTM 33U 311776, 5527952 / 549 m ü. NHN

Verputzter Massivbau mit Zeltdach und Biberschwanzeindeckung. Überdachter Eingangsbereich. Gebaut 1988/89 durch die Dorfgemeinschaft Matzersreuth, 20.05.1989 eingeweiht als Marienkapelle. Sehenswert: große Marienfigur von dem Plößberger Bildhauer Reinhold Hösl im Inneren der Marienkapelle.

11. Meißner-Kapelle, Dippersreuth

(Baudenkmal D-3-77-139-18) GPS UTM 33 U 314081, 5527755 / 588 m ü. NHN

Zu den neueren Kapellen in der Pfarrei Großkonreuth zählt die Meißner-Kapelle in Dippersreuth, die erst im Jahr 1948 auf dem Anwesen der Familie Schneider errichtet wurde. Die Eheleute Berta und Benno Schneider zeigten sich mit dem Bau der Hauskapelle dankbar über die glückliche Heimkehr der beiden Söhne aus dem Zweiten Weltkrieg. Zur Erinnerung an die Gefallenen und Vermissten der Ortschaft wurde in der sog. Dankkapelle eine Gedenktafel angebracht, auf der die Fotos und die elf Namen der nicht mehr zurückgekehrten Soldaten verewigt sind. Im Altarraum sind zahlreiche Heiligenfiguren und Heiligenbilder zu sehen, wobei die Muttergottes die Hauptfigur bildet.

12. Petersgergls-Kapelle, Dippersreuth

GPS UTM 33U 314449, 5527789 / 605 m ü. NHN

Die Kapelle steht in Dippersreuth und wird im Volksmund die „Petersgergls-Kapelle" genannt. Der ehemalige Besitzer Hubert Mark weiß noch von seinem Vater Josef (geboren 1898), dass die Familie früher eine Feldkapelle besaß, die ungefähr bis zum Jahre 1870 ihren Standort am eigenen Flurweg an der vorderen Zelch hatte. Sie stand etwa 100 Meter in nordöstlicher Richtung vom Hof entfernt auf der rechten Wegseite. Aus welchem Grund die ursprüngliche Kapelle errichtet wurde, ist nicht überliefert. Gemeinsam mit seiner Frau Maria ließ Josef Mark 1963 eine neue Kapelle etwa 50 Meter näher am Hof errichten. Das Bauwerk ist der Maria Immaculata geweiht, von der ein Barockgemälde in der Kapelle zu sehen ist. Zur Kapelle, die unter einigen mächtigen Bäumen ihren Standort hat, führen ein paar Stufen den Hang hinauf. Ein großes Holzkreuz hängt über der Eingangstür. Die Kapelle gehört der Familie Thomas Mark aus Dippersreuth.

13. Waller-Kapelle, Dippersreuth

(Baudenkmal D-3-77-139-17) GPS UTM 33U 314383, 5527511 / 587 m ü. NHN

Kapelle, bez. 1855; mit Ausstattung; beim Bauernanwesen Weiß-Waller. Die Kapelle ziert im oberen Giebelfeld ein neugotisches Oculusfenster mit Vierpassmotiv. Auf dem Altartisch steht ein kleines spätbarockes Zweisäulenretabel mit gesprengtem Giebel.

Die Waller-Kapelle in Dippersreuth wurde 1855 vom damaligen Besitzer des Waller-Hofes, Vinzens Bäuml, errichtet. Zum Bau verwendete man für die untere Mauerhälfte bis zur Fensterbank Ziegel und Feldsteine. Für die obere Mauerhälfte wurden lediglich Ziegelsteine verwendet, mit denen die Decke im Geviert und das Gewölbe der Apsis nahezu perfekt gemauert wurden. Der etwa vier auf drei Meter große Bau erhielt ein mit Naturschiefer gedecktes Dach und in den Seitenwänden je ein paar kleine Rundbogenfenster.

Das Giebelfeld der Kapelle wurde mit einem Augenfenster versehen, das eine granitene Verzierung mit vier Bögen aufweist (Vierpass). Darin befindet sich, gut fixiert, die 20 cm hohe Figur der Heiligen Familie.

14. Zahner-Kapelle, Dippersreuth

(Baudenkmal D-3-77-139-17) GPS UTM 33U 314525, 5527336 / 598 m ü. NHN

Feldkapelle, bez. 1700, wohl um 1800 verändert; mit Ausstattung; am Weg nach Marchaney. Die auf einer kleinen Anhöhe errichtete Feldkapelle zeichnet sich durch die ungewöhnlich derbe Gestaltung der Giebelfront aus, bei der zwei ans Eck gerückte Pilaster mit würfelförmigen Kapitellen den Rundbogeneingang rahmen.

Die Zahner-Kapelle gehört der Familie Norbert Gmeiner in Dippersreuth. Josepf Meißner hat die Kapelle 1855 renovieren lassen. Caspar Zahner ließ den Bau im Jahre 1701 östlich des Anwesens am Marchaneyer Weg aus Feldsteinen errichten.

Verputzter Massivbau mit Satteldach. Das denkmalgeschützte Gebäude ist der Heiligen Dreifaltigkeit geweiht. In der Säkularisierung gab es einen regelrechten Kapellensturm. Auch die Zahner-Kapelle wurde teils demoliert, doch sie überstand die Wirren der Säkularisation.

15. Fiedlhansen-Kapelle, Frauenreuth

(Baudenkmal D-3-77-139-20) GPS UTM 33U 314042, 5529072 / 570 m ü. NHN

Die Fiedlhansen-Kapelle in Frauenreuth steht hinter dem Hof der Familie Fischer auf dem höchsten Punkt der Ortschaft. Sie wurde 1907 errichtet. In der barocken Kapelle mit rundem Deckengewölbe steht die Muttergottes in einer Lourdesgrotte im Mittelpunkt. Zuvor stand der Viehpatron Leonhard mit einem Ochsen auf dem Podest. Die Figur wird jetzt im Haus der Familie aufbewahrt. Die Kapelle entstand aufgrund eines Versprechens des Fiedlhansenbauern Josef Fischer an die Muttergottes. Er erbaute die der Gottesmutter geweihte Kapelle auf dem Hügel in seinem Garten – an dem Platz, wo zu damaliger Zeit ein Wetterkreuz stand und sich die Frauenreuther Bauern mit ihren Familien gutes Wetter und Schutz vor Unwetter erbaten. Verputzer Massivbau mit Satteldach.

16. Fischer-Kapelle, Frauenreuth

(Baudenkmal D-3-77-139-21) GPS UTM 33U 313660, 5528768 / 574 m ü. NHN

Zu den betagten Kapellen in der Gemeinde gehört auch die Fischer-Kapelle in Frauenreuth. 1840 wurde die Kapelle von Nikolaus Kraus erbaut, es stand jedoch schon vorher eine Holzkapelle auf diesem Platz (um 1750 erbaut). Jetziger Besitzer ist Josef Böhm aus Frauenreuth. Die Kapelle ist der Heiligen Dreifaltigkeit geweiht. Verputzter Massivbau mit Satteldach und Pilaster den Eingang rahmend. Der ehemalige Besitzer der Fischer-Kapelle, Alois Böhm, wusste 1990 noch eine alte Familienüberlieferung: Eine alte Basel, die Schwarzbauern-Resl, die 43 Jahre als Magd auf dem Hof war, erzählte, dass in der Zeit der Reformation, als nach dem Willen der Calviner alle Kapellen abgerissen werden sollten, man die Bilder und Figuren herausnahm und Eggen und Pflug hineinstellte. So blieb die Kapelle erhalten.

17. Schwarzbauern Kapelle, Frauenreuth

GPS UTM 33U 314206, 5529035 / 568 m ü. NHN

Die sog. Schwarzbauern-Kapelle gehört zu den jüngeren Kapellen in der Pfarrei Großkonreuth. Errichtet wurde die Kapelle 1974 von Ludwig Wölfl und liegt auf dem Weg von Frauenreuth nach Großkonreuth – gleich hinter der Ortschaft Frauenreuth. Die neue Kapelle ist der Mutter Gottes geweiht, die im Inneren in einer Wandnische im Altarraum zu sehen ist. Die Figur der Gottesmutter trägt einen blauen wallenden Mantel, auf dem Haupt hat sie eine goldene Krone. In der linken Hand hält sie ein goldenes Zepter, in der rechten Hand trägt sie das Jesuskind, das wiederum den Erdenball in Händen hält. Verputzter Massivbau mit Satteldach und Putzgliederung.

18. Schaffer-Kapelle, Großkonreuth

GPS UTM 33U 314987, 5529282 / 558 m ü. NHN

Zu den jüngeren Kapellen in der Pfarrei gehört die Schaffer-Kapelle. Sie steht am früheren Kirch- bzw. Schulweg von Frauenreuth nach Großkonreuth, gleich oberhalb des Laubwaldes Schäffersbühl. Neben der Kapelle steht eine Bank, die zur Besinnung und zum Gebet einlädt. Die Kapelle ist der Muttergottes gewidmet und wurde 1958 von Sofie Härtl aus einer inneren Verpflichtung heraus errichtet. Ihrer Entstehung geht eine längere Vorgeschichte voraus: Ende des 19. Jh. erwarb Franz Härtl, ein Sohn vom „Oberen Müller", den Schafferhof für 11.000 Gulden. Zum Grund des Hofes gehörte auch der Schäffersbühl, an dem ein drei Meter großes Kreuz stand. Im Jahre 1909 baute Franz Härtl eine neue Scheune und brachte das Feldkreuz an der Giebelseite der Scheune an. Zu Füßen des Gekreuzigten steht die schmerzensreiche

Muttergottes, mit einem Schwert in ihrer Brust. Auf Bitten des damaligen Ortspfarrers Albert Fischer bekam das Kreuz mit Gottesmutter 1948 einen neuen Ehrenplatz in der Pfarrkirche St. Johannes in Großkonreuth, gleich neben dem Johannes-Seitenaltar, wo es heute noch steht. Jahre später wollte Tochter Sofie Härtl am Waldrand eine Kapelle errichten, wo sich der ursprüngliche Standort des Kreuzes befunden hat. Der Bau erfolgte im Jahre 1958.

Verputzter Massivbau mit Satteldach. Die Kapelle hat eine Grundfläche von vier Quadratmetern. Der Torbogen ist aus Granitsteinen gemauert, auf beiden Seiten sind Fenster mit Rundbögen. Im Mittelpunkt der Kapelle steht die Mutter Gottes, der sie auch geweiht ist. Im Jahre 2001 wurde das Grundstück mit der Kapelle von der Marktgemeinde erworben. Gepflegt wird die Kapelle von der Familie Wolfgang Üblacker aus Großkonreuth.

19. Wagner-Kapelle, Großkonreuth

(Baudenkmal D-3-77-139-32) GPS UTM 33U 315025, 5528979 / 596 m ü. NHN

Feldkapelle um 1900; mit Ausstattung; am Weg nach Dippersreuth. Die Feldkapelle mit Spitzbogeneingang schmückt ein dreiteiliges neugotisches Holzretabel mit einer Figur des hl. Joseph. Das schmiedeeiserne Altargitter stammt ebenfalls aus der Bauzeit der Kapelle. Verputzter Massivbau mit Satteldach und Giebelokulus. Zwei mächtige Lindenbäume flankieren das kleine Gotteshaus, das 1900 durch die Familie Schrems errichtet wurde. Anlass für den Kapellenbau war die Einlösung einer Versprechens: Wenn endlich nach der Geburt zweier Mädchen ein Stammhalter folgt, wollte Josef Schrems (1865–1927) eine Kapelle als Dank errichten. Als der lang ersehnte Stammhalter im Dezember 1898 nach langem Hoffen und Warten geboren worden ist, wurde aus Dankbarkeit die Kapelle errichtet. Das Bauwerk wurde dem hl. Joseph, Schutzpatron der Familie, geweiht. In der Kapelle ist daher auch ein Holzaltar zu sehen mit einer Skulptur des hl. Joseph. In den Jahren 1992/93 wurde eine komplette Innen- und Außenrenovierung vorgenommen.

20. Ortskapelle, Großkonreuth

(Baudenkmal D-3-77-139-31) GPS UTM 33U 315188, 5529699 / 561 m ü. NHN

Ortskapelle an der Gemeindeverbindungsstraße nach Pilmersreuth am Wald. Massivbau mit stichbogigem Eingang; 1910; mit Ausstattung.

21. Feldkapelle, Großkonreuth

(Baudenkmal D-3-77-139-33) GPS UTM 33U 315783, 5529431 / 559 m ü. NHN

Feldkapelle an der Straße nach Griesbach. Verputzter Massivbau mit Satteldach und steinerner Supraporte (über der Eingangstür angebrachtes Steinrelief); 19. Jh.

22. Private Kapelle, Großkonreuth

GPS UTM 33U 315113, 5529546 / 570 m ü. NHN

Kapelle Hl. Mutter Maria
Verputzter massiver Rechteckbau mit Satteldach.
Private Kapelle aus Dankbarkeit für überstandene Krankheit in der Familie. 2014 errichtet.

23. Feldkapelle St. Anna, Melchners-Kapelle, Pilmersreuth am Wald

(Baudenkmal D-3-77-154-64) GPS UTM 33U 315288, 5531242 / 578 m ü. NHN

Feldkapelle. Verputzter Massivbau mit Satteldach. Mit Innenausstattung. Erbaut von Josef Eckert, Pilmersreuth am Wald; 1879 eingeweiht.

24. Feldkapelle Maria in der Asch, Pilmersreuth am Wald

GPS UTM 33U 315808, 5532181 / 572 m ü. NHN

Feldkapelle. Verputzter Massivbau mit Satteldach. Mit Innenausstattung. Erbaut von der Familie Fehr, Pilmersreuth am Wald als Dank für die Heilung von einer schweren Krankheit. 1994 eingeweiht.

25. Feldkapelle, Alberts-Kapelle Maria am Weg, Pilmersreuth am Wald

GPS UTM 33U 314942, 5531379 / 560 m ü. NHN

Feldkapelle. Verputzter Massivbau mit Satteldach. Mit Innenausstattung. Erbaut von Adalbert Härtl, Pilmersreuth am Wald; 1984 eingeweiht.

26. Muckens-Kapelle, Waldgebiet zwischen Pilmersreuth am Wald und Wondreb

GPS UTM 33U 313485, 5532214 / 562 m ü. NHN

Verputzter Massivbau mit Satteldach. Mit Innenausstattung. Erbaut von Josef Härtl, Wondreb, 1845 auf Grund eines Gelübdes. 1972 wurde die Kapelle ausgeraubt.

27. Pfarrkapelle, Wondreb

(Baudenkmal D-3-77-154-74) GPS UTM 33U 311968, 5531561 / 523 m ü. NHN

Die kleine schmucke Pfarrkapelle offenbart erst auf den zweiten Blick ihre Außergewöhnlichkeit. Neuen Erkenntnissen zufolge stammt der Kern der Kapelle aus dem frühen 17. Jh., also dem Frühbarock. Und sie ist eine der wenigen Kapellen, die von der Säkularisation zum Anfang des 19. Jhs. verschont blieben.

Im „Notizbuch für die Pfarrei Wondreb" findet sich ein Eintrag in lateinischer Sprache, den Pater Ludwig Klötzl, damals Pfarrvikar in Wondreb, im Jahr 1777 niederschrieb. Demnach erhielt eine Frau wegen einer widerrufenen Verlobung mit dem Wirt des Ortes 10 Gulden. Mit diesem Geld und der Hilfe ihrer Nachbarn ließ sie die Kapelle erbauen. Um das kleine Gotteshaus in einem guten baulichen Zustand zu erhalten, stiftete sie weitere 10 Gulden.

Die Säkularisation überstand das Bauwerk durch glückliche Umstände: Pfarrvikar Klötzl verstand es, durch seine Argumentation die Anwendung der neuen Gesetze zur Schließung und Beseitigung „überflüssiger Kirchen und unkonsekrierter Kapellen, Bildstöcke und Kreuze" abzuwenden.

Bei mehreren Renovierungen wurden über die Jahrhunderte hinweg an der Kapelle auch bauliche Veränderungen vorgenommen. So wurde u. a. bei der Renovierung im Jahr 1975 der Fußboden um einen Stufentritt von

15 cm tiefergelegt. Im Rahmen dieser Bauarbeiten stellte sich heraus, dass der ursprüngliche Fußboden der Kapelle weitere 20 cm tiefer lag. Bei den neuesten Sanierungsarbeiten 2017 wurden einige Veränderungen rückgebaut und das Bauwerk dem ursprünglichen Stil wieder angenähert.

28. Friedhofskapelle, Wondreb

(Baudenkmal D-3-77-154-74) GPS UTM 33U 312215, 5531844 / 535 m ü. NHN

Die Kapelle geht auf einen 1669 errichteten Karner zurück. Dieser wurde im Zuge des Kirchenneubaus bis 1714 zu einer dem hl. Michael geweihten Kapelle umgebaut, ein Rechteckbau zu zwei Fensterachsen mit schindelgedecktem Satteldach und Dachreiter. Im frühen 20. Jh. wurde im Winkel eine Aussegnungshalle angebaut. Ähnlich wie in der Pfarrkirche hat sich auch hier die Ausstattung des 18. Jh. ungewöhnlich vollständig erhalten.

Herausragende Bedeutung besitzt die Kapelle vor allem durch ihre bemalte Kassettendecke mit 28 Grisaillebildern eines Totentanzzyklus, der nach Stichvorlagen des Christoph Weigel aus dem 1710 edierten „Allgemeinen Todten-Spiegel" des Abraham a Santa Clara geschaffen wurde. Die Tafeln schildern als Erinnerung und Mahnung das jähe Auftreten des Todes in den verschiedensten Lebenssituationen; die Tafeln der ersten und letzten Reihe zeigen Totenschädel mit den Insignien geistlicher und weltlicher Würdenträger. Die szenischen Darstellungen werden jeweils von lateinischen Bibelzitaten und deutschen Merkversen begleitet.

Das Altarretabel mit geschweiften Streben ist in den Formen des ausklingenden Rokoko gestaltet. Gestiftet wurde es, nach Auskunft der Inschriftkartusche, von dem Wondreber Johann Kraus zum Trost der Armenseelen im Jahr 1789. Entsprechend dem Stiftungszweck zeigt das Altarbild die sog. Sieben Zufluchten, ein Bildthema, das auf eine im 17. Jh. entstandene und im nördlichen Alpenraum verbreitete Andacht zurückgeht, bei der die Trinität, der Gekreuzigte, die Eucharistie, Maria, die Engel, die Heiligen und die Armenseelen um Hilfe und Schutz angerufen werden. Die Nordwand der Kapelle ziert ein seltenes Holzkreuz des frühen 18. Jh., das mit den Arma Christi bemalt ist. Laiengestühl frühes 18. Jh.

29. Feldkapelle, Freihls-Kapelle bei Wondreb

GPS UTM 33U 319883, 5531210 / 541 m ü. NHN

Verputzer Massivbau mit Satteldach. Mit Ausstattung.
Die Freihls-Kapelle gehört zum Freihl-Hof in Wondreb, Familie Kraus.
Die Freihlbäuerin, eine Steiner-Tochter vom Fritschn-Hof aus Wondreb, in erster Ehe mit Josef Kraus verheiratet, wurde allzu früh (1869) Witwe. Nachts im Traum erschien ihr der verstorbene Ehemann und sagte, sie solle eine Kapelle bauen. Im Jahr 1873 ließ sie die Kapelle bauen. 1994 wurde das kleine Bauwerk umfassend renoviert.

30. Kapelle, Kleinklenau

(Baudenkmal D-3-77-154-60) GPS UTM 33U 309721, 5530138 / 553 m ü. NHN

Muttergotteskapelle. Erbaut 1905 von Franz Schmid. Massivbau mit Satteldach und Vordach aus einer Holzkonstrution. In der Kapelle Muttergottesfigur.

31. Wegkapelle, Höfen

(Baudenkmal D-3-77-154-51) GPS UTM 33U 308592, 5530415 / 528 m ü. NHN

Wegkapelle, 1890 errichtet, unter Verwendung von Teilen des barocken Vorgängerbaus; mit Ausstattung; zu Haus Nr. 1 gehörig.

Verputzter Massivbau mit Satteldach und Pilastergliederung im Eingangsbereich. Die 1890 errichtete Kapelle steht am Rand der Straße nach Tirschenreuth. Die beiden vorgeblendeten Pilaster, die den rundbogigen Eingang flankieren, dürften aus dem 18. Jh. stammen. Von der Ausstattung ist ein hölzernes Triptychon aus der Zeit um 1900 hervorzuheben.

32. Egerische Kapelle oder Hölzerne Kapelle

GPS UTM 33U 314063, 5534564 / 668 m ü. NHN

Ab Wondreb in Richtung Bad Neualbenreuth kann zur Egerischen Kapelle oder Hölzernen Kapelle gefahren werden (einfache Strecke ca. 3,6 km). Die Egerische Kapelle oder Hölzerne Kapelle befindet sich an der Südgrenze zur Frais an der Staatstraße zwischen Wondreb und Bad Neualbenreuth.

Auf einer Tafel in der Kapelle ist zu lesen: „Nach dem Liquidationsplan vom Jahr 1841 stand sie bereits auf Fl. Nr. 515 im Bayerischen Staatswald. Nach dem Grundriss von 1841 war sie rechteckig gebaut, jetzt hat sie die Form eines Sechsecks. Josef Hecht aus Wondreb baute 1880 die verfallene Kapelle mit einem Freund aus Altmugl neu auf. Seit dieser Zeit nehmen sich die Besitzer vom Maurerhof der Pflege des Innenraums an."

In der „Lehner-Umfrage", datiert Wondreb 25.08.1932, berichtet Pfarrer Franz Schuhmann unter Buchstabe K:

„5) Die Egerische Waldkapelle an der Straße nach Neualbenreuth, zierlicher Holzbau, wieder aufgerichtet um 1920."

Die Arbeiten führte der Rosaller Zimmerermeister Johann Eckstein im Auftrag des Forstamtes Wondreb, d. h. der Bayerischen Forstverwaltung, aus.

Die erste hölzerne Kapelle dürfte hier vor etwa 200 Jahren errichtet worden sein, vorher hing angeblich ein Heiligenbild an einem Baum. Die Waldabteilung wird auch „Bildschlag" oder „Kapellenhaus" genannt.

33. Kapelle Zur Rosenkranzkönigin bei Griesbach

UTM U33 318231, 5527106

Kleiner verputzter Massivbau mit Satteldach und Ziegeleindeckung. Überdachung beim Eingang mit zwei Rundsäulen. Mit Ausstattung. Erbaut wurde die Kapelle von der Familie Schnurrer aus Griesbach. Die Kapelle wurde am 04.10.1987 eingeweiht. Am 07.10.2018 brannte die Kapelle bis auf die Grundmauern nieder (Brandstiftung). Innerhalb von zwei Jahren wurde die Kapelle neu errichtet und am 25.10.2020 wieder eingeweiht. Das halb verbrannte Kreuz bleibt als Erinnerung an das schlimme Ereignis bei der Kapelle stehen.

34. Lourdesgrotte, Mariengrotte Griesbach

UTM 33U 319218, 5526794 / 740 m ü. NHN

Mariengrotte aus Feldsteinen gemauert. 1987 vom Waldverein Griesbach errichtet. Die Marienfigur, eine Tonfigur, die aus dem Böhmischen stammt, wurde von der Gastwirtsgattin Berta Hecht aus Griesbach als Dank für die Genesung ihres Mannes von einer schweren Krankheit gestiftet. 1998 wurde die Figur erneuert und im Oktober des Renovierungsjahres geweiht.

35. Hofkapelle Schultes-Kapelle, Laub

(Baudenkmal D-3-77-154-36) GPS UTM 33U 316984, 5527289 / 669 m ü. NHN

Hofkapelle in der Ortschaft Laub. Erbaut von Johann Gmeiner 1896; zu Haus Nr. 4 gehörig. Renovierung 2002. Noch bis zum Zweiten Weltkrieg kamen Pilger aus dem böhmischen Paulusbrunn auf ihrer zweitägigen Pfarrwallfahrt nach Maria Loreto an der damals genannten „Weißen Kapelle" vorbei. Dort machten sie nach einem Gebet Pause. Auf dem Altar: eine Mondsichelmadonna, der hl. Pankratius sowie eine moderne Dreifaltigkeitsfigur. Ein 88 cm hohes Kruzifix genießt eine besondere Verehrung. Dieses Kreuz scheint älter zu sein als die Kapelle.

36. Feldkapelle (Alte Mühlkapelle), Groppenmühle

(Baudenkmal D-3-77-154-28) GPS UTM 33U 318105, 5528350 / 622 m ü. NHN

Die Feldkapelle ist die älteste Kapelle der Pfarrei Griesbach. Erbaut von Joseph Schneider, Mühlenbesitzer der Groppenmühle, 1822. Kleiner Satteldachbachbau mit Putzfassaden und Blechdach. Am First ein doppelbalkiges Eisenkreuz. Dieser Gestalt, bei der die oberen Querarme kürzer sind als die unteren, schrieb man eine besondere schützende Wirkung zu. Im Volksglauben wurde das Kreuz zum Wetterkreuz, das Blitzschlag, Hagel, Sturm und Wolkenbruch von den Feldern fernhalten sollte. Altar mit zwei Säulen und gesprengtem Giebel.

37. Hofkapelle Mühlkapelle, Groppenmühle

(Baudenkmal D-3-77-154-27) GPS UTM 33U 318298, 5528534 / 608 m ü. NHN

Verputzter Satteldachbau mit einfacher Putzgliederung. Hopfkapelle in Groppenmühle. Erbaut von der Familie Emeran und Margaretha Schneider 1921. Grund zum Bau der Kapelle war die Erkrankung von Margaretha Schneider und das Versprechen an die Heilige Jungfrau, eine Kapelle zu bauen, wenn die Frau wieder gesund wird. Auf einem einfachen Altartisch steht als Hauptfigur und Patronin der Kapelle eine Figur der Madonna von Lourdes mit blauer Schärpe und Rosenkranz. Als Begleitfiguren wurden eine Herz-Jesu- und eine Herz-Mariä-Statuette dazugestellt.

38. Feldkapelle Wurmkapelle bei Redenbach

(Baudenkmal D-3-77-154-28) GPS UTM 33U 320264, 5529420 / 674 m ü. NHN

Verputzter Massivbau mit Satteldach. Mit Ausstattung. Errichtet 1852 von Familie Kolb, Redenbach. Renoviert 1984. Trinitätskapelle (Dreieinigkeit, Dreifaltigkeit). Der Sage nach geriet der Bauer unter den von zwei Ochsen gezogenen Pflug. Weil er den Unfall überlebte, stiftete er aus Dankbarkeit die Kapelle.

39. Wegkapelle, Treppenstein

(Baudenkmal D-3-77-139-47) GPS UTM 33U 323237, 5529693 / 622 m ü. NHN

Wegkapelle. Kleiner Massivbau mit Satteldach; mit Marterl; bez. 1739; teilerneuert 1981.

40. Kalvarienkapelle, Mähring

(Baudenkmal D-3-77-139-12) GPS UTM 33U 322356, 5531743 / 671 m ü. NHN

Mit Kreuzwegstationen und steinerner Kreuzigungsgruppe; bez. 1853; mit Ausstattung. Die Missionskapelle, zu der ein von Kreuzwegstationen gesäumter Prozessionsweg führt, ist auf einer Anhöhe am nördlichen Ortsrand errichtet. Den Abschluss des Prozessionsweges bildet zum Andenken an die Redemptoristenmission des Jahres 1853 eine säulenflankierte Stele, die von einer Kreuzigungsgruppe mit Granitfiguren bekrönt wird. Zur Kalvarienkapelle führt eine Kreuzweganlage hinauf, die von einer Lindenallee eingesäumt wird. Diese Anlage wurde unter Oberforstmeister Eberdt im Jahre 1931 neu gestaltet. Vorher säumten Fichten den Aufgang.

Verputzter Massivbau mit Satteldach und einfacher Putzgliederung. Aus dem Ersten Weltkrieg kehrten 25 junge Männer aus Mähring nicht mehr zurück. Ihnen zum Gedächtnis wurde für jeden Gefallenen und Vermissten ein Lindenbaum gepflanzt.

Steinmetz Freundl fertigte die Granitsäulen für den Kreuzweg im Steinbruch am Poppenreuther Berg, und Kunstmaler Seifert aus Leipzig malte die Bildchen für die einzelnen Stationen.

41. St.-Anna-Kirche, Mähring

GPS UTM 33U 323181, 5531695 / 698 m ü. NHN

Auf dem Pfaffenbühl, erbaut 1953 als St.-Anna-Kapelle, und 1967 und 1987 Erweiterung zur St.-Anna-Kirche. Jährliches Plan-Weseritzer-Heimattreffen seit 1954 mit Wallfahrt zur St.-Anna-Kirche (Annafest) über das Wochenende vor oder nach dem St.-Anna-Tag.

42. Ortskapelle, Poppenreuth

GPS UTM 33U 318118, 5530705 / 583 m ü. NHN

Ortskapelle, bez. 1846. Verputzter Massivbau mit Satteldach. Putzbänder an den Ecken und an Ortgang und Traufe. Granitstufen führen zur Eingangstür.

43. Ortskapelle Wirtskapelle, Poppenreuth

GPS UTM 33U 318349, 5531143 / 597 m ü. NHN

Ortskapelle (Wirtskapelle) der Familie Zant, Poppenreuth, (Hausname Wirt); erbaut um 1990; mit Ausstattung (Lourdesgrotte). Kleiner verputzter Massivbau mit blecheingedecktem Satteldach. Vorgängerbau der Kapelle wurde wegen Baufälligkeit abgebrochen. Die Ausstattung stammt aus dem Vorgängerbau.

44. Ortskapelle (Nieglbauer-Kapelle), Hiltershof

(Baudenkmal D-3-77-139-35) GPS UTM 33U 317135, 5530161 / 568 m ü. NHN

Ortskapelle. 1888 errichtete Johann Gradl (geboren 1843) eine Holzkapelle als Dank für drei bewegende Ereignisse in seinem Leben: Er kehrte gesund aus dem Krieg zurück, überlebte einen Brandanschlag und war glücklich mit seiner jungen Frau Franziska verheiratet.

1912 baut Johann Gradl (geboren 1880) eine neue gemauerte Kapelle auf dem Platz des Holzkirchleins. Da die Kapelle die gleiche Größe bekam, konnte das alte Blechdach wiederverwendet werden. Beim Neueindecken wurde die eingestanzte Jahreszahl 1888 im alten Dachstuhl gefunden. Die Jahreszahl war auch auf einer Rückseite des vorhandenen Bilderkreuzweges im Innenraum der Kapelle wiederzufinden. Auf dem kleinen Altartisch finden sich verschiedene Gipsfiguren, etwa der Muttergottes oder der Herz-Jesu-Figur. Vor dem kleinen Gitter zum Altarraum lädt eine Kniebank zum Gebet ein. Vervollständigt wird die kleine Kapelle mit einer Seitenbank. Neben der Kapelle steht eine mächtige Linde.

Wallfahrt:
Ein Poppenreuther Bauernsohn musste zum Kriegsdienst (Türkenkriege). Käme er gesund wieder zurück, wollte er eine Kapelle bauen, gelobte er. Er kam heil zurück, übernahm den Hof und vergaß sein Versprechen. Erst im Alter erinnerte er sich wieder. In seinem Testament beauftragte er seine Kinder damit. Sie wandten sich an den Pfarrer von Griesbach. Dieser schrieb um 1795 an den Bischof wegen des Gelübdes und bat, auf der Spitze des Ahornberges, die damals noch gänzlich unbesiedelt war, eine Wallfahrtskirche bauen zu dürfen. Denn dort am Gipfel seien schon zahlreiche Wunder geschehen, was Krücken und ähnliche Votivgaben bewiesen, die an den Bäumen hängen. Der Bischof lehnte ab.

Quelle: Fähnrich Harald, Sagen und Legenden im Lkrs. Tirschenreuth, 1981, Seite 24

45. Kapelle „Alter Herrgott"

(Baudenkmal D-3-77-139-43) GPS UTM 33U 317033, 5534404 / 708 m ü. NHN

Ab der Ortschaft Poppenreuth kann ein Alternativweg zur Kapelle „Alter Herrgott" im Egerer Wald gefahren werden. Einfacher Weg ca. 4,3 km.

Die Kapelle „Alter Herrgott" im Egerer Wald südlich von Bad Neualbenreuth stammt aus dem 17. Jh. 1676 ließ Magnus Bartels eine – wahrscheinlich hölzerne – Kapelle bauen, mit Erlaubnis des Klosters Waldsassen, das zu diesem Zeitpunkt Eigentümer des Waldes war. Die gemauerte Kapelle wurde wahrscheinlich im Jahre 1694 durch Herrn v. Froschhammer erbaut. Dem frommen adeligen Herren v. Froschhammer (aus Böhmen stammend) gehörte das nahe Gut Ottengrün. Die Kapelle wurde im Jahr 2012 durch den Forstbetrieb Waldsassen saniert.

Der Sage nach hatte Capitän-Leutenant Magnus Bartels sich in der Wildnis verirrt. Bei Hereinbrechen der Nacht schlug er sein Lager auf, um am nächsten Tag weiterzuziehen. Als er einschlief, hatte er einen Traum, in dem sein Anwesen samt seiner Familie von einem Brand heimgesucht wurde. In seiner Not rief er den „Alten Herrgott" an und gelobte den Bau einer Kapelle, wenn dieser ihn aus dem Wald herausführe. Daraufhin sei ihm ein weißer Hirsch mit einem Licht im Geweih erschienen, der ihn aus dem Wald geführt habe.

46. Vorholzkapelle, Tirschenreuth

(Baudenkmal D-3-77-154-100) GPS UTM 33U 307125, 5529167 / 508 m ü. NHN

Die Vorholzkapelle ist im 17. Jh. entstanden. Laut einer Sage ist die Kapelle eine Anlaufstelle für Pilger und Wanderer, um ihren Dank zu sprechen und zu beten. Massivbau mit Satteldach und einfacher Putzgliederung; 1933 überformt; mit Ausstattung.

47. Sägmühlkapelle, Tirschenreuth

GPS UTM 33U 307285, 5528436 / 494 m ü. NHN

Auf einer Anhöhe über der Straße von Tirschenreuth nach Hohenwald steht die Sägmühlkapelle, ein kleiner barocker verputzter, massiver Rechteckbau mit Satteldach. Putzpilaster an der Eingangsseite und Putzgliederung im Außenputz.

Die Kapelle wurde 1739 gebaut und im Jahre 1904 erneuert. Den Altar schmückt ein Retabel im Stil des Neurokoko. Die Kapelle befindet sich im Besitz der Fa. Hössl, Tirschenreuth.

48. Mieskapelle, Tirschenreuth

GPS UTM 33U 307524, 5527746 / 503 m ü. NHN

Kleiner verputzter Rechteckbau mit blechgedecktem Satteldach. Figurennische über der Eingangstür, Kreuz über dem Giebel. Für die sog. „Mieskapelle", südwestlich von Tirschenreuth im Mies gelegen, gibt es keine schriftlichen und mündlichen Aufzeichnungen.

49. Schirmerkapelle, Tirschenreuth

(Baudenkmal D-3-77-154-23) GPS UTM 33U 307254, 5527003 / 508 m ü. NHN

Wegkapelle an der Straße nach Rothenbürg; neugotisch, 3. Viertel 19. Jh.; mit Ausstattung. Verputzter Massivbau mit Satteldach und gestuftem, von Steinkreuz bekröntem Giebel. Eingangsüberdachung mit Granitkonsolen. Die Kapelle befindet sich in Privatbesitz.

50. Feldkapelle, Kobelkapelle, Falkenberg

(Baudenkmal D-3-77-154-23) GPS UTM 33U 301492, 5525738 / 523 m ü. NHN

Feldkapelle an der Straße von Falkenberg nach Schönficht. Verputzter Massivbau mit Satteldach. 18./19. Jh. Mit Ausstattung. Im Volksmund auch „Stauferkapelle“ genannt, früher auch „Gidi-Schneider-Kapelle“. Die Entstehung soll in die Anfänge des 19. Jhs. zurückreichen.

51. Kapelle am Kalvarienberg, Falkenberg

GPS UTM 33U 300319, 5526262 / 497 m ü. NHN

1827 von Anton Mayer erbaut. Früher gewidmet dem „Leidenden Heiland“, heute „Unseres Herrn Ruhe“. Renoviert 2021/22. Verputzter Massivbau mit Satteldach.

52. Hammerkapelle, Falkenberg

(Baudenkmal D-3-77-117-21) GPS UTM 33U 299689, 5526063 / 495 m ü. NHN

18. Jh.; mit Ausstattung. Der kleine verputzte Massivbau mit Satteldach und Biberschwanzeindeckung steht auf einer Anhöhe unweit der Hammermühle bei Falkenberg. Über dem Altar befindet sich ein Kreuzigungsbild aus dem 19. Jh.

53. Kapelle Hl. Dreifaltigkeit, Falkenberg

(Baudenkmal D-3-77-117-13) GPS UTM 33U 299885, 5526750 / 476 m ü. NHN

Sog. „Schäfer-Kapelle"; 1827; im Volksmund auch „Wirlkapelle" genannt. Verputzter Massivbau mit Satteldach, Blecheindeckung und einfacher Putzgliederung.

54. Friedhofskapelle St. Joseph, Falkenberg

(Baudenkmal D-3-77-117-29) GPS UTM 33U 300160, 5526614 / 470 m ü. NHN

Kleiner Saalbau mit Okulusfenster, steilem Satteldach und offenem Dachreiter. Abgeschlossen von einer eingezogenen halbrunden Apsis. 17./18. Jh. Friedhof mit historischen Grabsteinen 1681 angelegt. In die Friedhofsmauer sind mehrere Grabsteine, v. a. der Neugotik, eingelassen.

55. Burgkapelle, Burg Falkenberg

(Baudenkmal D-3-77-117-1) GPS UTM 33U 300547, 5526680 / 478 m ü. NHN

Die Burgkapelle wurde im Zuge von Ausbaumaßnahmen durch das Kloster Waldsassen ab der Mitte des 15. Jhs. errichtet. Den Altarraum bildet ein Erker, der von einer mächtigen Steinkonsole getragen wird. Spitzbogen zum Altarraum. Im Zuge der Burgsanierung 1936 wurde die Kapelle instandgesetzt. Im Rahmen der Gesamtrenovierung der Burganlage 2013/2015 wurde die Kapelle erneuert.

56. Hauskapelle, Seidlersreuth (ohne Abbildung)

GPS UTM 33U 300366, 5527562 / 478 m ü. NHN

Haus Nr. 1, Seidlersreuth, Hauskapelle im Obergeschoss; 1920. Im Obergeschoss des Hauses ist eine kleine, neubarock ausgemalte Hauskapelle mit Altarerker eingerichtet. Auf dem Altar ist die frühere Hausmadonna aufgestellt, eine Kopie nach dem Tirschenreuther Gnadenbild.

57. Kapelle Troglauermühle, Troglauermühle

GPS UTM 33U 298922, 5527923 / 502 m ü. NHN

Private Kapelle, erbaut 2006. Kleiner verputzter Satteldachbau mit einfacher Putzgliederung und Biberschwanzeindeckung.

58. Ortskapelle Gumpen

GPS UTM 33U 301314, 5527717 / 473 m ü. NHN

Massiver Satteldachbau, erbaut 1972; teilweise verputzt bzw. Natursteinblendmauerwerk. Ziegeldach; gemauerter Dachreiter als Glockenturm mit Satteldach. Eingangsbereich mit vorspringendem Satteldach überdacht.

59. Schlossbergkapelle, Falkenberg

(Baudenkmal D-3-77-117-14) GPS UTM 33U 300888, 5526795 / 492 m ü. NHN

Erbaut 1725; mit Ausstattung. Der kleine verputzte Massiv-Rechteckbau auf dem Schlossberg besitzt einen eigenwillig abgerundet vorkragenden Walm, der ein Vordach über dem Eingang ausbildet. Den Altar ziert eine überarbeitete Kopie des Passauer Maria-Hilf-Bildes.

60. Wegkapelle, Pirk

(Baudenkmal D-3-77-117-23) GPS UTM 33U 302913, 5527377 / 497 m ü. NHN

Bez. 1891. Verputzter Massivbau mit Satteldach und einfacher Putzgliederung. Im Volksmund „Nistlerkapelle“ genannt. Die Kapelle wurde im Jahre 1891 von Johann Michael Mayerhöfer „Nistler“ errichtet. Eingeweiht im gleichen Jahr von Pfarrer Sebastian Stiegler. Die Frau des Johann Michael Mayerhöfer war erblindet. Da sie nicht in die Kirche nach Falkenberg gehen konnte, ließ ihr Mann am Straßenrand die Kapelle mit einer Mauer errichten, damit die blinde Frau entlang derselben zur Kapelle gehen konnte.

61. Wegkapelle, Waldnaabaue

GPS UTM 33U 303815, 5529691 / 473 m ü. NHN

Wegkapelle Waldnaabaue, erbaut 2021/22. Gebaut aus 325 quadratischen Holzbalken und einem Betonsockel mit Kaolinbeton. Dem Beton wurde Kaolin beigemischt. Bauherr ist der Rotary-Club Stiftland. Finanziert wurde der Bau mit Fördermitteln und zahlreichen Spenden aus der Region.

62. Ortskapelle, Hohenwald

GPS UTM 33U 305405, 5528075 / 506 m ü. NHN

Die Ortskapelle in Hohenwald entstand um das 19./20. Jh. mit Ausstattung bei Haus Nr. 8 in Hohenwald. Verputzter kleiner Massivbau mit Satteldach und Sgraffito-Dekoration.

63. Henrichen-Kapelle, Hohenwald

GPS UTM 33U 305342, 5527677 / 514 m ü. NHN

Verputzer Massivbau mit Satteldach, Blecheindeckung und einfacher Putzgliederung. Josef Franz ist der Erbauer der Henrichen-Kapelle. Erbaut wurde die Kapelle im Jahr 1880. Finanzieren konnte er diese, weil ein Kloster damals das Aufnahmegeld für seine Tochter ablehnte und ihn bat, für dieses Geld eine Kapelle zu errichten. Inzwischen wurden alle Originalfiguren aus der Kapelle gestohlen. Am 21.03.2011 wurde jedoch eine Fatima-Maria in der Kapelle aufgestellt. Der „Spender“ ist bis heute unbekannt.

64. Ortskapelle, Leichau

(Baudenkmal D-3-77-146-23) GPS UTM 33U 303660, 5521969 / 517 m ü. NHN

Bez. 1913; mit Ausstattung. Verputzter Massivbau mit Blechdacheindeckung und Granitportal. Granitlaibungen an den Fenstern. Die Kapelle steht zwischen zwei Kastanienbäumen an der Straße von Leichau nach Beidl.
Die Kapelle wurde 1913 von Johann Witt zum Andenken an seinen bei der Feldarbeit verunglückten Großvater J.A. Grüner errichtet.

65. Kapelle zu Ehren der Muttergottes, Beidl

GPS UTM 33U 302305, 5521034 / 524 m ü. NHN

Privatkapelle am Kesselweg bei Beidl. Erbaut von Reinhard Reis; 25.05.2014 geweiht. Verputzter Massivbau mit Satteldach und einfache Putzgliederung. Am Eingangsbereich überkragendes Dach.

66. Wegkapelle bei Beidl, an der Straße von Beidl nach Plößberg

(Baudenkmal D-3-77-146-11) GPS UTM 33U 303554, 5520344 / 505 m ü. NHN

Bez. 1907; mit Ausstattung; Kapelle an der Straße von Beidl nach Plößberg. Den kleinen Rechteckbau schmückt im Inneren eine Lourdesgrotte mit einer Figur Mariens und der betenden Bernadette Sourbirous. Verputzter Massivbau mit Blecheindeckung und Putzgliederung am Eingangsbereich.

67. Feldkapelle bei Schönthan

(Baudenkmal D-3-77-146-38) GPS UTM 33U 305033, 5521205 / 559 m ü. NHN

Erbaut um 1900; mit Ausstattung; unter einer Gruppe alter Linden an der Straße von Schönthan nach Beidl. Kleiner rechteckiger Massivbau mit Satteldach und Ziegeleindeckung.

68. Feldkapelle bei Albernhof

(Baudenkmal D-3-77-146-12) GPS UTM 33U 304324, 5519695 / 521 m ü. NHN

Steinquaderbau, bez. 1729; nahe der Einmündung der Albenhofer Straße in die Kreisstraße TIR 12 nach Wildenau.

Die Feldkapelle, ein schmaler Satteldachbau aus Granitquadern mit giebelseitigen Traufknoten, wurde 1729 von dem Bauern Hans Lindner aus Beidl gestiftet. Erbaut vom Baumeister und Architekt des Klosters Waldsassen, Klosterbruder Philipp Jakob Muttone (1699–1775). Es ist eine sog. „Armen-Seelen-Kapelle". Im Inneren hängt schon immer ein Bild von den Armen Seelen im Fegfeuer. Lange Zeit warfen Vorübergehende Münzen in die durch ein Gitter fest verschlossene Kapelle. Vom Geld ließ die Familie Lindner Messen für die Armen Seelen lesen. Erzählt wurde, dass unter der Kapelle ein Schatz vergraben sei. Andere behaupten, dort wurden gefallene Soldaten begraben, die nachts umgehen; oder um Mitternacht lief in der Gegend ein Ross ohne Kopf herum. Auch sollen Seelen, die noch nach Erlösung suchen, herumspuken. Daher wurde die Kapelle erbaut.

69. Feldkapelle bei Wurmsgefäll

(Baudenkmal D-3-77-146-50) GPS UTM 33U 301523, 5518385 / 475 m ü. NHN

Feldkapelle in der sog. Haselflur zwischen zwei Kastanienbäumen. Verputzter Massivbau mit Satteldach. Bez. 1710; mit Ausstattung.

70. Marienkapelle Wildenau

GPS UTM 33U 302315, 5516828 / 494 m ü. NHN

Feldkapelle bei am Roten Weg bei Wildenau; Marienkapelle. Verputzter Massivbau mit Satteldach und einfacher Putzgliederung und Biberschwanzeindeckung. Überdachter Eingangsbereich als Holzkonstruktion mit Holzsäulen. Glockenturm-Dachreiter mit Kupferblech verkleidet.

71. Kreuzerhöhungskapelle Burg Wildenau

GPS UTM 33U 302575, 5517335 / 488 m ü. NHN

Kapelle in der Burg Wildenau. Von 1650 bis 1908 als Simultaneum von beiden christlichen Kirchen genutzt. 2005 wurde die Kapelle durch Bischof Gerhard Ludwig Müller geweiht. Die Kreuzerhöhungskapelle wurde von der Familie Prof. Dr. Konrad und Ricarda Ackermann im Rahmen der Renovierung der Burganlage erneuert. Im Durchgang zwischen Burg und dem ehemaligen Gefängnis ist um Mitternacht – laut Sage – die „Weiße Frau" zu sehen.

72. Kapelle St. Thaddäus in Plößberg

(Baudenkmal D-3-77-146-54) GPS UTM 33U 306152, 5518200 / 579 m ü. NHN

Die älteste Kapelle im Landkreis Tirschenreuth wurde im Jahr 1709 erbaut.

In den 50/60er-Jahren, so wird von älteren Leuten berichtet, fand hier am Palmsonntag die Palmweihe statt; später dann Maiandachten. Eine Zeitlang war die Kapelle eine Art Notkirche, aber nicht konsekriert. Der verstorbene Heimatpfleger Hermann Hess erzählte, dass er im Evangelischen Pfarrarchiv Notizen aus der Zeit des Kapellenbaus fand. Es war die Zeit des Baus der neugotischen, heute evangelischen Kirche St. Georg, die damals als Simultankirche für Gottesdienste beider Konfessionen diente.

Besitzer heute: Otto Lindener (Hausname Bertl), ehemalige Brauerei.

Die Kapelle auf der Schafwiese ließ im Jahr 1709 Gräfin Anna Renate, die Ehefrau von Christoph Adam von Satzenhofen, erbauen. Die Gründe für den Bau der Kapelle, die dem Judas Thaddäus geweiht ist, sind nicht bekannt. Es wird angenommen, dass die Kapelle errichtet wurde, als die Regentschaft ihres Mannes über die Hofmark Plößberg begann. Die Kapelle gehörte zum Besitz des Plößberger Schlosses, das im Zuge der Säkularisation in Bayern Anfang des 19. Jhs. privatisiert wurde. In den folgenden Jahren ging die Kapelle in den Besitz der Wirtsfamilie Lindner über. Der Plößberger Wirt Bartl Lindner kaufte das Bauwerk am 19.12.1817 von seinen Eltern und führte es wahrscheinlich 1828 wieder religiösen Zwecken zu. Bartl Lindner vererbte seinen Besitz samt Kapelle seinem Sohn Johann Lindner, der das Anwesen 1862 verkaufte. Die Kapelle blieb aber weiter in seinem Besitz. Am Palmsonntag findet die Weihe der Handsträuße vor der Kapelle statt.

Die Kapelle ist ein verputzter Massivbau mit Satteldach und einfacher Putzgliederung. Über der Eingangstür befindet sich eine Figur-Mauernische.

73. Ortskapelle in Ödschönlind

(Baudenkmal D-3-77-146-26) GPS UTM 33U 309319, 5519671 / 593 m ü. NHN

Errichtet spätes 19. Jh.; mit Ausstattung; bei Haus Nr. 6.
Kleiner massiver und verputzter Satteldachbau mit Blecheindeckung und Putzgliederung; giebelseitig mit Rundbogenfries. Im Inneren kleines neuromanisches Altarretabel.

74. Feldkapelle bei Erkersreuth

(Baudenkmal D-3-77-146-19) GPS UTM 33U 308251, 5522056 / 574 m ü. NHN

Bez. 1867; mit Ausstattung; an der Straße von Erkersreuth nach Stein. Den kleinen verputzten massiven Rechteckbau mit Satteldach und Blecheindeckung schmückt im Inneren ein neugotisches Triptychon.

75. Kapelle Betzenmühle

(Baudenkmal D-3-77-146-18) GPS UTM 33U 307670, 5521671 / 518 m ü. NHN

Verputzter Massivbau mit Satteldach; bez. 1865; mit Ausstattung. Besitzer Familie Ziegler, Betzenmühle.
1630 kam die Betzenmühle in den Besitz der Abtei Waldsassen (Richteramt Liebenstein). Zuvor gehörte sie vermutlich zum Rittergut Kalmreuth bei Schlattein.
Die Kapelle steht auf dem Betriebsgelände der Betzenmühle (Ziegler Group) und ist nur nach Voranmeldung zu besichtigen.

76. Kapelle an der Kirche in Stein

(Baudenkmal D-3-77-146-40) GPS UTM 33U 307658, 5522472 / 525 m ü. NHN

Nördlich an die Kath. Expositurkirche St. Laurentius in Stein angebaute Kapelle. 1913 von Ludwig und Anna Schmidkonz aus Honnersreuth gestifteter massiver Rundbau mit Laternenglockenhaube und Kupferblecheindeckung. Als Lourdesgrotte eingerichtet.

77. Kapelle in Liebenstein

GPS UTM 33U 308381, 5523304 / 512 m ü. NHN

Holzkapelle mit Satteldach. Ausstattung mit 1994 renoviertem Flügelaltar. Sog. Friedenslinde neben der Kapelle.
Gebaut wurde die Kapelle 1947/48. Zwei Söhne waren in den Krieg gezogen und wurden als vermisst bzw. gefallen gemeldet. Die Gebr. Franz aus Liebenstein bauten dann die Kapelle.

78. Kapelle in Honnersreuth

GPS UTM 33U 309982, 5522901 / 543 m ü. NHN

Private Kapelle als Holzkonstruktion ausgeführt. Vorgängerbau um 1800. Neu erbaut 1993 zu Ehren der Muttergottes.

79. Kapelle Hl. Dreifaltigkeit (Zantkapelle), Schnackenhof

(Baudenkmal D-3-77-146-50) GPS UTM 33U 300053, 5521138 / 531 m ü. NHN

Die Kapelle Hl. Dreifaltigkeit in Schnackenhof ist als Alternative im Rahmen des Kapellenweges mit dem Fahrrad oder Pkw ab Beidl auf der Bundesstraße B 15 zu erreichen (Streckenlänge einfach ca. 3,6 km).
Feldkapelle. Verputzter Massivbau mit Satteldach. Erbaut Ende des 17. Jhs.; 1979 renoviert.
Ausstattung mit einem hölzernen neugotischen Triptychon mit Wimpergen und Fialen. Im Mittelbild Marienkrönung. „Samstagslichter"; der Samstag ist der Tag der Muttergottes. Sie ist die beste Führsprecherin der Armen Seelen bei Gott. Deshalb werden ihr solche Lichter bei der Kapelle geopfert.

80. Kapelle Hl. Geist, Pilmersreuth an der Straße

GPS UTM 33U 738013, 5525316 / 532 m ü. NHN

Die Kapelle Hl. Geist in Pilmersreuth an der Straße ist als Alternative im Rahmen des Kapellenweges mit dem Fahrrad oder Pkw ab Stein oder Liebenstein auf Gemeindeverbindungsstraßen zu erreichen (Streckenlänge einfach ca. 2,6 km).
Private Kapelle. Massivbau mit Satteldach und Ziegeleindeckung. Dachreiter als Glockenturm mit Satteldach. Im Eingangsbereich Granitsäulen und vorgezogener Dachstuhl als Überdachung.
Die Kapelle war zum Zeitpunkt der Erfassung am 06. Sept. 2023 im Rohbau fertig.

Stiftland gab Pfalzgraf Wolfgang 1556 den Befehl, die Elisabethkirche abzubrechen. 100 Jahre später, 1656, wurde ein Neubau errichtet, für den die Bezeichnung „Cappl" erstmals 1661 nachgewiesen ist. Um 1800 fand eine Neuausmalung der Kapelle durch den Tirschenreuther Maler Maurus Fuchs statt. Restauriert wurde die Kapelle in den Jahren 1976–79.

(Siehe Broschüre Maurus Fuchs, Auf den Spuren von Maurus Fuchs im Landkreis Tirschenreuth; erhältlich in den Tourist-Infos.)

81. Kirche St. Elisabeth, sog. Kappl, Bärnau

(Baudenkmal D-3-77-112-8)
GPS UTM 33U 314609, 5520201 / 624 m ü. NHN

Saalbau 1656; mit Ausstattung. Mit Einführung der evangelisch-lutherischen Kirche im

82. Kapelle Maria Hilf, Bärnau

(Baudenkmal D-3-77-112-22) GPS UTM 33U 315073, 5520650 / 599 m ü. NHN

Johann Roth erbaute die Kapelle 1738. 1802 wurde sie abgebrochen und 1834 durch Joh. Paul Bauer wieder aufgebaut. Die am Hang prominent an der Ecke Silberstraße/Philipp-Mühlmayer-Straße gelegene Kapelle ist ein polygonal schließender Satteldachbau mit Dachreiter und hoch ansetzenden Aufschieblingen. Den Altar schmückt ein in späterer Zeit überarbeitetes Marienbild des 18. Jhs.; Einst erflehte der Reisende hier Schutz für seinen Weg. Im Volksmund wird die Kapelle auch „Die Silberkapelle" genannt.

83. Friedhofskapelle St. Michael, Bärnau

(Baudenkmal D-3-77-112-20) GPS UTM 33U 315286, 5520709 / 607 m ü. NHN

Saalbau. Nach Brand 1770 wurde die Kapelle als Saalbau mit Tonnengewölbe, Stichkappen, Krüppelwalmdach und Glockendachreiter wieder aufgebaut. Das Altarbild stammt aus dem Bamberger Dom und wurde vom fürstlich-bambergischen Hofmaler Sebastian Reinhard, einem Schüler Onghers, 1710 geschaffen. Es zeigt die Erweckung des Lazarus. Ein Bild des Kirchenpatrons des hl. Michael befindet sich an der Nordwand. Es stammt wohl, ebenso wie eine Schnitzfigur des Heiligen, aus der 2. Hälfte des 18. Jhs. Friedhofanlage von 1590.

84. Wallfahrtskirche zum Gegeißelten Heiland, sog. Steinbergkirche in Bärnau

(Baudenkmal D-3-77-112-24) GPS UTM 33U 317011, 5520608 / 698 m ü. NHN

Saalbau; 1763–68; Chorerweiterung 1818/19; mit Ausstattung; Kreuzwegstationen um 1900 zur Wallfahrtskirche führend. Der Vorgängerbau der heutigen Kirche war die 1762 vom Hufschmied Ulrich Kräftiger errichtete Holzkapelle, in der er ein Gnadenbild des Gegeißelten Heilandes zur Wies aufstellte. Aufgrund der regen Verehrung wurde 1763–68 unter dem Bärnauer Maurermeister Thomas Mühlmayer die heutige, erst 1787 geweihte Kirche erbaut. Der Chor wurde in den Jahren 1818/19 nach Osten erweitert. Gesamtrestaurierung 1982/83. Eingangsseite mit Granitmauerwerk; Walmdach mit Blecheindeckung; einfache Putzgliederung. Dachreiter mit Glocke.

85. Grotte an der Steinbergkirche (Schönwaldergrotte), Bärnau

GPS UTM 33U 317054, 5520626 / 703 m ü. NHN

Grotte mit Rundbogendach errichtet aus Granitnaturstein.

86. Feldkapelle an der Landesgrenze (Hans-Nigl-Kapelle), Bärnau

(Baudenkmal D-3-77-112-25) GPS UTM 33U 317603, 5518890 / 771 m ü. NHN

Verputzer Massivbau mit Satteldach; spätes 19. Jh; an der Landesgrenze nach Tschechien; „Hans-Nigl-Kapelle". Hans-Nigl ist bis heute der Hausname der Familie Kasseckert/Judas. Die Familie Franz Fichtner kümmert sich heute darum. Alljährlich war die Kapelle ein Ziel beim Flurumgang am 26. Juni für die nicht mehr vorhandene Ortschaft Hinterpaulusbrunn. Grund war ein Gelöbnis aufgrund von starken Unwettern in den Jahren 1724 und 1871.

87. Ortskapelle Marienkapelle, Hermannsreuth

(Baudenkmal D-3-77-112-32) GPS UTM 33U 318154, 5523033 / 757 m ü. NHN

Marienkapelle, 2. Hälfte des 19. Jhs.; neugotische Ausstattung. Verputzter Massivbau mit Satteldach, Dachreiter und einfacher Putzgliederung. Dacheindeckung und Verkleidung des Dachreiters aus Kupferblech. Die Kapelle wurde 2012 renoviert.

88. Ortskapelle Sieben Schmerzen Mariä, Ellenfeld

(Baudenkmal D-3-77-112-29) GPS UTM 33U 314912, 5523973 / 658 m ü. NHN

Die bereits sehr alte Kapelle (verputzter Massivbau mit Dachreiter), die auch nach der Französischen Revolution vom Niederreißen verschont blieb, wurde mit der Zeit sehr baufällig. 1876 wurde die Kirche mit Glockentürmchen erbaut. Am 13.11.1913 wurde die Kirche benediziert. 1949 erfolgte eine Instandsetzung der Kapelle von den Kriegsschäden. Hierbei wurde eine Sakristei angebaut. 1983–84 erfolgte eine Renovierung.

Legende: Als die Hussiten hier waren, haben sie viel Steuern von den Bauern eingetrieben, ihnen das Letzte genommen. Zwei dieser Steuereintreiber schossen Hiesige beim Linder-Anwesen vom Pferd herunter und nahmen ihnen das Geld weg. Das Mordgeld wurde zum Bau der ersten, hölzernen Dorfkapelle verwendet, um die Untat zu sühnen.

89. Ortskapelle Wendern

(Baudenkmal D-3-77-112-44) GPS UTM 33U 313991, 5522936 / 634 m ü. NHN

Bez. 1893; mit Ausstattung. Verputzter Massivbau mit Satteldach und Kreuzbekrönung am First.

Die Kapelle mit Satteldach besitzt eine schlichte Pilastergliederung sowie eine Putzgliederung.

90. Kopie der Kapelle „Alter Herrgott" bei Wendern

GPS UTM 33U 314664, 5522477 / 614 m ü. NHN

Anlässlich des Festes „650 Jahre Stadterhebung Bärnau" wurde im Jahre 1993 von der Dorfgemeinschaft Wendern zu Ehren des Wendener Offiziers (Kornett) Magnus Bartels eine im Verhältnis 3:2 verkleinerte Kopie der Waldkapelle „Alter Hergott" angefertigt. Das Original stammt aus dem 17. Jh. und steht im Egerer Wald bei Bad Neualbenreuth (siehe Kapelle Nr. 45, S. 38).

Die verkleinerte Kopie des „Alten Herrgott" wurde nach den Feierlichkeiten von 1993 im Pfarrwald in der Nähe des Bärnauer Ortsteils Wendern aufgestellt.

91. Ortskapelle Tännersreuth

GPS UTM 33U 313319, 5523823 / 636 m ü. NHN

Kapelle in Massivbauweise mit Satteldach und zurückgesetzten Eingang. Mit Ausstattung. Erbaut 1976 von Josef Schuller, Tännersreuth, auf Grund einen familiären Gelübdes.

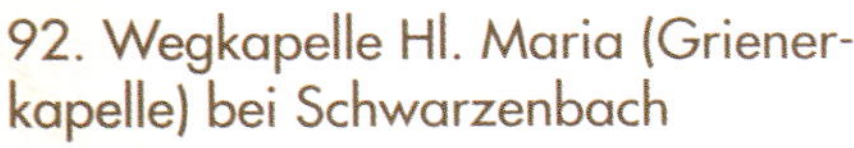

92. Wegkapelle Hl. Maria (Grienerkapelle) bei Schwarzenbach

(Baudenkmal D-3-77-112-39) GPS UTM 33U 311389, 5524861 / 564 m ü. NHN

Gestiftet von Leonhard Griener 1779. Der Bau ist vollständig aus Granitwerksteinen errichtet. Die Stirnseite mit geschweiftem Giebel und griechischem Doppelkreuz besitzt eine Pilastergliederung. Der geohrte Türsturz ist mit „1.7.I.L.G 79“ bezeichnet. Die vergrößerte Replik des Tirschenreuther Gnadenbildes auf der Altarmensa wurde nach Ausweis der Sockelinschrift zeitgleich mit dem Bau der Kapelle von Leonhard Griener gestiftet.

93. Mariengrotte Schwarzenbach

GPS UTM 33U 311732, 5523608 / 545 m ü. NHN

Mariengrotte aus Granitsteinen mit Rundbogendach gemauert. Pflege der Mariengrotte vom Heimatverein Schwarzenbach.

94. Kapelle St. Joseph in Thanhausen

(Baudenkmal D-3-77-112-41) GPS UTM 33U 312906, 5519907 / 616 m ü. NHN

Die Kapelle St. Joseph in Thanhausen ist als Alternative im Rahmen des Kapellenweges mit dem Fahrrad oder Pkw ab Bärnau auf Gemeindeverbindungsstraßen zu erreichen (Streckenlänge einfach ca. 3,2 km).
Rechteckiger, glatt verputzter Saalbau mit Satteldach, schließt traufseitig an die südliche Seite des Landsassenschlosses an. Nach dem Schlossbrand von 1787 ist die Kapelle nach Ausweisung der Datierung am nördlichen Eingang 1791 wieder aufgebaut worden. 1890 brannte sie erneut ab und wurde 1893/95 wieder aufgebaut. Innenrestaurierung 1975; Dach- und Außeninstandsetzung 1984.
Sie gehörte einst zum Schloss Thanhausen, ging jedoch im Jahre 1902 durch eine Schenkung des damaligen Schlossbesitzers Ernst Kutzer in den Besitz der Stadt Bärnau über.

95. Marienkapelle Altglashütte

GPS UTM 33U 311976, 5516360 / 760 m ü. NHN

Die Kapelle ist als Alternative im Rahmen des Kapellenweges mit dem Fahrrad oder Pkw ab Bärnau über Heimhof, Thanhausen und Hohenthan zu erreichen (Streckenlänge einfach ca. 9,9 km)
Ortskapelle um 1900; mit Ausstattung. Verputzter Massivbau mit Satteldach, Dachreiter und Eingangsüberdachung aus Holz. Eingangsstufen und Sockelmauerwerk in Granitstein ausgeführt.

96. Hubertuskapelle Silberhütte (Entenbühl)

GPS UTM 33U 312577, 5514955 / 896 m ü. NHN

Die Kapelle ist als Alternative im Rahmen des Kapellenweges mit dem Fahrrad oder Pkw ab Bärnau über Heimhof, Thanhausen, Hohenthan und P Silberhütte zu erreichen. Ab Parkplatz Silberhütte ist die Kapelle in ca. 30 Minuten (einfache Gehzeit) zu erwandern (Streckenlänge Bärnau – P Silberhütte ca. 10,7 km einfach).

Die Kapelle ist ein kleiner Massivbau mit Granitmauerwerk und Zeltdach. 1938 als Kriegsbunker gebaut; 1998 vom Oberpfälzer Waldverein zur Hubertuskapelle umgebaut; 2022 erfolgte eine Innensanierung.

97. Grotte „St. Petrus Patron der Fischer", Hohenthan

GPS UTM 33U 743624, 5520214 / 631 m ü. NHN

Die Grotte ist alternativ im Rahmen des Kapellenweges ab Hohenthan mit dem Fahrrad oder Pkw auf dem sog. Kirchsteig bei den Fischweihern in Richtung Altglashütte zu erreichen.

Mit Granitsteinen gemauerte Grotte mit Rundbogenüberdachung. Schmiedeeisernes Gitter als vorderer Abschluss.

98. Bächer-Kapelle in Rosall

(Baudenkmal D-3-77-154-66) GPS UTM 33U 311293, 5534142 / 561 m ü. NHN

Satteldach und Blecheindeckung.

99. Kapelle Hl. Dreifaltigkeit, sog. Fritschnkapelle bei Motzersreuth

(Baudenkmal D-3-77-142-48) GPS UTM 33U 312757, 5539010 / 580 m ü. NHN

Kleiner verputzter Massivbau mit Satteldach. 1880 oder früher; mit Ausstattung. Gehört zum größten Hof des Dorfes Motzersreuth, zum Fritschnhof.

100. Ortskapelle in Schachten

GPS UTM 33U 314379, 5539030 / 533 m ü. NHN

Kapelle zu Ehren der Gottesmutter. Errichtet 1970 von der Familie Weiß in Schachten. Wahrscheinlich stand hier vorher die Kapelle „Zum Wasserheiligen", nach 1870 erbaut. Verputzter Massivbau mit vorgezogenem Dach über dem Eingangsbereich.

101. Christophoruskapelle an der Straße von Bad Neualbenreuth nach Wernersreuth

GPS UTM 33U 315010, 5539103 / 511 m ü. NHN

Verputzer Massivbau mit Satteldach und über dem Eingang vorgezogenes Dach. Nachfolgerin der einstigen Häring-Kapelle. Erbaut Ende der 60er-Jahre beim Bau der Straße von Bad Neualbenreuth nach Wernersreuth. Die alte Kapelle wurde beim Neubau der Straße abgebrochen.

102. Kapelle Maria Frieden, Bad Neualbenreuth

GPS UTM 33U 317931, 5539689 / 635 m ü. NHN

Verputzter Massivbach mit Walmdach und überdachtem Eingangsbereich. Erbaut 1963. Die Kapelle drückt den Friedensgedanken in unmittelbarer Grenznähe zu Tschechien aus. 1967 wurde vom Egerer Landtag rechts neben der Kapelle ein Ehrenmal für die Toten, Vermissten, Gefallenen und Opfer der Vertreibung errichtet.

103. Schönstatt-Kapelle, Bad Neualbenreuth

GPS UTM 33U 317576, 5539255 / 604 m ü. NHN

Verputzter Massivbau mit Satteldach und Holzschindelverkleidung am Giebel. Erbaut 1978. Die Kapelle wurde von Familien an der Stelle erbaut, an der schon im Jahre 1968 der Schönstatt-Priester Kaplan Georg Frank einen Bildstock zu Ehren der Dreimal wunderbaren Mutter, Königin und Siegerin von Schönstatt, errichtet hatte. Schönstatt ist ein Marienwallfahrtsort bei Koblenz am Rhein. Hier gründete Pater Josef Kentenich am 18.10.1914 die inzwischen weltweit verbreitete Schönstatt-Bewegung, eine marianisch-apostolische Erziehungsbewegung in der Kirche, die sich in besonderer Weise gerufen sieht, die Ergebnisse des Zweiten Vatikanischen Konzils in gelebte Wirklichkeit umzusetzen. Die schmucke Kapelle steht allen offen, die in den Anliegen der Kirche und in persönlichen Bitten die Mutter des Herrn anrufen.

104. Friedhofskapelle, Bad Neualbenreuth

(Baudenkmal D-3-77-154-66) GPS UTM 33U 316544, 5539407 / 556 m ü. NHN

1907 in neubarocken Formen errichtete Kapelle. Dreiseitig schließender Rechteckbau mit Satteldach, Glockendachreiter und schlichter Putzgliederung. Lourdesgrotte im nischenähnlich gestalteten Altarraum. Die Oculusfenster schmücken neugotische figürliche, die Rundbogenfenster des Schiffs neuromanische ornamentale Glasmalereien.

105. Wegkapelle, Bad Neualbenreuth

(Baudenkmal D-3-77-142-30) GPS UTM 33U 316332, 5539473 / 558 m ü. NHN

Sog. „Rustler-Kapelle". Kleiner verputzter Massivbau mit Satteldach und Pilaster-Putzgliederung an der Eingangsseite. Anfang 19. Jh. an der Waldsassener Straße. Eigentümer ist die Marktgemeinde Bad Neualbenreuth. Der Stiftungsanlass ist unbekannt. Im Inneren Marienbild mit 14 Nothelfern.

106. Kapelle Maria Hilf, Maiersreuth

(Baudenkmal D-3-77-142-44) GPS UTM 33U 314208, 5540625 / 490 m ü. NHN

Verputzter Massivbau mit Satteldach und Putzgliederung. 1897. Mit Ausstattung. Privatkapelle von Johann Fischer, Hs.-Nr.-1. Mit dem Bau löste der damalige Besitzer 1897 ein Hochzeitsversprechen ein.

107. Ortskapelle Maria Rosenkranz, Querenbach

GPS UTM 33U 313279, 5541540 / 506 m ü. NHN

Errichtet vom Kapellenbauverein Querenbach. Eingeweiht 23.05.1999. Verputzter Massivbau mit Walmdach und Dachreiter. Eingangsbereich überdacht. Eine Gruppe aus dem Dorf hatte die Idee, diese Kapelle zu Ehren der Gottesmutter und als Zeichen des Dankes zu errichten. In der Grundsteinurkunde heißt es: „Vierundfünzig Jahre nach Ende des Zweiten Weltkrieges sind wir dankbar dafür, in Frieden in unserem Land leben zu dürfen. Es ist eine Gnade für unsere Generation, dass sie eine Kapelle bauen kann und kein Kriegerdenkmal errichten muss wie Generationen vor uns."

108. Forstkapelle an der Straße zwischen Wernersreuth und Waldsassen

(Baudenkmal D-3-77-158-64) GPS UTM 33U 310380, 5540282 / 584 m ü. NHN

Verputzter Massivbau mit Satteldach und Putzgliederung. Auch genannt die „Hartlkapelle". Sie entstand vermutlich um das Jahr 1847.

Poxdorfer hatten sich auf dem Heimweg von Waldsassen im nächtlichen Wald verirrt und die Mutter Gottes angerufen. An dieser Stelle fanden sie wieder auf den richtigen Weg nach Hause zurück und stifteten zum Dank diese Kapelle.

109. Allerheiligenkapelle, Pfaffenreuth

(Baudenkmal D-3-77-137-14) GPS UTM 33U 308184, 5538048 / 570 m ü. NHN

Feldkapelle, wohl 19. Jh. Verputzter Massivbau mit Satteldach. Profilierter Traufabschluss und Rundbogenfenser.

110. Kriegergedächniskapelle, Großensees

(Baudenkmal D-3-77-137-14) GPS UTM 33U 306877, 5534260 / 511 m ü. NHN

Kriegergedächniskapelle. Holzbau nach 1918. Satteldach mit Dachreiter und Glocke. Mit Ausstattung.

111. Ploana-Kapelle, Altmugl

(Baudenkmal D-3-77-142-33) GPS UTM 33U 318140, 5536610 / 630 m ü. NHN

Die Ploana Kapelle in Altmugl ist als Alternative im Rahmen des Kapellenweges gesondert mit dem Fahrrad oder Pkw von Bad Neualbenreuth in Richtung Mähring zu erreichen (Streckenlänge einfach ca. 3,7 km).
Die Ploana Kapelle ist ein verputzter Massivbau mit Satteldach, Putzgliederung am Ortgang und an der Traufe.
Eigentümer: Anton Müller, Altmugl 3 (Hausname Ploana).
Im Mai 1880 schreibt der damalige Pfarrer J. B. Schaller von Neualbenreuth für den Altmugler Landwirt Lorenz Peterhans an das Ordinariat in Regensburg mit der Bitte um einen Kapellenbau. Am 27.05.1890 erfolgte die Zustimmung zum Bau der Kapelle. Die Kapelle wurde gebaut. Im Jahr 2000 hat sie der jetzige Besitzer in Eigenleistung und mit viel Unterstützung von Helfern von Grund auf renoviert, neu gestaltet und eingerichtet. Im Innenraum stehen die Muttergottes von Lourdes und der hl. Laurentius mit Rost und Märtyrerpalme.

Für die folgenden Kapellen bzw. Grotten gibt es leider keine Abbildungen.

112. Grotte beim Planner in Hardeck

GPS UTM 33U 314770, 5540274 / 499 m ü. NHN

Eigentümer: Familie Ferdinand Planer, Hardeck 10 (Hausname Schmied)
Standort: im Garten des Anwesens Planer
Errichtung: Im Jahr 1995 macht das Ehepaar Planer eine Pilgerreise nach Lourdes. Der Aufenthalt dort war für beide so beeindruckend, dass sie eine Marienstatue kauften. Sie wurde nach dem Bau einer Grotte im Garten darin aufgestellt, um im stillen Gebet der Muttergottes von Lourdes zu gedenken. Als Baumaterial wurden weiß leuchtende Kieselsteine verwendet.

113. Lourdesgrotte beim Müllner, Maiersreuth

GPS UTM 33U 314434, 5540401 / 491 m ü. NHN

Eigentümer: Familie Bernhard Helm, Maiersreuth 4 (Hausname Müllner)
Standort: im Grundstück von Bernhard Helm, am Muglbach / Ecke alter Mühlbach
Errichtung: August und Franziska Helm ließen als gläubige Marienverehrer 1980 die Grotte errichten. Als Baumaterial wurde weißer Kieselbruch verwendet.

114. Mariengrotte bei Russ, Maiersreuth

GPS UTM 33U 314366, 5540549 / 491 m ü. NHN

Eigentümer: Familie Josef Russ, Maiersreuth 12, ehemals Röckl
Standort: im Garten des Anwesens Hs. Nr. 12
Errichtung: Die etwa 1,30 m hohe und 1 m breite Grotte wurde im Jahre 1961 von Josef und Marile Russ errichtet. In diesem Jahr verunglückte ein Neffe der Frau Russ auf der Straße vor dem Haus tödlich durch einen Autounfall.

115. Frank-Grotte, Wernersreuth

GPS UTM 33U 311388, 5538148 / 595 m ü. NHN

Eigentümer: Klaus Frank, Wernersreuth 31
Standort: am Ortsende von Wernersreuth in Richtung Pfaffenreuth an der Kreisstraße rechts beim Anwesen Frank
Errichtung: Die etwa 1 m hohe Grotte ist aus Kiesel-Bruchsteinen zusammengefügt. In der Nische steht eine Madonna. Davor ist ein abgeschlossenes, schmiedeeisernes Gitter angebracht. Errichtet wurde sie im Jahr 1990 von Familie Frank aus religiösen Motiven, zur Ehre Gottes.

116. Lourdesgrotte – früher Poxdorfer Marterl

GPS UTM 33U 311521, 5538851 / 600 m ü. NHN

Eigentümer: Direkten Eigentümer gibt es keinen. Besitzer des Grundstückes ist die Bay. Staatsforstverwaltung – Forstamt Waldsassen.

Standort: am alten Kirchsteig von Wernersreuth nach Poxdorf bei der Überquerung des Weges von Panzen zur Waldsassener Straße – Waldabteilung „Panzerhau"

Errichtung: Etwa um 1950 fertigte der Waldsassener Porzellanmaler Knöttner die Grotte aus Natursteinen der Umgebung aus Dankbarkeit zur Muttergottes. In die Grotte ist eine Nische eingearbeitet. Darin steht die Muttergottes von Lourdes. Der Erbauer hat auch verschiedene Motivtafeln angebracht.

117. Freundl Kreuz, Poxdorf

GPS UTM 33U 312013, 5538898 / 585 m ü. NHN

Eigentümer: Es gibt keinen direkten Besitzer, dem das Kreuz mit der Grotte zugeordnet werden könnte.

Standort: am ehemaligen Kirchsteig vom Anwesen Freundl, Poxdorf 9 nach Wernersreuth, ca. 5 m links an der Straße Panzen – alte Waldsassener Straße

Errichtung: Das Kreuz mit der Lourdes-Muttergottes gehört zu den religiösen Flurdenkmälern, die der Waldsassener Porzellanmaler Knöttner zwischen 1950 und 1960 errichtet hat. Die kleine Grotte mit Eisenkreuz und Metallchristus wurde etwa im Jahr 1958 aufgestellt.

118. Schnurrer-Kreuz mit Lourdesgrotte, Egglasgrün

GPS UTM 33U 311667, 5536698 / 606 m ü. NHN

Eigentümer: Schnurrer Luwig, Egglasgrün 3

Standort: unmittelbar neben der Hofstelle in Egglasgrün

Errichtung: 1949 baute der Porzellanmaler Knöttner aus Waldsassen die kleine Lourdesgrotte. Porzellantafel mit Inschrift.

119. Lourdesgrotte beim Bölln, Ernestgrün

GPS UTM 33U 316433, 5537906 / 556 m ü. NHN

Eigentümer: Stifterfamilie Johann Köstler („Böllnschuster") und Anna (geb. Burger) ab 1951; seit 1989 Karl und Auguste Köstler, Ernestgrün 34 (Hausname Bölln-Karl).

Standort: im Garten des Anwesens, Ernestgrün 34

Errichtung: Erbaut im Jahr 1951 als Dank für die in schwerer Zeit (1947) begonnene und 1948 glücklich vollendete Erbauung des ersten und einzigen Aussiedlerhofs in Ernestgrün. Gemauert von Maurermeister Otto Kailer.

120. Floriangrotte beim Einnehmer-Bauern in Bad Neualbenreuth

GPS UTM 33U 316606, 5539461 / 552 m ü. NHN

Eigentümer: Familie Lorenz Ruster, Marktplatz 8, Bad Neualbenreuth
Standort: im Innenhof des Anwesens
Errichtung: Die Figur des hl. Florian hing zunächst viele Jahre im Wohnhaus. Nach dem Hofbrand am 11.07.1992 wurde der Schutzpatron vor Feuer im Haus und Hof im Freien in einer eigens gebauten kleinen Grotte aufgestellt – als Dank für die Verschonung vor noch größeren Brandschäden und als Schutz für die Zukunft.

121. Ölberg bei der Hartl-Kapelle (Forstkapelle), Wernersreuth

GPS UTM 33U 310380, 5540282 / 584 m ü. NHN

Standort: Hartl-Kapelle – Forstkapelle – Straße von Wernersreuth nach Waldsassen
Errichtung: Den ungewöhnlichen Ölberg neben, d. h. vor der Kapelle, errichtete in den Jahren 1949/59 der Waldsassener Porzellanmaler Franz Knöttner. Auf Grund einer sich selbst auferlegten Buße für eine moralische Verfehlung und einer Todsünde wurde der Ölberg errichtet. 1982 wurde der Ölberg von den Waldsassener Naturfreunden restauriert.

122. Ortskapelle Großensterz

GPS UTM 33U 303020, 5534449 / 516 m ü. NHN

Ortskapelle. Holzkonstruktion mit Satteldach. Vorspringendes Dach am Eingang.

123. Ortskapelle Hungenberg

GPS UTM 33U 304229, 5536849 / 502 m ü. NHN

Verputzter Massivbau mit Satteldach und über den Eingang vorgezogenes Dach. 1986 hat der Sohn in Zirkenreuth die Luftballon-Gas-Explosion bei einem Polterabend überlebt. Zum Dank hat der Vater Karl Wührl die Kapelle gebaut.

124. Friedhofskapelle Mariä Hilf, Mitterteich

(Baudenkmal D-3-77-141-9) GPS UTM 33U 302645, 5537089 / 514 m ü. NHN

Kapelle mit Kuppeldachreiter. Verputzter Massivbau mit Putzgliederung (flache Pilaster und ein umlaufendes, profiliertes Traufgesims). Bez. 1780; mit Ausstattung. Die Kapelle steht inmitten des 1662 im Osten außerhalb der Stadt angelegten und 1884 erweiterten Friedhofes an der Straße nach Waldsassen. Die barocke Friedhofskirche wurde laut Inschrift am Westeingang 1780 anstelle eines Vorgängerbaus aus dem Jahr 1700 errichtet.

125. Ortskapelle Großbüchlberg

GPS UTM 33U 300690, 5539189 / 607 m ü. NHN

Massiver verputzter Rechteckbau mit Satteldach, Eingangsüberdachung als Holzkonstruktion und Biberschanzziegel als Dacheindeckung.

126. Privatkapelle Großbüchlberg

GPS UTM 33U 301088, 5539302 / 599 m ü. NHN

Privatkapelle als Lourdesgrotte von der Familie Lang, Großbüchlberg, im 20. Jh. erbaut. Granitblendmauerwerk an der Vorderseite der Kapelle.

127. Feldkapelle bei Gulg

GPS UTM 33U 303240, 5538869 / 517 m ü. NHN

Um 1870/71 zur Erinnerung an den Deutsch-Französischen Krieg; mit Ausstattung; östlich von Haus Nr. 4. Die am Ortsrand gelegene kleine Kapelle geht auf die Stiftung der Eigentümer des Anwesens Schimladl in den Jahren 1870/71 zurück. Verputzter Massivbau mit Satteldach.

128. Dorfkapelle in Hofteich

GPS UTM 33U 304195, 5538692 / 496 m ü. NHN

Dorfkapelle, 19. Jh.; mit Ausstattung. Verputzter Massivbau mit Satteldach. Granitgewände an der Eingangstür.

129. Dorfkapelle in Forkatshof

(Baudenkmal D-3-77-137-7) GPS UTM 33U 305462, 5539250 / 492 m ü. NHN

Dorfkapelle, 19. Jh.; mit Ausstattung. Kleiner verputzter Massivbau mit Satteldach. Rundbogen an der Eingangstür.

130. Wegkapelle an der Straße von Pleußen nach Königshütte

(Baudenkmal D-3-77-141-14) GPS UTM 33U 304753, 5539137 / 485 m ü. NHN

Sog. Steinmühlkapelle. Verputzter Massivbau mit Satteldach. Granitgewände an Tür und Fenstern.

1870/71 zur Erinnerung an den Deutsch-Französischen Krieg; mit Ausstattung. Die Kapelle wurde 1870/71 von dem Besitzer der Steinmühle errichtet. Die im 19. Jh. geschaffene Pietagruppe des Altars stammt aus der Katholischen Pfarrkirche in Mitterteich.

131. Friedhofskapelle in Leonberg

(Baudenkmal D-3-77-137-1) GPS UTM 33U 305359, 5536247 / 552 m ü. NHN

Im Süden der Pfarrkirche von Leonberg steht eine kleine, 1969 renovierte Friedhofskapelle. Verputzter Massivbau mit Putzgliederung. Der Satteldachbau mit Apsis und Flachdecke wurde laut Kirchenrechnungen im Jahr 1775 errichtet.

Im Westen am Aufgang zur Kirche befindet sich eine Ölbergkapelle mit einer Figurengruppe aus dem 17./18. Jh.

132. Kapelle auf dem Leonberg

(Baudenkmal D-3-77-137-3) GPS UTM 33U 305716, 5535867 / 589 m ü. NHN

Holzbau aus dem frühen 20. Jh.; mit Ausstattung. Die Kapelle auf dem Gipfel des Leonbergs ist eine der wenigen erhaltenen Holzkapellen. Der Altar ist mit einer Lourdesmadonna geschmückt.

133. Steinbauernkapelle der Vierzehn Hl. Nothelfer in Pechbrunn

(Baudenkmal D-3-77-145-2) GPS UTM 33U 297469, 5539088 / 557 m ü. NHN

Die Steinbauernkapelle in Pechbrunn ist als Alternative des Radweges mit dem Fahrrad oder Pkw ab Mitterteich auf der St. 2169 von Mitterteich in Richtung Marktredwitz zu erreichen.

Die Kapelle ist ein verputzter Massivbau mit Satteldach und Glockendachreiter. Neugotische Kapelle mit Ausstattung. Entstanden im Jahr 1888 auf Initiative von Theres Burger. Warum die Kapelle gebaut wurde, ist heute nicht mehr nachvollziehbar.

Im Landkreis Tirschenreuth finden sich eine Anzahl von Heimkapellen bzw. Gebetsräumen in Altenheimen und Sozialeinrichtungen.

Die Räume sind nach Voranmeldung zu besichtigen.

Seniorenpflegeheim Haus Steinwaldblick

Im Tal 4, 95676 Wiesau; Tel.: 09634 72640100

Senioren-Servicehaus Fuchsmühl

Bühläckerstraße 1, 95689 Fuchsmühl; Tel.: 09634 92360

Alten- u. Pflegeheim St. Martin

Eichendorffstraße 16, 95652 Waldsassen; Tel.: 09632 1306

Senioren-Servicehaus Waldershof

Ringstraße 81, 95679 Waldershof;
Tel.: 09231 507930

BRK Seniorenzentrum Plößberg

Haus Frohnwiesen, Frohnweg 4,
95703 Plößberg; Tel.: 09636 924300

Senioren-Servicehaus Neusorg

Goethestraße 6a, 95700 Neusorg;
Tel.: 09234 98010

Haus Phönix Mitterteich (ohne Abbildung)

Waldsassener Straße 7, 95666 Mitterteich;
Tel.: 09633 9340

LANDKREIS TIRSCHENREUTH

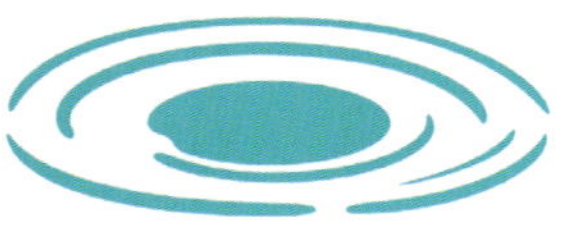

„Da lebt sich´s gut"

Bilder: MK Lichtbild, Matthias Kunz

Kapitel 2

Kapellen in und um WALDSASSEN

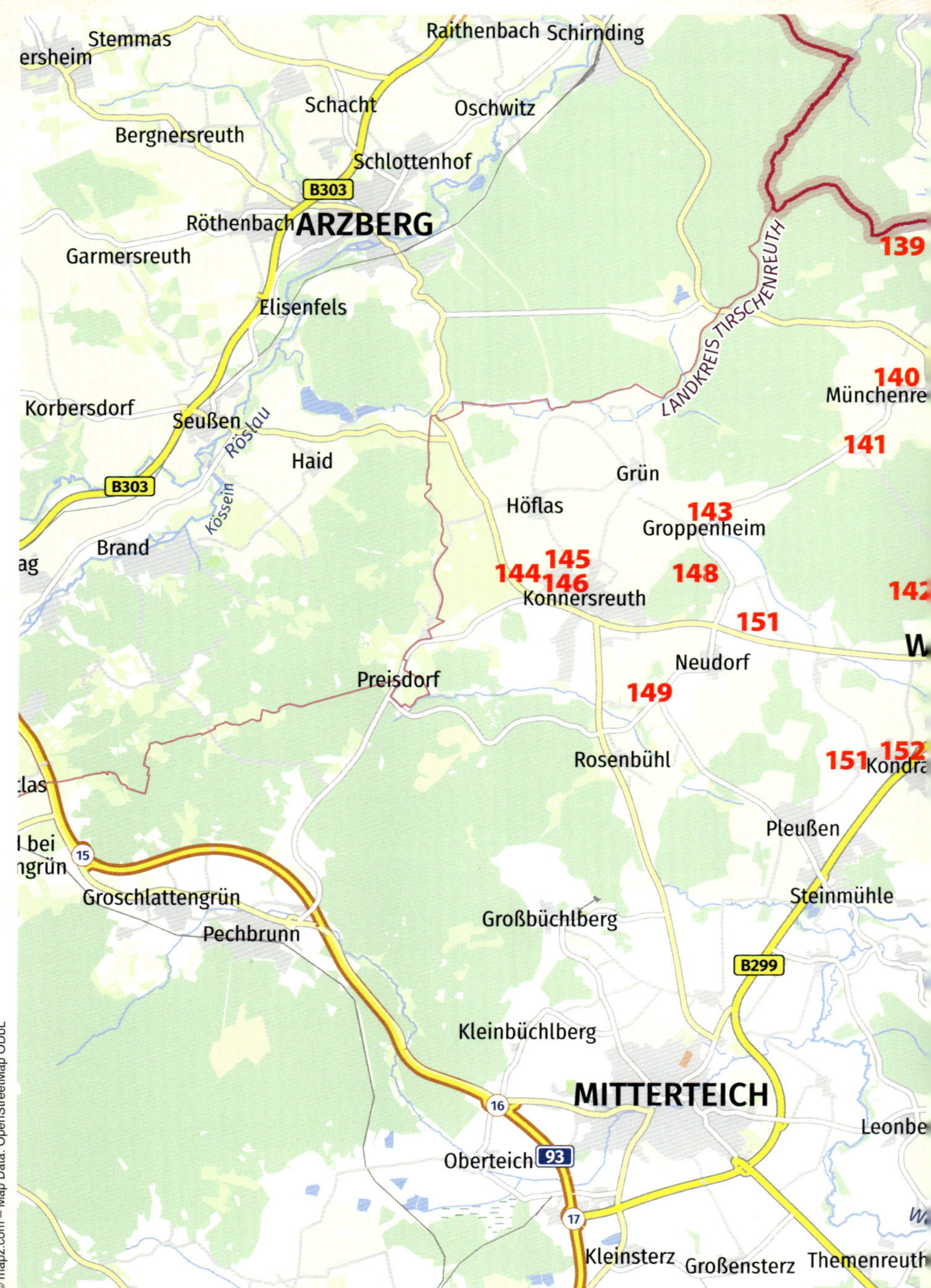
Stemmas
ersheim
Raithenbach
Schirnding
Schacht
Oschwitz
Bergnersreuth
Schlottenhof
B303
Röthenbach
ARZBERG
Garmersreuth
139
Elisenfels
LANDKREIS TIRSCHENREUTH
140
Münchenre
Korbersdorf
Seußen
Röslau
141
Haid
Grün
B303
Höflas
Kössein
143
Groppenheim
Brand
145
ag
144
146
148
Konnersreuth
142
151
W
Neudorf
Preisdorf
149
Rosenbühl
151
152
Kondra
las
Pleußen
bei
15
ngrün
Steinmühle
Groschlattengrün
Großbüchlberg
Pechbrunn
B299
Kleinbüchlberg
MITTERTEICH
16
Leonbe
Oberteich
93
17
Kleinsterz
Großensterz
Themenreuth

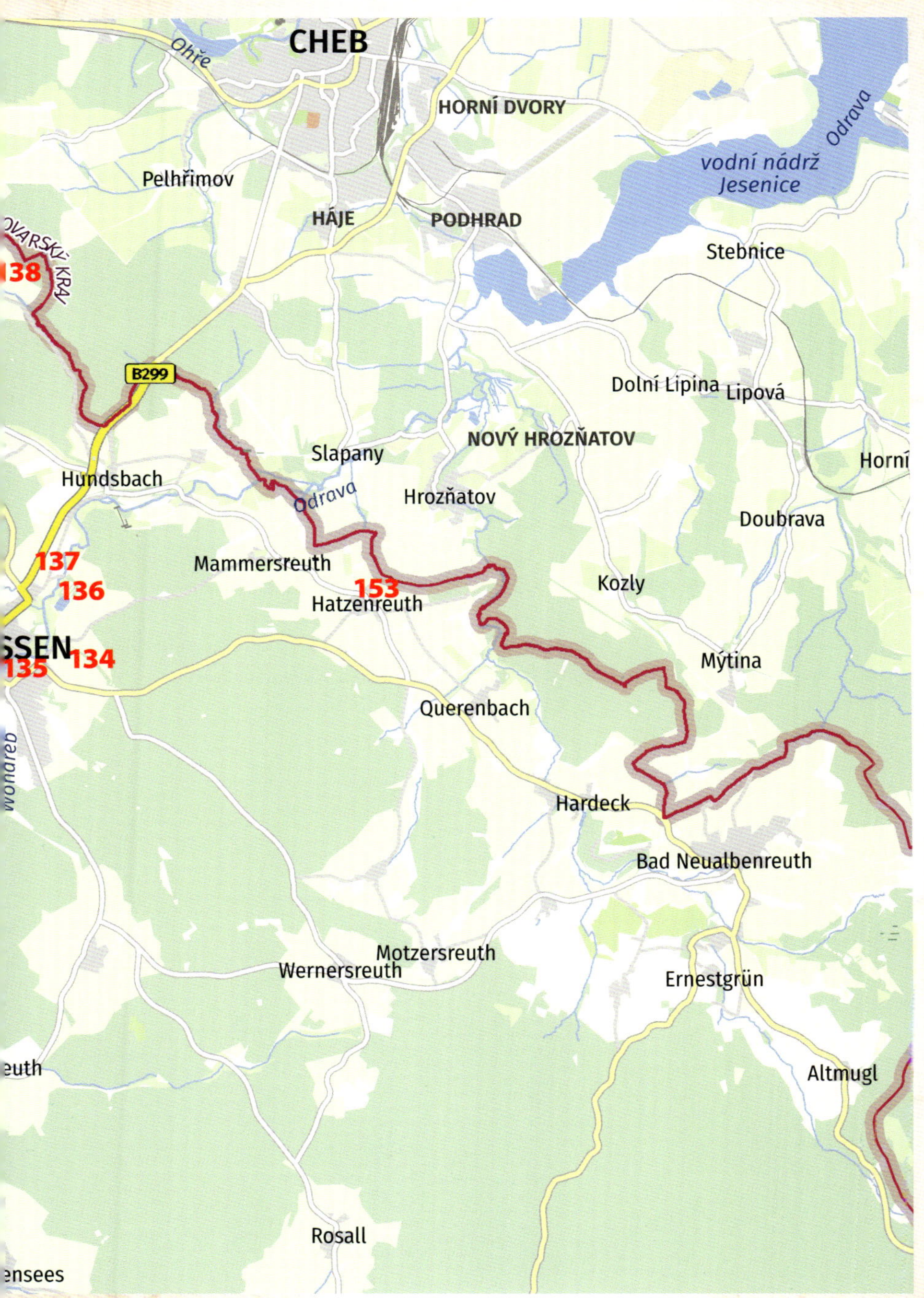
CHEB
Ohře
HORNÍ DVORY
Odrava
vodní nádrž
Jesenice
Pelhřimov
HÁJE
PODHRAD
Stebnice
138
B299
Dolní Lipina
Lipová
NOVÝ HROZŇATOV
Slapany
Horní
Hundsbach
Odrava
Hrozňatov
Doubrava
137
Mammersreuth
136
153
Kozly
Hatzenreuth
SSEN
134
135
Mýtina
Querenbach
Hardeck
Bad Neualbenreuth
Motzersreuth
Wernersreuth
Ernestgrün
euth
Altmugl
Rosall
ensees

Allgemeines

Waldsassen ist eine Stadt im Oberpfälzer Landkreis Tirschenreuth und auch die nördlichste Stadt in der Oberpfalz. Wegen der engen Verbindung der Ortsentwicklung mit der Klostergeschichte wird Waldsassen auch als „Klosterstadt" bezeichnet. Die Grenze zu Tschechien ist gerade mal 5 km entfernt.

Die Anfänge der Stadt Waldsassen gehen zurück bis vor das Jahr 1133. Im Jahr 1133 gründete Markgraf Diepolt III. das Zisterzienserkloster in Waldsassen. Lange Zeit waren die Klostergebäude die einzige Ansiedlung. Erst um das 17. Jahrhundert entstanden außerhalb des Klosters die ersten Häuserzeilen. 1865 erfuhr Waldsassen durch die Eröffnung der Bahnlinie Wiesau-Eger einen industriellen Aufschwung. 1896 verlieh Prinzregent Luitpold dem Markt Waldsassen die Stadtrechte.

Anziehungspunkte und Sehenswürdigkeiten sind in Waldsassen besonders seine prachtvollen und kunsthistorisch wertvollen barocken Bauten:

- Die Klosteranlage der Zisterzienser mit der weltberühmten Stiftbibliothek der Abtei Waldsassen und der Klostergarten (Naturerlebnisgarten) mit einem Kräutergarten nach Hildegard von Bingen.
- Die prächtige barocke Basilika, eine der bedeutendsten Barockkirchen Bayerns mit Deutschlands größter Kirchen- und Klosterkrypta.
- Als eines der Wahrzeichen des Stiftlandes und bedeutender barocker Rundbau die Wallfahrtskirche zur Hl. Dreifaltigkeit (Kapplkirche).

In der Kulturlandschaft in und um Waldsassen mit seinen barocken Bauten und in den umliegenden Ortschaften finden sich 19 Kapellen. Ein Besuch der Kapellen – wenn auch die Kapellen nicht die Pracht der sie umgebenden barocken Bauten ausstrahlen – ist sehr empfehlenswert. Zeigen die Kapellen doch die Volksfrömmigkeit der Bevölkerung in und um Waldsassen.

134. Anbetungskapelle in der Basilika Waldsassen

GPS UTM 33U 307164, 5542544 / 480 m ü. NHN

Inspiriert durch die Anbetung in Tirschenreuth hatte der damalige Stadtpfarrer Siegfried Wölfl die Anbetung in Waldsassen initiiert. Nach dem Umbau und der Umgestaltung eines geeigneten Raumes neben dem Bernhards-Altar in der Basilika wurde die Kapelle am 16.3.1997 eingeweiht.

135. Ölberggruppe in Waldsassen

GPS UTM 33U 307148, 5542260 / 474 m ü. NHN

Reste der ehemaligen Klostermauer aus dem 15. Jh. mit erneuerten Blendarkaden und kapellenartiger Nische für eine Ölberggruppe. Um 1760. Sie beinhaltet lebensgroße Figuren aus Lindenholz, die dem Meister Karl Stilp zugeschrieben werden. 1974 wegen Brückenbauarbeiten abgebrochen und 1976 nach altem Vorbild wieder hergestellt.

136. Lourdesgrotte Waldsassen

(Baudenkmal D-3-77-158-78) GPS UTM 33U 308239, 5543477 / 478 m ü. NHN

Gemauerte Felsenhöhle von 1905. Die Felsenhöhle ist nach dem Vorbild der berühmten Wallfahrtsgrotte in den Pyrenäen gestaltet. In einer Nische steht eine Nachbildung der Lourdes-Madonna. Der Gedenkstein in neugotischen Formen ist mit „Lourdes" beschriftet.

137. Kapelle beim Mitterhof in Waldsassen

(Baudenkmal D-3-77-158-76) GPS UTM 33U 307889, 5543565 / 475 m ü. NHN

Kapelle von 1832; an die Mauer des Gutshofes angebaut; mit Ausstattung. Kleiner verputzter massiver Rechteckbau mit Satteldach und geohrtem Granitportal. Den Innenraum ziert ein barockes Retabel. Der Altarraum wird von einem reich verzierten schmiedeeisernen Chorgitter mit Spiralranken aus der Zeit um 1700 abgeschlossen.

138. Ortskapelle St. Josef in Pechtnersreuth

GPS UTM 33U 307285, 5547789 / 532 m ü. NHN

Verputzter Massivbau mit Satteldach. Überdachter zurückgesetzter Eingangsbereich. Erbaut zum Gedenken an Sel. Pater Maximilian Kolbe von Familie Hecht, Pechtnersreuth u. München 1990.

139. Mariengrotte bei Pechtnersreuth

GPS UTM 33U 306154, 5548087 / 559 m ü. NHN

Mariengrotte, 1921 von Karl und Rosina Männer aus Pechtnersreuth am ehemaligen Steinbruch erbaut. Im Mauerwerk eingelassene Grotte mit Marienstatue.

140. Kapelle am Friedhof in Münchenreuth

(Baudenkmal D-3-77-158-79) GPS UTM 33U 305476, 5546170 / 569 m ü. NHN

Friedhofskapelle von 1795; mit Ausstattung. Verputzter Massivbau mit Satteldach. Im südwestlichen Eck der Friedhofsmauer steht die Friedhofskapelle mit Satteldach und zierlichem Dachreiter. Die Altarnische schmückt ein Gemälde der Verehrung des Herzen Jesu, das mit „GMG 1792" bezeichnet ist.

141. Eucharistiekapelle bei der Kappl

(Baudenkmal D-3-77-158-71) GPS UTM 33U 305006, 5545361 / 597 m ü. NHN

Verputzter Massivbau um 1790. Die schlichte, quadratische Kapelle mit flachem Traufgesims, Zeltdach mit Blecheindeckung und Glockentürmchen steht südlich der Wallfahrtskirche Kappl.

142. Waldkapelle St. Josef im Kapplwald

GPS UTM 33 305411, 5543432 / 549 m ü. NHN

Waldkapelle im Kapplwald; Josef-Kapelle; Holzbau mit Satteldach.
In ca. 20 Minuten Fußmarsch von der Kappl aus zu erreichen.

143. Ortskapelle in Groppenheim

GPS UTM 33U 302884, 5544381 / 559 m ü. NHN

Verputzter Massivbau mit spitzem Zeltdach und freistehendem Glockenturm. Der Muttergottes geweiht. Erbaut und gepflegt wird die Kapelle vom Kapellenverein Groppenheim.

144. Kalvarienkapelle der Schmerzhaften Muttergottes in Konnersreuth

(Baudenkmal D-3-77-131-1) GPS UTM 33U 300355, 5543882 / 591 m ü. NHN

Kalvarienkapelle der Schmerzhaften Muttergottes; sog. Auerberg-Kapelle; bez. 1822; mit Ausstattung. Die verputzte, in massiver Bauweise gebaute Kapelle auf dem Hügel westlich von Konnersreuth weist einen gestuften Giebel und eine schlichte Pilastergliederung auf. Satteldach mit Ziegeleindeckung.

145. Kapelle Theresianum, Konnersreuth

GPS UTM 33U 300725, 5543794 / 584 m ü. NHN

Die kleine Kapelle steht im Garten des Anbetungsklosters Theresianum. Klinkerverkleidung mit Zeltdach aus Kupfer. Im Inneren Madonnenfigur.

146. Kapelle im Theresianum in Konnersreuth

GPS UTM 33U 300793, 5543757 / 580 m ü. NHN

Kapelle im Anbetungskloster Theresianum in Konnersreuth. Verputzter Massivbau mit Walmdach und Dachreiter mit Spitzdach. Am 22.9.1963 geweiht.

147. Lourdesgrotten in und um Konnersreuth (ohne Abbildung)

In Konnersreuth sind im Garten von Fockenfeld, an der Katholischen Pfarrkirche St. Laurentius, im Garten des Geburtshauses der „Konnersreuther Resl" und im Reslgarten Lourdesgrotten vorhanden.

148. Marienkapelle bei Konnersreuth

GPS UTM 33U 302700, 5543545 / 595 m ü. NHN

Waldbesinnungskapelle am Konnsberg. Offene Bauweise mit Granitsteinsäulen und Flachdach. Glasbilder im Innenraum. Geweiht am 14.6.2019. Gebaut von der Familie Kutzer aus Konnersreuth.

149. Kapelle St. Josef in Fockenfeld

GPS UTM 33U 302069, 5542099 / 527 m ü. NHN

Kapellengebäude (Massivbauweise mit Zeltdach) im gesamten Gebäudetrakt von Fockenfeld integriert.

150. Wallfahrtskirche auf dem Gommelberg bei Pleußen

(Baudenkmal D-3-77-141-11) GPS UTM 33U 304202, 5540718 / 568 m ü. NHN

1729/39 bestand schon eine erste Kapelle mit einem Gnadenbild der Schmerzhaften Muttergottes. Im Zuge der Säkularisation wurde die Kapelle 1804 abgebrochen. Das Gnadenbild sowie weitere Votivbilder verblieben in der Verwaltung der Dorfgemeinschaft Pleußen. 1816 wurde eine neue Kapelle errichtet, welche aber nur „mit Brettern verschlagen" war. 1837/38 errichtete Pfarrer Hausen die neue, steinerne Kapelle. 1877 erfolgte eine grundlegende Sanierung. Durch den zunehmenden Abbau der Basaltvorkommen am Gommelberg wurde die Kapelle 1904 abgebrochen und ca. 100 m entfernt neu erbaut. Am 13.8.1905 wurde die neue Kapelle eingeweiht. Verputzter Massivbau mit Satteldach, Putzgliederung und Dachreiter.

151. Privatkapelle in Kondrau

GPS UTM 33U 304765, 5541121 / 516 m ü. NHN

Private Kapelle. Verputzter Massivbau mit Spitzdach und Dachlaterne. Am Eingang zur Kapelle schmiedeeisernes Gitter.

152. Kapelle Hl. Florian in Kondrau

(Baudenkmal D-3-77-158-73) GPS UTM 33U 305438, 5541068 / 503 m ü. NHN

Kapelle Hl. Florian; auch genannt „Awara-Kapelle". Verputzter Massivbau mit Satteldach und Granitgewände an Tür und Fenstern. Figurennische am Giebel. Erbaut um 1880/82. Die Kapelle steht an der Straße von Waldsassen nach Mitterteich am Ortsausgang von Kondrau.

153. Bruder-Klaus-Kapelle in Hatzenreuth

GPS UTM 33U 312098, 5543128 / 504 m ü. NHN

Die Bruder-Klaus-Kapelle in Hatzenreuth ist als Alternative im Rahmen des Kapellenweges mit dem Fahrrad oder Pkw von Waldsassen aus zu erreichen (Streckenlänge einfach ca. 6,2 km).

Die Bruder-Klaus-Kapelle ist ein Massivbau mit Granitsteinverblendung und Zeltdach mit Blecheindeckung. Freistehender Glockenturm mit Spitzdach.

1963 errichtete Kapelle, die dem Gedenken an die im Krieg gefallenen Männer und als symbolischer Ersatz für die damals nicht mehr erreichbaren Wallfahrtskirchen in Wies und Maria Loreto im ehemaligen Egerland dienen sollte. Nachdem Prälat Martin Rohrmeier (1906–1990) im Dezember 1958 die Pfarrei Waldsassen übernommen hatte, bemühte er sich um den Bau der Kapelle. Im Frühjahr 1960 erhielt er die Genehmigung des Bischöflichen Ordinariats in Regensburg und der Gemeinde Querenbach. Schon im Jahr darauf konnten die Baupläne eingereicht werden.

Kapitel 3

Kapellen in und um WIESAU

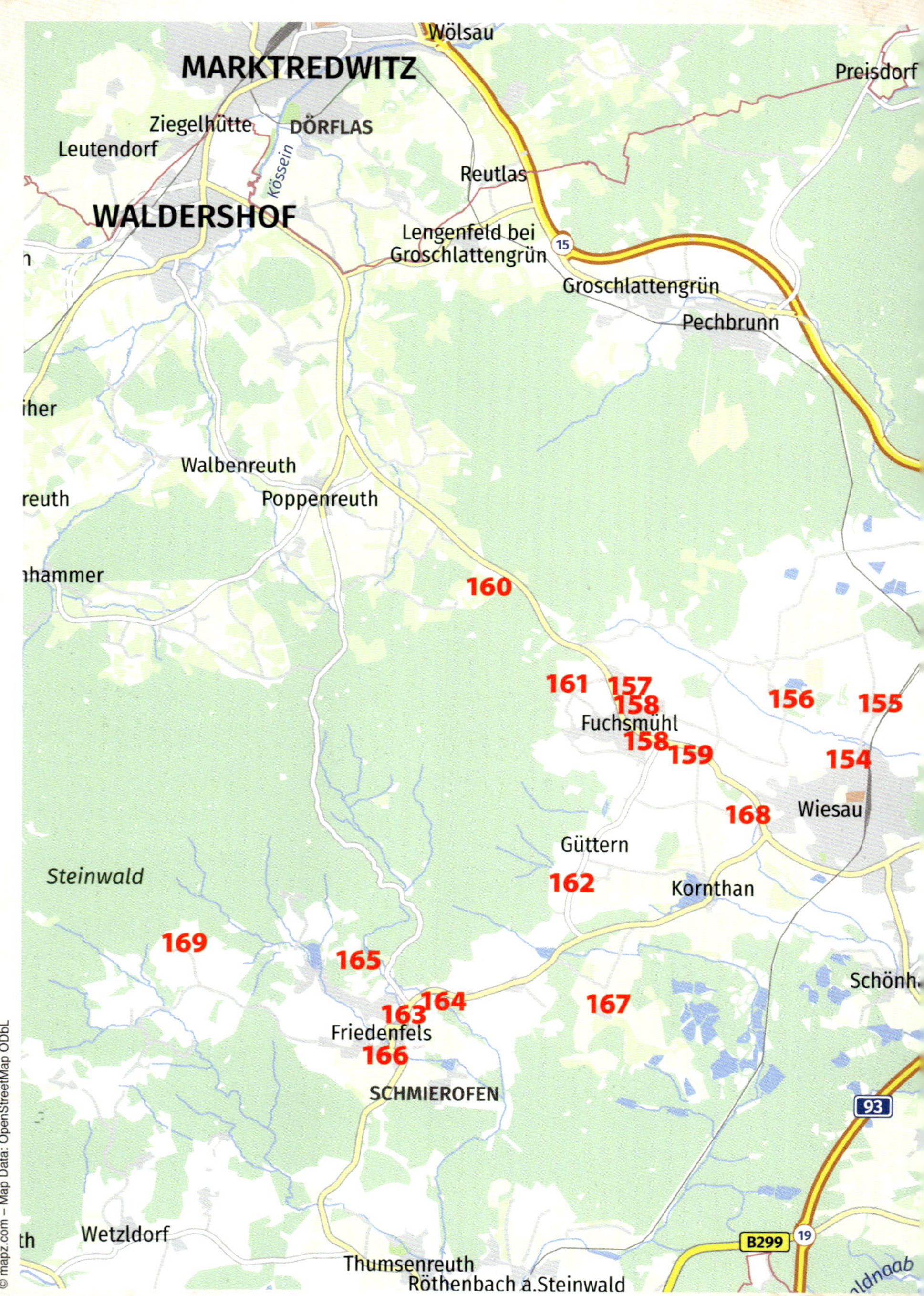
Wölsau
MARKTREDWITZ
Preisdorf
Ziegelhütte
DÖRFLAS
Leutendorf
Kössein
Reutlas
WALDERSHOF
Lengenfeld bei Groschlattengrün
15
Groschlattengrün
Pechbrunn
Walbenreuth
Poppenreuth
160
161
157
158
156
155
Fuchsmühl
158
159
154
168
Wiesau
Güttern
162
Kornthan
Steinwald
169
165
164
163
167
Schönh
Friedenfels
166
SCHMIEROFEN
93
Wetzldorf
B299
19
Thumsenreuth
Röthenbach a.Steinwald

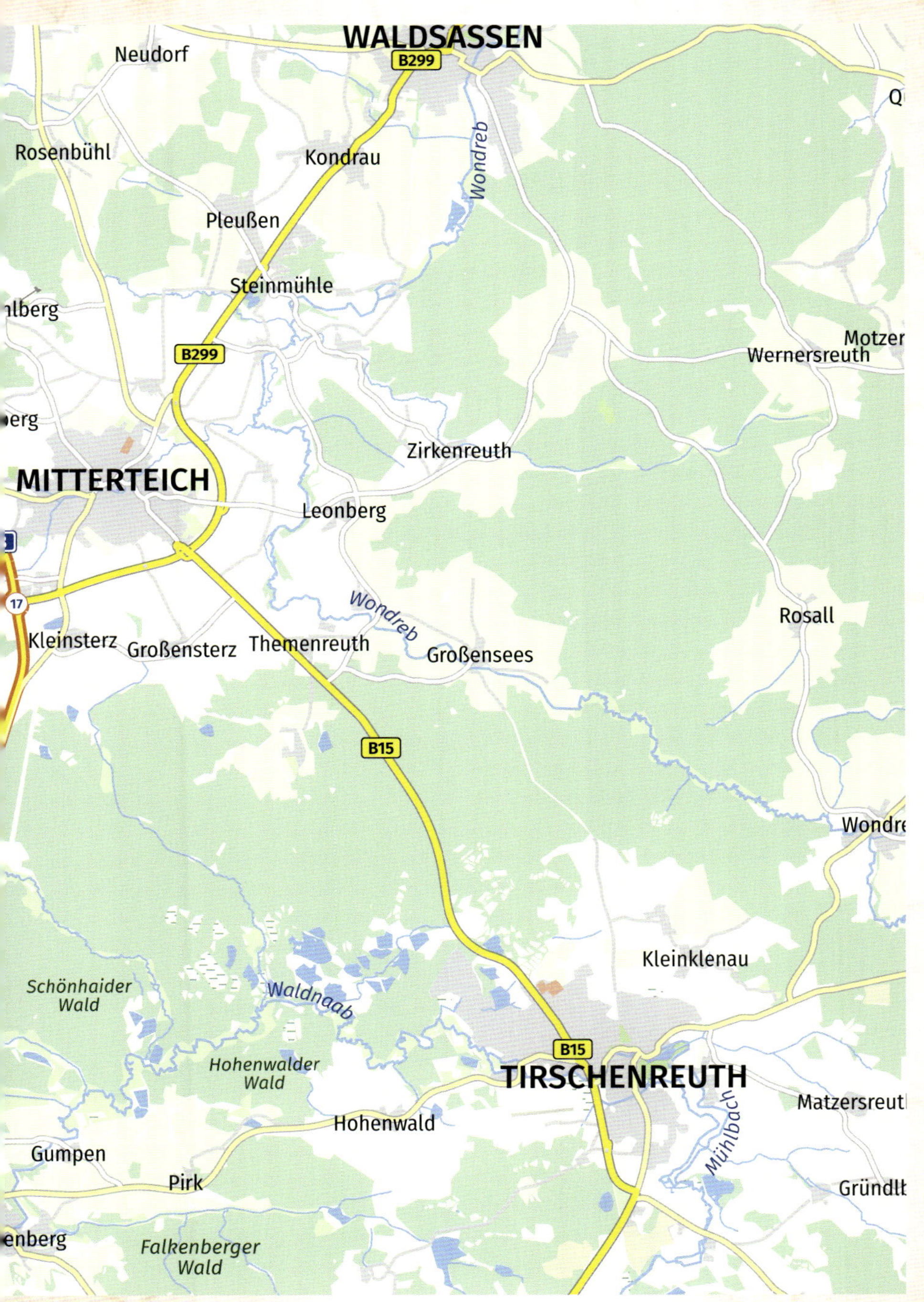
WALDSASSEN
B299
Neudorf
Rosenbühl
Kondrau
Wondreb
Pleußen
Steinmühle
B299
Motzer
Wernersreuth
Zirkenreuth
MITTERTEICH
Leonberg
Wondreb
Rosall
Kleinsterz
Großensterz
Themenreuth
Großensees
B15
Kleinklenau
Schönhaider Wald
Waldnaab
B15
Hohenwalder Wald
TIRSCHENREUTH
Mühlbach
Matzersreut
Hohenwald
Gumpen
Pirk
Falkenberger Wald

Allgemeines

Wiesau ist ein Markt im Oberpfälzer Landkreis Tirschenreuth.
Eine Ortsgründung im 11. Jahrhundert ist anzunehmen. Erstmals erwähnt wird die Ortschaft 1281 mit der Nennung von Konrad und Bero von Wiesau.
Bis zum Ende des 19. Jahrhunderts war die Landwirtschaft die Haupterwerbsquelle. Seit 600 Jahren wird in den Teichen rund um Wiesau Fischzucht betrieben.
1836 erhielt die Quelle des Wiesauer Säuerling die Bezeichnung „König-Otto-Bad".
Mit der Eröffnung der Bahnlinie Weiden–Mitterteich im Jahre 1864 und dem Bau weiterer Strecken nach Marktredwitz und Tirschenreuth wurde Wiesau bis zum heutigen Tag der wichtigste Bahnhof im Landkreis Tirschenreuth. Gleichzeitig begann auch der industrielle Aufschwung in Wiesau.
1933 erhielt der aufstrebende Ort die Bezeichnung Markt. Seit 1978 besteht die Verwaltungsgemeinschaft Wiesau–Falkenberg mit Sitz in Wiesau.
1990 erfolgte der Anschluss an die Bundesautobahn A 93.

Wiesau ist seit 1962 Sitz des Staatlichen Beruflichen Schulzentrums (BSZ) mit verschiedenen weiteren Berufsschulen.

Die nähere Umgebung von Wiesau ist geprägt von vielen Fischteichen und v. a. durch die „Wiesauer Waldseen" (Naturfreibad Kipp) – mit Grundwasser gefüllte ehemalige Tongruben – als Freizeitgelände.

In und um Wiesau können 15 Kapellen auf der Kapellentour erkundet und besichtigt werden. Alle diese Kapellen sind in Sichtweite zum Steinwald errichtet worden.

154. Feldkapelle St. Anna in Wiesau

(Baudenkmal D-3-77-159-6) GPS UTM 33U 298009, 5533070 / 520 m ü. NHN

Verputzter Massivbau mit Satteldach und einfacher Putzliederung. Die Kapelle befindet sich in der Schönfelder Straße in Wiesau. 18./19. Jh. Mit Ausstattung. Am First ein doppelbalkiges Eisenkreuz. Diesen Kreuzen, bei der die oberen Querarme kürzer sind als die unteren, schrieb man eine besonders schützende Wirkung zu. Im Volksglauben wurde es zum Wetterkreuz, das Blitzschlag, Hagel, Sturm und Wolkenbruch von den Feldern fernhalten sollte. Die Kapelle wurde vom Stiftländer Heimatverein renoviert. Der Verein pflegt auch die Kapelle.

155. Kriegergedächniskapelle in Schönfeld

(Baudenkmal D-3-77-159-29) GPS UTM 33U 298536, 5533836 / 514 m ü. NHN

Die Kriegergedächniskapelle wurde 1923 für die Gefallenen von 1914/18 erbaut. Eine Steintafel „Erster Weltkrieg“ ist außen und eine Steintafel „Zweiter Weltkrieg“ ist innen angebracht. Kapelle mit Ausstattung. Die in der Ortsmitte gelegene kleine Kapelle mit Satteldach und Stirnpfeiler ist aus Bruchsteinmauerwerk errichtet. Das Giebeldreieck ziert ein eisernes Kreuz (siehe Kapelle Nr. 157 in Wiesau). Die Doppelflügeltür mit ovaler Durchfensterung ist bauzeitlich wie im Inneren die Pietagruppe.

156. Ortskapelle Triebendorf

GPS UTM 33U 297210, 5533943 / 528 m ü. NHN

Verputzter Massivbau mit Satteldach. Ortskapelle Triebendorf ist eine private Kapelle. Erbaut 2016 von der Familie Fröhler als Dank für eine überstandene Krankheit.

157. Mariengrotte an der Marienstraße in Fuchsmühl

GPS UTM 33U 295073, 5534059 / 604 m ü. NHN

Kleiner Bau aus Granitsichtmauerwerk mit Rundbogendach und schmiedeeisernem Gitter. Steinkreuz als Bekrönung. Im Inneren Marienfigur.

158. Mariengrotten in Fuchsmühl

Grotte, Alte Straße, Fuchsmühl
GPS UTM 33U 295481, 5533473 / 560 m ü. NHN

Grotte, Marienstraße, Fuchsmühl
GPS UTM 33U 295112, 5533895 / 594 m ü. NHN

159. Schlosskapelle Mariä Opferung, Schloss Fuchsmühl

(Baudenkmal D-3-77-119-3) GPS UTM 33U 295905, 5533210 / 540 m ü. NHN

Die Kapelle Mariä Opferung ist für die Öffentlichkeit nicht zugänglich.
Der Gutsherr Christoph von Trautenberg erbaute um 1570 die Ursprungskapelle. 1752 wurde die Schlosskapelle erweitert und 1820 restauriert. Die Deckenmalerei (Rokoko) stammt vermutlich aus dem Jahr 1752. Als eine der ältesten reformatorischen Kirchen in der Oberpfalz ist sie leider in einem sehr schlechten und renovierungsbedürftigen Zustand. Einige Wand- und Deckengemälde sind in einem relativ guten Zustand mit leuchtenden Farben.

160. St.-Antonius-Kapelle in Herzogöd

GPS UTM 33U 293358, 5535459 / 721 m ü. NHN

Privatkapelle der Familie Köllner. Kleiner verputzter Massivbau mit Satteldach und Ziegeleindeckung. Eingangsüberdachung mit Rundgewölbe und Rundsäulen. Am 13. Juni bzw. am Antoniusfest wird beim Festgottesdienst das Antoniusbrot gesegnet.

161. Kapelle Maria Frieden in Fuchsmühl

GPS UTM 33U 294301, 5534259 / 655 m ü. NHN

Kapellenbau aus Granitmauerwerk mit blecheingedecktem Zeltdach und säulengestütztem Vordach. 1985 von den Mitgliedern der Flurbereinigung Fuchsmühl zum Abschluss der Arbeiten errichtet. Die Kapelle gehört der Marktgemeinde Fuchsmühl.

162. Ortskapelle in Güttern

(Baudenkmal D-3-77-119-6) GPS UTM 33U 294376, 5531573 / 530 m ü. NHN

Verputzter Massivbau mit Satteldach; 19. Jh.; mit Ausstattung. Privatkapelle der Familie Spitzl. Gebaut zur Erinnerung an Sohn und Bruder Wilh. Spitzl, am 7. Juli 1917 in Flandern im Alter von 20 Jahren gefallen.

163. Schlosskapelle in Friedenfels

GPS UTM 33U 291981, 5529639 / 537 m ü. NHN

Die Schlosskapelle in Friedenfels wurde am 4. August 1986 eingeweiht. Errichtet wurde sie von der Familie von Gemmingen/Hornberg in einer ehemaligen Stallung des Ökonomiegebäudes des Schlosses. Das dreifache Kreuztonnengewölbe aus der Barockzeit rahmt den kleinen Barockaltar von 1724 im Kirchenraum.

164. Waldfriedhof, Notthafftweg in Friedenfels (ohne Abbildung)

GPS UTM 33U 292424, 5529873 / 545 m ü. NHN

1878 als Park auf Initiative von Maximillian Joseph Notthafft angelegt. Findling mit Nische für Muttergottesfigur. Die Figur hatte Karoline Maria Wilhelmine Notthafft von Weißenstein um 1830 aus der Rundinger Schlosskapelle nach Friedenfels mitgebracht. Die heutige Muttergottesfigur stammt aus dem späten 18. Jh.

165. Kriegergedächtniskapelle auf dem Schusterberg in Friedenfels

(Baudenkmal D-3-77-118-9) GPS UTM 33U 291514, 5530445 / 609 m ü. NHN

Kriegergedächtniskapelle, im Kern um 1800; nach dem Ersten Weltkrieg erweitert; mit Ausstattung. Der um 1800 auf dem Schusterberg entstandene Satteldachbau ist nach dem Ersten Weltkrieg durch eine Giebelfront mit kräftigen Pfeilern erweitert worden. Das Giebeldreieck schmückt ein Laubkranz mit Stahlhelm und Schwertern zur Erinnerung an die gefallenen Soldaten beider Weltkriege.

166. Feldkapelle, Am Bühlstein in Friedenfels

GPS UTM 33U 291842, 5529253 / 530 m ü. NHN

Kleiner Massivbau aus Granitnatursteinmauerwerk mit Satteldach. Rundbogenöffnung mit Eisengitter.

167. Kapelle Maria Trösterin der Betrübten in Muckenthal

(Baudenkmal D-3-77-118-9) GPS UTM 33U 294710, 5529867 / 530 m ü. NHN

Neubarocke Kapelle; 1900/01; mit Ausstattung. Verputzter Massivbau mit Dachreiter und dreiseitig schließender Apsis. Die Kapelle geht auf ein Gelübde des Holzhändlers Baptist Schaumberger zurück. Den Altar schmückt ein neubarockes dreiteiliges Nischenretabel mit der Figur des segnenden Christuskindes. Im Apsisscheitel Bild der Maria Cansolatrix. Über den Seitenaltären stilverwandte Bilder des hl. Antonius von Padua und des Christus mit brennendem Herzen.

168. Kapelle zum Sonnengesang des hl. Franziskus in Mühlhof/ Wiesau

GPS UTM 33U 296780, 5532307 / 513 m ü. NHN

Private Kapelle der Familie Eichenseher in Mühlhof. Kapelle zum Sonnengesang des hl. Franziskus, erbaut 2013. Freistehender Glockenturm.

Nähere Informationen zur Kapelle: www.wiesau.de/tourismus-freizeit-kultur-sehenswürdigkeiten

169. Feldkapelle in Bärnhöhe

(Baudenkmal D-3-77-118-7) GPS UTM 33U 289053, 5530758 / 660 m ü. NHN

Die Feldkapelle in Bärnhöhe ist als Alternative des Kapellenweges gesondert mit dem Fahrrad oder Pkw ab Friedenfels über Schönfuß, Oed, Altenreuth und Bärnhöhe zu erreichen (Streckenlänge einfach ca. 3,8 km). Verputzter Massivbau mit Satteldach; erbaut 1930; mit Ausstattung; bei Haus Bärnhöhe Nr. 11.

Kapitel 4

Kapellen in und um KEMNATH

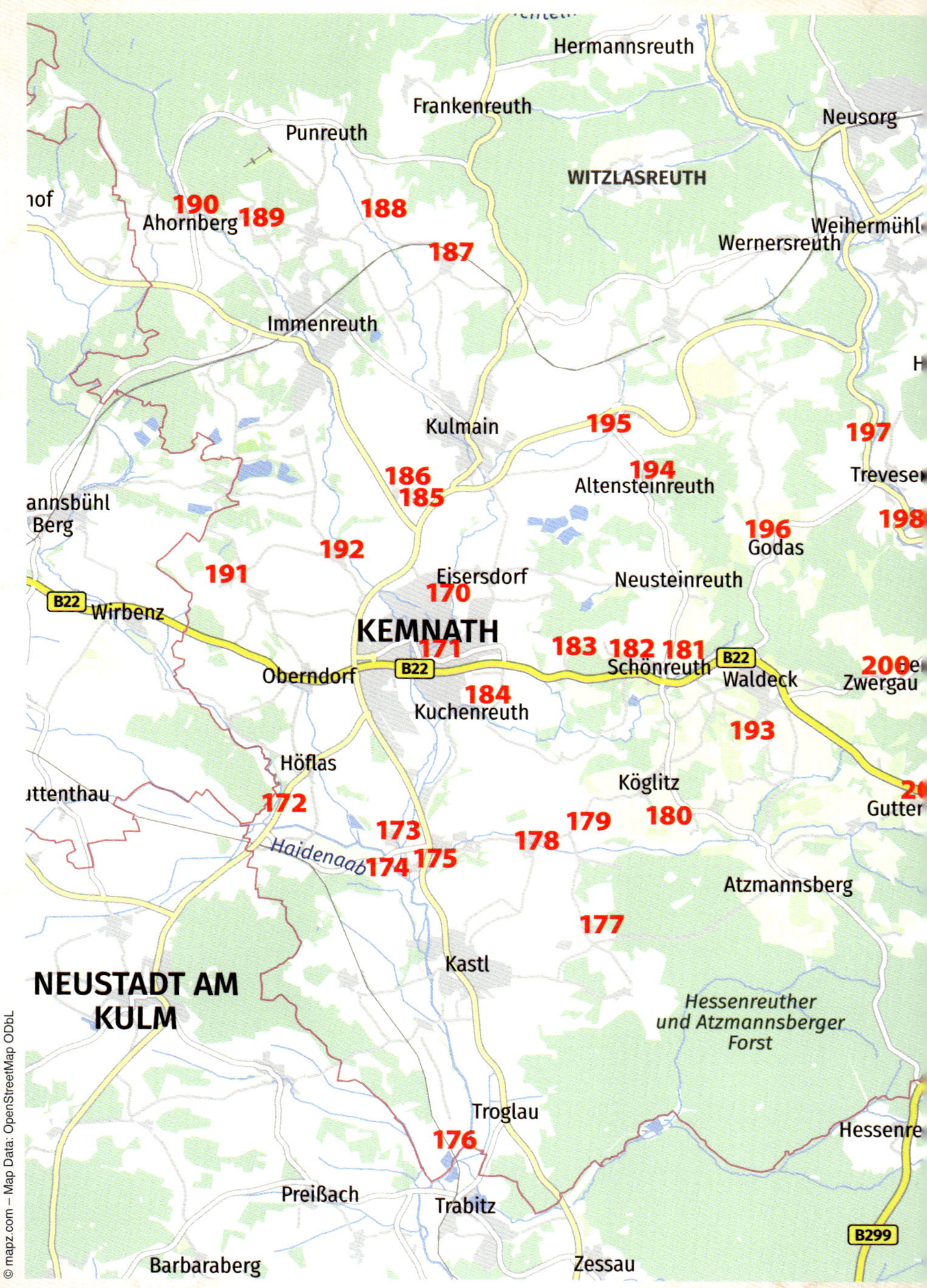

Hermannsreuth
Frankenreuth
Neusorg
Punreuth
WITZLASREUTH
190
Ahornberg
189
188
187
Weihermühl
Wernersreuth
Immenreuth
Kulmain
195
197
186
185
194
Altensteinreuth
Treveser
196
Godas
198
192
191
Eisersdorf
170
Neusteinreuth
B22
Wirbenz
KEMNATH
171
183
182
181
Schönreuth
B22
Waldeck
200
Zwergau
Oberndorf
B22
184
Kuchenreuth
193
Höflas
Köglitz
172
179
180
Gutter
173
178
Haidenaab
174
175
Atzmannsberg
177
Kastl
NEUSTADT AM KULM
Hessenreuther und Atzmannsberger Forst
Troglau
176
Hessenre
Preißach
Trabitz
B299
Barbaraberg
Zessau
© mapz.com – Map Data: OpenStreetMap ODbL

Dreihäuser
Harlachhammer
Fuchsmühl
Güttern
Steinwald
Friedenfels
SCHMIEROFEN
Grötschenreuth
Wetzldorf
Thumsenreuth
Röthenbach a.Steinwald
Fichtelnaab
Reuth bei Erbendorf
ERBENDORF
B22
B299
Bernstein
Krummennaab
Sassenhof
Steinbach
Fichtelnaab
Gerbersdorf
Nottersdorf
B22
Wildenreuth

Allgemeines

Kemnath ist eine Stadt im Oberpfälzer Landkreis Tirschenreuth und Sitz der Verwaltungsgemeinschaft Kemnath (Mitgliedsgemeinde: Stadt Kemnath / Gemeinde Kastl). Die Stadt gilt als das wirtschaftliche und kulturelle Zentrum des westlichen Landkreises Tirschenreuth. Kemnath wird auch als das „Tor zur Oberpfalz" bezeichnet.

Die Vorläufersiedlung „Keminata" der Stadt Kemnath soll 1009 durch Kaiser Heinrich II. dem neugegründeten Bistum Bamberg gestiftet worden sein. Die dann auf den Standort der heutigen Altstadt verlegte Siedlung wurde im 13. Jahrhundert als Markt angelegt. Das Stadtrecht wurde zwischen 1354 und 1375 verliehen
1972 wurde die ehemalige Kreisstadt Kemnath mit den umliegenden Gemeinden dem neugebildeten Landkreis Tirschenreuth zugeteilt.
Auf dem „Karpfenweg" rund um und durch die Stadt kann die Geschichte an vielen beschriebenen Stationen abgelesen werden.
Das aufstrebende Zentrum des Kemnather Landes hat sich über die Jahre zu einem modernen Industrie- und Gewerbestandort entwickelt.

Quelle: Robert Schön, Kreisheimatpfleger, Immenreuth

Das Gebiet der Stadt Kemnath liegt am westlichen Fuß des Steinwaldes. In der Umgebung befinden sich zwei Naturparks: der Naturpark Steinwald und der Naturpark Fichtelgebirge. Das Kemnather Land prägen Vulkankegel, wie beispielsweise der Armesberg, der Rauhe Kulm und der Waldecker Burgberg, sowie viele Fischteiche und Teichketten.
Sehenswert sind im Gemeindeteil Waldeck die Ruinen der Burg Waldeck.

31 Kapellen sind auf den Kapellentouren rund um Kemnath und Waldeck zu besichtigen. Herausragend ist dabei – ohne die restlichen Kapellen in den Hintergrund zu stellen – die Burgkapelle St. Ägidius auf der Burg Waldeck.

170. Altenheimkapelle in Kemnath

GPS UTM 33U 707802, 5528618 / 467 m ü. NHN

Die neue Kapelle im BRK-Altenheim mit 36 Sitzplätzen und 15 Stellplätzen für Rollstuhlfahrer wurde mit einem feierlichen Gottesdienst durch Bischof Gerhard Ludwig Müller 2006 eingeweiht. In den Altar wurden die Reliquien der hl. Märtyrer Timotheus und Aurelia und ihrer Gefährten eingefügt. Mit der Schlüsselübergabe von Architekt Klaus-Peter Brückner an den BRK-Kreisvorsitzenden Hahn war die Generalsanierung des Hauses offiziell abgeschlossen.

Quelle: Kemnather Heimatbote, Jahrgang 2005, S. 66; Rainer Schmidt, Neusorg

171. Kapelle im Krankenhaus Kemnath

GPS UTM 33U 707754, 5527954 / 466 m ü. NHN

Die Kapelle im Krankenhaus wurde am 20. Juni 1963 eingeweiht. Die Schutzmantelmadonna, ein Mosaikbild an der Altarwand, die farbenprächtigen Glasfenster und der auf Holztafeln gemalte Kreuzweg sind künstlerisch und religiös eindrucksvolle Werke des Professors Schunbach aus Wörgl, Tirol.

Quelle: www.pfarrei-kemnath.de

172. Hauskapelle Hl. Dreifaltigkeit in Gmundmühle

GPS UTM 33U 705677, 5525723 / 450 m ü. NHN

Chronik zur Kapelle (in der Kapelle vorhanden):

„Der Stamm Heindl, seit 1661 als Müller der Gmundmühle, christlichen Glaubens, hatte schon in der Vorzeit auf ihrem Grundbesitz eine Kapelle, in der dieser Altar der heiligsten Dreifaltigkeit war. Zu einer Zeit, wohl die Säkularisationszeit, gab es Eingriffe in Kirchen. Da brachten die Vorfahren zur Sicherheit den Altar in das Wohnhaus. Meine Eltern Josef und Margaretha Heindl ließen 1912/13 diese Kapelle bauen, worin der Altar seinen würdigen Platz bekam. Wir wollen den Erbauern, auch all denen, die sich um die Erhaltung dieser Kapelle bemühten, Dank sagen. Unser Gedenken gilt auch den Brüdern Wolfgang und Josef Heindl die im Krieg 1939/45 gefallen sind. Den würdigen Nachfahren der Gmundmühle Josef und Maria Kreuzer sei für ihren aufwendigen Einsatz zur Renovierung der Kapelle Dank gesagt mit einem Vergelt's Gott!"

Peter und Margarete Heindl

173. Feldkapelle St. Maria bei Kaibitz

(Baudenkmal D-3-77-129-64) GPS UTM 33U 707348, 5525720 / 455 m ü. NHN

Neugotische Kapelle; 1822; mit Ausstattung. Verputzter Massivbau mit Satteldach und Dachreiter. Die Giebelseite zeichnet ein gekehltes Spitzbogenportal aus. Von der Ausstattung ist das neubarocke Altarbild der Muttergottes hervorzuheben. Die Demolierung der Feldkapelle zu Zeiten der Säkularisation konnte auf recht seltsame Weise verhindert werden: Der Gutsherr Christoph Adam von Lochner war vom Stadtpfarrer von Clerambault aufgefordert worden, die Kapelle abzubrechen. Der Edelmann umging die Durchführung des Auftrages, indem er das „sehr hübsche, nach altdeutscher Schule gemalte" Muttergottesbild herausnahm und es in seinem Schloss verwahrte. Die kleine Kapelle verwandelte er in einen Obstdörrofen. Im Jahre 1822 wurde die kleine Kapelle wieder renoviert. Hier werden auch Maiandachten abgehalten.

174. Feldkapelle in Lindenhof

(Baudenkmal D-3-77-129-66) GPS UTM 33U 707160, 5525020 / 455 m ü. NHN

Kleine verputzte, in Massivbauweise mit Satteldach 1768 errichtete Kapelle; mit Ausstattung; zu Haus Nr. 1 gehörig. Nach Ausweis der Bauinschrift wurde die Kapelle 1786 von Konrad Kastner gestiftet. Der handwerklich ausgeführte Hochaltar in barocken Formen zeigt die Nachbildung des Tirschenreuther Gnadenbildes. Die Kapelle blieb von den Folgen der Säkularisation verschont, was darauf zurückzuführen ist, dass sich die Kapelle schon immer nicht in Kirchen-, sondern in Privatbesitz befand. Renoviert wurde die Kapelle von Hans Wiesent und dessen Sohn Georg im Jahr 2000.

175. Ortskapelle Hl. Dreifaltigkeit in Senkendorf

(Baudenkmal D-3-77-128-7) GPS UTM 33U 707651, 5525089 / 449 m ü. NHN

Verputzter Satteldachbau mit Glockendachreiter. Um 1837 neu erbaut. 1837 reichte Bauer Joseph Götz aus Senkendorf aufgrund eines Gelübdes ein Gesuch um Baugenehmigung für eine neue Kapelle ein. 1841 war der Kapellenneubau vollendet. Unter Regie der Familie Wopperer wurde die Kapelle 1991 renoviert. Im Inneren ein Rokokoaltar von 1760 (1902 überfasst) und ein barockes Gestühl aus der Pfarrkirche Kastl.

176. Feldkapelle Gegeißelter Heiland in Birkhof

(Baudenkmal D-3-77-128-6) GPS UTM 33U 708210, 5521354 / 442 m ü. NHN

Bez. 1816; mit Ausstattung. Der kleine massive verputzte Satteldachbau mit gerade schließendem Altarraum steht am Ortsrand von Birkhof. Den Altar schmückt ein spätbarockes Leinwandbild mit Christus in der Rast, begleitet von Petrus und Magdalena als Fürbitter.

177. Marienkapelle in Neuenreuth

GPS UTM 33U 709852, 5524403 / 508 m ü. NHN

Verputzter Massivbau mit Satteldach und einfacher Putzgliederung. Als Landwirt Ludwig Kaufmann aus Neuenreuth am 30.9.1944 im Zweiten Weltkrieg zur Wehrmacht einberufen wurde, nachdem schon zwei seiner Brüder gefallen waren, gelobte er, neben seinem Anwesen am Ortseingang eine Kapelle zu errichten, wenn er aus dem Krieg wieder lebend nach Hause komme. Im Jahre 1945 zurückgekehrt, begann er 1951 mit dem Bau der Kapelle. Nach Renovierung durch den Sohn Hans mit dessen Söhnen in den letzten Jahren erstrahlt die Kapelle im neuen Glanz.

178. Herz-Jesu-Kapelle in Reuth bei Kastl

GPS UTM 33U 709066, 5525502 / 452 m ü. NHN

Verputzter Massivbau mit Satteldach, einfacher Putzgliederung und Glockendachreiter mit Zwiebeldachhaube. Überdachter Eingangsbereich aus einer Holzkonstruktion. Gründung eines Kapellenbauvereins am 3.2.1994; Baubeginn für die neue Kapelle am 28.4.1995; Richtfest am 3.7.1996. Am 11.8.1996 wurde die Kapelle Herz Jesu durch Generalvikar H. H. Dr. Wilhelm Gegenfurtner eingeweiht.

179. Kapelle Maria Rosa Mystica in Reuth bei Kastl

GPS UTM 33U 709680, 5525638 / 466 m ü. NHN

Privatkapelle im Garten der Familie Tretter in Reuth bei Kastl. Erbaut 2013 aus Dankbarkeit für ein zufriedenes Leben. Kleiner verputzter Massivbau mit Satteldach, Dachreiter mit Spitzdach und überdachter Eingangsbereich. Der Schnitzer Gerhard Schinner aus Ebnath und der Kunstmaler Alfons Schraml aus Waldershof sorgten für die Innenausstattung.

180. Kapelle Theresia von Lisieux bei Köglitz

GPS UTM 33U 710834, 5525801 / 478 m ü. NHN

Kapelle zu Ehren von Theresia von Lisieux, geb. 2.1.1873 in Alençon, Frankreich, gest. 30.9.1897 in Lisieux, Frankreich. Ordensname „Thérèse de I'Enfant Jésus et de la Sainte Face" (Theresia vom Kinde Jesus und vom heiligen Antlitz). Französische Unbeschulte Karmelitin. Sie wird in der römisch-katholischen Kirche als Heilige und Kirchenlehrerin verehrt. Ihre Eltern Zélie und Louis Martin wurden 2015 ebenfalls heiliggesprochen. Für ihre Schwester Léonie wurde im selben Jahr der Seligsprechungsprozess eröffnet. Die Kapelle wurde von Irene und Dr. Peter Schleicher erbaut. Baubeginn am 1.10.2009, Fertigstellung 2010. Ziegelbauweise mit Sandsteinverkleidung, Kupferdach und zwei Türmchen mit Kupferblecheindeckung.

181. Kapelle St. Sebastian in Schönreuth

(Baudenkmal D-3-77-129-73) GPS UTM 33U 710671, 5527946 / 498 m ü. NHN

Im 15. Jh. von dem Geschlecht der Bernklau gestiftet, wurde die Kapelle nach den Bränden 1694, 1819 und in den Jahren 1842–44 romanisierend als Saalbau mit Satteldach, Glockentürmchen und Apsis – unter Verwendung alter Mauerbestände – wiederaufgebaut. Das zeitgleich entstandene Altarbild zeigt das Martyrium des hl. Sebastian. Die Kapelle wurde 1991/92 innen und außen grundlegend saniert.

182. Bildstock am Fahrradweg (B 22) westlich von Schönreuth

(Baudenkmal D-3-77-129-74) GPS UTM 33U 710401, 5527860 / 488 m ü. NHN

Bildstock mit Steinfigur des hl. Johannes von Nepomuk; bez. 1754. Der aus einer Rundbogennische bestehende Bildstock wurde gemäß der überdachten Postamentinschrift der Johann-Nepomuk-Figur 1754 von der damaligen Gutsbesitzerin Frau Ludmilla von Schirnding, geborene Moser, gestiftet.

183. Feldkapelle Lichtenhof

(Baudenkmal D-3-77-129-65) GPS UTM 33U 709418, 5527972 / 491 m ü. NHN

Verputzter Massivbau mit Satteldach. Feldkapelle 1918/19; mit Ausstattung.

184. Fatimakapelle in Kuchenreuth

GPS UTM 33U 708275, 5527302 / 456 m ü. NHN

Die Kapelle wurde in den Jahren 1947–49 auf Anregung von Geistlichem Rat Georg Pilz von den Dorfbewohnern errichtet. Massiver verputzter Satteldachbau mit Glockendachreiter und einfacher Putzgliederung. Renovierung 1990/91 unter der Trägerschaft der Feuerwehr als Gemeinschaftswerk der Dorfbewohner. Auch der Hochaltar und die Inneneinrichtung wurden von Bruno Schinner und Hans Metschnabl renoviert. Anton Veigl gab den Figuren ein neues Kleid. 2003 komplette Erneuerung des Daches und des Glockenturmes.

185. Kapelle St. Helena in Oberbruck

(Baudenkmal D-3-77-133-10) GPS UTM 33U 707442, 5530081 / 478 m ü. NHN

Katholische Nebenkirche St. Helena in Oberbruck. Kleiner Saalbau. Verputzter und halbrund geschlossener Massivbau mit Schopfwalmdach und offenem Dachreiter. Unter Verwendung mittelalterlichen Mauerwerks 1676 errichtet. Mit Ausstattung.

186. Ortskapelle in Oberbruck

(Baudenkmal D-3-77-133-9) GPS UTM 33U 707072, 5530198 / 481 m ü. NHN

Ortskapelle Oberbruck. Verputzter Massivbau mit Satteldach und Gewändeportal; neugotisch, 1. Hälfte des 19. Jhs.; mit Ausstattung.

187. Antoniuskapelle in Lenau

GPS UTM 33U 707680, 5533427 / 516 m ü. NHN

Ortskapelle Lenau. Verputzter Massivbau mit Satteldach, Glockendachreiter. Eingangsüberdachung in Holzkonstruktion.

188. Marienkapelle in Döberein

(Baudenkmal D-3-77-127-3) GPS UTM 33U 706625, 5534002 / 525 m ü. NHN

Ortskapelle als Marienkapelle in Döberein. Verputzter Massivbau mit Satteldach, Glockenturmdachreiter und Überdachung am Eingang. Neugotische Kirchenausstattung. Eine Vorgängerkapelle 1875 eingeweiht, wurde 1972 wegen Baufälligkeit abgebrochen. Die Einrichtung und die Glocke wurden eingelagert. 1989 Gründung „Dorfgemeinschaft Döberein e.V.". Beginn des Neubaus der Kapelle 4.4.1990; Fertigstellung der Kapelle 1990/91. Die alte Einrichtung der Vorgängerbaus wurde renoviert und wieder eingebaut.

189. Ortskapelle Schadersberg

(Baudenkmal D-3-77-127-2) GPS UTM 33U 704979, 5533876 / 579 m ü. NHN

Verputzter und dreiseitig geschlossener Massivbau mit Satteldach und Dachreiter mit Spitzdach; Glockenstuhl bez. mit 1840. Den Altar ziert ein kleines, teilweise erneuertes, spätbarockes Retabel aus dem letzten Viertel des 18. Jhs. mit ausgestellten Säulchen und einer Muttergottesfigur.

190. Ortskapelle Schmerzhafte Muttergottes in Ahornberg

(Baudenkmal D-3-77-127-1) GPS UTM 33U 704153, 5533855 / 553 m ü. NHN
Massivbau mit blecheingedecktem Satteldach, einfacher Putzgliederung und Dachreiter mit Blecheindeckung und Spitzdach; bez. 1837, erneuert 1907. Renovierung der Einrichtung 1955. Renovierung der Einrichtung und der Fassade 1978–82. Außenrenovierung 2008.
Es bestand bis zur Jahrhundertwende zum 19. Jh. eine Holzkapelle mit einem Gnadenbild. Nach einer Überlieferung wurde die Kapelle auf Initiative des damaligen Oberförsters zum Dank für die Errettung seiner Tochter, die in eine Grube mit gebranntem Kalk gefallen war, errichtet.

191. Ortskapelle Schmerzhafte Muttergottes in Haunritz

GPS UTM 33U 705046, 5528899 / 480 m ü. NHN

Verputzter Massivbau mit Satteldach und Dachreiter; 1933 eingeweiht; mit Ausstattung. Die der Schmerzhaften Muttergottes geweihte Kapelle wurde zum Andenken an die früh verstorbene Schneidermeistergattin Maria Pürner in München von ihrem Gatten Josef Pürner gestiftet. So lautet die Inschrift einer Gedenktafel in der Kapelle. 2021 wurde die Kapelle saniert.

192. Ortskapelle zur Heiligen Dreifaltigkeit in Berndorf

GPS UTM 33U 706414, 5529268 / 471 m ü. NHN

Massivbau mit Satteldach; erbaut 1926, renoviert 1989. Schmiedeeisernes Tor am Eingang zur Kapelle. Die Kapelle, die der Hl. Dreifaltigkeit geweiht ist, ist 1926 aufgrund eines Versprechens erbaut worden. Margaretha Kreuzer hatte während des Ersten Weltkrieges den Bau gelobt, wenn ihr Mann Michael gesund aus dem Krieg zurückkehren würde. Die Statuen des hl. Michael und der hl. Margaretha zu beiden Seiten des Altars sollen an die Erbauer erinnern.

193. Burgkapelle St. Ägidius in Waldeck

(Baudenkmal D-3-77-129-75) GPS UTM 33U 711888, 5527017 / 627 m ü. NHN

Burgkapelle St. Ägidius im Rahmen der Burgsanierung der Burg Waldeck freigelegt. Ein neuer moderner Glockenturm aus einer Stahlkonstruktion wurde errichtet. 2015 Segnung der revitalisierten Ägidiuskapelle. Die Glocke der Kapelle wurde von der Glockengießerei der Abtei Maria Laach vom Glockengießer Bruder Michael am 24.7.2015 vor Ort gegossen. Geweiht wurde die Glocke von Weihbischof Reinhard Pappenberger.

194. Ortskapelle in Altensteinreuth

GPS UTM 33U 710359, 5530577 / 499 m ü. NHN

Massivbau mit Satteldach, einfacher Putzgliederung, Glockendachreiter mit Spitzdach und Blecheindeckung. 1983 eingeweiht; mit Ausstattung.

195. Ortskapelle in Zinst

GPS UTM 33U 709783, 5531230 / 494 m ü. NHN

Massivbau mit Satteldach, Glockendachreiter mit Spitzdach, Kunstschieferverkleidung an der Fassade; mit Ausstattung.

196. Feldkapelle bei Godas

(Baudenkmal D-3-77-129-54) GPS UTM 33U 711962, 5529962 / 648 m ü. NHN

Massivbau mit Satteldach und Blecheindeckung; 1910; mit Ausstattung. Die Kapelle ist ein mit Kunstschieferplatten modern überformter Rechteckbau.
Innen besitzt die Kapelle ein neubarockes Retabel mit Figuren verschiedener Provenienzen.

197. Kapelle Maria Hilf in Trevesen

GPS UTM 33U 713340, 5531217 / 506 m ü. NHN

Kleiner Massivbau mit Satteldach und einfacher Putzgliederung; mit Ausstattung.

198. Marienkapelle in Trevesenhammer

GPS UTM 33U 713731, 5530007 / 498 m ü. NHN

Bereits seit dem 14. Jh. ist bei dem Dorf Trevesen ein Hammer im Tal der Fichtelnaab bezeugt. Zu Ehren der Jungfrau ließ der Besitzer des Hammergutes 1735 eine Marienkapelle erbauen. Die dem Verfall preisgegebene Kapelle wurde durch die finanzielle Unterstützung des Baumeisters Otto Busch sen. und der Initiative des Heimatvereins Steinwaldia in den Jahren 1989–90 rekonstruiert.

Sechseckiger Grundriss mit blecheingedecktem Kuppeldach. Steinleibungen aus Granit an den Fenstern und der Eingangstür.

199. Ortskapelle in Bingarten

(Baudenkmal D-3-77-129-52) GPS UTM 33U 284503, 5527357 / 567 m ü. NHN

Ortskapelle; neugotisch, spätes 19. Jh.; mit Ausstattung. Der kleine massive Satteldachbau mit Ziegeleindeckung, Außenputz mit Trauf- und Ortgangprofilen, Granitmauerwerk-Sockel, spitzbögig profilierten Fenstern und Portal besitzt eine qualitätsvolle neugotische Ausstattung. Das hölzerne, italianiesierende Tryptichon mit bekrönten Fialen wird von einem Muttergottesbild geschmückt.

200. Ortskapelle Maria von guten Ruf, Zwergau

GPS UTM 33U 713640, 5527905 / 644 m ü. NHN

Massivbau mit Satteldach und Ziegeleindeckung. Glatter einfacher Außenputz. Sockelmauerwerk aus Granit. Dachreiter mit Spitzdach und elektrischem Geläute. Gedenktafel für die Gefallenen der beiden Weltkriege. Kapelle mit Ausstattung. Erbaut 1955 von den Eheleuten Johann und Margarethe Sölch im Gedenken an ihren während des Zweiten Weltkrieges gefallenen Sohn Johann.

201. Ortskapelle St. Ullrich in Guttenberg

GPS UTM 33U 714320, 5526221 / 544 m ü. NHN

Massivbau mit Satteldach und Ziegeleindeckung, Dachreiter mit Zwiebeldachhaube. Vorgängerbau 1802 abgebrannt. Erbaut 1932 durch die Dorfgemeinschaft von Guttenberg.

Sei zu Gast im Dorf!

Ländliche Idylle. Natur soweit das Auge reicht. Im Herzen der Oberpfalz umgeben von drei Naturparks und dem EWILPA (Essbare Wilpflanzenpark) erleben Gäste in den Zimmern und Apartments der Hollerhöfe eine Mischung aus bayerischer Gemütlichkeit, Tradition und modernem Wohnkomfort. Ein wunderbarer Platz für eine Auszeit, Bewegung im Grünen, für kreative Gedanken, für Genuss und das Leben am Dorf, von seiner schönsten Seite zu erleben. Der Holunder, als eine der beliebtesten Heilpflanzen, ist nicht nur Namensgeber der Hollerhöfe, er findet auch im Programm und in der Küche seinen ganz besonderen Platz.

Hollerhöfe*** · Zu Gast im Dorf · Unterer Markt 35 a · 95478 Waldeck bei Kemnath
Tel.: +49 9642 70 43 10 · Fax: +49 9642 70 43 11 · E-Mail: info@hollerhoefe.de

Hollerhöfe
Unterer Markt 35 A
95478 Waldeck bei Kemnath
Tel. 09642 / 7041310
www.hollerhoefe.de
rezeption@
hollerhoefe.de
Ganzjährig geöffnet

Zu Gast im Dorf – Die Hollerhöfe sind ein idealer Rückzugsort für Urlauber, Gruppen und Tagungsgäste.

Der „Essbare Wildpflanzen Park"
Der Essbare Wildpflanzenpark in Waldeck ist der erste dieser Art in Deutschland. Der Essbare Wildpflanzenpark – kurz der EWILPA – bietet eine sehr gute Gelegenheit, die Pflanzenwelt in ihrer ganzen Vielfalt kennenzulernen; denn hier kann die Natur machen, was sie will. Der Erlebniswanderweg besteht aus insgesamt 13 „wilden" Stationen und macht auf fast sechs Kilometern Appetit auf Wildkräuter. Infotafeln geben Auskunft über die wichtigsten Wildpflanzen. Sie zeigen, wie man essbare Wildpflanzen in den täglichen Speiseplan aufnehmen kann und wie man mit Kräutern auch satt werden kann. Wer sich auf den Weg macht, ist erstaunt, wie viel Essbares die Natur bereit hält und wie viele Wildpflanzen es gibt, die zusätzlich noch eine Heilwirkung haben. Ungemein nützlich sind sie für alle Hobbyköche und Profis in der Küche obendrein, da man mit den gesammelten Wildkräutern Tee, Sirup, Tinkturen, Marmeladen, Brot, Kuchen, Gerichte und Liköre herstellen kann.

Tagungen, Schulungen, Workshops sowie Kräuterseminare, Teamevents und Kochworkshops durchzuführen. Die Veranstaltungsorte wurden mit modernster Technik ausgerüstet und warten jeweils mit einer Küche und einer Bar zum anschließenden Feiern auf. Die Räume lassen sich daher auch sich für die gemeinsame Verarbeitung von Kräutern, Blüten und Früchten nutzen, die in Deutschlands ersten „Essbaren Wildpflanzenpark" (EWILPA) reichlich zur Verfügung stehen.

In den Häusern der Hollerhöfe trifft historischer Charme auf modernen Komfort. Die Zimmer und Appartements sind sehr geräumig und ungemein gemütlich, also auch für längere Aufenthalte bestens geeignet. Jedes von ihnen erzählt ein Stück Waldecker Geschichte.

Kapitel 5

Kapellen in und um ERBENDORF

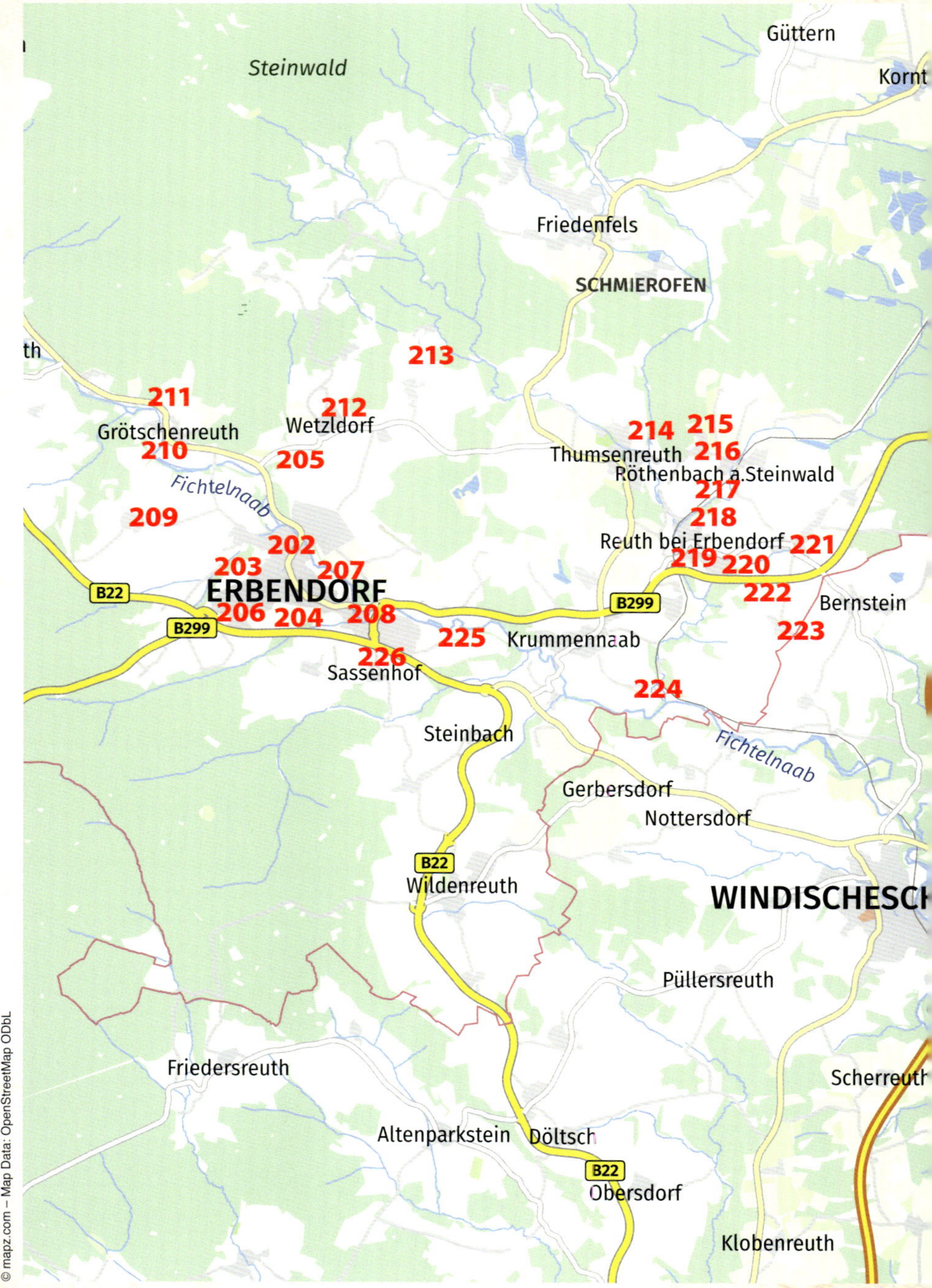
Steinwald
Güttern
Kornt
Friedenfels
SCHMIEROFEN
213
211
212
Grötschenreuth
Wetzldorf
210
205
214
215
Thumsenreuth
216
Röthenbach a.Steinwald
Fichtelnaab
209
217
218
202
Reuth bei Erbendorf
221
203
207
219
220
ERBENDORF
B22
B299
222
Bernstein
206
204
208
225
Krummennaab
223
226
Sassenhof
224
Steinbach
Fichtelnaab
Gerbersdorf
Nottersdorf
B22
Wildenreuth
WINDISCHESCH
Püllersreuth
Friedersreuth
Scherreuth
Altenparkstein
Döltsch
B22
Obersdorf
Klobenreuth

Schönhaid
Schönhaider Wald
Waldnaab
Kleinkl
B15
TIRSCHENREU
Hohenwalder Wald
93
Hohenwald
Gumpen
Pirk
Falkenberg
Falkenberger Wald
Waldnaab
Thann
Lengenfeld bei Tirschenreuth
B15
Pilmersreuth an der Straße
Liebenstein
Falkenberger Wald
Leichau
Schönficht
Dürnk
B15
Beidl
H
tersdorf
Schönkirch
uth
Plößberg
Wildenau
B15

Allgemeines

Erbendorf ist eine Stadt im Oberpfälzer Landkreis Tirschenreuth. Der staatlich anerkannte Erholungsort Erbendorf liegt im waldreichen Fichtelnaabtal, am südlichen Rand des Naturparks Steinwald.

Die Stadt Erbendorf wurde erstmals urkundlich im Jahre 1109 erwähnt und war bereits im Mittelalter ein Markt mit Stadtrechten. Zwischen 1806 und 1837 war Erbendorf Teil des bayerischen Obermainkreises. Die formelle Stadterhebung geschah am 6. Juni 1842 durch König Ludwig I.
In den letzen gut 450 Jahren fiel die Stadt siebenmal dem Feuer zum Opfer. Die letzten Stadtbrände waren 1832 und 1835.

Das Heimat- und Bergbaumuseum Erbendorf befasst sich mit der Geschichte Erbendorfs und der wirtschaftlichen Bedeutung des früheren Bergbaus in der Stadt (seit dem frühen 13. Jh. gibt es Nachweise für Bergbau in Erbendorf). Das Museum wurde im Jahre 1995 eröffnet.
Das Museum „Flucht-Vertreibung-Ankommen“ in Erbendorf beschäftigt sich mit der Migration und Integration in der nördlichen Oberpfalz ab 1920 bis in die Gegenwart. Die Eröffnung des Museums war im Jahre 2023.

Erbendorf ist Standort eines der modernsten Flachporzellanwerke der Welt.

Der Kapellenweg in und um Erbendorf führt zu 31 Kapellen in der Umgebung. Neu errichtete Kapellen wie die Radwegkapelle „Insel der Ruhe“ oder die Auferstehungskapelle Kohlbühl in Thumsenreuth wechseln sich ab mit schon bis zu 200 Jahre alten Kapellen.

202. Loretokapelle in Erbendorf

(Baudenkmal D-3-77-116-6) GPS UTM 33U 287587, 5524840 / 509 m ü. NHN

Bereits im 14. Jh. wird an dieser Stelle eine Kapelle „Zu unserer lieben Frau" genannt, die nachweislich 1605 nicht mehr existierte. 1739 kaufte der auf die Pfarrei resignierte katholische Pfarrer Johann Michael Pfreumbter das Grundstück und baute eine Kapelle darauf. Am 22.7.1751 wurden die Gebeine des Märtyrers Faustinus in die Kapelle übertragen. 1771 fiel, wie der ganze Ort, die Kapelle einem Brand zum Opfer. Nach dem Aufbau zerstörte der Stadtbrand 1796 die Kapelle erneut. 1798 wurde die Kapelle wieder aufgebaut. Das heutige Aussehen erhielt die Kapelle in den Jahren vor 1857, als die Kapelle um den Altarraum und die Eingangsfassade im neugotischen Stil erweitert wurde. Beichtstühle und Bänke stammen aus den Jahren 1848–50. Im Inneren zeigt der Flügelaltar (1902 durch die Kunstanstalt Drießler in Würzburg errichtet) bei geschlossenen Flügeln eine Verkündigungsszene und bei geöffneten Flügeln die thronende Madonna mit Kind als Hauptmotiv. Auf den beiden Seitenflügeln sind der hl. Wolfgang (links) und der hl. Dionysius (rechts) zu sehen. Über der Madonna halten zwei Engelein eine Nachbildung des Hauses, in dem die Jungfrau Marie gewohnt haben soll. Unter dem Altartisch befinden sich die Reliquien des hl. Märtyrers Faustinus von Rom.

203. Schlosskapelle in Erbendorf

(Baudenkmal D-3-77-116-16) GPS UTM 33U 287196, 5525029 / 526 m ü. NHN

Verputzter Bruchsteinbau mit Satteldach 18. Jh. Die Eglofsteiner, die im 15. Jh. Besitzer der Hofmark Altenstadt waren, sind wahrscheinlich die Erbauer der Kapelle. Von der Ausstattung der 1997/98 restaurierten Feldkapelle ist das kleine spätbarocke Altarretabel mit ausgestellten, reich verzierten Volutenstreben hervorzuheben. Auf dem Altar bemaltes Holzrelief der Geburt Christi nach 1500.

204. Hauskapelle im BRK-Altenheim in Erbendorf

GPS UTM 33U 287862, 5524614 / 492 m ü. NHN

Mit dem Neubau des BRK-Altenheimes wurde auch die Hauskapelle 1998 neu gestaltet. Der Künstler Erwin Otte schuf das schlichte, alles beherrschende Kreuz hinter dem Volksaltar. Besonders die Fenstergestaltung fällt dem Besucher in der Kapelle auf. In blau gehaltenen Bildern zeigt sie Szenen aus der Bibel im Buch Genesis: von der Erschaffung der Welt bis hin zum Bund, den Gott mit Noah nach dem Ende der Sintflut schließt.

205. Hauskapelle im Caritas-Altenheim St. Marien in Erbendorf

GPS UTM 33U 287862, 5526614 / 492 m ü. NHN

Kirchlicher Segen durch Bischof Wilhelm Schraml im Januar 2005. Ausstattung der Hauskapelle durch den Künstler Erwin Otte (Licht zusammen mit bunt geschmolzenem Glas, dem sog. Fusingglas).

206. Hauskapelle in der Geriatrie in Erbendorf

GPS UTM 33U 287276, 5524750 / 518 m ü. NHN

Geriatrische Rehabilitation Erbendorf; Hauskapelle. In der Mitte des zeltartigen, mit Holz ausgekleideten Raumes steht der Altar. Der Altar wurde aus der alten Kapelle des Krankenhauses übernommen.

207. Radwegkapelle „Insel der Ruhe", Erbendorf

GPS UTM 33U 288281, 5524793 / 470 m ü. NHN

Erbaut im Jahr 2014 am Steinwaldradweg. Geschaffen wurde die Kapelle von Künstler Erwin Otte. Die „Insel der Ruhe" soll v. a. die Radfahrer und Wanderer auf ihrem Weg zur Besinnung einladen (Blickrichtung von der Kapelle zu den Kirchen in Erbendorf).

208. Windischkapelle in Erbendorf

(Baudenkmal D-3-77-116-23) GPS UTM 33U 288277, 5524584 / 477 m ü. NHN

Verputzter Massivbau mit Satteldach. Pilaster-Putzgliederung. Im Kern 16./17. Jahrhundert. Erneuert um 1805. Mit Ausstattung. Die Kapelle ist benannt nach der Familie Windisch. Im Zuge der Säkularisation sollte die Kapelle im Jahre 1804 abgebrochen werden. Der Schreinermeister und Bildhauer Joseph Windisch erwarb sie in öffentlicher Versteigerung, um in ihr, wie er vorgab, eine Farb- und Leimsiederei einzurichten. Als sich nach Beginn des auf Anweisung des kurpfälzischen Landgerichts erfolgten Umbaus ein Unfall ereignete, wurden die Arbeiten eingestellt und das Gebäude als Kapelle wieder aufgebaut. Die Giebelfront zieren Pilaster, ein Ortganggesims und ein Traufknoten. Die zweifeldrigen Doppelflügeltüren besitzen eine aufgedoppelte Rautenmusterung.

209. Ortskapelle Mariä Himmelfahrt in Schadenreuth

(Baudenkmal D-3-77-116-31) GPS UTM 33U 285750, 5525836 / 545 m ü. NHN

Verputzter und dreiseitig geschlossener Massivbau mit Satteldach und gekehlten Gewänden. Erbaut 1837. Altarretabel neubarock. Der Bau weist eine aufwändige und zugleich eigenwillige Gestaltung der rundbogigen Fenster- und Türgewände auf. Kehlungen und Stäbe erinnern an spätromanische, die Böschungen an gotische Formen.

210. Kapelle Unserer Lieben Frau in Grötschenreuth, sog. Drahthammerkapelle

(Baudenkmal D-3-77-116-27) GPS UTM 33U 286025, 5526744 / 473 m ü. NHN

Die Kapelle wurde zwischen 1745 und 1750 durch Pfarrer Johann Michael Pfreimbter und dem Gutsherrn Johann Christoph von Weickmann in Grötschenreuth erbaut. 1771 und 1796 wurde die Kapelle durch einen Brand zerstört und zwischen 1844 und 1856 im gotischen Stil umgestaltet. Heute ist sie ein verputzter und dreiseitig geschlossener Massivbau mit einem Satteldach und spitzbogigem neugotischen Gewändeportal und Fensteröffnung von 1858.

211. Marienkapelle in Grötschenreuth

GPS UTM 33U 286027, 5527426 / 488 m ü. NHN

Kleiner privater Massivbau mit Satteldach. Dachüberstand im Eingangsbereich. Die Kapelle wurde 1995 von Hans Panzer aus Dankbarkeit für eine Genesung von einer Krankheit errichtet.

212. Kapelle St. Judas Thaddäus in Wetzldorf

(Baudenkmal D-3-77-116-36) GPS UTM 33U 288275, 5527021 / 529 m ü. NHN

Die Kapelle wurde 1749 durch die Dorfgemeinschaft Wetzldorf gebaut. Im Jahre 1743 brach im Dorf eine grassierende Tierseuche aus. Die Wetzldorfer versprachen aus diesem Anlass, eine Kapelle zu bauen. Schlichter Rechteckbau mit Satteldach und hohem Dachreiter mit Glocke und Zwiebelturmhaube. In der Rundbogennische über dem Eingang steht eine Holzfigur des hl. Florian. Neben dem Eingang ist ein Kruzifix mit neuzeitlichen Blechfiguren und der Schmerzensmutter aufgestellt. Den Altar schmückt ein neubarockes Zweisäulenretabel mit einem Leinwandbild des hl. Thaddäus. An der Decke eine Darstellung Mariens mit dem Kinde auf dem Schoß und auf Wolken thronend. Auf dem Altarbild ist der Patron der Kapelle zu sehen. Renovierung der Kapelle 1956 und 1981.

213. Kapelle St. Anna in Siegritz

(Baudenkmal D-3-77-116-34) GPS UTM 33U 289506, 5527901 / 552 m ü. NHN

Verputzter Massivbau mit Eckpilastern, Satteldach und Dachreiter mit Spitzdach. Den schlicht gegliederten, flach gewölbten Innenraum ziert ein neubarockes Altarretabel mit einer Figurengruppe der hl. Anna, die Maria das Lesen lehrt. Die Kapelle wurde 1813 durch Joh. Nep. V. Ibscher gebaut und um 14.8.1821 durch Pfarrer Göhl von Erbendorf eingeweiht. Am 22.11.1880 vermachte Rosalie Freifrau von Künsberg die St.-Anna-Kapelle der politischen Gemeinde Siegritz. Die Schenkungsurkunde bestimmt, dass die Kapelle nur zu römisch-katholischen Kultuszwecken verwendet werden darf.

214. Auferstehungskapelle Kohlbühl in Thumsenreuth

GPS UTM 33U 292387, 5526757 / 499 m ü. NHN

Moderner Satteldachbau aus Granitmauerwerk und Holzverkleidung mit freistehendem Glockenturm in Holzkonstruktion. Erbaut wurde die Kapelle im Jahr 2006 vom Kapellenverein Thumsenreuth-Kohlbühl.

Die Kapelle ist von ihrer Bauart her so ausgerichtet, dass die linke Tragwand in Richtung katholische Kirche, die rechte Tragwand zur evangelischen Kirche zeigt. Dies soll die Symbolik der Ökumene veranschaulichen und zeigen, dass keine Konfessionen in den Hintergrund gestellt werden sollen.

215. Privatkapelle in Mittelmühle

GPS UTM 33U 292595, 5526432 / 476 m ü. NHN

Privatkapelle der Familie Lang. Einfacher verputzter Bau mit Runddach und Blecheindeckung. Die Kapelle stand bis Mitte des 19. Jhs. am Erlhammer. Sie wurde 1865 von den Vorfahren erworben und an der Mittelmühle wieder errichtet.
Im Inneren ziert die Kapelle eine Christusfigur.

216. Privatkapelle in Mittelmühle

GPS UTM 33U 292620, 5526366 / 475 m ü. NHN

Privatkapelle der Familie Busch. Verputzter Massivbau mit Satteldach. Eingangsbereich überdacht mit Rundstützen. Es war aus Richtung Tschechien eine Maul- und Klauenseuche im Anmarsch. Frau Busch hatte versprochen, wenn wir davon verschont blieben, bauen wir eine Kapelle. Aus Dankbarkeit wurde die Kapelle gebaut.

217. Feldkapelle bei Erlhammer

GPS UTM 33U 292795, 5526012 / 482 m ü. NHN

Massiver rechteckiger Bau aus Granitmauerwerk mit Satteldach und Ziegeldacheindeckung. Spitzbogen über dem Eingangsbereich und über den Fenstern. Die Kapelle wurde 1951 im Gedenken an die beiden im Zweiten Weltkrieg gefallenen Söhne vom ehemaligen Sägewerksbetreiber Hans Dietz erbaut. Gedenktafel über der Eingangstür.

218. Begräbniskapelle in Drahthammer

(Baudenkmal D-3-77-149-11) GPS UTM 33U 292934, 5525359 / 486 m ü. NHN

Freiherrlich von Reitzensteinische Familiengruft; neuromanische Rotunde mit Vorhalle von 1852. Das Mausoleum der Freiherrn von Reitzenstein steht auf einer Anhöhe unweit des Schlosses. Dem im neuromanischen Stil errichteten und 1967 renovierten Rundbau ist eine Vorhalle vorgestellt, die von einem offenen Giebelreiter bekrönt wird. Am Giebel ist die Aufschrift „Spes mea Christus" und die Wappentafel mit dem Entstehungsjahr 1852 angebracht.

219. Katholische Kirche St. Katharina in Reuth bei Erbendorf

(Baudenkmal D-3-77-149-1) GPS UTM 33U 292945, 5525094 / 477 m ü. NHN

Saalbau. Verputzter Massivbau mit Satteldach, eingezogenem, halbrund geschlossenem Chor. Westturm mit Zwiebelhaube. Granitportal. Mit Ausstattung.

Erbaut im Jahre 1717 durch den Schlossherrn Johann Christian Ernst von Sparneck. Eine Gesamtsanierung erfolgte in den Jahren 1992/93. Hochaltar und der südliche Seitenaltar entstanden 1717/20; beide sog. Rankenaltäre (Arkanthusaltäre). Zugeschrieben werden sie dem Erbendorfer Schulmeister und Bildhauer Johann Christoph Windisch.

220. Kriegergedächtniskapelle in Reuth bei Erbendorf

GPS UTM 33U 293631, 5525068 / 490 m ü. NHN

Verputzter Massivbau mit Satteldach und Dachauskragung im Eingangsbereich. Am 23.8.1959 Einweihung der Kapelle mit vier Gedenktafeln. Die Pieta, die zuvor in der Pfarrkirche stand und dort bereits seit 1915 als Kriegerdenkmal diente, steht nun in der neuen Kriegergedächtniskapelle.

221. Grotte an der Pfarr- und Wallfahrtskirche Maria Hilf in Premenreuth

(Baudenkmal D-3-77-149-10) GPS UTM 33U 294292, 5525166 / 494 m ü. NHN

Lourdesgrotte, links neben dem Eingang zur Sakristei. Durch das Fenster kann folgende Szene betrachtet werden: Die ehrfurchtsvolle Bernadette kniet vor der ihr erscheinenden Maria im weiß-blauen Gewand.

222. Kapelle Barmherzigkeit Jesu bei Eiglasdorf/Fünfeichen

GPS UTM 33U 293814, 5524472 / 494 m ü. NHN

Verputzter Massivbau mit Satteldach und moderner Eingangstür. Erbaut von der Familie Adam im Jahre 2015 zur Ehre Gottes und den Eltern zuliebe. Christusdarstellung im Apsisfenster nach den Offenbarungen und Visionen Schwester Faustines zur Barmherzigkeit Gottes. Aus Granit gefertigter Altar.

223. Marienkapelle (Feldkapelle) bei Eiglasdorf

GPS UTM 33U 294303, 5523925 / 506 m ü. NHN

Kleiner rechteckiger Kapellenbau aus Granitmauerwerk mit Satteldach und Ziegeldacheindeckung. Besitzer ist die Familie Weidner. Erbaut vor 1806 und seitdem im Besitz der Familie. Renovierung 1986. Das Altarbild zeigt Maria mit dem Jesuskind über dem Spruch „Heil: Gottesgebärerin, bitt' für uns", flankiert vom hl. Florian mit dem Wassereimer und dem hl. Sebastian, gefesselt an einen Baum.

224. Kapelle Heilige Familie in Trautenberg

GPS UTM 33U 292340, 5523207 / 452 m ü. NHN

Verputzter Massivbau mit Satteldach. Rundbogenfenster mit Vorbau. Mit Ausstattung. Erbaut von den Bewohnern von Trautenberg (Kapellenbauverein) in den Jahren 1992–95. Geweiht der Heiligen Familie.

225. Feldkapelle Mariä Himmelfahrt, Inglashof

(Baudenkmal D-3-77-116-29) GPS UTM 33U 289759, 5524037 / 464 m ü. NHN

Verputzter Massivbau mit Satteldach. Giebelseite mit schlichter Pilastergliederung. Kapelle der Familie Wolfgang Meister. Ein Vorfahre der Familie war mit Napoleon im Russlandfeldzug. Er wurde mit dem Bajonett verletzt. Er schwor, wenn er seine Heimat wiedersieht, baut er eine Kapelle. Zuhause angekommen, verstarb er. Seine beiden Brüder, Hofbesitzer und Wachtmeister zu Erbendorf, lösten sein Versprechen ein und begannen 1837 mit dem Bau der Kapelle.

226. Ortskapelle in Sassenhof

GPS UTM 33U 288800, 5523599 / 496 m ü. NHN

Verputzter Massivbau mit Satteldach, Dachreiter und einfacher Putzgliederung.
Mit Ausstattung.

Der letzte Richter:

(zu 213. Kapelle St. Anna in Siegritz)

Er hieß Johann Nepomuk von Ibscher und war den Erbendorfern Pfarrern nach „erklärt er und geschworener Feind der Geistlichkeit, Religion und des Friedens". Die Fürsorge für seine Kapelle in Siegritz passt allerdings nicht zu diesem Bild, das die beiden Geistlichen über ihn verbreiteten. Auch ließ er die steinerne Figur seines Namenspatrons, die wahrscheinlich während der Säkularisation bei der Bruckmühl in die Fichtelnaab geworfen wurde, herausfischen und in seine Kapelle schaffen.

Quelle: Fähnrich Harald, Sagen und Legenden im Ldkrs. Tirschenreuth, 1981, Seite 77

Der gerettete Nepomuk:

(zu 213. Kapelle St. Anna in Siegritz)

Das Schloss ist inzwischen abgerissen; nur noch die 1813 vom damaligen Gutsbesitzer Joh. Nep. v. Ibscher erbaute St. Anna-Kapelle steht. Im Inneren des einfachen Baus steht links vom Eingang eine Steinfigur – der hl. Johann v. Nepomuk.

Der mündlichen Überlieferung nach ließ diese Figur der Gutsbesitzer Ibscher bei der Bruckmühle unterhalb von Erbendorf aus der Fichtelnaab ziehen und sie bei Siegritz aufstellen.

Quelle: Fähnrich Harald, Sagen und Legenden im Ldkrs. Tirschenreuth, 1981, Seite 242

Kapitel 6

Kapellen in und um NEUSORG

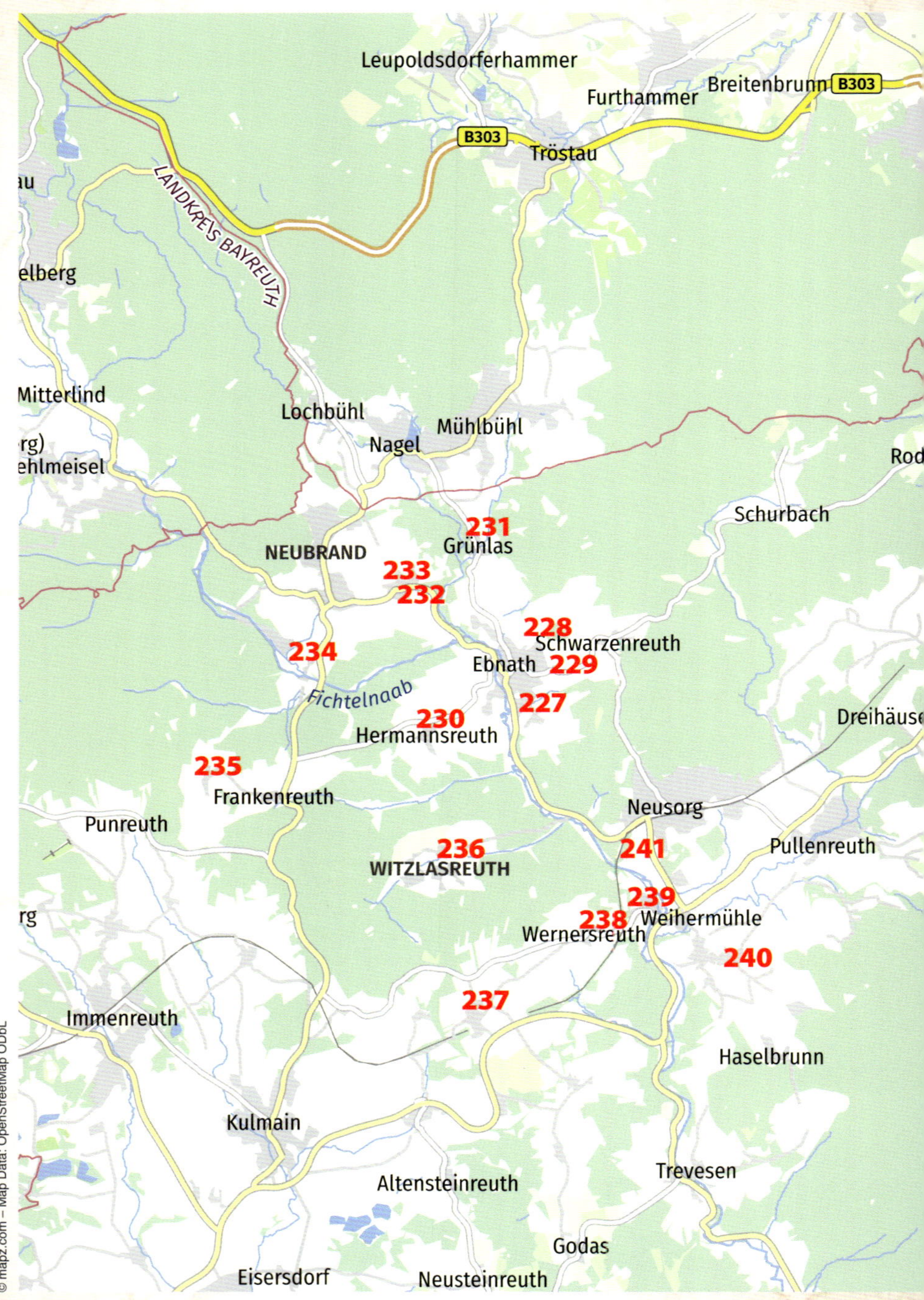
Leupoldsdorferhammer
Furthammer
Breitenbrunn
B303
B303
Tröstau
au
LANDKREIS BAYREUTH
elberg
Mitterlind
Lochbühl
Mühlbühl
Nagel
rg)
ehlmeisel
Rod
Schurbach
231
Grünlas
NEUBRAND
233
232
228
Schwarzenreuth
234
Ebnath
229
Fichtelnaab
227
230
Hermannsreuth
Dreihäuse
235
Frankenreuth
Punreuth
Neusorg
236
241
Pullenreuth
WITZLASREUTH
239
rg
238
Weihermühle
Wernersreuth
240
237
Immenreuth
Haselbrunn
Kulmain
Trevesen
Altensteinreuth
Godas
Eisersdorf
Neusteinreuth

Haid
B303
Lorenzreuth
13
Haag
Brand
Kössein
B303
OBERREDWITZ
93
Wölsau
MARKTREDWITZ
Preisdorf
Ziegelhütte
DÖRFLAS
Leutendorf
Reutlas
Kössein
WALDERSHOF
Lengenfeld bei
Groschlattengrün
15
Groschlattengrün
Pechbrunn
Walbenreuth
Poppenreuth
Fuchsmühl
Wiesau
Güttern
Steinwald
Kornthan
Friedenfels

Allgemeines

Neusorg ist eine Gemeinde im Oberpfälzer Landkreis Tirschenreuth. Neusorg ist Sitz der Verwaltungsgemeinschaft Brand–Ebnath–Neusorg–Pullenreuth.

Neusorg wurde um 1535 gegründet. Der Name des Orts wurde zum ersten Mal in einem Brief des Jahres 1568 erwähnt. Seit Mitte des 17. Jahrhunderts bis 1854 wurde in Neusorg Bergbau betrieben.
Bis dahin war der Ort eine kleine Siedlung; erst durch den Bau der Bahnstrecke Nürnberg–Cheb (Eger) 1878 (Abschnitt: Schnabelwaid–Marktredwitz) begann eine rasche Entwicklung. Heute liegt der Bahnhof Neusorg an der Bahnstrecke Nürnberg–Cheb (Eger).

Ursprünglich war nicht Neusorg Gemeindesitz, sondern der Ort Schwarzenreuth. Neusorg hatte jedoch v. a. durch den Eisenbahnbau und durch Flüchtlinge nach dem Zweiten Weltkrieg eine wesentlich größere Einwohnerzahl als Schwarzenreuth erreicht. 1949 wurde die bisherige Gemeinde Schwarzenreuth in Gemeinde Neusorg umbenannt.

14 Kapellen sind auf dem Kapellenweg in und um Neusorg zu besichtigen. Die Kapellen wechseln dabei von ca. 200 Jahre alten Kapellen bis zu in der Neuzeit errichteten Kapellen.

227. Ortskapelle in Neusorg

GPS UTM 33U 711211, 5536979 / 541 m ü. NHN

Ortskapelle in Neusorg. Einfacher verputzter Massivbau mit Satteldach und schmiedeeisernem Gitter mit Rundbogen. Im Inneren Figur hl. Josef mit Jesuskind. Erbaut von der Familie Wartinger, Neusorg.

228. Kapelle Herz Jesu, Kalvarienberg in Ebnath

GPS UTM 33U 711496, 5537802 / 616 m ü. NHN

Verputzter Massivbau mit Satteldach und Dachreiter mit Spitzdach. Mit Ausstattung. Rundbogenfenster und Rundbogenportal mit Granitgewände. Die Kapelle wurde 1875 errichtet. Schon um das Jahr 1800 sind drei Kreuze auf dem Kalvarienberg nachgewiesen. Neu aufgestellt wurden sie im Jahr 1904. 13 Kreuzwegstationen aus dem Jahr 1967 führen zur Kapelle. An der Außenwand der Kapelle befindet sich eine Granittafel mit dem Fichtelgebirgslied.

229. Mariengrotte in Ebnath (ohne Abbildung)

Unterhalb der Kapelle Herz Jesu am Kalvarienberg in Ebnath befindet sich eine versteckte Mariengrotte.

230. Marienkapelle in Hermannsreuth

(Baudenkmal D3-77-115-8) GPS UTM 33U 709937, 5536554 / 576 m ü. NHN

Verputzter Massivbau mit Satteldach und Blecheindeckung. Einfache Putzgliederung. Die Kapelle wurde 1912 aufgrund eines Gelübdes von Alois und Theres Sticht errichtet. Heutiger Besitzer ist die Familie Schecklmann. Der Altar ist vom übrigen Raum durch ein Eisengitter abgetrennt. Der Altar wurde von dem Ebnather Schreiner Adolf Rubenbauer gefertigt. In der Kapelle befinden sich Figuren des hl. Josef und des hl. Michael sowie eine Nachbildung der Muttergottes von Altötting.

231. Marienkapelle in Grünlas

(Baudenkmal D-3-77-115-7) GPS UTM 33U 710445, 5538996 / 571 m ü. NHN

Verputzter Massivbau mit Satteldach und mit Kupferblech verkleidetem Dachreiter mit Spitzdach. Granitgerahmte Eingangstür. 1841 erbaut. Die Kapelle geht auf ein Gelübde Johann Kneidls und seiner Ehefrau zurück, nachdem sich bereits eine kleine Wallfahrt zu dem ebenfalls von ihm 1828 gestifteten Marienbild entwickelt hatte. Das Gnadenbild der Maria mit dem Christuskind schmückt das kleine, in spätbarocken Formen gestaltete Retabel mit kannelierten Säulen.

232. Ortskapelle in Fuhrmannsreuth

(Baudenkmal D-3-77-113-2) GPS UTM 33U 709657, 5538391 / 565 m ü. NHN

Verputzter Massivbau mit Satteldach; wohl 1. Hälfte des 19. Jhs.; zu Haus Nr. 8 gehörig.

233. Kapelle Maria Königin in Fuhrmannsreuth

GPS UTM 33U 709507, 5538479 / 565 m ü. NHN

Verputzter Massivbau mit Putzgliederung an der Traufe und am Ortgang. Satteldach, Glocktürmchen mit Spitzdach und überdachter Eingangsbereich. Mit Ausstattung. Baubeginn 7.9.1993, Fertigstellung 1995. Erbaut durch den Kapellenbauverein Fuhrmannsreuth.

234. Kapelle Hl. Dreifaltigkeit in Grünberg

(Baudenkmal D-3-77-113-3) GPS UTM 33U 708383, 5537241 / 562 m ü. NHN

Neugotische Kapelle; 1857/59; mit Ausstattung. Ein Vorgängerbau, der bis ins frühe 18. Jh. zurückgeht, wurde in der Zeit zwischen 1801 und 1805 abgebrochen. Die heutige Kapelle wurde von dem Grünberger Müller Bartholomäus Besold gestiftet und vom Maurermeister Thedor Fichtl aus Kemnath in den Jahren 1857/59 erbaut. Es handelt sich um einen Werksteinbau mit dreitseitig schließendem Altarraum, Satteldach, Glockentürmchen mit Spitzdach und Kreuzgratgewölben. Den Eingang schmückt ein spitzbogiges Gewändeportal. Die Fenster besitzen granitenes Maßwerk und farbige Glasscheiben.

235. Ortskapelle in Ölbrunn

(Baudenkmal D-3-77-133-13) GPS UTM 33U 707020, 5535679 / 681 m ü. NHN

Verputzter Massivbau mit Satteldach, Glockentürmchen mit Spitzdach und eingezogenem Chor. Erbaut 1863. Granitgewände an der Eingangstür und an den Fenstern.

236. Ortskapelle in Witzlasreuth

(Baudenkmal -3-77-133-15) GPS UTM 33U 710247, 5534649 / 563 m ü. NHN

Verputzter Massivbau mit Satteldach und offenem Glocktürmchen mit Zwiebelhaube. Erbaut 1817. Mit Ausstattung. Kapelle mit dreiseitig schließendem Altarraum. Eingang mit profilierter Granitrahmung und Rankenwerk. Das kleine Altarretabel mit zwei ausgestellten Säulen und Marienfigur stammt, teilweise erneuert, aus spätbarocker Zeit. Es war in der Zeit der Napoleonischen Kriege: Ein versprengter Franzose kam in das Dorf und übernachtete in der Mühle. Der Müller merkte, dass der Franzose wertvolle Gegenstände und Geld mit sich führte. Er brachte den Franzosen in den Mühlradstuben um. Niemandem fiel das Verschwinden auf. Doch das Gewissen ließ dem verbrecherischen Müller keine Ruhe. Er ließ 1817 vom geraubten Geld die Kapelle erbauen, um seine Untat einigermaßen zu sühnen.

237. Kapelle Sieben Schmerzen Mariä in Oberwappenöst

(Baudenkmal D-3-77-133-12) GPS UTM 33U 710659, 5532664 / 583 m ü. NHN

Neugotisch, um 1910; mit Ausstattung. Verputzer Saalbau mit einfacher Putzgliederung, Satteldach mit Ziegeleindeckung, eingezogenem Chor, Spitzbogenfenster und Westturm mit Spitzdach. Den Altar schmückt ein kleines, neubarockes Retabel mit einer Pietagruppe.

238. Ortskapelle in Wernersreuth

GPS UTM 33U 712280, 5533884 / 582 m ü. NHN

Verputzter Massivbau mit Satteldach. Mit Kupferblech verkleideter Glockenturm mit Spitzdach. Vorgezogenes Dach beim Eingangsbereich mit Holzstützen. Privatkapelle der Familie Geiger.

239. Kapelle St. Wolfgang in Riglasreuth

(Baudenkmal D-3-77-143-3) GPS UTM 33U 712964, 5534145 / 510 m ü. NHN

Kleiner verputzter Saalbau mit Satteldach. Glockentürmchen mit Zwiebelhaube. Im Kern 17./18. Jh., ab 1849 erneuert, um 1928/39 erweitert. Mit Ausstattung.

Die Kapelle steht am südlichen Ortsrand des bereits 1285 als kurpfälzisches Lehen erstmals nachweisbaren Dorfes. Im frühen 17. Jh. wird eine Kirche erwähnt, die vom Pfarrer aus Pullenreuth betreut wurde. Bei der Kapelle handelt es sich um einen schlichten Rechteckbau mit Zwiebeldachreiter und Flachdecke. Den Altar ziert ein flaches, zweisäuliges Retabel des frühen 18. Jhs., das mit spätgotischen Figuren eines früheren Schreinaltars aus der Zeit um 1520 ausgestattet wurde. Im Mittelfeld stehen die Hl. Wolfgang, Sebastian und Laurentius. Die Seitenfiguren bilden die Hl. Johannes Evangelista und Mauritius. Der Tabernakel mit Knorpelwerk stammt aus der Zeit um 1670. Dem 18. Jh. dürfte die Figur des hl. Michael mit Schwert und Seelenwaage an der nördlichen Langhauswand angehören.

240. Dreifaltigkeitskapelle in Lochau

GPS UTM 33U 714089, 5533518 / 570 m ü. NHN

Zunächst wurde in Lochau eine Kapelle in der Dorfmitte für Gottesdienste und Gebete genutzt. Als jedoch die Kapelle dem FFW-Haus weichen musste, wurde ein Betsaal in das Schulgebäude integriert. Nachdem das Schulgebäude für die Schule nicht mehr genutzt werden konnte, wurde das Gebäude mit Hilfe der Dorferneuerung in Eigenleistung saniert. Die Dreifaltigkeitskapelle ist zu einem Schmuckstück der Gemeinde geworden.

241. Dreifaltigkeitskapelle am Radweg zwischen Neusorg und Riglasreuth

GPS UTM 33U 712882, 5535117 / 538 m ü. NHN

Massiver verputzter Rundbau mit ca. 3 Meter Durchmesser, Vorraum und mit Kupferblecheindeckung. Erbaut 2005 von der Familie Würstl mit tatkräftiger Unterstützung von Oskar Heining. Die Kapelle wurde aus Dankbarkeit für überstandene Krankheiten in der Familie errichtet. Schmiedeeisentor am Eingang.

Die Innenausstattung ist ganz auf die Dreifaltigkeit ausgerichtet. Wesentlich dazu tragen die Holzfiguren bei, die Waltraud Würstl alle selbst gestaltet hat. Die Taube, Gott Vater und Sohn bilden das Zentrum des Altarbildes (Dreifaltigkeit), flankiert von Maria (nach Altöttinger Muster) und einer Jesus-Darstellung; unten zwei Engel.

Die farbigen Glasfenster stammen vom Mitterteicher Künstler Engelbert Süß. Sie nehmen die Themen „Gott als Auge“ und „Weintrauben als Symbol der Eucharistie“ auf. Das Thema „Gottesauge“ ist auch im Dachstuhl zu finden. Das Kreuz neben der Kapelle besteht aus einem alten österreichischen Friedhofskreuz und einem Findling aus Schurbacher Kösseinegranit.

Kapitel 7

Kapellen in und um WALDERSHOF

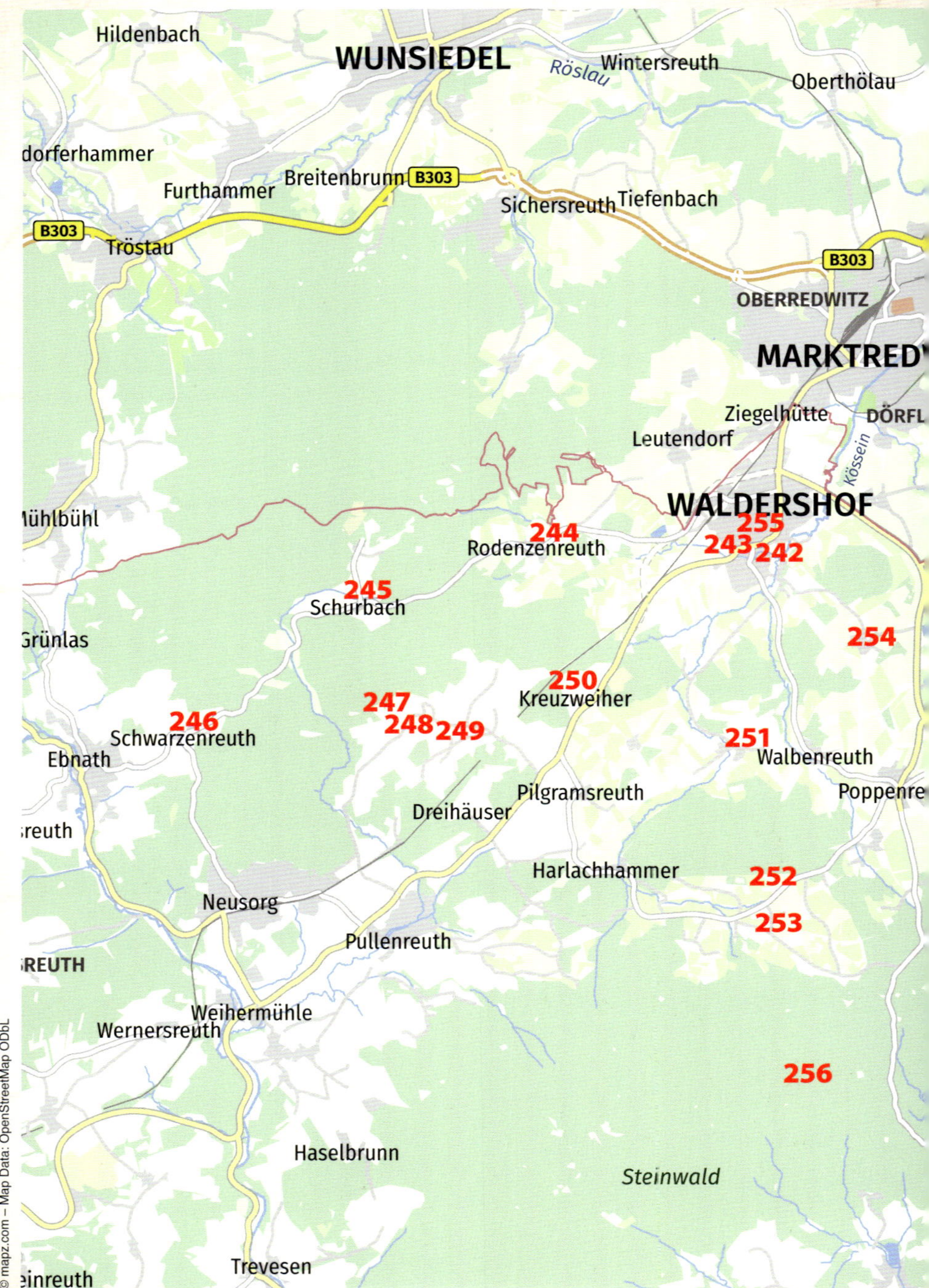
Hildenbach
WUNSIEDEL
Röslau
Wintersreuth
Oberthölau
dorferhammer
Furthammer
Breitenbrunn
B303
Sichersreuth
Tiefenbach
B303
Tröstau
B303
OBERREDWITZ
MARKTREDW
Ziegelhütte
DÖRFL
Leutendorf
Kössein
WALDERSHOF
Mühlbühl
244
255
243
242
Rodenzenreuth
245
Schurbach
Grünlas
254
250
Kreuzweiher
247
246
248
249
Schwarzenreuth
251
Walbenreuth
Ebnath
Pilgramsreuth
Poppenre
Dreihäuser
reuth
Harlachhammer
252
Neusorg
253
Pullenreuth
REUTH
Weihermühle
Wernersreuth
256
Haselbrunn
Steinwald
Trevesen
einreuth

Korbersdorf
Seußen
Röslau
Haid
B303
Kössein
Brand
Haag
Höflas
Grün
Groppenheim
Münche
LANDKREIS
Konnersreuth
Neudorf
Preisdorf
Rosenbühl
eutlas
eld bei
tengrün
15
Groschlattengrün
Pechbrunn
Pleußen
Steinmühle
Großbüchlberg
B299
Kleinbüchlberg
MITTERTEICH
16
Oberteich
93
17
Kleinsterz
Großensterz
Themenre
Fuchsmühl
Wiesau
18
Güttern
Kornthan
Schönhaid
Schönhaider

Allgemeines

Waldershof ist eine Stadt im Oberpfälzer Landkreis Tirschenreuth. Waldershof liegt in der Waldershofer Senke zwischen dem Steinwald und der Kösseine im Fichtelgebirge.
Die Burg Waldershof wurde schon 1061 urkundlich erwähnt. 1471 erfogte der Umbau zum Schloss. 1463 verlieh der Landesherr, Abt Nikolaus IV. vom Kloster Waldsassen, Waldershof stadtähnliche Privilegien. Schloss und Markt unterstanden bis zur Säkularisation 1803 der Abtei Waldsassen. Im Jahr 1818 entstand die politische Gemeinde. 1963 wurde Waldershof zur Stadt erhoben.

Die Gründung der Porzellanfabrik Haviland 1907 – heute besteht keine Porzellanindustrie in Waldershof mehr – war ein wichtiger Schritt in der Entwicklung zu einer industriell geprägten Gemeinde. Mehrere metallverarbeitende Unternehmen und der Fahrradhersteller CUBE haben in Waldershof ihren Firmensitz. Waldershof hat einen Bahnhof an der Bahnstrecke Nürnberg–Cheb (Eger).

Auf dem Kapellenweg in und um Waldershof sind 14 Kapellen zu besichtigen. Die Dreifaltigkeitskapelle, im Steinwald gelegen, ist im Rahmen des Kapellenweges nur zu Fuß auf einem Wanderweg ab Wanderparkplatz Hohenhard zu erreichen.

242. Katholische Kapelle St. Joseph in Waldershof

(Baudenkmal D-3-77-157-9) GPS UTM 33U 289407, 5540095 / 535 m ü. NHN

Katholische Kapelle St. Joseph; im Kern 1726–27, erneuert 1813 und 1849; mit Ausstattung. Die dreiseitig geschlossene Kapelle mit Satteldach und Dachreiter besaß bereits im 17. Jh. einen Vorgängerbau. Die heutige Kapelle geht im Kern auf den Neubau von 1726–27 zurück. Umbauten erfolgten in den Jahren 1813 und 1849. Renovierungen in den Jahren 1927–28 und 1964–65. Von der Ausstattung ist besonders das viersäulige Altarretabel mit einer Nischenfigur des hl. Joseph aus dem 1. Drittel des 18. Jhs. hervorzuheben.

243. Kapelle Hl. Johannes von Nepomuk in Waldershof

(Baudenkmal D-3-77-157-1) GPS UTM 33U 289138, 5540208 / 539 m ü. NHN

Im Kern wohl 18. Jh.; mit Ausstattung. Kleiner verputzter massiver Rechteckbau mit Satteldach. Die Kapelle war bis 1934 dem Schloss zugehörig. Möglicherweise hat ein Klosterrichter die Kapelle im 18. Jh. erbauen lassen. Ungewöhnlich sind giebelseitig sowohl die Doppelpforte als auch die sehr große Nische mit der Nepomukfigur des 18. Jhs., was auf spätere Umbauten verweisen könnte. Den Altar schmückt ein handwerkliches, spätbarockes Retabel mit Weinranken, Bandelwerk und Kruzifix.

244. Kapelle St. Hubert in Rodenzenreuth

(Baudenkmal D-3-77-157-12) GPS UTM 33U 286777, 5540465 / 574 m ü. NHN

Holzverkleideter Holzständerbau. Die Außenhaut ist mit Blech verkleidet. Erbaut 1908. Mit Ausstattung. Die Kapelle wurde 1908 von dem Oberförster Ludwig Pirner unter Mithilfe seines Bruders Alois errichtet und stellt als holzverkleideter Holzständerbau (Wandverkleidung innen aus Fichtenrinde) eine Seltenheit dar. Der rechteckige Saalbau mit Satteldach und Dachreiter besitzt einen eingezogenen Rechteckchor und eine kleine Vorhalle. Die Ausstattung ist teilweise noch bauzeitlich. 1968 wurde die Kapelle renoviert. Anfang des 20. Jhs. war der aus Rodenzenreuth stammende Ludwig Pirner als Förster in Baumgarten im Bayerischen Wald tätig. Bei einem lebensgefährlichen Zusammenstoß mit Wilderern gelobte er, eine Kapelle zu bauen, falls er diesen Überfall gesund überleben sollte. Nach seiner Rettung ließ er dann mit Hilfe seines Bruders Alois Pirner und einiger junger Männer aus Rodenzenreuth die Kapelle zu Ehren des hl. Hubertus (Patron der Jäger) in seinem Heimatort erbauen.

245. Kapelle Maria Himmelfahrt in Schurbach

(Baudenkmal D-3-77-157-6) GPS UTM 33U 714464, 5539664 / 674 m ü. NHN

Massiver verputzter Rechteckbau mit Satteldach, Dachreiter mit Spitzdach und kleinem Vorbau. Giebelseite mit Holzschindeln verkleidet. 1930 von der Ortsgemeinde erbaut, im Juli 1932 geweiht. 1957 wurde eine Glocke eingebaut. 1976 erfolgte eine umfassende Renovierung. Die künstlerische Ausgestaltung lag in den Händen von Prof. Heinrich Pospiech aus Ansbach.

246. Auferstehungskapelle in Schwarzenreuth

GPS UTM 33U 712275, 5537858 / 626 m ü. NHN

Massiver verputzter Rechteckbau mit Satteldach, Dachreiter mit Spitzdach und überbautem Eingangsbereich. Erbaut 2009/10 vom Förderverein „Kapelle Schwarzenreuth e.V.". Das Konzept für die Gestaltung der Kapelle stammt vom Künstler Max Fischer aus Neustadt an der Waldnaab.

247. Kapelle Hl. Maria in Höll

GPS UTM 33U 714852, 5538096 / 636 m ü. NHN

Massiver verputzter Rechteckbau mit Satteldach, Dachreiter mit Spitzdach und überdachtem Eingangsbereich. Erbaut von Alois Schlicht aus Höll 1997 als Dank an die Mutter Gottes. Marienfigur im Inneren der Kapelle.

248. Marienkapelle in Höll

GPS UTM 33U 284845, 5537938 / 627 m ü. NHN

Massiver verputzter Rechteckbau mit Satteldach. Rundbogengewände aus Granit an der Eingangstür und an den Fenstern. Beim Anwesen Wegmann. Errichtet 1841. Saniert 1986 von J. Wegmann. Im Inneren Säulenaltar mit Bild der Muttergottes.

249. Marienkapelle in Langentheilen

GPS UTM 33U 285358, 5537828 / 624 m ü. NHN

Massiver verputzter Rechteckbau mit Satteldach. Beim Anwesen Andreas Sticht. Errichtet 1924 zum Dank für die glückliche Heimkehr aus dem Ersten Weltkrieg.

249.1 Mariengrotte in Höll

In der Mariengrotte der Fam. Greger steht seit 1922 eine rund 1 Meter hohe Marienfigur, die damals – die Originalrechnung liegt noch vor – extra aus Lourdes in Frankreich eingekauft wurde. Leider ist vom Erbauer der tief im Hang fast verborgenen Grotte kein Name bekannt.

Quelle: www.onetz.de>pullenreuth>lokales>ferienprogramm

250. Marienkapelle in Kreuzweiher

(Baudenkmal D-3-77-148-7) GPS UTM 33U 286919, 5538270 / 589 m ü. NHN

Massiver verputzter Rechteckbau mit Satteldach. Spätes 19. Jh. Erneuert 1957. Mit Ausstattung. Privatkapelle der Familie Müller, Kreuzweiher. Mit Kriegerdenkmal. Im Inneren Marienbild aus dem Bestand des Bauernhofs. Der Altar ist eine Leihgabe. Das Kriegerdenkmal wurde von Benno Müller errichtet. Er verlor im Ersten Weltkrieg zwei Brüder.

251. Kapelle Maria Königin in Masch

GPS UTM 33U 289124, 5537531 / 568 m ü. NHN

Massiver verputzter Rechteckbau mit Satteldach, Glockendachreiter mit Spitzdach, Sakristeianbau und überdachtem Eingang. Erbaut 1955–56 von den Bewohnern der Ortschaft Masch. Renoviert 1966.

252. Kapelle St. Josef in Hohenhard

GPS UTM 33U 289520, 5535690 / 679 m ü. NHN

Massiver verputzter Rechteckbau mit Satteldach; vermutlich 19. Jh.; Eigentümer ist die Familie Burger. Im Inneren der Kapelle befindet sind ein Altar mit Kerzen und Holzkreuz. An den Seitenwänden Bilder des Herzens Maria und des hl. Josef.

253. Kapelle Hl. Antonius von Padua in Hohenhard

(Baudenkmal D-3-77-157-13) GPS UTM 33U 289429, 5535124 / 688 m ü. NHN

Verputzter Saalbau von 1766; mit Ausstattung.

Die Kapelle ist ein kleiner Saalbau mit Satteldach, Dachreiter mit Spitzdach und eingezogenem, dreiseitig schließendem Altarraum, der von einer Tonne mit Spitzkappen eingewölbt wird. Den Altar ziert ein bauzeitliches, bewegtes Vierseitenretabel mit weit ausgestellten Seitenteilen. Das Altarblatt zeigt den hl. Antonius von Padua. Figuren am Altar: links der hl. Stephanus, rechts der hl. Lautentius, oben Bild Krönung Mariens. An der Außenseite der Kapelle sind in die Mauer Marmortafeln mit den Namen der Gefallenen und Vermissten der beiden Weltkriege eingelassen.

Legende zur Entstehung der Kapelle:

Einmal fuhren die zwei Bauern Greger und Pöllmann von Hohenhard in den Steinwald, um Holz zu holen. Als sie den Berg bei der Hohen Tanne hinauffuhren, rissen bei dem vorausfahrenden Wagen die Stränge. Der Wagen rollte zurück auf das nachfolgende Fuhrwerk zu. Ein großes Unglück schien unvermeidlich. Da rief der Bauer, dem der erste Wagen gehörte: „Heiliger Antonius hilf!" Sogleich schlug die Deichsel des zurückrollenden Wagens anders ein und der Wagen landete im Straßengraben. Zum Dank erbauten die zwei Bauern zu Ehren des hl. Antonius eine Kapelle.

254. Feldkapelle St. Joseph bei Wolfersreuth

(Baudenkmal D-3-77-157-31) GPS UTM 33U 290775, 5538692 / 636 m ü. NHN

Feldkapelle; 18. Jh.; mit Ausstattung.
Die mit Lindenbäumen umstandene Kapelle ist ein kleiner verputzter Rechteckbau mit Satteldach und Dachreiter. Der Giebelseite sind aufgeputzte Doppelpilaster vorgeblendet. Den Altar ziert ein Retabel mit ausgestellten Volutenpilastern aus dem letzten Viertel des 18. Jhs. Das Altarblatt mit der Darstellung des hl. Joseph gehört dem 20. Jh. an. In den Jahren 1988/89 wurde dieses kleine Gotteshaus umfassend renoviert und restauriert. Eigentümer ist Arnold Schraml aus Wolfersreuth.

255. Ortskapelle in Waldershof

(Baudenkmal D-3-77-157-3) GPS UTM 33U 289305, 5540365 / 546 m ü. NHN

Im Jahr 1900 in neuromanischen Formen errichtete Kapelle südlich neben der Kirche. Ein kleiner Bau aus Polygonalmauerwerk mit flachem Satteldach. Die Kapelle birgt im Inneren eine Lourdesgrotte.

256. Dreifaltigkeitskapelle im Steinwald

GPS UTM 33U 290009, 5533176 / 865 m ü. NHN

Die Dreifaltigkeitskapelle im Steinwald ist als Alternative im Rahmen des Kapellenweges mit Ausgangspunkt Waldershof enthalten. Die Kapelle ist mit dem Fahrrad oder Pkw ab der Abzweigung bei der Gefällemühle (Straße von Harlachhammer nach Poppenreuth) zu erreichen. Mit dem Pkw kann allerdings nur bis zum Wanderparkplatz Hohenhard gefahren werden. Die Dreifaltigkeitskapelle im Steinwald ist ab dem Parkplatz zu Fuß in ca. 60 Minuten (einfache Gehzeit) zu erwandern (Streckenlänge Abzweigung Gefällemühle – Wanderparkplatz ca. 2,0 km einfach; Streckenlänge Wanderparkplatz – Dreifaltigkeitskapelle 2,1 km einfach).

Dreifaltigkeitskapelle aus Holz und Granit, 865 m hoch gelegen im Steinwald am Steinwaldweg zwischen der Burgruine Weißenstein und der Platte mit dem Oberpfalzturm. Initiator zum Bau der Kapelle war Oberförster Meier aus Poppenreuth. Geplant wurde die Kapelle von Architekt Dürrschmidt aus Wiesau. Bauträger war der Verein Naturpark Steinwald e.V. Die Baukosten übernahmen der Naturparkverein, die Güterverwaltung Friedenfels, Gemeinden, Firmen, Vereine und Privatpersonen. Der Vorraum der offenen Kapelle ist als Unterstellmöglichkeit gedacht. Neben der Kapelle steht ein Steinmarterl mit „Sühnesteinen". Alte Leute erzählen, dass bis vor wenigen Jahrzehnten aus der näheren und weiteren Umgebung Steine hier heraufgetragen wurden, weil man glaubte, dadurch Vergebung von Sündenstrafen zu erlangen.

Bildstock bei der Hohen Tanne:

(Sie war 28 m hoch, aber über 200 Jahre alt. Sie überragte den umgebenden Waldbestand, bis sie in den 30er-Jahren vom Sturm geknickt wurde.)

Bei der Platte, wo ein Wanderweg die alte Fahrstraße von Erbendorf herauf (nach Hohenhard) überquert, stand die hohe Tanne. Ihr gegenüber steht ein Bildstock mit der Hl. Dreifaltigkeit. Herum liegt ein Steinhaufen. Es war noch 1980 Brauch, von zu Hause einen Stein mitzunehmen und hier beim Bildstock abzulegen. Dadurch werden die Sündenstrafen erlassen, glaubt man.

Andere erzählen, der Brauch bürgerte sich ein zuerst bei den Hohenhardern, nachdem diese von einem schweren Unwetter heimgesucht worden waren.

Quelle: Harald Fähnrich, Sagen und Legenden im Landkreis Tirschenreuth

Immerwährende Anbetung

Kapitel 8

Besondere KAPELLEN

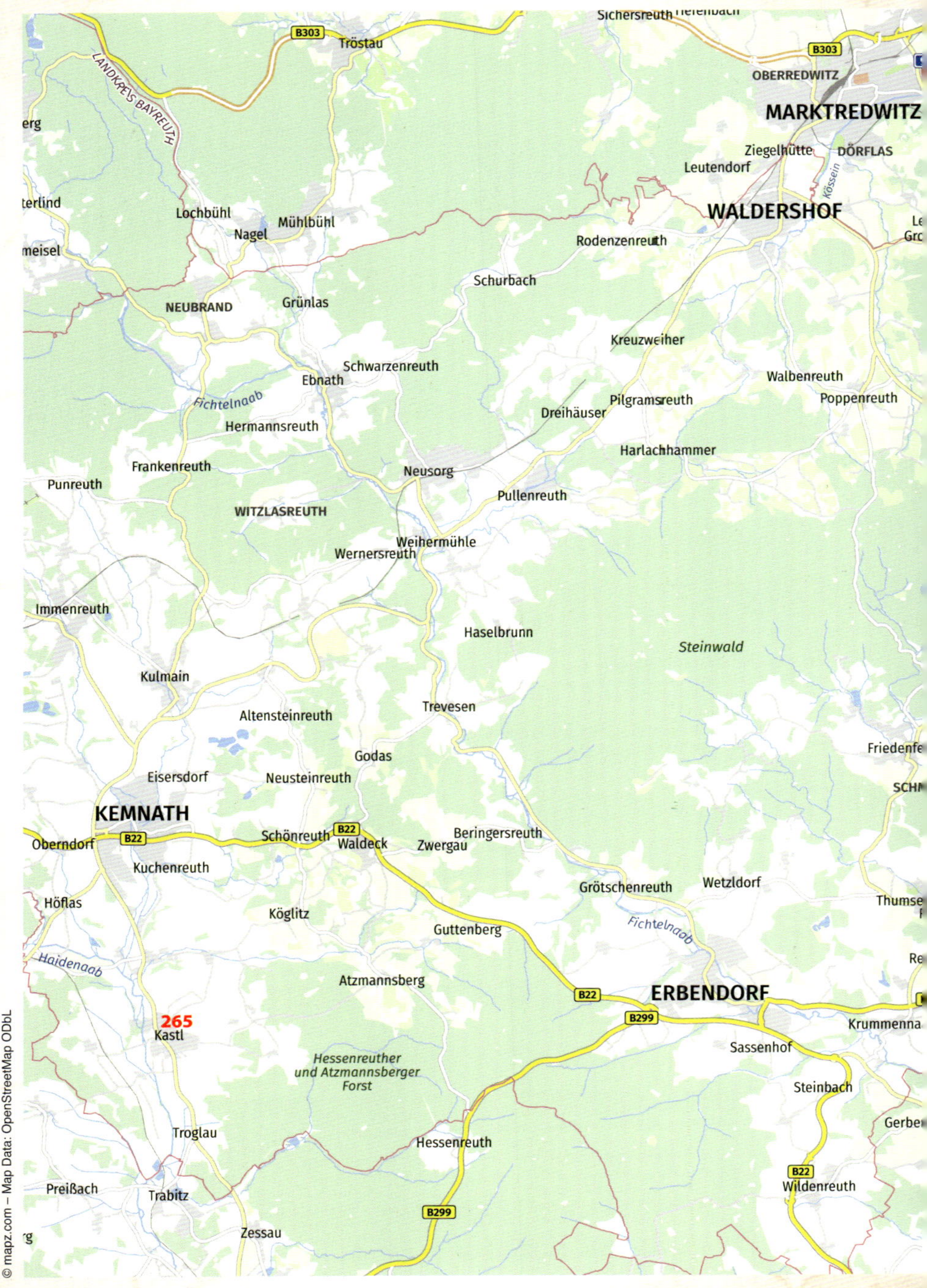
B303
Tröstau
Sichersreuth
B303
OBERREDWITZ
MARKTREDWITZ
LANDKREIS BAYREUTH
Ziegelhütte
DÖRFLAS
Leutendorf
Kössein
WALDERSHOF
Lochbühl
Mühlbühl
Nagel
Rodenzenreuth
Schurbach
NEUBRAND
Grünlas
Kreuzweiher
Schwarzenreuth
Ebnath
Walbenreuth
Fichtelnaab
Pilgramsreuth
Poppenreuth
Dreihäuser
Hermannsreuth
Harlachhammer
Frankenreuth
Punreuth
Neusorg
Pullenreuth
WITZLASREUTH
Weihermühle
Wernersreuth
Immenreuth
Haselbrunn
Steinwald
Kulmain
Altensteinreuth
Trevesen
Godas
Eisersdorf
Neusteinreuth
KEMNATH
B22
Beringersreuth
Oberndorf
B22
Schönreuth
Waldeck
Zwergau
Kuchenreuth
Grötschenreuth
Wetzldorf
Höflas
Köglitz
Guttenberg
Fichtelnaab
Haidenaab
Atzmannsberg
B22
ERBENDORF
B299
265
Kastl
Krummenna
Sassenhof
Hessenreuther
und Atzmannsberger
Forst
Steinbach
Troglau
Hessenreuth
B22
Preißbach
Trabitz
Wildenreuth
B299
Zessau
© mapz.com – Map Data: OpenStreetMap ODbL

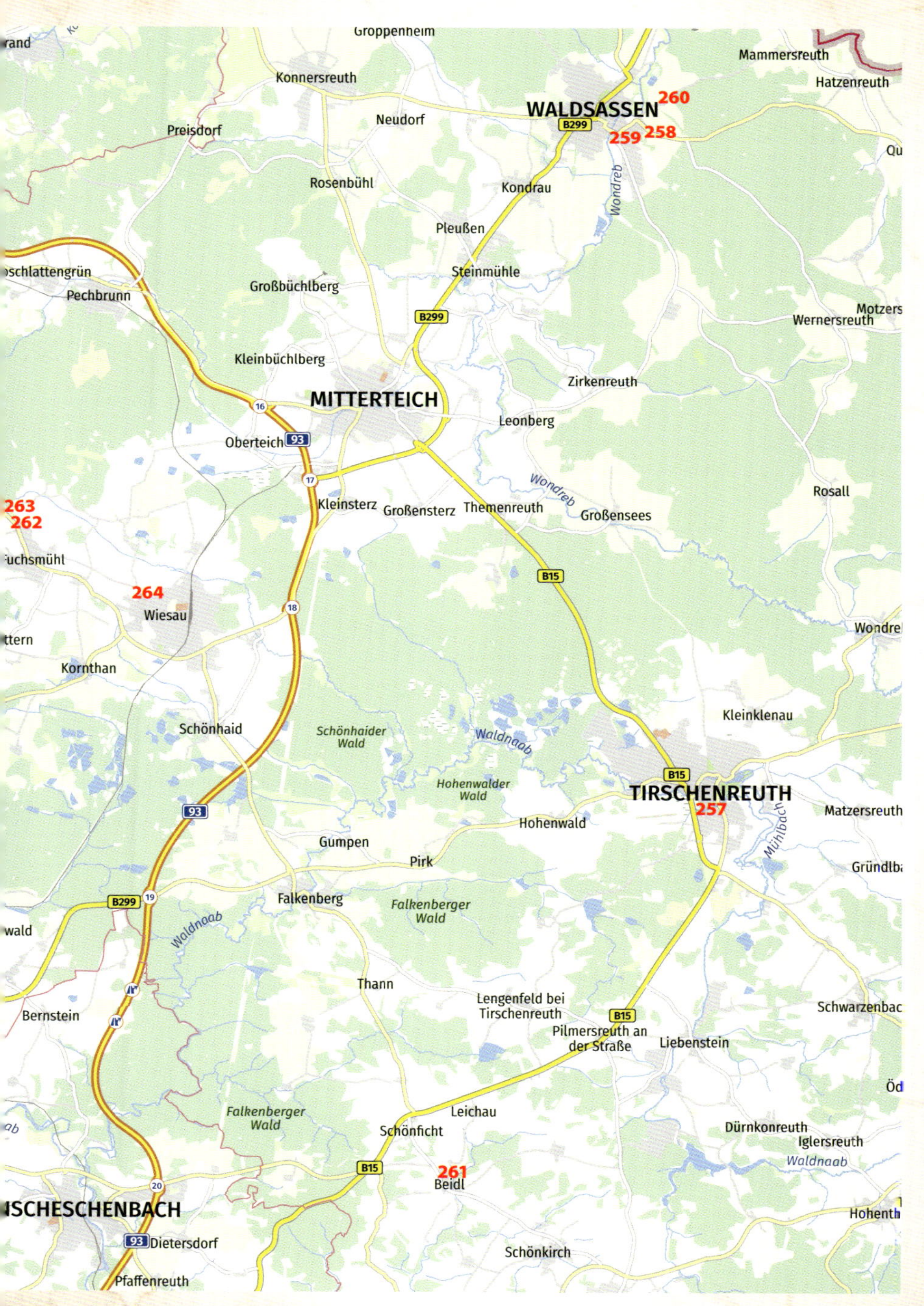
Groppenheim
Mammersreuth
Hatzenreuth
Konnersreuth
WALDSASSEN
260
259
258
Neudorf
Preisdorf
Rosenbühl
Kondrau
Wondreb
Pleußen
Steinmühle
Pechbrunn
Großbüchlberg
Wernersreuth
Kleinbüchlberg
Zirkenreuth
MITTERTEICH
Leonberg
Oberteich
Kleinsterz
Großensterz
Themenreuth
Großensees
Rosall
263
262
264
Wiesau
Kornthan
Schönhaid
Schönhaider Wald
Waldnaab
Kleinklenau
Hohenwalder Wald
TIRSCHENREUTH
257
Matzersreuth
Mühlbach
Hohenwald
Gumpen
Pirk
Falkenberg
Falkenberger Wald
Bernstein
Thann
Lengenfeld bei Tirschenreuth
Pilmersreuth an der Straße
Liebenstein
Leichau
Schönficht
Dürnkonreuth
Iglersreuth
261
Beidl
Dietersdorf
Pfaffenreuth
Schönkirch

Allgemeines

Neben der großen Anzahl und Vielfältigkeit von Ortskapellen, Feldkapellen und privaten Kapellen sind im Landkreis Tirschenreuth in verschiedenen Ortschaften jene vom Autor „Besondere Kapellen“ genannte vorhanden. Es handelt sich dabei um prachtvolle Seitenkapellen oder auch Einsatzkapellen in den jeweiligen Kirchengebäuden.

Seitenkapelle:

Eine Seitenkapelle ist ein kleiner Sakralbau, der an das Kirchenschiff angefügt wurde und vom Kirchenschiff aus zu betreten ist.

Einsatzkapelle:

Eine Einsatzkapelle ist ein kleiner Sakralraum, der im Gegensatz zu freistehenden oder dem Kirchenschiff eingefügten Kapellen in den Gesamtbau integriert bzw. eingesetzt ist. Die meist seitlich in Reihen angeordneten Einsatzkapellen befinden sich bei Hallenkirchen zusammen mit dem Hauptschiff und Seitenschiff (bzw. Seitenschiffen) unter einem gemeinsamen Dach. Aus diesem Grund sind Einsatzkapellen kaum von außen als solche zu erkennen, da sie mit dem Kirchenschiff zu einer geschlossenen Einheit verschmelzen.

Beschrieben werden:

- Tirschenreuth
  Gnadenkapelle (Seitenkapelle) in der Pfarr- und Wallfahrtskirche Mariä Himmelfahrt
- Waldsassen
  Einsatzkapellen in der Stiftsbasilika und Stadtpfarrkirche (Basilika Minor) Mariä Himmelfahrt und Johannes Evangelist; Klosterkapelle Mariä Himmelfahrt
- Beidl
  Leonhardikapelle (Seitenkapelle) in der Katholischen Pfarrkirche Mariä Himmelfahrt
- Fuchsmühl
  Wallfahrtskapelle (Seitenkapelle) in der Wallfahrtskirche Unsere Liebe Frau; Ritakapelle (Seitenkapelle) in der Wallfahrtskirche Unsere Liebe Frau
- Wiesau
  Seitenkapellen in der Hl.-Kreuz-Kirche
- Kastl
  Seitenkapellen in der Katholischen Pfarrkirche St. Margaretha

257. Gnadenkapelle in der Pfarr- und Wallfahrtskirche Mariä Himmelfahrt in Tirschenreuth

(Baudenkmal D-3-77-154-18) GPS UTM 33U 308634, 5528602 / 504 m ü. NHN

Die Gnadenkapelle in der Pfarr- und Wallfahrtskirche Mariä Himmelfahrt wurde in den Jahren 1722–23 erbaut.

Vom südlichen Seitenschiff in der Pfarr- und Wallfahrtskirche Mariä Himmelfahrt führen fünf Stufen hinauf zur Gnadenkapelle, einem flach überkuppelten Bau, der mit einem schmiedeeisernen Gitter von der Kirche abgetrennt und gleichzeitig verbunden ist. Der Altar besteht aus einer Mensa mit Tabernakelaufbau (Silberblech). Im Glasschrein darüber ist das Gnadenbild, das am 4. November 1723 dort angebracht wurde und die Schmerzhafte Muttergottes mit dem Leichnam Jesu auf dem Schoß zeigt. An beiden Seiten stehen in zwei Rokokoschreinen die Skelette der Seligen Silvan und Urban, reich in Stoff und Filigran gefasst. Diese heiligen Leiber stammen aus den römischen Katakomben und wurden am 30. November 1754 in feierlicher Prozession in Gegenwart des Waldsassener Abts Alexander Vogl von Patres in die Kirche getragen und im Altar aufgestellt. Abt Vogl hat sich um die Ausschmückung der Gnadenkapelle sehr bemüht. Vielleicht hat man, um dies nicht zu vergessen, bei der Verlängerung der Kirche nach Westen hin sein Wappen an der Emporenbrüstung angebracht.

Vier Flachpilaster, in deren Nischen die Evangelisten mit ihren Attributen (Engel, Löwe, Stier und Adler) dargestellt sind, tragen die Kuppel. In den Kuppelpendentifs und in der Kuppel selbst zeigen mit Stuckdekors umrandete Medaillons Szenen aus dem Marienleben: in der unteren Reihe aus ihrem Erdenleben und oben den Tod sowie die Aufnahme und Krönung im Himmel (oberhalb der Evangelisten bei Matthäus beginnend: Maria und Josef finden den 12-jährigen Jesus im Tempel; Mariä Verkündigung; Darstellung im Tempel – Beschneidung; Mariä Lichtmess; die Weisen aus dem Morgenland an der Krippe).

Die Gnadenkapelle, ein quadratischer Raum, erhält durch Fenster in der Ost-, Süd- und Westseite viel Licht. In diesen Fenstern hat der Münchner Professor Josef Oberberger die Verkündigung, die Hl. Familie, Christkönig am Kreuz, die Pieta, Jesus und drei Frauen vor dem Grab dargestellt. Der Künstler, 1905 in Etzenricht geboren, schuf 1932 in Hohenthan und Schönkirch mehrere Kirchenfenster. In der Zeit von 1967 bis 1989 gestaltete er im Regensburger Dom eine Reihe von Fenstern und stellte dort u. a. die vier Bistumspatrone dar.

An der linken Seitenwand steht seit dem 24.09.2006 eine Statue des hl. Klaus von Flüe, gestiftet vom Kath. Landvolk, in einer Nische der rechten Seitenwand steht der hl. Josef mit dem Jesukind.

Am 21. März 1986 hat Stadtpfarrer Witt die immerwährende Anbetung vor dem Allerheiligsten eingeführt. Seither ist es vor dem Gnadenbild ausgesetzt, brennen sechs Kerzen vor dem Sanktissimum, beten Gläubige Tag und Nacht in der Kapelle.

Ein Jahr später, am 13. Mai 1987, erweckte der Stadtpfarrer mit den Monatswallfahrten die alte Tirschenreuther Wallfahrt zu neuem Leben. Seit damals kamen ungezählte Menschen zum Tirschenreuther Gnadenbild und brachten Votivbilder mit, die nun zusätzlich die Kapelle zieren.

Quelle: Kirchenführer Pfarr- und Wallfahrtskirche Mariä Himmelfahrt, Tirschenreuth, Schnell und Steiner, Kunstführer Nr. 638 (Erstausgabe 2956), 3. neu bearbeitete Auflage 2009

258. Einsatzkapellen (Seitenaltäre) in der Päpstlichen Basilika St. Johannes Evangelist in Waldsassen

(Baudenkmal D-3-77-158-2) GPS UTM 33U 307154, 5542542 / 480 m ü. NHN

Einsatzkapellen (Seitenaltäre) 1–6

Den drei Jochen des Langhauses, die sich an die Vierung nach Westen hin anschließen, sind auf der Nord- und Südseite jeweils drei Seitenkapellen (Einsatzkapelle) zugeordnet

Kapelle 1 (im Hauptschiff vorne links)
Apostelaltar

Der Altar erhielt 1751 seine heutige Form. Die Figuren schuf der Waldsassener Bildhauer Johann Michael Hautmann.
In der Mitte befindet sich Christus als Salvator mundi. Ihn umrahmen in drei Etagen die im Einzelnen an ihren Attributen erkennbaren 12 Apostel unter Führung von Petrus mit dem Schlüssel und Paulus mit dem Schwert. In Analogie hierzu erscheinen die Ordensheiligen – am im Aufbau identischen Benediktaltar – als Nachfolger der Apostel. Im Auszug das Herz Jesu. Ein Relief zeigt das letzte Abendmahl. Den Aufbau krönt eine Allegorie des Glaubens.
Altes und Neues Testament werden durch das Thema des Deckenbildes verknüpft, das Abigail vor König David mit Geschenken zeigt.
Heilige Leiber: Seit 1766 ruht auf dem Altar der Katakombenheilige St. Maximus, den Abt Wigand Deltsch 1765 aus Rom gewann.

Quelle: Kirchenführer Stiftsbasilika Waldsassen; Die Heiligen Leiber in der Basilika Waldsassen

Kapelle 2 (im Hauptschiff vorne rechts)
Benediktaltar

Der Altar stammt von Johann Georg Baader aus Waldsassen. Der Altar wurde 1751 vollendet.

Im Zentrum der hl. Benedikt, nach dessen Regeln auch die Zisterzienser lebten. In beiden Geschossen flankieren 12 Zisterzienserheilige. Relief mit einer Schutzmantelmadonna. Im Deckenbild eine Szene aus dem Alten Testament: „Esther bittet König Ahasver um Gnade für ihr Volk."

Heilige Leiber: Seit 1766 ist der hl. Deodatus in liegender Haltung zur Verehrung ausgestellt.

Quelle: Kirchenführer Stiftsbasilika Waldsassen; Die Heiligen Leiber in der Basilika Waldsassen

Kapelle 3 (im Hauptschiff Mitte links)
Johannesaltar

Der Altar wurde um 1725–27 von Jacopo Appiani (1687–1742) geschaffen. Er ist dem Patron der Kirche geweiht. Die Figuren zeigen Johannes den Täufer und Johannes Nepomuk. Das Altarbild 1727 von Joseph Ignaz Appiani (1706–1785) zeigt die Einweihung Waldsassens durch den hl. Johannes Evangelista gemäß einer Vision des Prior Wigand. Das Deckenbild in Öl von Johannes Gebhard aus Prüfening zeigt die alttestamentarische Szene „Das Opfer des Melchisedech".

Heilige Leiber: Der barocke Schrein auf diesem Seitenaltar birgt den Leib des hl. Märtyrers Alexander seit 1758.

Quelle: Kirchenführer Stiftsbasilika Waldsassen; Die Heiligen Leiber in der Basilika Waldsassen

Kapelle 4 (im Hauptschiff Mitte rechts)
Michaelaltar

Der Altar wude um 1725–27 von Jacopo Appiani (1687–1742) geschaffen. Die Figuren des Schutzengels und des Erzengels Raphael rahmen das Altargemälde mit dem Kampf des hl. Michael gegen den Teufel (ebenfalls 1727 von J. I. Appiani). Das Ölgemälde an der Decke ist von Johann Gebhard. Es zeigt den „Richter Jephta und seine Tochter".
Heilige Leiber: Der barocke Schrein zeigt den Leib des Soldatenheiligen Theodosius. Der Heilige ist hier schon 1758 bezeugt.

Quelle: Kirchenführer Stiftsbasilika Waldsassen; Die Heiligen Leiber in der Basilika Waldsassen

Kapelle 5 (im Hauptschiff hinten links)
Katharinenaltar

Der Altar wurde ebenfalls um 1725–27 von Jacopo Appiani (1686–1742) geschaffen. Der Altar besitzt zwei qualitätsvolle Altarfiguren der hl. Barbara und der hl. Apollonia sowie der hl. Katharina im Auszug. Altarbild als Holzbildwerk mit Christus am Kreuz und der Schmerzhaften Muttergottes. Deckenbild zeigt Daniel in der Löwengrube.
Heilige Leiber: Der verglaste Schrein enthält den Leib der hl. Jungfrau Ursula und ist seit 1758 hier bezeugt.

Quelle: Kirchenführer Stiftsbasilika Waldsassen; Die Heiligen Leiber in der Basilika Waldsassen

Kapelle 6 (im Hauptschiff hinten rechts)
Magdalenenaltar

Der Altar wurde ebenfalls um 1725–27 von Jacopo Appiani (1686–1742) geschaffen. Die Figuren stellen die Hl. Rochus und Sebastian dar. Die Figur im Auszug verkörpert die hl. Magdalena. Das ursprüngliche Altarbild wurde entfernt und durch eine Beweinungsgruppe ersetzt. Das Deckenbild zeigt die Opferung Isaaks durch Abraham. Der Maler war Georg Baader aus Waldsassen.
Heilige Leiber: Schrein mit dem Leib des hl. Märtyrers und Diakons Valentius.

Quelle: Kirchenführer Stiftsbasilika Waldsassen; Die Heiligen Leiber in der Basilika Waldsassen

Die Heiligen Leiber

Das Heilige-Leiber-Fest in der Basilika Waldsassen wird seit 1765 jeweils am ersten Sonntag im August um 9.30 Uhr mit einem Festgottesdienst und um 14.00 Uhr mit einer Andacht begangen.

(Die genaue Beschreibung „Die Heiligen Leiber in der Basilika Waldsassen", Herausgeber Kath. Stadtpfarramt Waldsassen ist beim Pfarramt in Waldsassen erhältlich.)

259. Grabkapelle im Klostergarten Waldsassen (ohne Abbildung)

(Baudenkmal D-3-77-158-2) GPS UTM 33U 307416, 5542257 / 474 m ü. NHN

Die Grabkapelle ist nicht zu besichtigen.
An der Südmauer des Klostergartens befindet sich die kleine Grabkapelle der 1873 im Kloster Waldsassen verstorbenen Amanda Gräfin von Reigersberg. Die Kapelle steht mit der Rückseite direkt an der Mauer und endet dort mit der abgewalmten Seite des Daches. Die Schauseite mit dem rundbogigen Eingang, gerahmt von Eckpilastern unter einem verkröpften Gebälk und einem geschweiften Giebel, zeigt nach Norden zum Garten hin.

Quelle: Zisterzienserinnen in Waldsassen, Verlag Schnell und Steiner

260. Klosterkapelle Mariae Himmelfahrt, Waldsassen

260. Klosterkapelle Mariä Himmelfahrt, Waldsassen

(Baudenkmal D-3-33-158-2) GPS UTM 33U 307208, 5542520 / 480 m ü. NHN

Die im Kreuzgarten an den Westflügel angebaute Klosterkapelle Mariä Himmelfahrt ist ein verputzter Massivbau mit Walmdach, Putzgliederung und neu angebauter Sakristei. 1923–24 in geklärten, neubarocken Formen von dem Münchner Architekten Hans Schnur (1864–1934) erbaut. Die Saalkirche mit eingezogenem Rechteckchor mit abgeschrägten Ecken wird von einem gedrückten Stichkappentonnengewölbe überspannt. Nachdem das Bauvorhaben genehmigt worden war, ging es an die Ausführung. Den Bauauftrag teilten sich die Baugeschäfte Franz Kassecker und Max Born aus Waldsassen. Die Zimmererarbeiten wurden Zimmermeister Hans Schuster aus Waldsassen übertragen.

Bauausführung:

11. Mai 1923
Spatenstich

13. Juni 1923
Grundsteinlegung

1. September 1923
Fertigstellung des Rohbaus

15. September 1923
Richtfest

September 1923
Beginn der Stuckarbeiten im Innenbereich

Januar 1924 bis 7. April 1924
Einstellung der Arbeiten am Bau infolge der großen Kälte

5. Oktober 1924
am Rosenkranzsonntag: Einweihung der Kapelle

4. Januar 1925
Glockenweihe

Am Bau der Klosterkapelle beteiligte Firmen:

Planung
Architekt Hans Schnur, München

Baumeisterarbeiten
Fa. Franz Kassecker u. Fa. Max Born, Waldsassen

Zimmererarbeiten
Fa. Hans Schuster, Waldsassen

Stuckarbeiten
Fa. Jakob Grau, Regensburg

Hochaltar mit Mensa
Fa. Wilhelm Ludwig, Regensburg

Tabernakeleinsatz
Fa. Alois Birner, München

Hochaltar-Relief
Bildhauer G. Marini (Mariä Himmelfahrt geschnitzt aus Zirbelkiefer)

Fassung u. Vergoldung
Fa. Schellinger & Schmer, München

Sanierung der Klosterkapelle im Rahmen des vierten Bauabschnittes (Klostersanierung) 2004–2010

Die Kapelle erhielt im Klosterinnenhof um die Apsis herum einen eingeschossigen, ringförmigen Anbau mit 12 bodentiefen Fenstern – symbolisch für die 12 Apostel – und einem flachgeneigten Metalldach aus Kupfer, der nun die Sakristei beherbergt.

Neugestaltung des Altarraums

Der Konvent sollte im Chorgestühl um den Altar versammelt sein. Altarraum mit Altar, Tabernakel und Chorgestühl sollten eine Einheit bilden und durch eine leichte Erhöhung vom übrigen Raum passend angehoben sein. Die Grundidee wurde von Frau Äbtissin M. Laetitia Fech OCist. und dem Konvent zusammen mit dem Architekturbüro Brückner & Brückner aus Tirschenreuth entwickelt und umgesetzt. Die Raumgestaltung oblag dem Künstler Fritz Brenner aus Augsburg. Der neu gestaltete Altartisch besteht aus Flossenbürger Granitstein.

- 9. November 2009: erstes Mal wieder Chorgebet der Zisterzienserinnen in der sanierten Kapelle
- 6. Dezember 2009: Wiedereröffnung der Kapelle mit Altarweihe

Öffnungszeiten: 13.00–17.00 Uhr; 1. Sonntag im Monat geschlossen
Gebetszeiten in der Klosterkapelle: täglich 17.30 Uhr gesungene Vesper (öffentlich) – bei allen weiteren Horen um einen Kirchenschlüssel an der Rezeption des Gästehauses St. Joseph bitten; Freitag: 17.30 Uhr Vespermesse; Samstag: 8.00 Uhr Hl. Messe.

Quelle: Zisterzienserinnen in Waldsassen, Verlag Schnell und Steiner; www.abtei-waldsassen.de; Detlef Knipping und Gabriele Raßhofer, Denkmäler in Bayern, Landkreis Tirschenreuth

261. Kapelle St. Leonhard in der Kath. Pfarrkirche Mariä Himmelfahrt in Beidl

(Baudenkmal D-3-77-146-9) GPS UTM 33U 303091, 5520657 / 500 m ü. NHN

Kapelle St. Leonhard. Verputzter Massivbau mit Walmdach, Putzgliederung und Kuppeldachreiter. 1729–32 östlich an den Chor der Kirche angebaut.
Die Kapelle ist durch eine Tür hinter dem Hochaltar in der Pfarrkirche zugänglich.
Die kreuzgratgewölbte Kapelle besitzt überarbeitete Deckenmalereien von 1765 aus dem Leben des Heiligen und ein kostbares Altarretabel eines Beidler Bildhauers (Andreas Riedl) mit dem hl. Leonhard als Nischenfigur, gedrehten Säulen und seitlichen strauchartigen Schnitzereien.

Quelle: Detlef Knipping und Gabriele Raßhofer, Denkmäler in Bayern, Landkreis Tirschenreuth

Der hl. Leonhard ist der zweite Schutzpatron der Pfarrei Beidl. Die Verehrung des hl. Leonhard, vom Kloster Waldsassen ausgehend, hat in Beidl eine alte Tradition, die sich urkundlich nicht genau belegen lässt. Der historische Befund ergibt, dass sich hier die Leonhardiverehrung mit der ursprünglichen Verehrung des Heiligen Blutes verband bzw. sie ersetzte. Jedenfalls stand sie im 18. Jh. in Blüte, wovon die Kapelle mit dem schönen Rokokoaltar und die restlichen Votivtafeln Zeugnis geben.
Allerdings ist nichts von einem Ritt bekannt, der dann aber von 1935–1966 alljährlich abgehalten wurde. Der Rokokoaltar mit Akanthus-Rankenwerk-Schnitzereien stammt von dem einheimischen Schnitzer Andreas Riedl. Er umrahmt die einfache Statue des hl. Leonhard. Links und rechts stehen die Statuen der beiden Festheiligen Sebastian und Rochus. Die Figur im Tabernakel – Jesus an der Geißelsäule – ist ebenfalls eine Arbeit von Andreas Riedl. Auf dem Antipendium – Vorderseite des Altars – hat er eine Legende aus dem Leben des hl. Leonhard dargestellt: König Theoderich zeigt dem Heiligen das Kind, das auf seine Fürbitte geboren wurde. An der Decke ist die fürbittende Tätigkeit des hl. Leonhard ausgemalt, die in Schriftbändern genannt wird. Die Schablonenmalerei an der Decke wurde bei der Renovierung 1980 wiederhergestellt. Links vom Altar eine böhmische Madonna mit Zepter und Jesuskind, rechts der auferstandene Christus. Von der Verehrung des hl. Leonhard zeugen die noch vorhandenen Votivtafeln.

Quelle: Kirchenführer der Kath. Pfarrkirche Mariä Himmelfahrt, Beidl

262. Gnadenkapelle in der Wallfahrtskirche Unsere Liebe Frau, Fuchsmühl

(Baudenkmal D-3-77-119-1) GPS UTM 33U 294949, 5534376 / 624 m ü. NHN

Gnadenkapelle (Wallfahrtskapelle). Anbau an die Wallfahrtskirche Unsere Liebe Frau in Fuchsmühl. Seitenkapelle als verputzter Massivbau mit abgewalmtem Satteldach und Blecheindeckung. Zum Hauptschiff der Kirche mit Schmiedeeisengitter abgetrennt. Die Decke der kreuzgratgewölbten, rechteckigen Kapelle wird von Festons, Laub- und Bandelwerkstukaturen der Zeit um 1725 reich geschmückt. Ein zeitgleich entstandenes Baldachinaltarretabel mit Strahlenkranz inszeniert das Gnadenbild, das nach dem berühmten Passauer Maria-Hilf-Bild kopiert wurde. Die Seitenbilder bilden die Hl. Joachim und Anna.

Quelle: www.mariahilf-fuchsmuehl.de

263. Ritakapelle in der Wallfahrtskirche Unsere Liebe Frau, Fuchsmühl

Anbau als Seitenkapelle an die Wallfahrtskirche Unsere Liebe Frau in Fuchsmühl als rechteckiger, verputzter Massivbau mit an den Hauptbau angepasster Putzgliederung und abgewalmtem Satteldach. Im Innenbereich zwei übereinander liegende Emporen einschließlich Treppenhaus. Kreuzgratgewölbe. Die Verehrung der hl. Rita hat ihren Ursprung in der neueren Zeit. Die Augustinerpatres, die von 1898 bis 2010 in Fuchsmühl tätig waren, bewunderten die Heilige sehr und brachten diese den Fuchsmühlern und Gläubigen der Umgebung näher. Die modern anmutende Statue wurde 1977 vom Bildhauer Ossi Müller aus Würzburg-Heidingsfeld gefertigt. 2016 wurde die Ritakapelle renoviert. Fest der hl. Rita am Wochenende nächst dem 22. Mai mit „Ritarosenweihe". Die Gläubigen tragen dabei Rosensträußchen oder eine Rose bei sich.

Quelle: www.mariahilf-fuchsmuehl.de

264. Kapellen (Seitenkapellen) in der Hl.-Kreuz-Kirche, Wiesau

(Baudenkmal D-3-77-159-1) GPS UTM 33U 297341, 5532830 / 554 m ü. NHN

1734–38 wurden die beiden Seitenkapellen unter Pfarrer Tröster von Maurermeister Georg Häring aus Waldsassen angebaut.
In der nördlichen Seitenkapelle ist die Kreuzesvision des Kaisers Konstantin, in der südlichen die Verehrung des Kreuzes durch die vier Weltteile wiedergegeben. Die Altäre der Seitenkapellen stammen von den damaligen Egerer Bildhauer Johann Karl Stilp und dem Waldassener Maler Theodor Freud aus dem Jahr 1726. Die Altäre besitzen Akanthus- und Bandelwerkschnitzereien und zeigen im Norden ein Altarbild mit dem hl. Laurentius, im Süden ein Bild mit Maria als Guter Hirtin, das mit „G.M.F.1802 fecit" signiert ist.

Quelle: www.pfarrei-wiesau.de

265. Kapelle (Einsatzkapellen) in der Kath. Pfarrkirche St. Margaretha, Kastl

(Baudenkmal D-3-77-128-1) GPS UTM 33U 708434, 5523823 / 463 m ü. NHN

Dreischiffige spätgotische Hallenkirche mit einschiffigem Chor; 1450; Einwölbung um 1461; Turm 2. Hälfte 15. Jh.; Sakristei 17. Jh.; mit Ausstattung.

Nach Ausweis des Baudatums für das Westportal wurde das Langhaus um 1450 unter Konrad Sparnberger zu Wolframshof und seiner Gemahlin Anna Ochs verlängert, das südliche Seitenschiff um die beiden ausspringenden Kapellen erweitert. Die beiden Kapellenanbauten sind verputzte Massivbauten mit Pultdach. Im Innenraum werden die Kapellenanbauten von einem Netzgewölbe aus Hohlrippen überspannt.

Die Kirche besitzt eine vollständige Retabel- und Kanzelausstattung im neugotischen Stil. Das Hochaltarretabel ist als Triptychon mit reichem Gesprenge und Nischenfiguren gestaltet. Die Seitenaltäre sind in der Formgebung reduziert.

Die südöstliche Kapelle birgt eine Maria mit Kind aus dem späten 15. Jh. Die westliche Kapelle des südlichen Seitenschiffes ziert die Grabplatte der 1587 verstorbenen Martha von Sparnberg, geb. Truppach, mit einem Relief der Auferstehung und 16 Ahnenwappen.

Quelle: Detlef Knipping und Gabriele Raßhofer, Denkmäler in Bayern, Landkreis Tirschenreuth

Kapitel 9

Kapellen besichtigen: TOURENTIPPS mit GPS

Allgemeines

Die einzelnen nachstehend aufgeführten Touren führen zu historisch-unterschiedlichen Kapellen im Landkreis Tirschenreuth. Gleichzeitig führen die Kapellenwege Einheimische und Gäste durch die eindrucksvollen Landschaften im Landkreis Tirschenreuth.

Die Kapellenwege sind in unterschiedlich langen Versionen von 21 km bis 52 km mit insgesamt 265 Kapellen und Grotten aufgeteilt. Startpunkt der jeweiligen Kapellenwege sind die Ortschaften Tirschenreuth, Waldsassen, Wiesau, Kemnath, Erbendorf, Waldershof und Neusorg. Alle Wege können an jedem beliebigen Ort begonnen werden. Empfehlenswert ist der Tourenverlauf wie beschrieben.

Die Kapellenwege sind als Radwege konzipiert. Es ist aber natürlich auch möglich, die einzelnen Wege mit dem Pkw zu erkunden. Es müssen aber mit dem Pkw teilweise andere Strecken als die auf den beiliegenden Karten eingetragenen Radweg-Strecken gefahren werden. Auch sind nicht alle Kapellen direkt mit dem Pkw anzufahren. Kleinere Fußwege/Spazierwege sind einzuplanen.

Die Kapellen sind teilweise aus Sicherheitsgründen versperrt und nur von außen zu besichtigen.

Bei den Beschreibungen der Kapellen sind Koordinaten (z. B. 367068, 5032389) angegeben. Mit deren Hilfe kann mit dem „Bayernatlas“ (Karten-Viewer des Freistaats Bayern; www.bayernatlas.de) der Standort der Kapellen festgestellt werden.

Radln mit GPS

Für das Buch „Kapellen im Landkreis Tirschenreuth“ stehen Ihnen auf der Webseite des Verlags die GPS-Daten kostenlos zum Download bereit. Die Adresse der Webseite lautet: **https://gps.battenberg-gietl.de/** Das dafür benötigte Passwort lautet: **V6A35x2n**

Alle Tracks wurden sorgfältig geplant und geprüft. Fehler und Abweichungen sind möglich, da sich evtl. Wege im Laufe der Zeit verändern können. GPS-Daten sind eine hervorragende Hilfe bei einer Radtour, trotzdem sollte man sich immer sorgfältig vorbereiten und die eigene Orientierung sowie den Sachverstand nicht außer Acht lassen. Nie sollte man sich nur auf die GPS-Daten und das Gerät verlassen.

Piktogramme

Schwierigkeitsbewertung

Leicht

Touren mit wenig Höhenmetern bei leichten Steigungen, aber auch Kurztouren mit mehr als 200 Höhenmetern.

Mittel

Touren bis ca. 500 Höhenmeter, hier ist eine gute Grundkondition erforderlich.
Die Tour enthält möglicherweise Passagen mit losem Untergrund und schwer befahrbaren Stellen.

Schwer

Touren mit längeren starken Steigungen, auch kurze Touren mit sehr steilen Steigungen. Es kann nötig sein, das Rad an einigen Stellen zu schieben.
Bei den E-Bikes sollte der Akku vollgeladen sein, und es kann ratsam sein, das Ladegerät mitzunehmen.

E-Bike:
Mit dem E-Bike verlieren die Höhenmeter aber deutlich ihre Bedeutung für die Einteilung der Schwierigkeitsbewertung. Dann sind mittelschwere Touren relativ leicht zu befahren.

Kapellenweg östlich von Tirschenreuth

 mittel  36,6 km  630 Hm  3:00 h

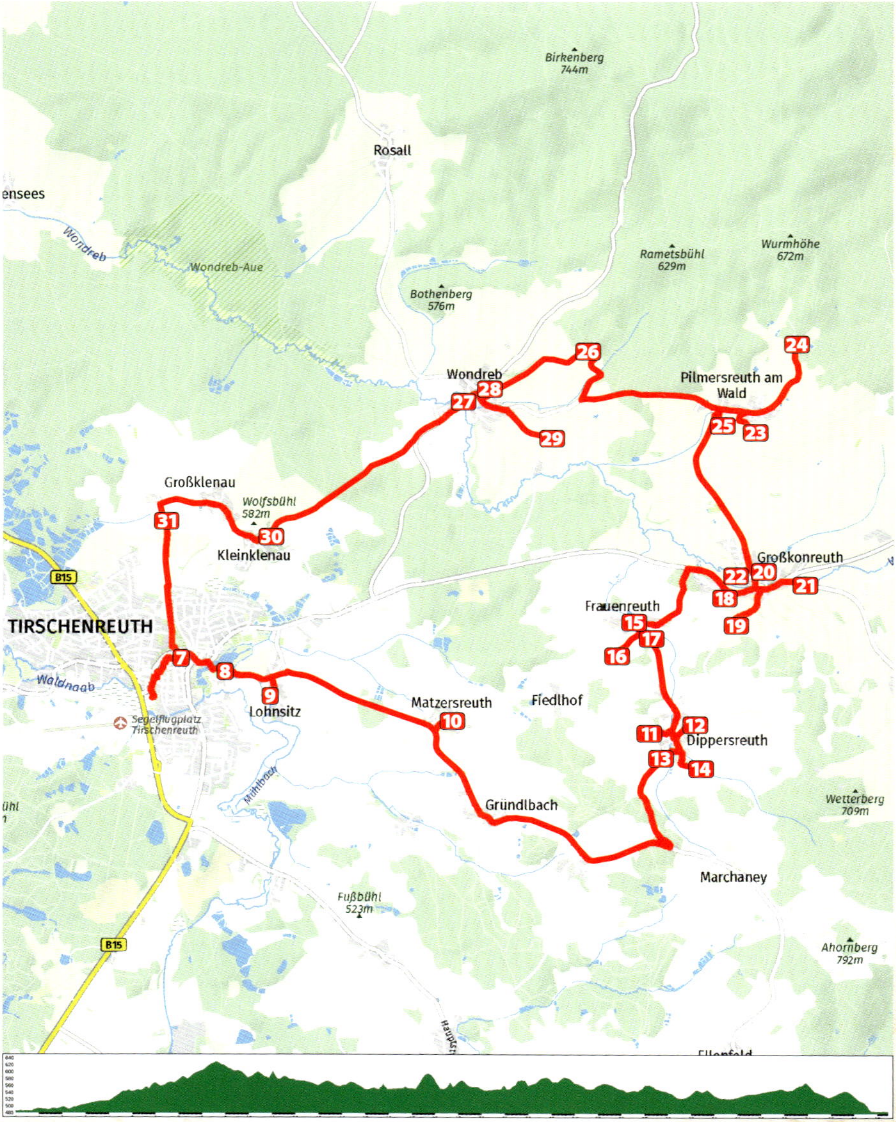

Navi: 95643 Tirschenreuth, Großparkplatz (Parkplatz kostenlos)
UTM 32U 739455, 5530296

Tirschenreuth – Lohnsitz – Matzersreuth – Gründlbach – Brunn – Dippersreuth – Frauenreuth – Großkonreuth – Pilmersreuth am Wald – Wondreb – Kleinklenau – Höfen – Tirschenreuth

Asphalt: 32,4 km
Naturweg: 4,2 km

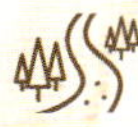

Auf der gesamten Strecke wechseln sich flache und bergige Abschnitte in regelmäßigen Abständen ab.

Gaststätten und Cafés in der Stadt Tirschenreuth

Streckenbeschreibung:

Die Ölbergrotte **1** an der Stadtpfarrkirche, die Ölbergrotte **2** am Aufgang zum Friedhof, die Hauskapelle **3** im BRK-Seniorenzentrum Tirschenreuth, Haus Mühlbühl, die Hauskapelle **4** im BRK-Seniorenzentrum Tirschenreuth, Haus Ziegelanger, die Hauskapelle **5** im Krankenhaus Tirschenreuth und die Lourdesgrotte **6** in der Mühlbühlanlage in Tirschenreuth können bei einem Rundgang in der Stadt Tirschenreuth besucht werden.

Der Kapellenweg nordöstlich von Tirschenreuth beginnt am Großparkplatz in Tirschenreuth (Parkplatz kostenlos). Links abbiegend führt der Radweg zur Bahnhofstraße. Nach der Überquerung der Bahnhofstraße an der Ampelanlage führt der Weg parallel zur Mühlbühlanlage ca. 100 m durch die Parkanlage und erreicht die Franz-Böhm-Gasse. Ab hier kann der Weg in der Mühlbühlstraße bis zur Murschrottkapelle **7** gefahren werden. Alternative: Rechts abbiegen bis zur Brücke über den Mühlbach, links abbiegen und dem Fuß- und Radweg durch die Parkanlage bis zur Mühlbühlstraße folgen. Rechts abbiegend führt der Weg zur Murschrottkapelle **7**.

Der Weg führt weiter in der Mähringer Straße bis zur Fischhofbrücke. Hier biegt der Weg nach rechts ab und überquert den „Neuen Oberen Stadtteich" auf der Fischhofbrücke. Am Ende der Brücke links abbiegen und am Fuß- u. Radweg steht rechts von uns die Fischhofkapelle **8**.

Weiter führt der Weg ein kleines Stück durch den Fischhofpark, weiter halbrechts abbiegend auf der Ortsverbindungsstraße bis zum Ortsteil Lohnsitz. In der Ortschaft Lohnsitz rechts und in der Ortsmitte wieder nach rechts abbiegen. Vorbei am Ortsweiher und nach Überquerung einer kleinen Brücke über den Mühlbach steht links die Dorfkapelle **9** von Lohnsitz.

Zurück durch die Ortschaft Lohnsitz bis zur Gemeindeverbindungsstraße. Rechts abbiegend und an der Kreisstraße Tir 1 wieder nach rechts führt der Weg weiter bis nach Matzersreuth. In Matzersreuth steht die Marienkapelle **10**.

Wieder zurück auf der Kreisstraße Tir 1 (Tirschenreuth Wendern) führt der Weg durch Gründlbach und vorbei an der Ortschaft Brunn. Nach ca. 1 km Wegstrecke am Wasserreservoir links abbiegen, und der Weg erreicht die Ortschaft Dippersreuth. In Dippersreuth sind die Meißner-Kapelle **11**, die Petersgergls-Kapelle **12**, die Waller-Kapelle **13** und die Zahner-Kapelle **14** vorhanden.

Der Weg führt nun auf der Ortsverbindungsstraße bis zur Ortschaft Frauenreuth mit der Fiedlhansen Kapelle **15**, der Fischer-Kapelle **16** und der Schwarzbauern-Kapelle **17** und weiter bis zur Straße von Tirschenreuth nach Mähring. Hier biegt der Weg rechts ab und erreicht die Ortschaft Großkonreuth mit der Schaffer Kapelle **18**, der Wagner-Ka-

pelle **19**, einer Ortskapelle **20**, einer Feldkapelle **21** und einer privaten Kapelle **22**.
Ab der Ortschaft Großkonreuth führt der Weg auf einer Gemeindeverbindungsstraße zur Ortschaft Pilmersreuth am Wald mit der Feldkapelle St. Maria **23**, der Kapelle Maria in der Asch **24** und zur Alberts-Kapelle Maria am Weg **25**.
Weiter geht die Tour in Richtung Wondreb. Kurz vor Erreichen der Ortschaft Wondreb rechts abbiegen bis zum Waldrand zur Muckens-Kapelle **26** und weiter nach Wondreb. In Wondreb sind die sog. Pfarrkapelle **27**, die Friedhofskapelle **28** und eine Feldkapelle und in Richtung Wondrebhammer die Freihls-Kapelle **29** vorhanden.
Über Kleinklenau mit einer Ortskapelle **30** und Höfen vorbei an der an der Straße nach Tirschenreuth stehenden Wegkapelle **31** führt der Weg zurück nach Tirschenreuth zum Ausgangspunkt der Tour.

Als Alternative kann von Wondreb aus in Richtung Bad Neualbenreuth die Egerische Kapelle oder Hölzerne Kapelle **32** angefahren werden. Die Wegstrecke beträgt ca. 3,6 km einfache Strecke.

Kapellenweg östlich von Tirschenreuth

– Alternative –

 schwer  36,5 km  780 Hm  3:00 h

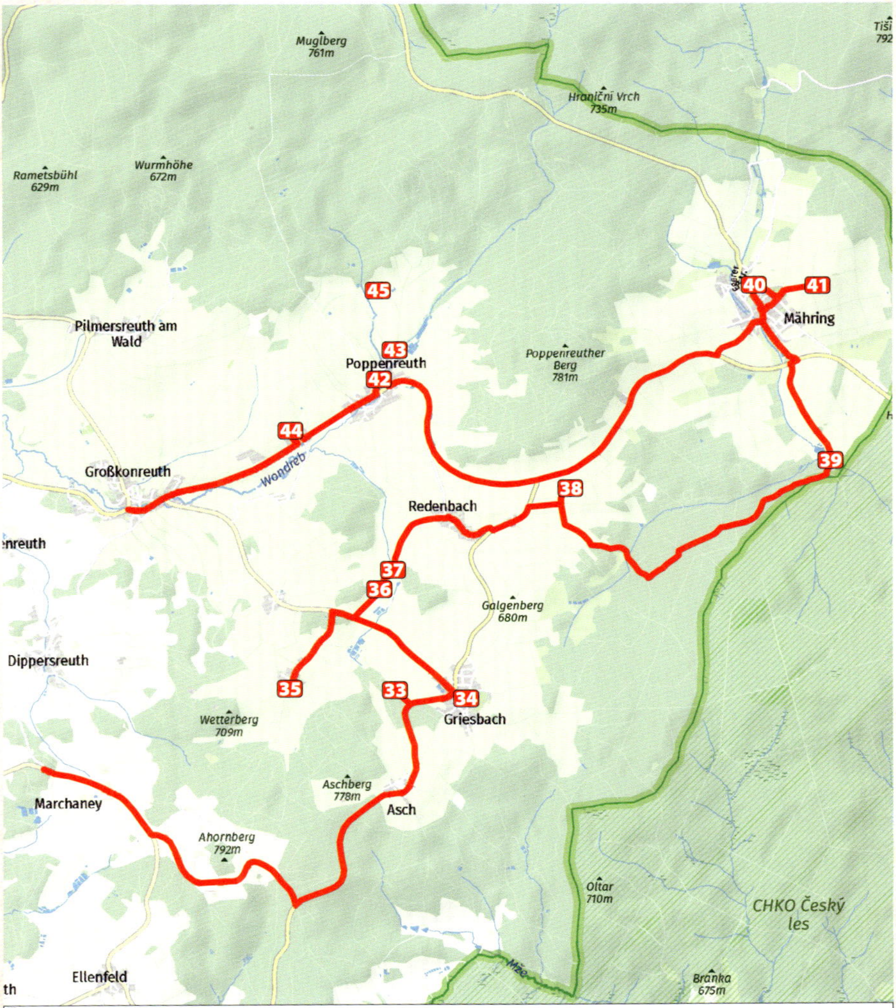

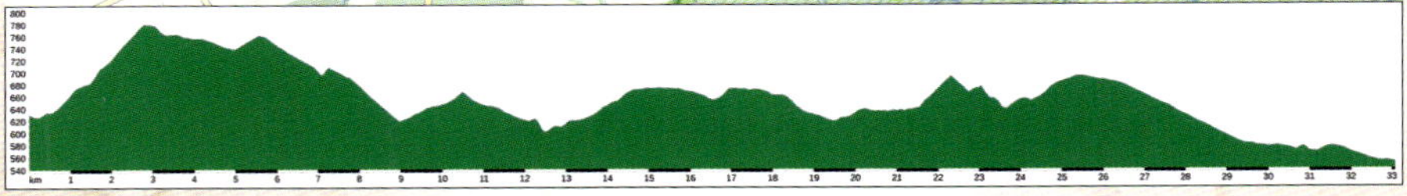

Straße von Tirschenreuth nach Wendern – Abzweigung nach Dippersreuth – am Wasserhaus
Navi: 95643 Marchaney
UTM 32U 745406, 5528820
Ziel: Großkonreuth – Anschluss an Kapellenweg von Tour 1, östlich von Tirschenreuth

Kreisstraße Tirschenreuth/Wendern; an der Abzweigung nach Dippersreuth am Wasserhaus führt der Alternativweg gerade weiter in Richtung Marchaney – Ahornberg – Asch – Griesbach – Laub-Groppenmühle – Redenbach – Mähring – Treppenstein – Mähring - Poppenreuth – Hiltershof – Großkonreuth – Anschluss an Tour 1 östlich von Tirschenreuth

Asphalt: 36,5 km (gesamte Tourlänge)

Herrliche Weitblicke nach Westen über den Landkreis Tirschenreuth, den Steinwald und bis zum Fichtelgebirge. Teilweise anspruchsvolle Steigungen auf den asphaltierten Straßen und Wegen.

keine Einkehrmöglichkeit auf der Tour

Dieser Kapellenweg ist eine Ergänzung bzw. Erweiterung des Kapellenweges von Tour 1. Der Weg kann aber auch als Einzeltour gefahren werden.

Streckenbeschreibung:

Bei der Abzweigung nach Dippersreuth (Wasserhaus) auf der Kreisstraße TIR 1 führt der Alternativweg geradeaus weiter in Richtung Marchaney. Kurz nach Marchaney biegt der Weg nach links ab zum Ahornberg. Steil bergauf führt der Weg hinauf zum Ahornberg (herrlicher Weitblick) und weiter bis zur Staatsstraße 2171 von Bärnau nach Griesbach. Hier biegt der Weg links ab und folgt der Staatsstraße 2171 durch die Ortschaft Asch und weiter bis zur Ortschaft Griesbach. Kurz vor der Ortschaft Griesbach führt ein Weg nach links zur Kapelle Zur Rosenkranzkönigin **33**. In der Ortschaft Griesbach ist eine Lourdesgrotte **34** zu besichtigen. Der Weg führt weiter auf der Kreisstraße TIR 4 in Richtung Großkonreuth. Nach ca. 1,7 km biegt der Weg nach links ab zur Ortschaft Laub zur Schultes-Kapelle **35**. Wieder zurück an der Kreisstraße TIR 4 biegen wir rechts und wieder links ab und erreichen die Groppenmühle mit einer Feldkapelle (Alte Mühlkapelle) **36** und einer Hofkapelle (Mühlkapelle) **37**.

Weiter führt der Weg durch die Ortschaft Redenbach. Am Ortsende biegen wir an der Staatsstraße 2171 nach links ab. Nach ca. 500 m auf der Staatsstraße erreichen wir rechts abbiegend eine Feldkapelle, die sog. Wurmkapelle **38**. Wieder zurück an der Staatsstraße 2171 fahren wir nach rechts, und an der Staatsstraße 2167 von Tirschenreuth nach Mähring biegen wir wieder rechts ab. Auf der Staatstraße fahren wir vorbei an Mähring und biegen nach rechts ab zum Treppenstein mit einer Wegkapelle **39**. Ab hier führt uns der Weg zurück zur Ortschaft Mähring mit der Kalvarienkapelle **40** und der St.-Anna-Kirche **41**.

Ab Mähring führt der Weg auf der Staatsstraße in Richtung Tirschenreuth. In der folgenden Ortschaft Poppenreuth sind die Ortskapelle **42** und die Ortskapelle **43** (Wirtskapelle) zu besichtigen. Weiter auf der Staatsstraße erreichen wir Hiltershof mit der Nieglbauer-Kapelle **44** und die Ortschaft Großkonreuth.

Hier endet der Kapellenweg alternativ östlich von Tirschenreuth.

Ab der Ortschaft Poppenreuth kann ein Weg zur Kapelle „Alter Herrgott“ **45** im Egerer Wald und wieder zurück gefahren werden.

Kapellenweg westlich von Tirschenreuth

TOUR 03

leicht | 36,1 km | 541 Hm | 3:00 h

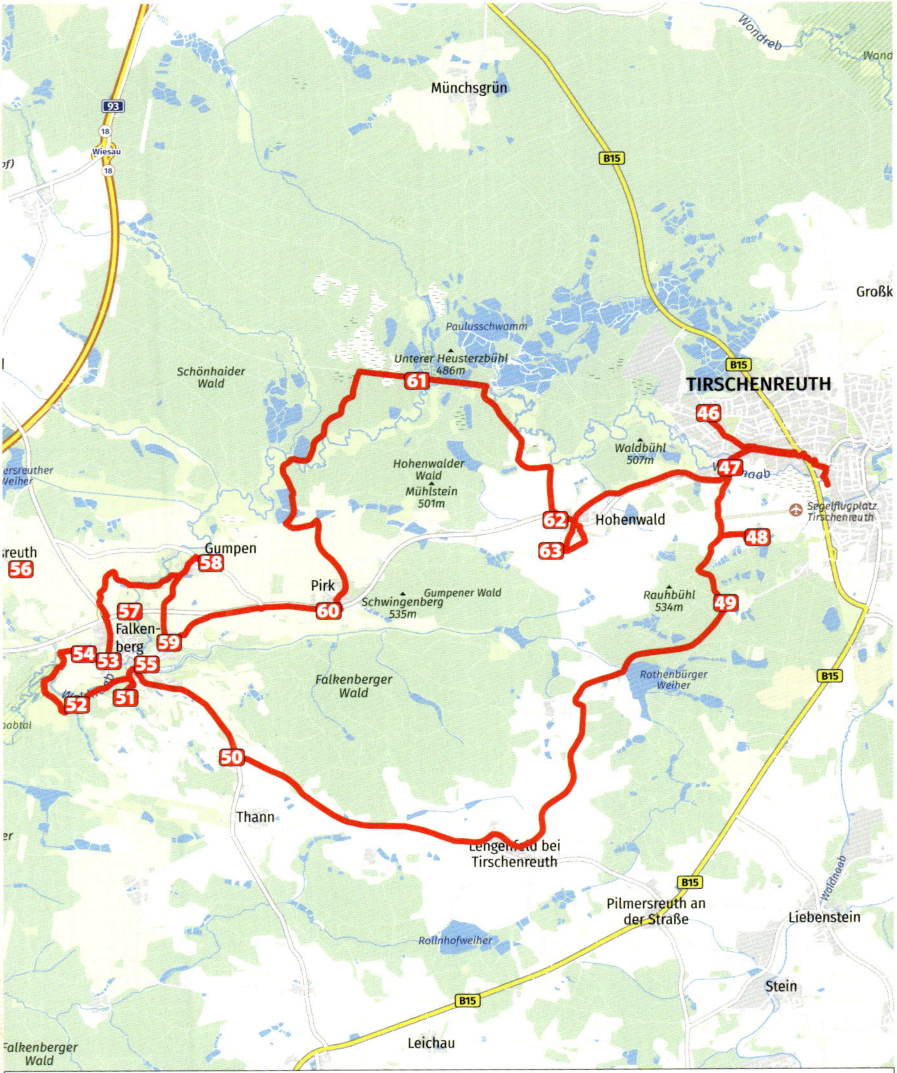

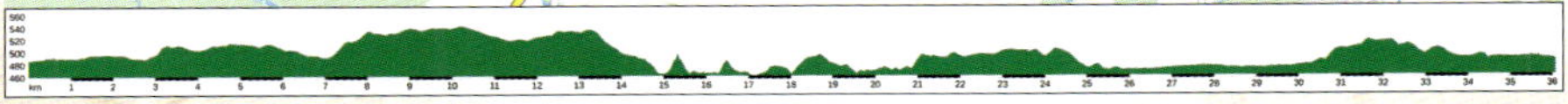

Navi: 95643 Tirschenreuth, Großparkplatz (Parkplatz kostenlos)
UTM 32U 739455, 5530296

Tirschenreuth – Rothenbürg – Lengenfeld – Falkenberg – Gumpen – Falkenberg – Pirk – Vizinalbahnradweg (Waldnaabaue) – Hohenwald – Tirschenreuth

Asphalt: 22,4 km
Naturweg: 13,7 km

Keine nennenswerten Steigungen.
Landschaftsschutzgebiet Waldnaabaue.

Tirschenreuth, Falkenberg

Streckenbeschreibung:

Der Kapellenweg westlich von Tirschenreuth beginnt am Großparkplatz (Parkplatz kostenlos) in Tirschenreuth. In der Bahnhofstraße bzw. in der Falkenberger Straße führt der Weg in Richtung Falkenberg, biegt nach rechts ab in die Kornbühlstraße und erreicht die Vorholzkapelle **46**. Wieder zurück in der Falkenberger Straße führt der Weg nach rechts in Richtung Falkenberg. Am Ortsausgang von Tirschenreuth biegt der Weg nach links ab. Vorbei an der sog. Sägmühlkapelle **47** führt der Weg auf einem Wirtschaftsweg bergauf weiter. Nach ca. 800 m links abbiegen und weiter zur rechts stehenden Mieskapelle **48**. Zurück auf dem Wirtschaftsweg führt der Weg durch das Waldgebiet zur Schirmerkapelle **49**. Weiter auf der Ortsverbindungsstraße von Tirschenreuth nach Lengenfeld führt der Weg vorbei am Rothenbürger Weiher, der Ortschaft Rothenbürg bis zur Ortschaft Lengenfeld.

Von Lengenfeld führt der Weg in Richtung Falkenberg und dann rechts abbiegend der Kreisstraße Tir 2 folgend vorbei an einer Feldkapelle, der sog. Kobelkapelle **50,** bis zur Ortschaft Falkenberg. In Falkenberg biegen wir nach Überquerung des Netzbaches nach links und wieder nach links ab und folgen dem Kalvarienbergweg bis zur Kalvarienbergkapelle **51**. Wieder zurück am Kalvarienbergweg biegen wir links ab in den Holzbrunnenweg. Der Weg führt an der Waldnaab entlang, biegt rechts ab und erreicht die am Waldrand liegende Hammerkapelle **52**.

Weiter führt der Weg bergab in Richtung Hammermühle und weiter bis nach Falkenberg. In der Premenreuther Straße geht es vorbei an der sog. Schäfer-Kapelle **53** und an der Friedhofskapelle St. Joseph **54**. In Falkenberg kann in der Burg Falkenberg die Burgkapelle **55** besichtigt werden. Eine Burgführung mit Besichtigung der renovierten Burganlage ist sehr empfehlenswert.

In der Wiesauer Straße in Falkenberg führt der Weg nach rechts abbiegend in Richtung der Ortschaft Wiesau. (In der Ortschaft Seidlersreuth ist eine private Hauskapelle **56** zu besichtigen.) Der Weg biegt nach ca. 1,6 km auf der Straße nach Wiesau rechts ab und erreicht die Troglauermühle mit einer Privatkapelle **57**. Durch das Tal der Tirschenreuther Waldnaab führt der Weg zur Ortschaft Gumpen mit einer Ortskapelle **58** und zurück nach Falkenberg zur Schlosskapelle **59**.

Über den Pirker Weg erreichen wir die Staatsstraße Tirschenreuth/Falkenberg. Auf dem die Staatsstraße begleitenden Radweg kommen wir in die Ortschaft Pirk mit der am Weg stehenden Nistlerkapelle **60.**

Es geht weiter auf der Straße bergauf in Richtung Hohenwald/Tirschenreuth. Am Ortsende von Pirk biegt der Weg nach links auf einen Feld- und Wirtschaftsweg, am Neuweiher und Schnitzerteich vorbei und weiter auf dem Radweg (Markierung Waldnaabradweg) bis zum Vizinalbahnradweg. Hier biegen wir nach rechts ab in Richtung Tirschenreuth und erreichen die Wegkapelle **61** in der Waldnaabaue.
Weiter führt der Weg auf dem Vizinalbahnradweg in Richtung Tirschenreuth.

An der Heusterzbrücke biegen wir nach rechts ab und erreichen die Ortschaft Hohenwald mit der Ortskapelle **62** und der Feldkapelle **63**.

Auf dem verkehrsbegleitenden Radweg an der Staatsstraße Tirschenreuth/Falkenberg führt der Weg in Richtung Tirschenreuth und zurück zum Ausgangspunkt der Tour.

TOUR 04

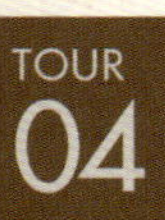

Kapellenweg südlich von Tirschenreuth

mittel | 51,3 km | 597 Hm | 4:00 h

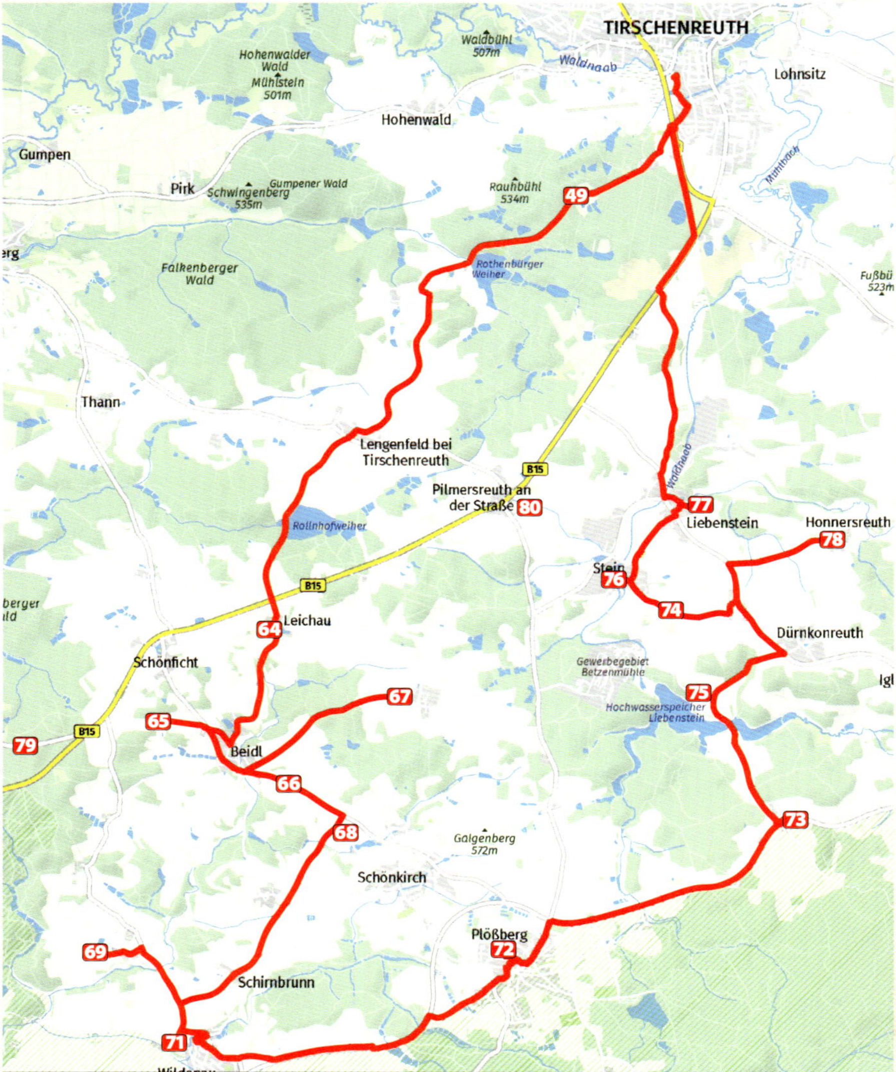

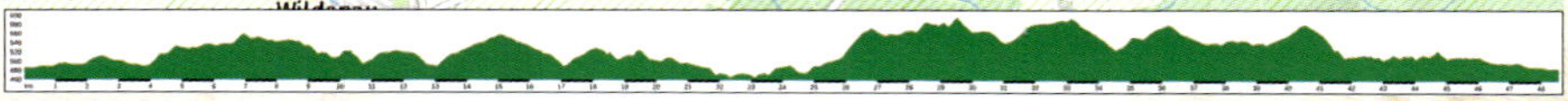

Navi: 95643 Tirschenreuth, Großparkplatz (Parkplatz kostenlos)
UTM 32U 739455, 5530296

Tirschenreuth – Rothenbürger Weiher – Rothenbürg – Lengenfeld – Rollnhofer Weiher – Leichau – Beidl – Schönthan – Beidl – Schirnbrunn – Wurmsgefäll – Wildenau – Plößberg – Ödschönlind – Liebensteinspeicher – Stein – Liebenstein – Honnersreuth – Liebenstein – Tirschenreuth

Asphalt: 49,5 km
Naturweg: 1,8 km

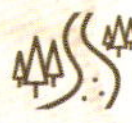

Die Tour führt uns südlich der Stadt Tirschenreuth auf asphaltierten Gemeindestraßen und auf befestigten Feldwegen zu einer Anzahl von Kapellen. Die Tour führt vorbei am Rothenbürger Weiher, am Rollnhofer Weiher und dem Liebensteinspeicher. Alle diese Gewässer sind unterwegs für eine Pause mit entsprechender Erfrischung im Wasser zu nutzen. Eine größere, schwere Steigung ist nicht vorhanden.

Tirschenreuth, Plößberg, Ödschönlind

Streckenbeschreibung:

Der Kapellenweg südlich von Tirschenreuth beginnt am Großparkplatz in Tirschenreuth (Parkplatz kostenlos). Der Weg führt der Radwegmarkierung (Radwege Richtung Bärnau, Rothenbürg) folgend nach rechts, hinter dem Betriebsgebäude des Parkplatzes vorbei, auf dem Fuß- und Radweg bis zum Lengenfelder Weg. Hier biegt der Weg nach rechts ab und führt bis zum Ende der Straße an der Schallschutzmauer der Umgehungsstraße. Unter der Unterführung der Umgehungsstraße hindurch links abbiegend am Sportgelände des FSV Tirschenreuth vorbei führt der Weg bis zum Vereinsheim des Oberpfälzer Waldvereins (OWV) Tirschenreuth.

Auf der Ortsverbindungsstraße nach Rothenbürg/Lengenfeld führt der Weg vorbei an der Schirmerkapelle **49**, vorbei am Rothenbürger Weiher, zur Ortschaft Rothenbürg und zur Ortschaft Lengenfeld. In Lengenfeld überqueren wir die Kreisstraße TIR 2, und der Weg führt weiter am Rollnhofer Weiher vorbei bis zur Bundesstraße B 15. Nach Überquerung der Bundesstraße B 15 erreichen wir die Ortschaft Leichau mit einer Ortskapelle **64**.

Von Leichau führt der Weg weiter bis zur Ortschaft Beidl. In der Ortsmitte biegt der Weg nach rechts ab in die Leonhardistraße bis zur Kreisstraße Tir 12, die Kreisstraße überquerend erreicht man die Feldkapelle **65** (Kapelle zu Ehren der Muttergottes) am Kesselweg. In Beidl ist auch die an die Katholische Pfarrkirche Mariä Himmelfahrt angebaute Leonhardikapelle **5** (siehe Kapitel „Besondere Kapellen") zu besichtigen.

Ab Beidl kann in Richtung Windischeschenbach als Alternative die Kapelle Hl. Dreifaltigkeit **79** in Schnackenhof besucht werden.

Der Weg führt im Kesselweg wieder zurück bis zur Kreisstraße Tir 12 und weiter rechts an der Ortschaft Beidl vorbei und links abbiegend in Richtung der Ortschaft Schönthan zur Feldkapelle **67**. Wieder zurück an der Kreisstraße Tir 12 führt uns der Weg nun links abbiegend auf der Kreisstraße Tir 12 vorbei an einer Wegkapelle **66** weiter in Richtung der Ortschaft Schönkirch. Nach ca. 1,3 km biegen wir rechts ab in Richtung Wildenau und gleich wieder nach links zur Feldkapelle **68**. Zurück auf der Gemeindeverbindungsstraße links abbiegend erreichen wir die Ortschaft Schirnbrunn und die Staatsstraße 2181 nach Wildenau. Hier biegt der Weg nach rechts ab bis zur Ortschaft Wurmsgefäll mit einer Feldkapelle **69**.

Zurück auf der Staatsstraße 2181 und weiter in Richtung Wildenau erreichen wir in Wildenau die Schlosskapelle **71** und die Marienkapelle **70**. (In Wildenau Plößberger Straße, rechts Am Schloßberg, rechts in den Mühlgrabenweg und weiter Am Roten Weg bis zur Kapelle und zurück rechts in die Schlatteiner Straße.)

Ab Wildenau führt der Weg in Richtung der Ortschaft Plößberg auf dem verkehrsbegleitenden Weg an der Staatsstraße 2171 bzw. auf der Staatsstraße nach Plößberg bis zur Kapelle St. Thaddäus **72**. (In Plößberg Neustädter Straße, Hauptstraße, links Untere Bachgasse, Kapellenweg, Bogengasse, Hauptstraße, Tirschenreuther Straße). Von Plößberg führt der Weg auf der Staatsstraße 2172 weiter in Richtung Bärnau bis nach Ödschönlind mit der Ortskapelle **73**.

Ab Ödschönlind rechts in Richtung Liebenstein, am Liebensteinspeicher vorbei und bis zur Ortschaft Stein. Kurz vor Stein steht rechts abbiegend an der Straße nach Erkersreuth die Feldkapelle **74**. Die Kapelle in Betzenmühle **75** kann nur nach Anmeldung besichtigt werden (Betriebsgelände).
In der Ortschaft Stein ist eine an die Katholische Expositurkirche St. Laurentius angebaute Kapelle **76** vorhanden.

Weiter führt der Weg nach Liebenstein mit einer Ortskapelle **77**. Als Alternative kann die Ortskapelle **78** in der Ortschaft Honnersreuth besucht werden. Als weitere Alternative kann in der Ortschaft Pilmersreuth an der Straße die Privatkapelle **80** besucht werden.

Ab Liebenstein führt der Weg in Richtung Bundesstraße B 15, biegt am Ortsende nach rechts ab und erreicht so die B 15. Nach Überquerung der Straße und weiter auf dem verkehrsbegleitenden Radweg bzw. dem Vizinalbahnradweg führt der Weg zurück zum Ausgangspunkt in Tirschenreuth am Großparkplatz.

Kapellenweg südöstlich von Tirschenreuth

799 Hm

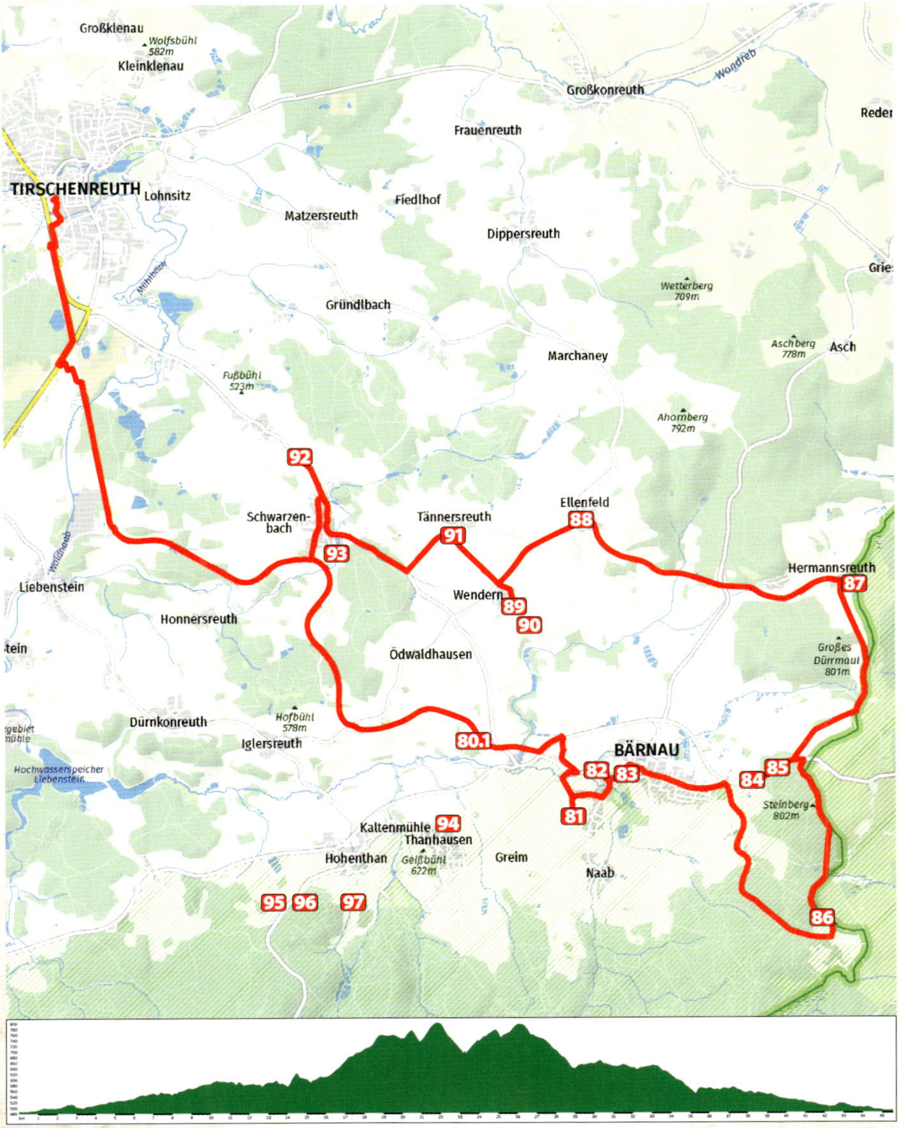

Navi: 95643 Tirschenreuth, Großparkplatz (Parkplatz kostenlos)
UTM 32U 739455, 5530296

Tirschenreuth – Vizinalbahnradweg – Schwarzenbach – Heimhof – Bärnau – Stöberhof – Schmuckerhof – Steinbergkirche – Hermannsreuth – Ellenfeld – Wendern – Tännersreuth – Schwarzenbach – Vizinalbahnradweg – Tirschenreuth

Asphalt: 39,7 km
Naturweg: 6,0 km

Bis zur Stadt Bärnau verläuft der Weg auf dem Vizinalbahnradweg mit mäßiger, gleichmäßiger Steigung. Ab der Stadt Bärnau hinauf zur Staatsgrenze nach Tschechien und an der Grenze entlang bis Hermannsreuth sind schwere Steigungen zu bewältigen. Die Schwierigkeiten auf der Strecke werden mit einer grandiosen Aussicht über einen Teil des Landkreises Tirschenreuth, zum Steinwald und bis zum Fichtelgebirge belohnt.

Tirschenreuth, Plößberg, Ödschönlind

Streckenbeschreibung:

Der Kapellenweg südöstlich von Tirschenreuth beginnt am Großparkplatz in Tirschenreuth (Parkplatz kostenlos). Der Weg führt der Radwegmarkierung (Radwege Richtung Bärnau, Rothenbürg) folgend nach rechts, hinter dem Betriebsgebäude des Parkplatzes vorbei, auf dem Fuß- und Radweg bis zum Lengenfelder Weg. Hier biegt der Weg nach rechts ab und führt bis zum Ende der Straße an der Schallschutzmauer der Umgehungsstraße. Links abbiegend und unter die Unterführung der Umgehungsstraße hindurch. An der Ortsstraße rechts erreicht der Weg den Vizinalbahnradweg.

Auf dem Vizinalbahnradweg geht es bis Heimhof mit einer privaten Kapelle **80** und weiter bis kurz vor die Stadt Bärnau. Weiter führt der Weg im Ortsweg Am Galgen bergab zur Bahnhofstraße und nach ca. 150 m links abbiegend über die Troglauermühle steil bergauf zur Kapelle St. Elisabeth (Kleine Kappl) **81**. Zurück führt der Weg bis zum Kapellenweg, biegt rechts ab, geht weiter bis zur Naaberstraße, biegt nach links ab und erreicht die Silberstraße in Bärnau mit der Maria Hilf Kapelle **82**.

Ab der Stadt Bärnau kann alternativ in ca. 3,1 km die Kapelle St. Joseph in Thanhausen **94**, in ca. 6,3 km die Grotte „St. Petrus Patron der Fischer" bei Hohenthan **97**, in ca.10 km die Marienkapelle auf der Altglashütte **95** und in ca. 11,4 km und einen zusätzlichen Fußweg von 600 m die Hubertuskapelle auf der Silberhütte/Entenbühl **96** besucht werden.

In der Philipp-Mühlmayer-Straße in Bärnau führt der Weg vorbei an der Friedhofskapelle St. Michael **83** und biegt nach rechts ab in die Tachauer Straße und weiter stetig bergauf bis kurz vor die Umgehungsstraße von Bärnau. Der Weg führt rechts abbiegend immer wieder steil bergauf bis zum Stöberlhof, vorbei an der Hans-Nigl Wegkapelle **86**, vorbei am Schmuckerhof, vorbei am Grenzlandturm (Aussicht ins Tschechische) bis zur Straße zum Grenzübergang nach Tschechien. Rechts abbiegend kann die Steinbergkirche **84** (Wallfahrtskirche zum Gegeißelten Heiland) und die Schönwaldergrotte **85** besichtigt werden.

87

93

Weiter führt der Weg auf einer Ortsverbindungsstraße, immer an der Grenze zu Tschechien entlang mit einer grandiosen Aussicht über einen Teil des Landkreises Tirschenreuth, bis zum Steinwald und zum Fichtelgebirge –, weiter bis zur Ortschaft Hermannsreuth mit einer Marienkapelle **87**. Der Weg führt in Richtung Beierfeld, die Staatsstraße 2172 von Bärnau nach Griesbach überquerend und auf der Kreisstraße Tir 26 bis Ellenfeld mit der Ortskapelle **88** Sieben Schmerzen Mariä.

Links abbiegend auf der Kreisstraße Tir 1 weiter bis zur Ortschaft Wendern mit einer Ortskapelle **89**. Ab Wendern kann alternativ in ca. 1,2 km östlich der Ortschaft die Kopie der Kapelle „Alter Herrgott" **90** besucht werden. Der Weg führt nun zurück zur Kreisstraße Tir 1, überquert die Straße und führt weiter zur Ortschaft Tännersreuth mit einer Ortskapelle **91** und weiter bis zur Ortschaft Schwarzenbach. In Richtung Tirschenreuth steht an der Straße die Grienerkapelle **92,** und in Schwarzenbach ist eine Mariengrotte **93** zu finden.

Ab der Ortschaft Schwarzenbach führt der Weg auf dem Vizinalbahnradweg zurück zu unserem Ausgangspunkt in Tirschenreuth.

TOUR 06

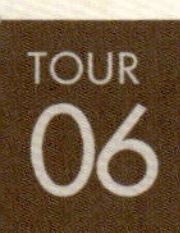

Kapellenweg nordöstlich von Tirschenreuth

mittel | 51,1 km | 649 Hm | 4:00 h

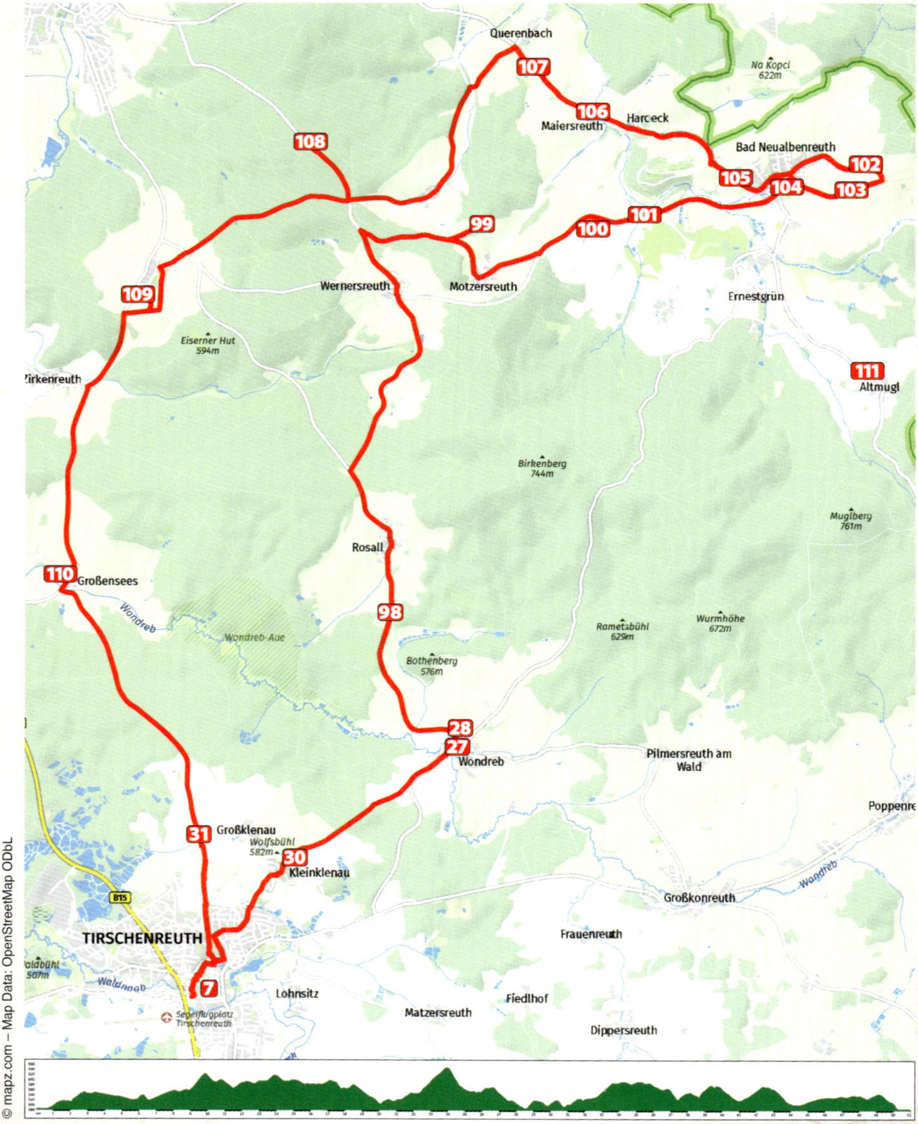

Navi: 95643 Tirschenreuth, Großparkplatz
(Parkplatz kostenlos)
UTM 32U 739455, 5530296

Tirschenreuth – Kleinklenau – Wondreb – Rosall – Egglasgrün – Wernersreuth – Panzen – Motzersreuth – Schachten – Bad Neualbenreuth – Maiersreuth – Querenbach – Poxdorf – Forstkapelle – Pfaffenreuth – Großensees – Höfen – Tirschenreuth

Asphalt: 41,9 km
Naturweg: 9,2 km

Hügelige Stecke mit flachen Streckenabschnitten und einigen sehr anspruchsvollen Steigungen. Herrliche Aus- und Fernsichten.

Tirschenreuth, Bad Neualbenreuth

Streckenbeschreibung:

Der Kapellenweg nordöstlich von Tirschenreuth beginnt am Großparkplatz in Tirschenreuth (Parkplatz kostenlos). Links abbiegend führt der Radweg zur Bahnhofstraße. Nach der Überquerung der Bahnhofstraße an der Ampelanlage führt der Weg parallel zur Mühlbühlanlage ca. 100 m durch die Parkanlage und erreicht die Franz-Böhm-Gasse. Ab hier kann der Weg in der Mühlbühlstraße bis zur Murschrottkapelle **7** gefahren werden. Alternative: Rechts abbiegen bis zur Brücke über den Mühlbach, links abbiegen und dem Fuß- und Radweg durch die Parkanlage bis zur Mühlbühlstraße folgen. Rechts abbiegend führt der Weg zur Murschrottkapelle **7**.

Links abbiegend in die St.-Peter-Straße, dem Straßenverlauf leicht ansteigend folgen, rechts abbiegend in die Kleinklenauer Straße und dem Straßenverlauf, immer leicht ansteigend, bis zur Ortschaft Kleinklenau mit einer Marienkapelle **30** folgen. Weiter auf einem Wirtschaftsweg zur Ortschaft Wondreb mit der Pfarrkapelle **27** und der sehenswerten Friedhofskapelle **28**.

Der Weg führt auf der Gemeindeverbindungsstraße weiter in Richtung Pfaffenreuth zur Ortschaft Rosall mit der sog. Bächerkapelle **98**. Durch die Ortschaft steil ansteigend weiter. Am Ortsende beeindruckende Fern- und Weitsicht. An der kommenden Kreuzung rechts und weiter über Egglasgrün bis zur Ortschaft Wernersreuth. Vorbei an der Kirche in Wernersreuth führt der Weg in Richtung der Stadt Waldsassen und biegt nach ca. 950 m Fahrstrecke nach rechts ab zur Ortschaft Panzen. In der Ortschaft Panzen rechts in Richtung der Ortschaft Motzersreuth. Nach ca. 50 m Fahrstrecke links abbiegen zur sog. Fritschnkapelle **99**.

Wieder zurück auf der Gemeindeverbindungsstraße führt der Weg durch die Ortschaft Motzersreuth weiter bis zur Kreisstraße Tir 25. Links in Richtung Bad Neualbenreuth. Vorbei an der Ortschaft Schachten mit einer Ortskapelle **100** und vorbei an der links an der Straße stehenden Christophoruskapelle **101** bis nach Bad Neualbenreuth.

Alternative: Rechts in der Tirschenreuther Straße in Bad Neualbenreuth bis zur Platzermühle und weiter bis zur Ortschaft Altmugl mit der sog. Ploana-Kapelle **111**.
Alternative: In Bad Neualbenreuth und Umgebung können verschiedene sog. Grotten besichtigt werden. Beschreibung der einzelnen Grotten am Schluss der Kapellenaufstellung **112–121**.

100

In der Ortsmitte von Bad Neualbenreuth führt der Weg rechtsabbiegend in die Turmstraße in Richtung Grenzlandturm. Vorbei an der Kapelle Maria Frieden **102**. Den Grenzlandturm unbedingt besteigen und die herrliche Fern- und Weitsicht genießen.
An der Schönstatt-Kapelle **103** vorbei führt der Weg zurück nach Bad Neualbenreuth mit der Friedhofskapelle **104** und einer Wegkapelle, rechts an der Straße in Richtung Waldsassen, der sog. Rustlerkapelle **105**.

Der Weg führt weiter auf der Staatsstraße 2175, vorbei am Kurbad Sibyllenbad, zur Ortschaft Hardeck und Maiersreuth mit der Kapelle Maria Hilf **106** und weiter bis zur Ortschaft Querenbach mit der Ortskapelle Maria Rosenkranz **107**.

In Querenbach links abbiegend führt der Weg nach Poxdorf bis zur Straße von Wernersreuth nach Waldsassen und rechts zur Forstkapelle **108**. Zurück bis zur Kreuzung und rechts abbiegend auf Forst- und Wirtschaftswegen durch den Wernersreuther Wald erreicht der Weg die Kreisstraße Tir 25 von Wernersreuth nach Pfaffenreuth. Der Weg führt weiter durch die Ortschaft Pfaffenreuth und links abbiegend zur Allerheiligenkapelle **109** und bis zur Kreisstraße Tir 25 von Pfaffenreuth nach Zirkenreuth. Links in Richtung der Ortschaft Zirkenreuth, und kurz vor der Ortschaft Zirkenreuth links erreicht der Weg die Ortschaft Großensees mit der Kriegergedächtniskapelle **110**. Nach Großensees, nach Überquerung der Wondreb, links und auf einer Forststraße nach Höfen vorbei an der rechts an der Straße stehenden Wegkapelle **31** zurück zum Ausgangspunkt in Tirschenreuth.

Kapellenweg nordwestlich von Tirschenreuth

TOUR 07

mittel | 40,8 km | 601 Hm | 3:30 h

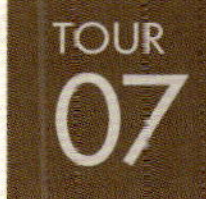

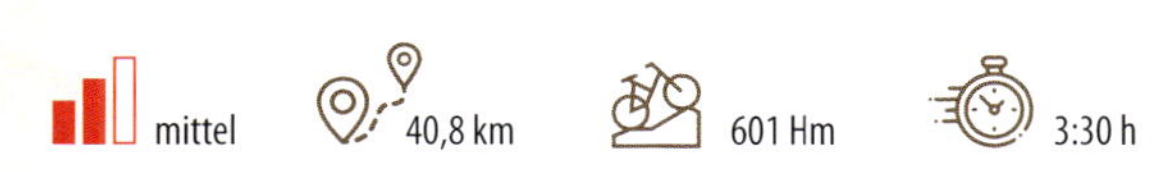

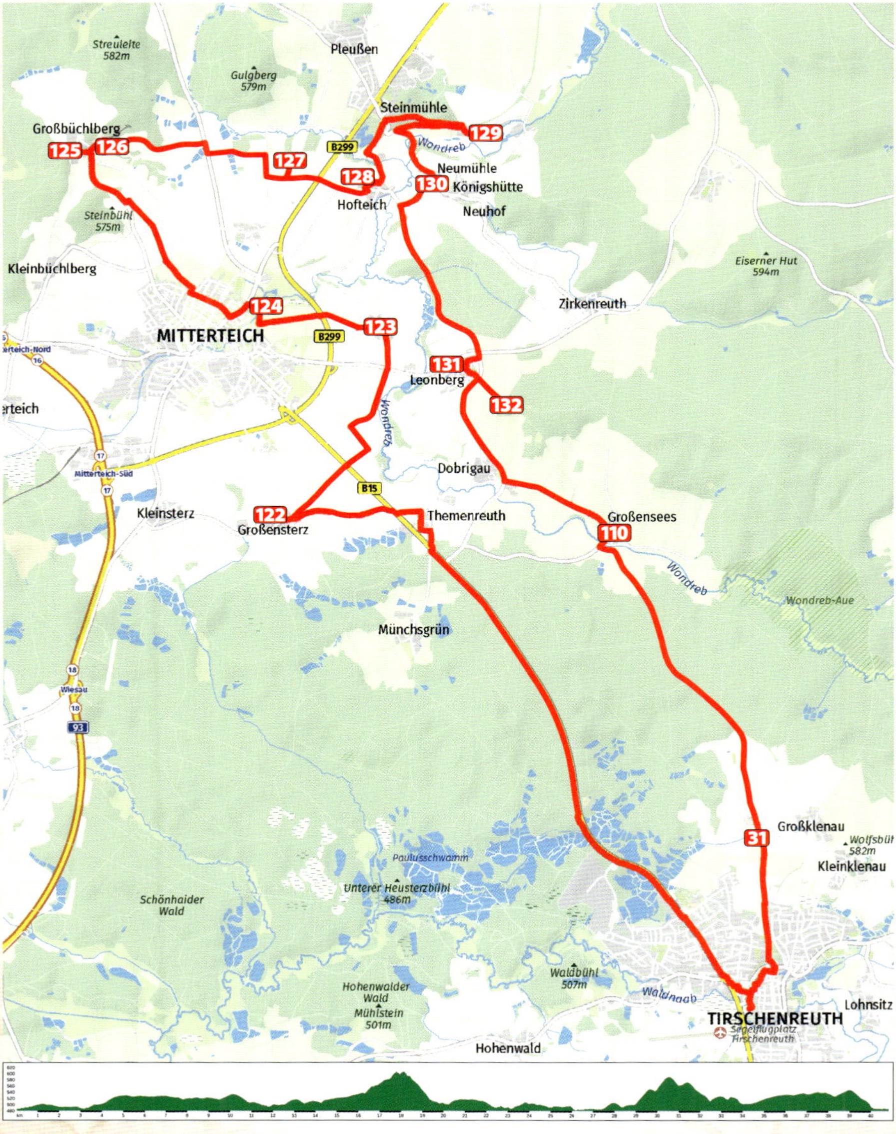

Navi: 95643 Tirschenreuth, Großparkplatz
(Parkplatz kostenlos)
UTM 32U 739455, 5530296

Tirschenreuth – Themenreuth – Großensterz – Amesmühle – Hungenberg – Mitterteich – Großbüchlberg – Kapelle bei Gulg – Hofteich – Terschnitz-Steinmühle – Forkatshof – Neumühle – Dobrigau – Großensees – Höfen – Tirschenreuth

Asphalt: 36,0 km
Naturweg: 4,8 km

Flache ebene Tour mit zwei anstrengenden Steigungen. Phantastische Weit- und Fernsichten.

Tirschenreuth, Themenreuth (Finkenstich), Mitterteich

Streckenbeschreibung:

Der Kapellenweg nordwestlich von Tirschenreuth beginnt am Großparkplatz in Tirschenreuth (kostenlose Parkplätze). Links abbiegend führt der Weg zur Bahnhofstraße. In der Bahnhofstraße, über den Kreisverkehr, in der Mitterteicher Straße weiter in Richtung der Stadt Mitterteich.

Am Ortsende von Tirschenreuth verläuft der Weg auf dem verkehrsbegleitenden Radweg an der Bundestraße 15 bis nach Themenreuth (Finkenstich). Durch die Unterführung der B 15 in die Ortschaft Themenreuth und links abbiegend wieder zur B 15.

Die B 15 wird überquert und weiter auf einem Wirtschaftsweg bis zur Ortschaft Großensterz mit einer Ortskapelle **122**. Der Weg führt nun von Großensterz auf der Ortsverbindungsstraße zurück zur B 15, überquert die Straße und erreicht vorbei an der Amesmühle, nach Überquerung der Straße von Mitterteich nach Leonberg, die Ortschaft Hungenberg mit einer Ortskapelle **123**.

In Hungenberg links und auf einen Wirtschaftsweg in Richtung der Stadt Mitterteich mit der Friedhofskapelle Mariä Hilf **124**. An der Fußgängerampel in Richtung Stadtmitte biegt der Weg nach rechts in die Kohllohstraße und am Ortsende nach rechts in die Großbüchelberger Straße. Leicht ansteigend führt der Weg bis zur Ortschaft Großbüchelberg mit der Ortskapelle **125** und einer privaten Kapelle **126**.

Alternative: Ab Mitterteich führt ein Alternativweg durch die Stadt, in die Marktredwitzer Straße und auf der Staatsstraße 2169 nach Pechbrunn zur Steinbauernkapelle der Vierzehn Hl. Nothelfer **133**. Einfache Strecke ca. 7 km. Zurück nach Mitterteich auf der gleichen Wegstrecke.

Ab der Ortschaft Großbühlberg führt der Weg auf der Gemeindeverbindungsstraße bis zur Staatsstraße 2176 von Mitterteich nach Konnersreuth. Nach rechts und nach ca. 150 m wieder links abbiegend führt ein Wirtschaftsweg in Richtung Gulg. An der asphaltierten Straße rechts und wieder links führt ein Wirtschaftsweg zur Feldkapelle **127**.
Weiter auf dem Wirtschaftsweg bis zur Bundesstraße B 299 von Mitterteich nach Waldsassen. Nach Überquerung der B 299 bis zur Ortschaft Hofteich mit einer Dorfkapelle **128**. In der Ortschaft Hofteich links, durch die Ortschaft Terschnitz nach Steinmühle. Rechts auf der Gemeindeverbindungsstraße und nach einer scharfen Kurve geradeaus bis zur Ortschaft Forkatshof mit einer Dorfkapelle **129**.

128

132

Wieder zurück in Richtung Steinmühle zur Gemeindeverbindungsstraße links abbiegend vorbei an der Schneidemühle und vorbei an einer links an der Straße stehenden Wegkapelle, der sog. Steinmühlkapelle **130,** bis zur Ortschaft Neumühle. Rechts und nach ca. 600 m Fahrstrecke nach links führt der Weg auf der Kreisstraße Tir 40 teilweise steil bergauf bis zur Ortschaft Leonberg mit der Friedhofskapelle **131** und einer oberhalb von Leonberg stehenden Feldkapelle **132**. An der Feldkapelle phantastischer Weit- und Fernblick.

Auf der Kreisstraße Tir 40 führt der Weg links bis zur Ortschaft Dobrigau, biegt links ab und erreicht die Ortschaft Großensees mit der Kriegergedächtniskapelle **110**. Rechts und nach Überquerung der Wondreb links erreicht der Weg auf einem Forst- u. Wirtschaftsweg Höfen mit einer an der Straße rechts stehenden Wegkapelle **31** und den Ausgangspunkt Tirschenreuth.

TOUR 08

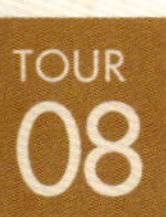

Kapellenweg in und um Waldsassen

leicht | 29,5 km | 611 Hm | 2:30 h

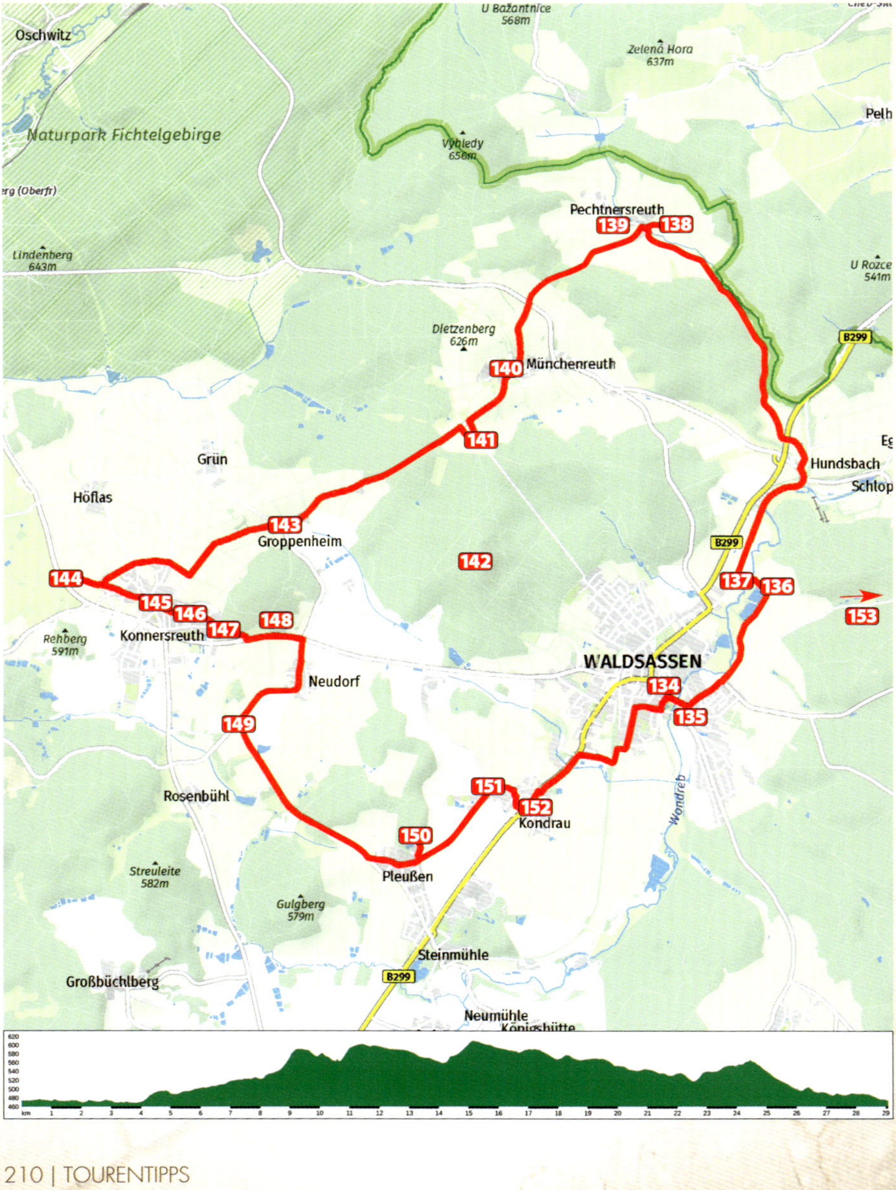

© mapz.com – Map Data: OpenStreetMap ODbL

Navi: 95652 Waldsassen, Lämmerstraße (Parkplatz kostenlos)
UTM 32U 737218, 5543878

Waldsassen – Mitterhof – Hundsbach – Pechtnersreuth – Müchenreuth – Kappl – Groppenheim – Konnersreuth – Neudorf – Fockenfeld – Pleußen – Gommelberg – Kondrau – Waldsassen

Asphalt: 28,3 km
Naturweg: 1,2 km

Überwiegend flache Strecke mit einigen Steigungen. Barocke Kleinodien (Basilika Waldsassen, Wallfahrtskirche Hl. Dreifaltigkeit Kappl).

Waldsassen, Kappl, Konnersreuth

Streckenbeschreibung:

Vor Beginn der Tour können in der Basilika Waldsassen die Anbetungskapelle **134** und die Einsatzkapellen (Seitenkapellen) **258** mit den sehenswerten Altären sowie die Klosterkapelle Mariä Himmelfahrt **260** besichtigt werden (siehe „Besondere Kapellen" Abschnitt 8).

Die Strecke beginnt in Waldsassen am Festplatz an der Pfaffenreuther Straße (kostenloser Parkplatz). Links in der Karolinenstraße die Ölberggruppe **135**. Von der Karolinenstraße links in die Neualbenreuther Straße, an der Kurve links in die Mammersreuther Straße, vorbei an der Lourdesgrotte **136** bis zur Wegkapelle **137** am Mitterhof.

Alternative: Kurz vor der Lourdesgrotte leicht nach rechts in die Mammersreuther Straße bis zur Ortschaft Mammersreuth und weiter bis zur Ortschaft Hatzenreuth mit der Bruder-Klaus-Kapelle **153**. Einfache Strecke ca. 4,7 km. Zurück bis zur Abzweigung kurz vor der Lourdesgrotte in Waldsassen und weiter auf dem Hauptweg Kapellenweg Waldsassen.

Am Mitterhof rechts auf dem Fuß- und Radweg nach Hundsbach. In der Ortsmitte von Hundsbach links in Richtung zur Ortschaft Pechtnersreuth. Auf der Ortsverbindungsstraße, teilweise in Sichtverbindung mit der Staatsgrenze zu Tschechien, erreicht der Weg die Ortschaft Pechtnersreuth mit der Dorfkapelle St. Josef **138** und einer Mariengrotte **139**. Ab der Ortschaft Pechtnersreuth auf der Gemeindeverbindungsstraße in Richtung Münchenreuth, die Staatsstraße 2178 von Waldsassen nach Schirnding überquerend und weiter bis zur Ortschaft Münchenreuth mit der Friedhofskapelle **140**.

In Münchenreuth führt der Weg sehr steil bergauf zur Wallfahrtskirche Hl. Dreifaltigkeit Kappl mit der Eucharistiekapelle **141**.

Alternative: Ab der Kappl kann die Waldkapelle St. Josef **142** im Münchenreuther Wald besucht werden. Einfach Strecke ca. 2,3 km. Zurück wieder bis zur Kappl.

Auf der Kreisstraße Tir 15 führt der Weg in Richtung Konnersreuth und der Ortschaft Groppenheim mit der Dorfkapelle **143**. In der Ortschaft Groppenheim rechts und gleich wieder nach links und auf einem Wirtschaftsweg in Richtung der Ortschaft Konnersreuth. Kurz vor der Ortschaft Konnersreuth rechts in den Klosterweg, nach rechts in die Arzberger Straße und links auf den Kalvarienberg mit der Kapelle der Schmerzhaften Muttergottes **144**. Der Weg führt wieder zurück zur Ortschaft Konnersreuth, vorbei am Anbetungskloster Theresianum mit einer kleinen Kapelle **145** und einer großen kirchenähnlichen Kapelle **146**.

142

152

In Konnersreuth befinden sich mehrere Lourdesgrotten **147** (Garten von Fockenfeld, an der Kath. Pfarrkirche St. Laurentius, im Garten des Geburtshauses der „Konnersreuther Resl“ und im Reslgarten).

Der Weg führt weiter durch die Ortschaft Konnersreuth in Richtung der Stadt Waldsassen. Kurz nach der Abzweigung auf die Staatsstraße 2176 Arzberg/Waldsassen links in Richtung Waldsassen biegt der Weg nach links ab (einzeln stehendes Anwesen) und erreicht im Waldgebiet Konnsberg am Waldbesinnungspfad die Marienkapelle **148**.

Zurück auf der Staatstraße links und wieder rechts in Richtung Neudorf bis nach Fockenfeld mit der Kapelle St. Josef **149**. Bei Fockenfeld links und weiter auf der Kreisstraße Tir 3, vorbei am Schwalbenhof, bis zur Ortschaft Pleußen. Am Ortseingang von Pleußen links in die Straße Im Dorf, weiter in der Kondrauer Straße und links in den Weg Am Gommelberg bis zur Gommelbergkapelle **150**. Zurück in der Kondrauer Straße links bis zur Ortschaft Kondrau. In Kondrau eine private Kapelle **151** und die Kapelle Hl. Florian **152** an der Bundesstraße B 299.

Auf dem Radweg an der Bundesstraße B 299 geht es zur Stadt Waldsassen und zum Ausgangspunkt der Tour.

Kapellenweg in und um Wiesau

 mittel  40,2 km  741 Hm  3:30 h

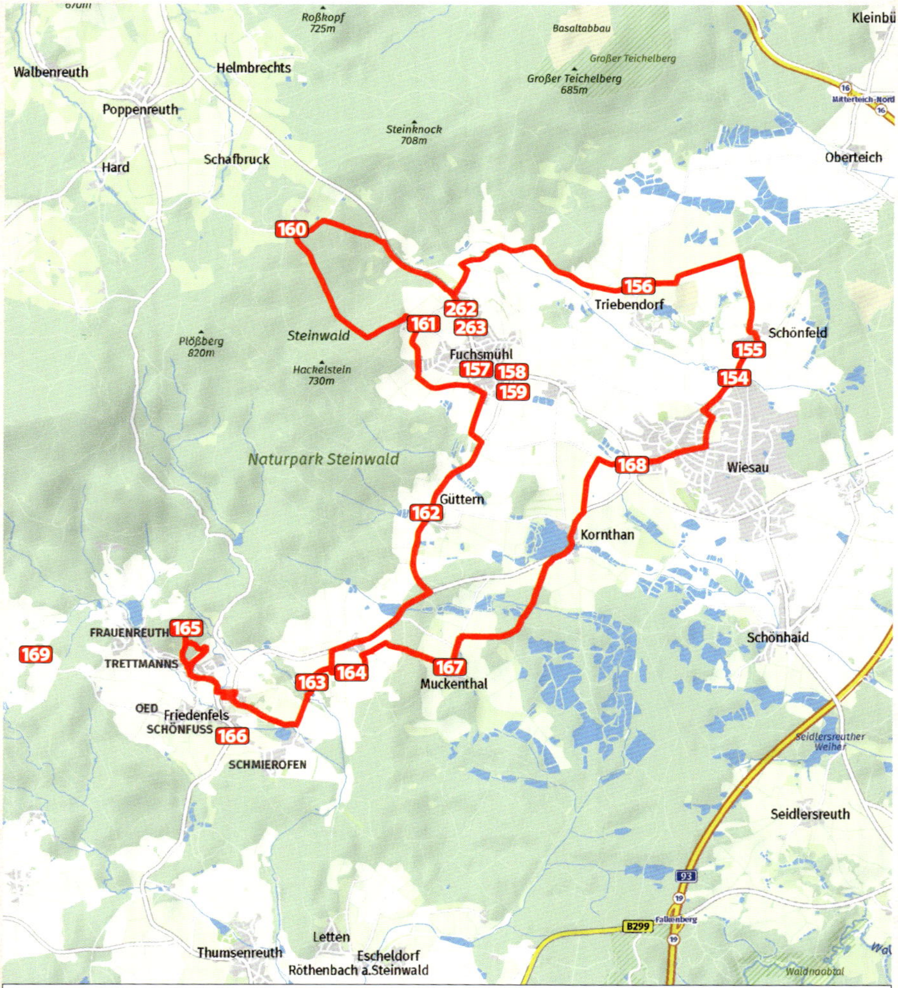

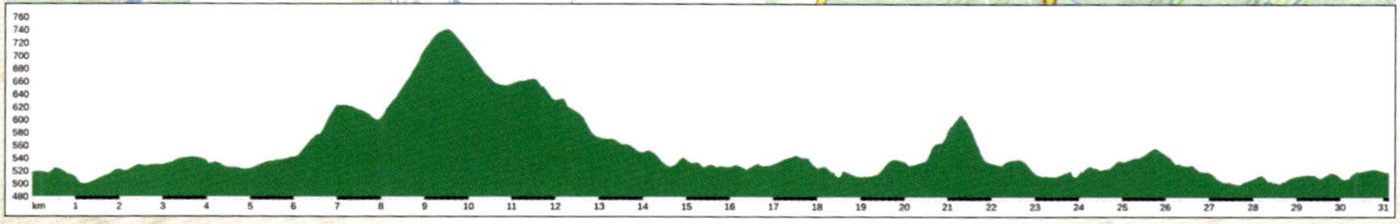

Navi: 95676 Wiesau, Marktplatz
(Parkplatz kostenlos)
UTM 32U 728628, 5533541

Wiesau – Schönfeld – Triebendorf – Mitterharlohmühle – Fuchsmühl – Herzogöd – Fuchsmühl – Güttern – Voitenthan – Friedenfels – (Alternativ Bärnhöhe) – Haferdeckmühle – Voitenthan – Muckenthal – Kornthan – Mühlhof – Wiesau

Asphalt: 35,5 km
Naturweg: 4,7 km

Leichte Passagen wechseln sich ab mit anstrengenden Steigungen auf der gesamten Strecke. Phantastische Weit- und Fernblicke

Wiesau

Streckenbeschreibung:

Start des Kapellenweges südwestlich von Wiesau ist am Marktplatz in Wiesau (kostenoser Parkplatz). Westlich in der Bahnhofstraße, dem Kirchplatz und der Schönfelder Straße führt der Weg vorbei an der links an der Straße stehenden St.-Anna-Kapelle **154** bis zur Ortschaft Schönfeld mit der Kriegergedächtniskapelle **155**.

Durch die Ortschaft Schönfeld auf der Gemeindeverbindungsstraße weiter nach Norden, am Beginn des Waldes links zur Ortschaft Triebendorf. Hier links in Richtung Wiesau bis zur Dorfkapelle **156**. Zurück bis zur Ortsmitte, links in Richtung Mitterharlohmühle und zur Ortschaft Fuchsmühl. Nach Überquerung der Marktredwitzer Straße rechts auf dem Steinwaldradweg stetig bergauf bis zur Ortschaft Herzogöd mit der Kapelle St. Antonius **160**.

In Herzogöd links, auf einem Forst- und Wirtschaftsweg durch das Waldgebiet (In der Kaiserin) wieder stetig bergab und nach ca. 1,7 km links bis zur Kapelle Maria Frieden **161** oberhalb der Ortschaft Fuchsmühl. Der Weg führt auf der Steinwaldstraße in Richtung der Ortschaft Fuchsmühl. Auf der Strecke herrliche Aussichten und Fernsichten.

In der Wallfahrtskirche Unsere Liebe Frau in Fuchsmühl ist die Gnadenkapelle **262** und die Ritakapelle **263** zu besichtigen (Beschreibung der Kapellen in Abschnitt 8 „Besondere Kapellen").
In Fuchsmühl in der Marienstraße und Wiesauer Straße in Richtung Wiesau führt der Weg vorbei an den Mariengrotten **157/158** und in der Alten Straße an der Mariengrotte **158**. In der Wiesauer Straße rechts in die Schloßallee zur Schlosskapelle **159**. Zurück in der Wiesauer Straße links und wieder links. Auf der Kreisstraße Tir 18 führt der Weg in Richtung Friedenfels. In der Ortschaft Güttern vorbei an der rechts an der Straße stehenden Dorfkapelle **162** bis zur Staatsstraße 2169 Wiesau/Friedenfels. Rechts auf der Staatsstraße durch die Ortschaft Voitenthan bis zur Ortschaft Friedenfels.

Am Ortsanfang von Friedenfels nach rechts in Richtung Steinwald und nach ca. 100 m wieder links in die Badstraße, vorbei am Freibad und rechts in die Straße am Grundacker.
Über die anschließende Wiese (Schiebestrecke mit dem Fahrrad) bis zum Waldrand und dann links dem Wald- und Forstweg folgend, entlang an den Kreuzwegstationen, bis zur Kriegergedächtniskapelle **165** am Schusterberg (teilweise Schiebestrecke mit dem Fahrrad). Am Schusterberg Aussicht über Friedenfels und zum Steinwald.

Auf dem Wald- und Forstweg, dem Bergsteig, Kapellenweg und der Otto-Freundl-

154

161

Straße zurück in die Ortsmitte von Friedenfels. In der Ortschaft Friedenfels am Schloßberg zur Schlosskapelle **163**. In Richtung Krummennaab, in der Poststraße, rechts zum Rosenbühl und Bühlsteig zu einer Feldkapelle **166** und wieder zurück in die Ortsmitte von Friedenfels.

Weiter in der Gemmingen-Straße in Richtung Wiesau. Am Ortsende rechts in den Notthafftweg bis zum Waldfriedhof **164** in Friedenfels. Der Weg führt weiter über die Haferdeckmühle, vorbei an Voitenthan nach Muckenthal mit der Kapelle Maria Trösterin der Betrübten **167**.

Auf dem Steinwaldradweg weiter bis zur Ortschaft Kornthan. Links auf die Staatsstraße 2169 von Friedenfels/Wiesau rechts abbiegend vorbei am Kornthaner Weiher bis kurz vor dem Kreisverkehr in Wiesau.
Hier biegt der Weg nach links ab zum Mühlhof mit der Kapelle zum Sonnengesang des hl. Franziskus **168**. Ab Mühlhof in Richtung Wiesau und links in den Mühlhofweg, in die Friedenfelser Straße und über die Bahnhofstraße zurück zum Ausgangspunkt in Wiesau.

TOUR 10

Kapellenweg südöstlich von Kemnath

leicht | 29,9 km | 521 Hm | 2:30 h

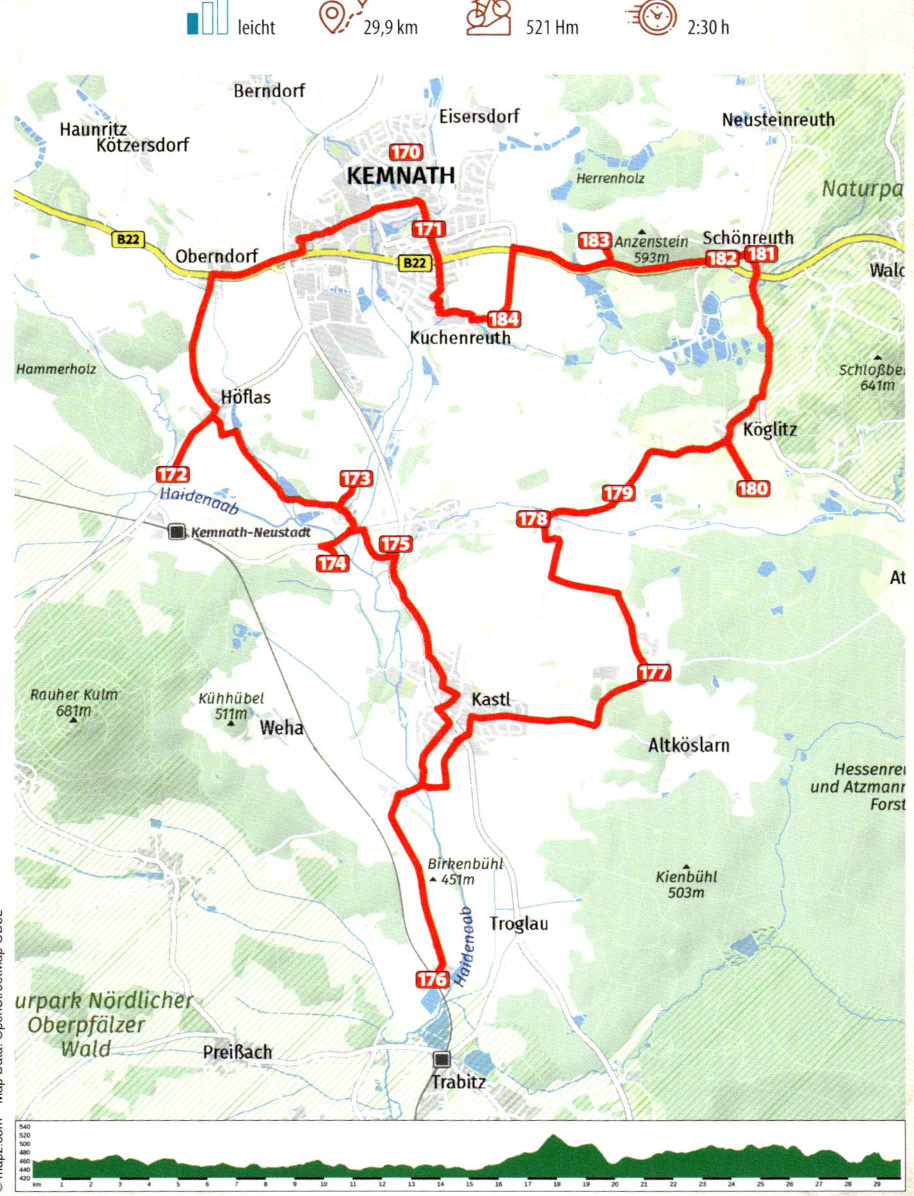

Navi: 95478 Kemnath, Stadtplatz
(kostenloser Parkplatz „Am Eisweiher“)
UTM 32U 707576, 5528246

Kemnath – Oberndorf – Höflas – Gmündmühle – Höflas – Kaibitz – Lindenhof – Senkendorf – Kast – Unterbruck – Birkhof – Unterbruck – Kastl – Neuenreuth – Reuth bei Kastl – Köglitz – Schönreuth – Lichtenhof – Kemnath/Kuchenreuth – Kemnath

Asphalt: 27,95 km
Naturweg: 1,95 km

Auf der gesamten Strecke leichte Passagen, die sich abwechseln mit leichten Steigungen und einer etwas schwereren Steigung in Richtung Ortschaft Neuenreuth.

Kemnath

Streckenbeschreibung:

Start des Kapellenweges südöstlich von Kemnath ist in Kemnath auf dem Stadtplatz. Kostenlose Parkplätze sind in Kemnath „Am Eisweiher“ und an der „Seeleite“ vorhanden. In Kemnath sind Kapellen im Altenheim **170** und im Krankenhaus **171** zu besichtigen.

Der Weg führt vom Stadtplatz in Kemnath nach Westen in die Bayreuther Straße bis zum rechts abbiegenden Läuferweg. Hier wechselt der Weg in den Radweg, der die Bayreuther Straße begleitet. Am Kreisverkehr vorbei und nach ca. 150 m links, die Bayreuther Straße überquerend, und auf einem Fahrradweg weiter bis zur Ortschaft Oberndorf.

In Oberndorf nach links die Bundesstraße B 22 von Kemnath/Bayreuth überquerend der Gemeindeverbindungsstraße folgend bis zur Ortschaft Höflas. Rechts auf die Staatsstraße 2168 Kemnath/Neustadt am Kulm bis nach Gmundmühle mit der Hauskapelle Hl. Dreifaltigkeit **172** und wieder zurück bis zur Ortschaft Höflas.
In Höflas rechts nach ca. 200 m am Ende der Ortschaft links und nach ca. 100 m wieder rechts den Wirtschaftsweg bis zur Ortschaft Kaibitz folgen. Kurz vor der Ortschaft Kaibitz links bis zur Feldkapelle St. Maria **173**. Durch die Ortschaft Kaibitz bis zur Kreisstraße Tir 30 rechts und nach ca. 350 m links zum Lindenhof mit einer Feldkapelle **174**.

Wieder zurück an der Kreisstraße Tir 30 nach rechts, über die Haidenaab und den Mühlbach und dann rechts in Richtung der Ortschaft Senkendorf mit der Ortskapelle Hl. Dreifaltigkeit **175**.

Nach Senkendorf die Staatsstraße 2665 Kemnath/Kastl überquerend folgt der Weg rechts der Gemeindestraße bis nach Kastl. In Kastl in der Hauptstraße rechts in die Kulmstraße, unter der Staatsstraße 2665 hindurch, links in die von-Weickmann-Straße, rechts über die Brücke der Haidenaab bis zur Ortschaft Unterbruck. In Unterbruck links und weiter bis Birkhof mit der Feldkapelle Gegeißelter Heiland **176**.

Der Weg führt wieder zurück nach Unterbruck, rechts über die Brücke der Haidenaab, halbrechts weiter, links in die Industriestraße, unter der Staatsstraße 2665 hindurch in die Hauptstraße. Rechts in die Donatusstraße und nach ca. 1,1 km links in Richtung Atzmannsberg. Der Straße bergauf bis zur Abzweigung links und bis zur Ortschaft Neuenreuth mit der Marienkapelle **177** folgend weiter bis zur Ortschaft Reuth bei Kastl mit der Herz-Jesu-Kapelle **178**. Weiter führt der Weg in Richtung der Ortschaft Köglitz. Nach ca. 700 m ist bei einem

176

183

rechts stehenden Anwesen die Kapelle Maria Rosa Mystica **179** zu besichtigen.

In der Ortschaft Köglitz am Ortsbeginn zu der rechts in ca. 500 m stehenden Kapelle Theresia von Lisieux **180**. Wieder zurück in Köglitz rechts und weiter bis zur Gemeindeverbindungsstraße Schönreuth/Atzmannsberg. Hier links der Straße bis zur Ortschaft Schönreuth folgen, die Bundesstraße B 22 überqueren, und bis zur Ortsmitte von Schönreuth mit der Kapelle St. Sebastian **181**. Weiter links bis zum verkehrsbegleitenden Radweg in Richtung Kemnath vorbei am Bildstock **182** und nach ca. 1 km rechts zur Feldkapelle Lichtenhof **183**. Wieder zurück am Radweg rechts weiter in Richtung Kemnath. An der Zufahrtsstraße nach Kemnath links über die Bundesstraße B 22 und auf einer Gemeindeverbindungsstraße zur Ortschaft Kuchenreuth mit der Fatimakapelle **184**.

Über die Steinwaldstraße, Ochsenkopfstraße, Anzensteinstraße und die Erbendorfer Straße zurück zum Ausgangspunkt am Stadtplatz in Kemnath.

Kapellenweg nordwestlich von Kemnath

TOUR 11

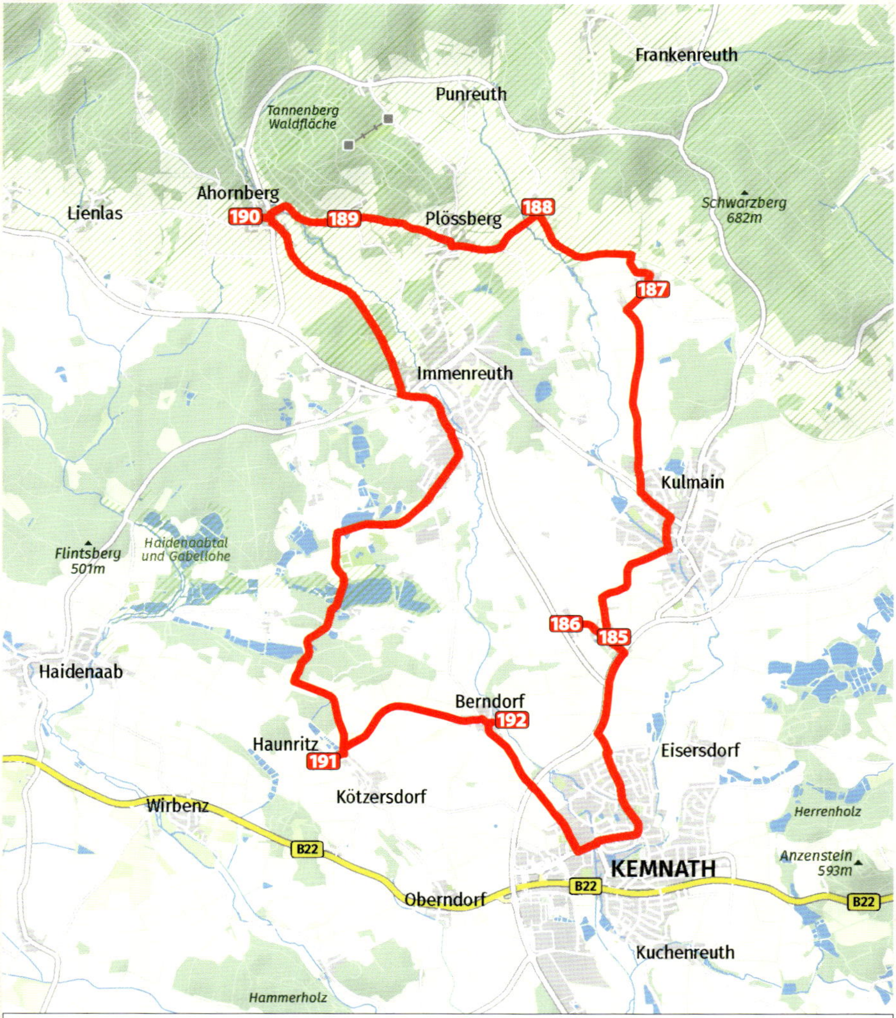

Frankenreuth
Punreuth
Tannenberg Waldfläche
Ahornberg
Lienlas
190
189
Plössberg
188
Schwarzberg 682m
187
Immenreuth
Kulmain
Flintsberg 501m
Haidenaabtal und Gabellohe
186
185
Haidenaab
Berndorf
192
Haunritz
191
Eisersdorf
Kötzersdorf
Wirbenz
B22
Herrenholz
Anzenstein 593m
KEMNATH
Oberndorf
Kuchenreuth
Hammerholz

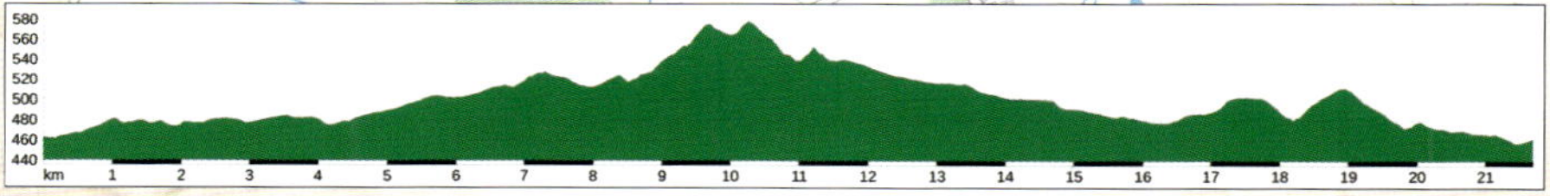

Navi: 95478 Kemnath, Stadtplatz (kostenloser Parkplatz „Am Eisweiher") UTM 32U 707576, 5528246

Kemnath – Oberbruck – Kulmain – Lenau – Döberein – Plößberg – Schadersberg – Ahornberg – Immenreuth – Haunritz – Berndorf – Kemnath

Asphalt: 21,7 km (gesamte Tourlänge)

Überwiegende ebene Abschnitte mit teilweise leichten Steigungen.

Kemnath und Kötzersdorf

Streckenbeschreibung:

Start des Kapellenweges nordwestlich von Kemnath ist in Kemnath auf dem Stadtplatz. Kostenlose Parkplätze sind in Kemnath „Am Eisweiher" und an der „Seeleite" vorhanden.

Der Weg führt durch das Stadttor von Kemnath über den Cammerlohplatz in die Wunsiedler Straße. Am Ortsende von Kemnath rechts in die Straße nach Eisersdorf und sofort nach links in den verkehrsbegleitenden Radweg und nach ca. 200 m rechts in den verkehrsbegleitenden Radweg an der Staatsstraße 2665 Kemnath/Waldershof. Nach ca. 800 m links, die Staatsstraße überquerend zur Ortschaft Oberbruck mit der Kapelle St. Helena **185** und der Ortskapelle **186**.

Auf der Ortsverbindungsstraße weiter zur Ortschaft Kulmain in die Oberbrucker Straße, links in die Hauptstraße, links in die Immenreuther Straße und am Ortsende von Kulmain rechts in Lenauer Straße bis zur Ortschaft Lenau mit der Antoniuskapelle **187**. Nach der Ortschaft Lenau über die Eisenbahnstrecke, links auf der Gemeindeverbindungsstraße zur Ortschaft Döberein mit der Marienkapelle **188** und links weiter zur Ortschaft Plößberg.

In der Ortschaft Plößberg rechts und gleich wieder links weiter zur Ortschaft Schadersberg mit einer Ortskapelle und zur Ortschaft Ahornberg. In Ahornberg links und sofort rechts zur Ortskapelle Schmerzhafte Muttergottes **190**. Wieder zurück, rechts und sofort halblinks führt der Weg in Richtung der Ortschaft Immenreuth. In der Ortschaft Immenreuth links in die Straße Altes Dorf, die Eisenbahnlinie überquerend, und weiter durch die Ortschaft rechts in die Hofloherstraße, Badstraße und bis zum Naturerlebnisbad im Kemnather Land.

Nach der Badanlage links der Gemeindeverbindungsstraße folgend, an der nächsten Kreuzung gerade, nach ca. 650 m links zur Ortschaft Kötzersdorf und rechts in Richtung Haunritz bis zur Ortskapelle Schmerzhafte Muttergottes **191**.

Zurück nach Kötzersdorf, links und wieder rechts in Richtung der Ortschaft Berndorf mit der Ortskapelle zur Heiligen Dreifaltigkeit **192**. Ab Berndorf in Richtung Kemnath und über die Berndorfer Straße und Bayreuther Straße zurück zum Ausgangspunkt in Kemnath.

Kapellenweg rund um Waldeck

TOUR 12

schwer | 30,4 km | 675 Hm | 3:00 h

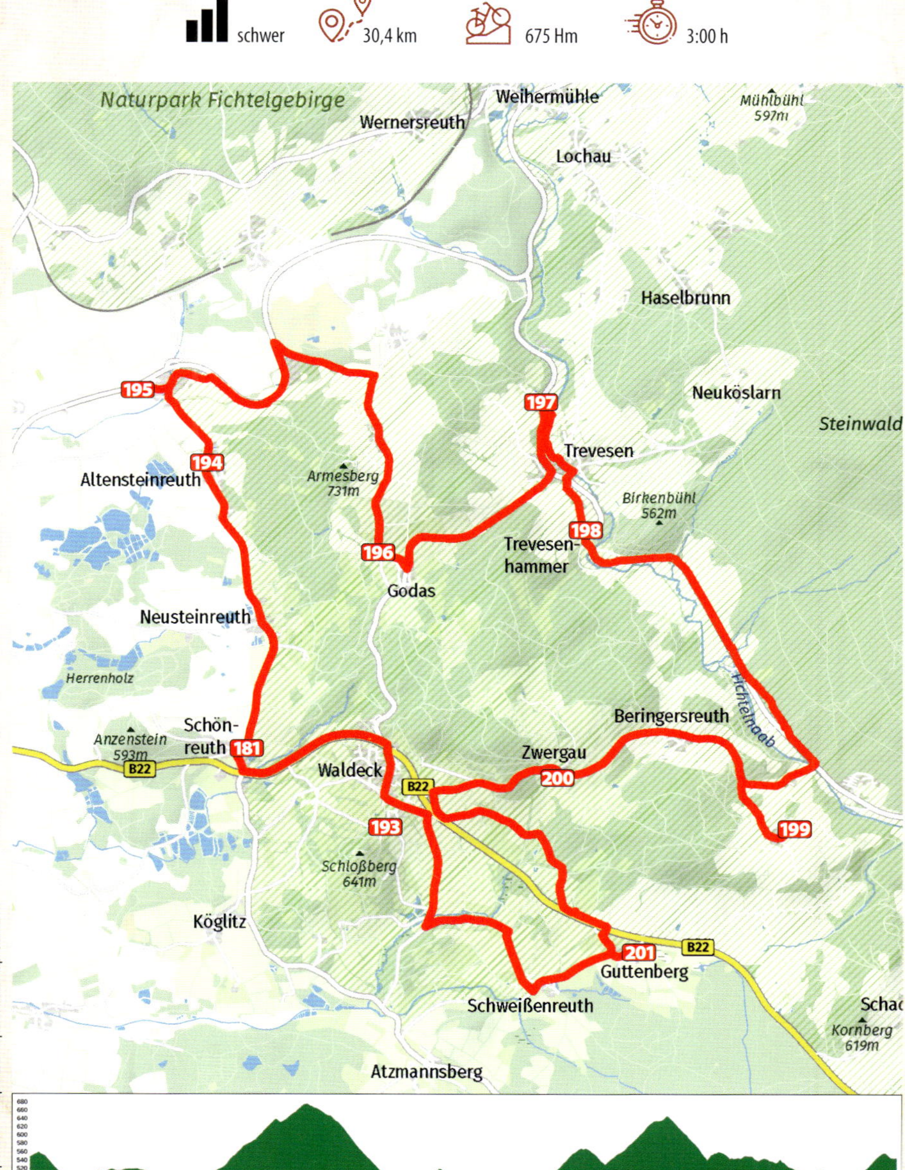

Navi: 95478 Waldeck, Oberer Markt
UTM 32U 712122, 5527540

Waldeck – Schönreuth – Neusteinreuth – Altensteinreuth – Zinst – Erdenweis – Armesberg – Godas – Trevesen – Trevesenhammer – Rosenbühl – Bingarten – Beringersreuth – Zwergau – Hahneneggaten – Guttenberg – Schweißenreuth – Lettenmühle – Waldeck

Asphalt: 28,7 km
Naturweg: 1,7 km

Teilweise schwere Steigungen und Abfahrten wechseln sich ab mit leichten Passagen. Streckenweise phantastische Fern- und Weitblicke.

Waldeck

Streckenbeschreibung:

Start des Kapellenweges rund um Waldeck ist in Waldeck am Oberen Markt. Der Weg führt links in die Straße Am Schloßberg sehr steil hinauf zur Burgruine mit der Burgkapelle St. Ägidius **193**.

Wieder zurück in der Ortschaft Waldeck führt der Weg auf dem Unteren Markt durch die Unterführung der Bundesstraße B 22 bis zur Godaser Straße. Nach Überquerung der Straße auf dem verkehrsbegleitenden Radweg an der B 22 bis zur Ortschaft Schönreuth mit der Kapelle St. Sebastian **181**.

Weiter auf der Kreisstraße Tir 28 wird die Ortschaft Neusteinreuth, die Ortschaft Altensteinreuth mit einer rechts an der Straße stehenden Ortskapelle **194** und die Ortschaft Zinst mit einer Ortskapelle **195** erreicht. Hier führt der Weg in der Ortschaft rechts und kurz vor der Staatsstraße rechts auf einen Feldweg. Nach kurzer Fahrt links auf die Staatsstraße 2177 Kulmain/Waldershof und nach ca. 900 m bergauf rechts wieder bergauf in Richtung Erdenweis und Armesberg.

Der Armesberg kann als Alternative rechts abbiegend besucht werden. Der Weg führt weiter, vorbei an einer links an der Straße stehenden Feldkapelle **196**, bis zur Kreisstraße Tir 8. Links und auf der Kreisstraße nach Godas und weiter, jetzt gewaltig abwärts, ins Tal der Fichtelnaab bis nach Trevesen. Links auf der Staatsstraße 2181 Erbendorf/Waldershof zur links an der Straße stehenden Kapelle Maria Hilf **197**. Zurück auf der Staatsstraße (alternativ auf dem Steinwaldradweg entlang der Fichtelnaab) und in Trevesen rechts auf der Ortsstraße vorbei an der Kath. Kirche St. Wendelin zur Marienkapelle **198** in Trevesenhammer.

Der Weg führt nun ca. 900 m auf der Staatsstraße 2181 Erbendorf/Waldershof und biegt links ab auf den Steinwaldradweg und weiter auf dem Steinwaldradweg bis zur Abzweigung rechts nach Waldeck. Nach Überquerung der Staatsstraße 2181 führt der Weg auf der Kreisstraße Tir 32 in Richtung Waldeck. Nach kurzer stetig bergauf führender Strecke, vorbei an Rosenbühl, biegt der Weg nach links und erreicht die Ortschaft Bingarten mit der Ortskapelle **199**.

Zurück auf der Kreisstraße geht es nun dauerhaft steil bergauf, durch Beringersreuth bis zur Ortschaft Zwergau mit der Ortskapelle Maria von guten Ruf **200**. Der Weg führt jetzt stetig bergab bis kurz vor die Bundesstraße B 22. In Sichtweite zur Ortschaft Waldeck biegt der Weg nach links auf einen Feldweg und weiter auf eine Ortsverbindungsstraße, die über Hahneneggaten bis zur Bundesstraße B 22 führt.

Rechts abbiegend, die Bundesstraße B 22 überquerend, führt der Weg nach Guttenberg mit der Ortskapelle St. Ullrich **201**. Über die Ortschaft Schweißenreuth und rechts in Schweißenreuth zur Lettenmühle abbiegend führt der Weg zurück nach Waldeck zum Ausgangpunkt der Tour.

Kapellenweg in und um Erbendorf

TOUR 13

 mittel

 31,3 km

 565 Hm

 3:30 h

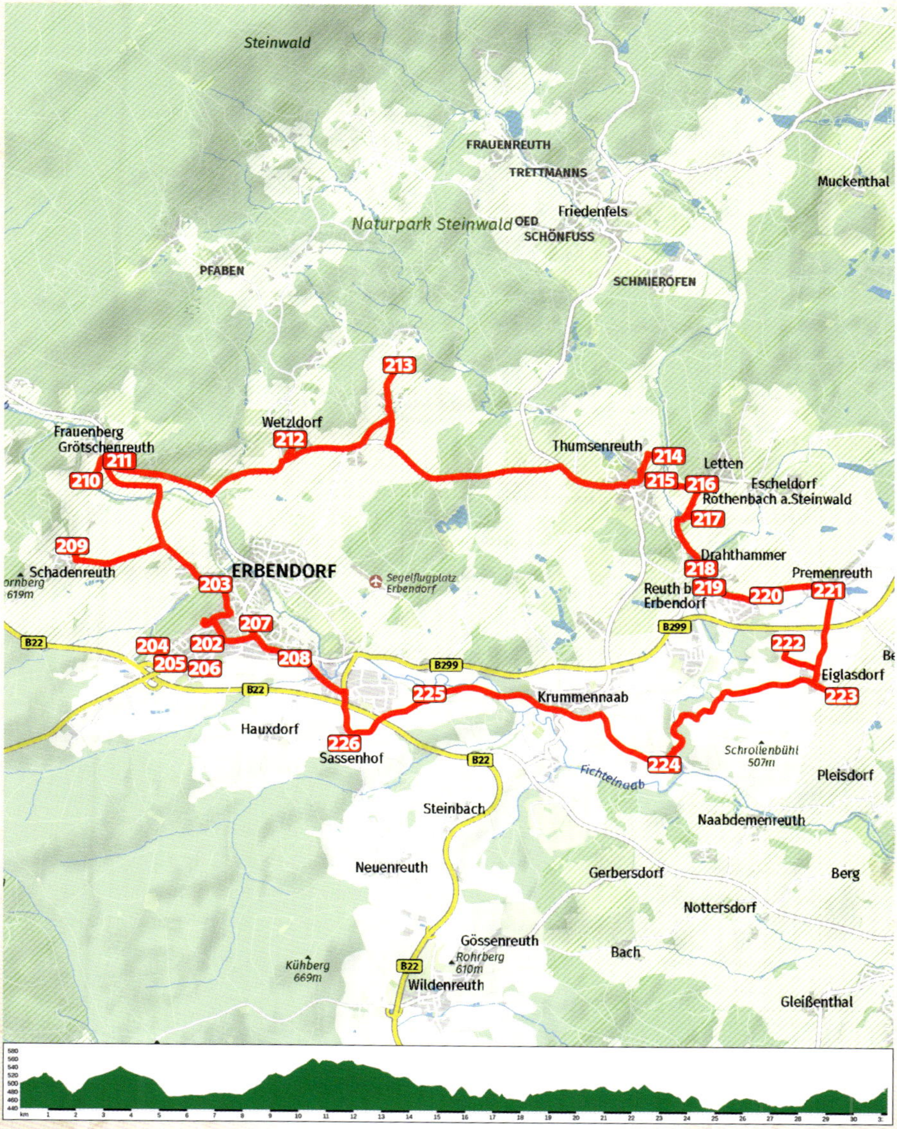

Navi: 92681 Erbendorf, Marktplatz
(Parkplatz an der Stadthalle kostenlos)
UTM 32U 719162, 5525118

Erbendorf – Schadenreuth – Grötschenreuth – Wetzldorf – Siegritz – Thumsenreuth – Mittelmühle – Erlhammer – Drahthammer – Reuth bei Erbendorf – Premenreuth – Fünfeichen-Eiglasdorf – Lehen – Trautenberg – Krummennaab – Inglashof – Sassenhof – Erbendorf

Asphalt: 28,2 km
Naturweg: 3,1 km

Leichte ebene Passagen wechseln sich ab mit einer leichten und einer anspruchsvollen Steigung.

Erbendorf

Streckenbeschreibung:

In der Stadt Erbendorf sind die Hauskapelle **204** im BRK-Altenheim, die Hauskapelle **205** im Caritas-Altenheim und die Hauskapelle **206** in der Geriaterie zu besichtigen. Diese Kapellen sind keine freistehenden Kapellen, sondern sind in die jeweiligen Gebäude integriert.

Der Kapellenweg in und um Erbendorf beginnt am Marktplatz der Stadt Erbendorf. Rechts in die Bräugasse und rechts in die Frühmessgasse biegend erreicht der Weg die links an der Straße stehende Loretokapelle **202**. Weiter in der Frühmessgasse, links in die Höllgasse und St.-Veit-Straße und links in die Schloßstraße führt der Weg rechts abbiegend zur Schlosskapelle **203**.

Zurück in die Schloßgasse, links in die St.-Veit-Straße und Haldengasse führt der Weg über die Bergwerkstraße links in den Zeidlweidweg und wieder links abbiegend auf einer Ortsverbindungsstraße zur Ortschaft Schadenreuth mit einer rechts an der Straße stehenden Ortskapelle Mariä Himmelfahrt **209**.
Zurück auf der Ortsverbindungsstraße führt der Weg links abbiegend ca. 1,1 km in Richtung der Stadt Erbendorf und biegt an der Kreuzung links ab ins Tal der Fichtelnaab. Nach Überquerung der Fichtelnaab jetzt auf dem Steinwaldradweg links bis zur Ortschaft Grötschenreuth. Am Ortseingang links und nach ca. 50 m wieder links erreicht der Weg die Kapelle Unserer Lieben Frau **210**. Zurück zur Staatsstraße 2181 Erbendorf/Waldershof und links auf dem Steinwaldradweg bis zum Ortsende. Rechts abbiegend leicht bergauf erreicht der Weg eine Marienkapelle **211**.

Zurück auf der Staatsstraße rechts und ca. 1,6 km bis zur Abzweigung links in Richtung Wetzldorf und Steinwald und auf der Kreisstraße Tir 33 weiter bergauf bis zur Ortschaft Wetzldorf mit der Kapelle St. Judas Thaddäus **212**.

Der Weg führt weiter auf der Kreisstraße Tir 33 in Richtung Thumsenreuth bis zur Abzweigung nach links in die Ortschaft Siegritz. Am Ortsende befindet sich die Kapelle St. Anna **213**. Wieder zurück auf der Kreisstraße Tir 33 führt der Weg nach links zur Staatsstraße 2131 Thumsenreuth/Friedenfels. Rechts abbiegend führt der Weg in der Wiesauer Straße zur Ortschaft Thumsenreuth. In der Ortsmitte links in die Straße Am Gries, links in die Wirtgasse und den Pointweg und rechts bergauf zur Auferstehungskapelle Kohlbühl **214**.

Zurück bergab in den Pointweg links und wieder links in die Röthenbacher Straße und gerade weiter zur Mittelmühle mit einer Privatkapelle **215** und einer weiteren Privatkapelle **216**.

Der Weg führt ca. 250 m weiter, biegt rechts ab und vor Erlhammer links und erreicht eine Feldkapelle **217**. Zurück nach Erlhammer links auf der Ortsverbindungsstraße in Richtung Reuth b. Erbendorf. In Drahthammer im Hammerweg auf der Hälfte der Steigung links führt der Weg zur Begräbniskapelle **218**.

Auf dem Hammerweg weiter bis zur Hauptstraße in Reuth b. Erbendorf rechts bergab und links bis zur Kath. Kirche St. Katharina **219** mit ihren sehenswerten Akanthusaltären. Weiter bis zum Dr. Witt-Platz und der Premenreuther Straße rechts vorbei an der rechts an der Straße liegenden Kriegergedächtniskapelle **220** nach Premenreuth mit der Grotte **221** an der Pfarr- und Wallfahrtskirche Maria Hilf.

Der Weg führt an der Kirche rechts in die Bernsteiner Straße und nach ca. 50 m rechts bis zur Bundesstraße B 299. Die Straße überquerend und weiter an Fünfeichen vorbei in Richtung der Ortschaft Eiglasdorf. Kurz vor Eiglasdorf rechts, auf einem Wirtschaftsweg, zur Kapelle Barmherzigkeit Jesu **222**.

Wieder zurück in Eiglasdorf rechts bis zur Marienkapelle **223** und wieder zurück in die Ortschaft. Weiter auf einem Wirtschaftsweg in Richtung der Ortschaft Lehen. Am Ortsende links steil bergab zur Ortschaft Trautenberg mit der rechts an der Straße stehenden Kapelle Heilige Familie **224** und weiter

218

bis zur Ortschaft Krummennaab. Am Ortseingang links auf den Steinwaldradweg und weiter bis zur Abzweigung links nach Inglashof mit der Feldkapelle Mariä Himmelfahrt **225**.

Der Weg führt durch Inglashof zur Bundesstraße B 22 und nach der Überquerung der Straße zur Ortschaft Sassenhof mit einer Ortskapelle **226**. In Sassenhof weiter in Richtung Erbendorf, die Bundesstraße B 22 überquerend, führt der Weg am Kreisverkehr links in die Südbahnhofstraße und links in die Tirschenreuther Straße mit der Windischkapelle **208**.
Auf dem Steinwaldradweg kann die Radwegkapelle „Insel der Ruhe“ **207** besucht werden.

In der Tirschenreuther Straße führt der Weg zurück zum Ausgangspunkt in Erbendorf.

TOUR 14

Kapellenweg in und um Neusorg

mittel | 31,7 km | 685 Hm | 3:00 h

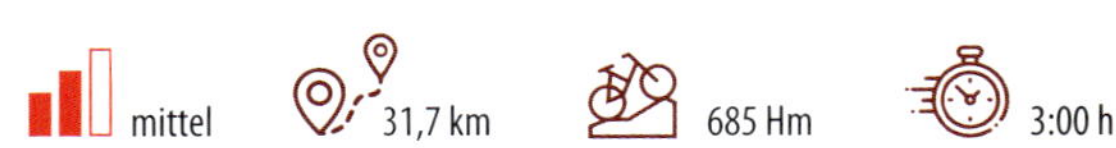

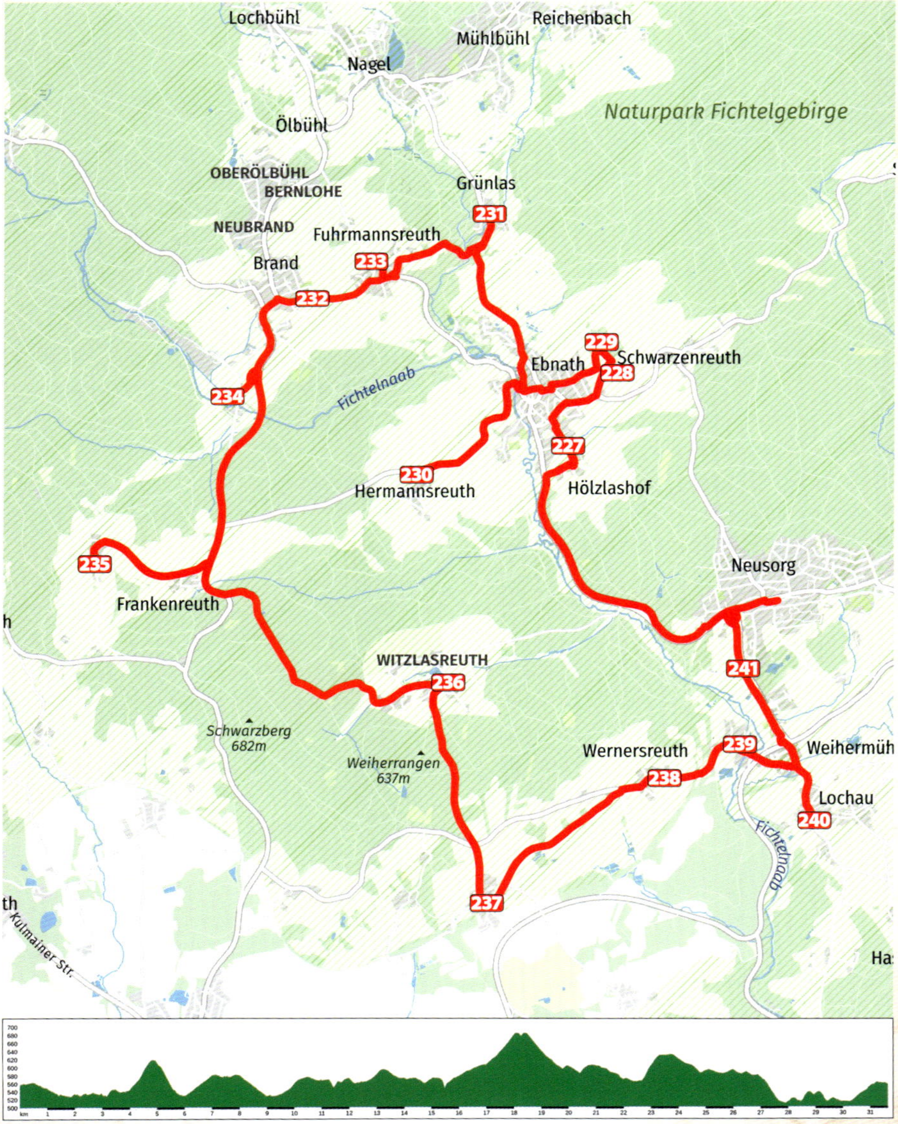

© mapz.com – Map Data: OpenStreetMap ODbL

Navi: 95700 Neusorg, Bahnhofstraße
(kostenloser Parkplatz am Bahnhof)
UTM 32U 713231, 5535534

Neusorg – Hölzlashof – Ebnath – Hermannsreuth – Ebnath – Grünlas – Fuhrmannsreuth – Brand – Grünberg – Frankenreuth – Ölbrunn – Frankenreuth – Witzlasreuth – Oberwappenöst – Wernersreuth – Riglasreuth – Lochau – Neusorg

Asphalt: 28,7 km
Naturweg: 3,0 km

Flache, ebene Strecken wechseln sich ab mit leichten Steigungen.

Neusorg, Ebnath

Streckenbeschreibung:

Der Kapellenweg startet in Neusorg am Bahnhof. In der Naabtalstraße führt der Weg links in Richtung Ebnath. An der Kreuzung Naabtalstraße/Staatsstraße 2181 wechselt der Weg auf den rechts verlaufenden Fichtelnaabradweg bis Hölzlashof und Ebnath mit einer Ortskapelle **227** am Ortseingang.

Der Weg führt weiter in Ebnath auf dem Fichtelnaabradweg bis zur Kreuzung mit der Schwarzenreuther Straße. Hier biegt der Weg nach rechts und führt auf der Schwarzenreuther Straße bis zum Ortsende, biegt links ab und erreicht die Kapelle Herz Jesu am Kalvarienberg **228** und die Mariengrotte **229**. Über den Kalvarienbergweg führt der Weg zurück in die Schwarzenreuther Straße, rechts zur Bahnhofstraße, links zum Marktplatz und rechts in die Brander Straße.
Nach Überquerung der Fichtelnaab biegt der Weg links ab in die Kemnather Straße und führt bergauf bis zur Ortschaft Hermannsreuth mit der Marienkapelle **230**.

Zurück in Ebnath rechts in die Brander Straße zum Marktplatz, links in die Bahnhofstraße und auf der Kreisstraße Tir 10 bis zur Ortschaft Grünlas mit der links an der Straße stehenden Marienkapelle **231**. Zurück auf der Kreisstraße Tir 10 und nach ca. 300 m rechts zur Grünlasmühle und weiter auf einem Wirtschaftsweg bis zur Ortschaft Fuhrmannsreuth in den Gregnitzweg und zur Brander Straße mit einer Ortskapelle **232**. In der Brander Straße ca. 50 m und rechts abbiegend erreicht der Weg die Kapelle Maria Königin **233**. Wieder zurück in die Brander Straße rechts bis zum Ortsende und auf dem Fahrradweg bis zur Ortschaft Brand.

In der Ortschaft Brand links in die Max-Reger-Straße und weiter in der Kemnather Straße. Am Ortsende wechselt der Weg auf den straßenbegleitenden Radweg bis Grünberg mit der Kapelle Hl. Dreifaltigkeit **234**.

Auf der Kemnather Straße zur Staatsstraße 2665 Brand/Kulmain. Auf der Staatsstraße führt der Weg rechts ca. 2,0 km in Richtung Kulmain. Am Ortsanfang der Ortschaft Frankenreuth rechts und weiter leicht bergauf bis zur Ortschaft Ölbrunn (Aussichtpunkt) mit der Ortskapelle **235**.
Zurück nach Frankenreuth, rechts auf die Staatsstraße und nach ca. 400 m links in das Waldgebiet. Auf einer Forststraße führt der Weg bis zur Ortschaft Witzlasreuth mit einer Ortskapelle **236**.

In Witzlasreuth führt der Weg auf der Bergstraße bergauf in Richtung Oberwappenöst, überquert die Kreisstraße Tir 21 und erreicht die Ortschaft Oberwappenöst mit der Kapelle Sieben Schmerzen Mariä **237**. Der Weg führt in Oberwappenöst links abbiegend auf einer Ortsverbindungsstraße zur Ortschaft Wernersreuth mit einer Ortskapelle **238** und

weiter zur Ortschaft Riglasreuth mit der Kapelle St. Wolfgang **239**.

Am Ortsausgang von Riglasreuth links auf den Fichtelnaabradweg und nach ca. 300 m rechts über die Staatsstraße 2177 zur Ortschaft Lochau mit der Dreifaltigkeitskapelle **240**.

Zurück zum Fichtelnaabradweg und weiter in Richtung Neusorg, vorbei an der Dreifaltigkeitskapelle **241**, führt der Weg zum Ausgangspunkt in Neusorg am Bahnhof.

Kapellenweg in und um Waldershof

TOUR 15

leicht | 37,6 km | 695 Hm | 3:00 h

Navi: 95679 Waldershof, Markt
UTM 32U 719669, 5540675

Waldershof – Rodenzenreuth – Schurbach – Schwarzenreuth – Neusorg – Höll – Langentheilen – Kreuzweiher – Rothenfurth – Maschermühle – Masch – Maschermühle – Zottenwies – Harlachmühle – Gefällmühle – Hohenhard – Poppenreuth – Wolfersreuth – Waldershof

Asphalt: 34,1 km
Naturweg: 3,5 km

Zum großen Teil ebene Strecke mit einigen leichten Steigungen.

Waldershof

Streckenbeschreibung:

Start der Strecke ist in Waldershof am Markt. Der Weg führt in die Walbenreuther Straße bis zur Kapelle St. Joseph **242** und wieder zurück zum Markt. In der Kemnather Straße bis zum Ortsende zur Kapelle Hl. Johannes von Nepomuk **243**.
Zurück in die Kemnather Straße, am Rathaus links in die Bahnhofstraße, dann Am Damm bis zur Rodenzenreuther Straße. Links über die Bahnstrecke und links, an der Bahnstrecke entlang, bis zur Kreisstraße Tir 17 in Richtung Rodenzenreuth.

Auf dem verkehrsbegleitenden Radweg an der Kreisstraße Tir 17 bis zur Ortschaft Rodenzenreuth mit der rechts am Weg stehenden Kapelle St. Hubert **244**. Auf der Kreisstraße Tir 17 bis zur Ortschaft Schurbach mit der rechts an der Straße stehenden Kapelle Maria Himmelfahrt **245** und weiter bis zur Ortschaft Schwarzenreuth mit der Auferstehungskapelle **246**.

In Schwarzenreuth gerade weiter in Richtung Neusorg auf dem verkehrsbegleitenden Radweg an der Kreisstraße Tir 16. In Neusorg in die Luisenburgstraße, links in die Marktredwitzer Straße und an der Eisenbahnunterführung links in die Forststraße und rechts weiter in die Höllbachstraße.

Auf der Gemeindeverbindungsstraße bis zur Ortschaft Höll, links am Waldrand die Kapelle Hl. Maria **247** und rechts die Marienkapelle **248**. In Höll befindet sich auch eine Mariengrotte **249.1**.

Weiter auf der Gemeindeverbindungsstraße rechts abbiegend zur Ortschaft Langentheilen mit einer Marienkapelle **249**. Wieder zurück rechts und nach ca. 500 m links in einen Feldweg bis nach Kreuzweiher zur Marienkapelle **250**. Der Weg führt weiter bis zur Staatsstraße 2177 Waldershof/Kulmain, biegt links und wieder rechts ab bis zur Ortschaft Rothenfurth und am Ortsende rechts in einen Feldweg bis zur Maschermühle und zur Ortschaft Masch mit der Kapelle Maria Königin **251**.

Wieder zurück an der Maschermühle bis zum Steinwaldradweg und nach Zottenwies. Nach Zottenwies links auf die Kreisstraße Tir 13 und über Harlachmühle vorbei an der Gefällmühle und rechts ca. 500 m in der Kalvarienbergstraße zur Kapelle Hl. Antonius von Padua **253**. An der Kapelle links in den Kapellenweg bis zur Kreisstraße Tir 13, dann rechts und nach ca. 350 m links zur Kapelle St. Josef **252**.

243

250

Alternativ: Ab der Kapelle Hl. Antonius von Padua **253** auf der Kalvarienbergstraße weiter bis zum Waldrand und rechts zum Wanderparkplatz. Ab hier wird mit einem Fußmarsch von ca. 2,1 km (einfache Strecke), vorbei an der Burgruine Weißenstein, die Dreifaltigkeitskapelle **256** im Steinwald erreicht.

Zurück bis zur Kreisstraße Tir 13 und nach links weiter bis zur Ortschaft Poppenreuth und weiter bis zur Staatsstraße 2170 Fuchsmühl/Waldershof. Links in Richtung Waldershof und nach ca. 300 m links zur Ortschaft Wolfersreuth mit der südlich der Ortschaft stehenden Feldkapelle St. Joseph **254**. Ab Wolfersreuth auf der Gemeindeverbindungsstraße nach Waldershof zum Ausgangspunkt am Markt. In Waldershof steht an der Kath. Kirche eine Ortskapelle **255**.

Kapellenweg „Besondere Kapellen“

Standorte:

Tirschenreuth – Waldsassen – Beidl – Fuchsmühl – Wiesau – Kastl

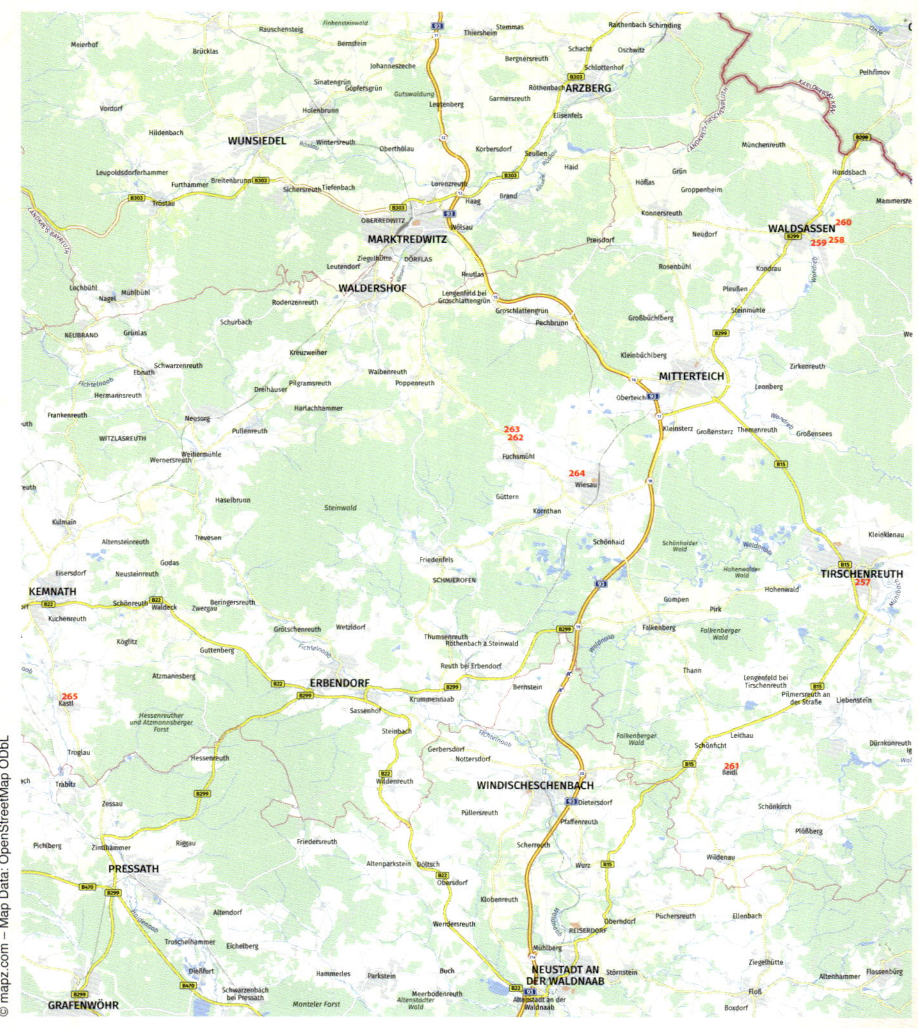

Der Besuch der „Besonderen Kapellen“ wird mit dem Pkw vorgeschlagen. Auf Grund der Entfernungen ist eine gesonderte Radtour schwer machbar.

Den Besuch der „Besonderen Kapellen“ kann man aber mit der jeweiligen Kapellenradwegtour verbinden.

Radtour 1: Kapellen in und um Tirschenreuth

Kapellenweg östlich von Tirschenreuth

- Kapelle **257** / Gnadenkapelle (Seitenkapelle) in der Kath. Pfarr- und Wallfahrtskirche Mariä Himmelfahrt in Tirschenreuth

Kapellenweg südlich von Tirschenreuth

- Kapelle **261** / Kapelle St. Leonhard in der Kath. Pfarrkirche Mariä Himmelfahrt in Beidl

Radtour 2: Kapellen in und um Waldsassen

- Kapelle **258** / Einsatzkapellen (Seitenaltäre) in der Päpstlichen Basilika St. Johannes Evangelist in Waldsassen
- Kapelle **259** / Grabkapelle im Klostergarten Waldsassen
- Kapelle **260** / Klosterkapelle Mariä Himmelfahrt Waldsassen

Radtour 3: Kapellen in und um Wiesau

- Kapelle **262** / Gnadenkapelle Wallfahrtskirche Unsere Liebe Frau in Fuchsmühl
- Kapelle **263** / Ritakapelle Wallfahrtskirche Unsere Liebe Frau in Fuchsmühl
- Kapelle **264** / Kapellen (Seitenkapellen) Hl.-Kreuz-Kirche in Wiesau

Radtour 4: Kapelle in und um Kemnath

Kapellenweg südöstlich von Kemnath

- Kapelle **265** / Kapellen (Einsatzkapellen) Kath. Pfarrkirche
- St. Margaretha in Kastl

258

Glossar

Akanthus Archäologisch-kunsthistorische Bezeichnung für den Typus eines Ornaments, das die Gestalt der Blätter der gleichnamigen Pflanzengattung in stilisierter Form aufgreift.

Altarmensa Der Begriff Mensa bezeichnet in der christlichen Tradition entweder den vollständigen Altar (Mensa Domini, deutsch: Tisch des Herrn) oder nur die Tischplatte eines Altares.

Altarraum (Chor, Chorraum), Platz in Kirchen, der den Hauptaltar umgibt.

Altöttinger Madonna In der weltberühmten Altöttinger Madonna, der sog. „Schwarzen Madonna", liegt der Ursprung des bedeutendsten Marienwallfahrtsortes im deutschsprachigen Raum. Die Muttergottes wurde um 1330 am Oberrhein im Stil der Frühgotik geschnitzt.

Apsis Bezeichnung für einen halbkreisförmigen, mit einer Halbkuppel überwölbten Raum, der an einen übergeordneten Hauptraum angebaut ist. Es ist meist der östlichste Teil der Kirche, in dem der Altar steht.

Armen-Seelen-Kapelle Arme Seelen sind nach Lehre und Tradition der römisch-katholischen Kirche Seelen im Fegefeuer.

Aufschiebling Keilförmige Holzstücke bzw. Holzbalken, die an Dachtraufen oberhalb der tragenden Balkenköpfe eingefügt werden. Sie verändern die eigentliche Dachneigung.

Baldachinaltarretabel Fest montiertes Prunk- und Zierdach für Altäre.

Bandelwerkstukatur Bandelwerk ist ein symmetrisches, flächiges Ornament aus der ersten Hälfte des 18. Jhs., das seinen Namen von den markanten, stets gleichbleibend breiten Bändern bekommen hat, die sich überschneiden und oft abrupt ihre Richtung ändern.

Barock Epoche der Kunst- und Baugeschichte zu Beginn des 17. Jhs. Die Kunst des Barock ist feierlich, ausdrucksvoll, bewegt, dynamisch und in der Architektur und Innendekoration durch große Prachtentfaltung gekennzeichnet.

Baudenkmal Umfasst historische Baulichkeiten aller Art als Quellen und Zeugnisse menschlicher Geschichte und Entwicklung. Baudenkmäler sind ein wichtiges Kulturgut.

Benediziert Segnen, benedeien, den Segen aussprechen.

Bernadette Soubirous War eine französische Ordensschwester, die als 14-jähriges Mädchen angab, zwischen dem 11. Februar und dem 16. Juli 1858 insgesamt 18 Erscheinungen gehabt zu haben, die wenig später als Marienerscheinungen gedeutet wurden. 1925 selig-, 1933 heiliggesprochen.

Bildsäule Säulenähnliches Standbild.

Blendarkaden Verzierung an Gebäuden. Dadurch wird die glatte Wand durch das Andeuten einer Arkade aufgelockert. Die Blendarkade verfügt jedoch über keine Durchbrüche.

Calvinismus Fremdbezeichnung für die aus der Schweizer Reformation hervorgegangene reformierte Kirchenfamilie. Als Calvinismus wird das theologische System Johann Calvins bezeichnet.

Calvin (10.7.1509–27.5.1564) War einer der einflussreichsten Theologen unter den Reformatoren des 16. Jhs.

Chor In der sakralen Architektur bezeichnet der Chor, auch Chorraum, Presbyterium oder Altarraum genannt, den Platz in Kirchen, der den Hauptaltar umgibt.

Christus in der Rast (auch Christus auf der Rast oder Christus im Elend) In der christlichen Kunst eine Darstellungsform des Ecce homo, bei der Christus sitzend (oft als Klagegeste einen Arm auf dem Oberschenkel aufstützend) dargestellt wird. Seinen Ursprung hat diese Darstellungsform am Ende des 14. Jhs.

Dachreiter Ein auf dem Dachfirst eines Gebäudes aufsitzendes Türmchen, das zumeist aus Holz besteht, seitlich geöffnet ist und als Glockenstuhl dient.

Doppelbalkiges Kreuz (Patriarchenkreuz, Ungarisches Kreuz, Slowakisches Kreuz oder Spanisches Kreuz) Bezeichnung für ein Doppelkreuz. Es besteht aus einem senkrechten Balken mit zwei Querbalken.

Dreifaltigkeit Christen glauben, dass Gott zugleich Vater, Sohn und Heiliger Geist ist. Diese Vorstellung nennen sie Dreifaltigkeit, Dreieinigkeit oder Trinität.

Dreiseitig schließender Chorraum An drei Seiten mit Mauern begrenzter Chorraum.

Eingezogener Chor Chor schmäler als das Mittelschiff.

Elisabeth-Kirche Kirche, die nach einer Person namens Elisabeth benannt ist.

Fatima Maria Bei den Marienerscheinungen von Fatima handelt es sich um sechs visionäre Erscheinungen einer „weißen Dame" vor drei Hirtenkindern.

Faustinus Märtyrer Um 284 in Rom geboren, um 304 in Rom gestorben. Nach der Legende in den Verfolgungen unter Diokletian gemartert und enthauptet.

Feston Schmuckmotiv von bogenförmig durchhängenden Gewinden aus Blumen, Blättern oder Früchten an Gebäuden.

Fiale Zierform der Gotik; schlanke, spitze Pyramide als Bekrönung von Strebepfeilern und als seitliche Begrenzung von Wimpergen.

Flügelaltar Sonderform des Altaraufsatzes, also eines Retabel, bei welchem der Altarschrein zum Mittelschrein wird, der durch zwei, vier oder mehr Altarflügel geschlossen werden kann.

Fresken Bei dieser Maltechnik wird direkt auf den frischen, noch feuchten Putz gemalt.

Frühbarock Zeitraum zwischen 1580–1600 und etwa 1630.

Kehlung Rillenartige Vertiefung, v. a. bei Leisten, Profilen und Rahmen.

Georg Dietzenhöfer Baumeister (1643–1689) des süddeutschen und des böhmischen Barocks aus der Baumeisterfamilie Dietzenhöfer. Erbauer der Kapplkirche bei Waldsassen.

Geschweifter Giebel, Schweifgiebel Geschwungene Giebelkontur der Renaissance und des Barocks. Schweifgiebel sind meist kunstvoll verziert.

Gesprengter Giebel (auch gebrochener Giebel) Bezeichnet einen Giebel, dessen Mitte nicht geschlossen, sondern geöffnet ist. Der Mittelteil ist scheinbar zerstört oder unvollendet; er wirkt „gesprengt".

Geviert Innenhof, üblicherweise rechteckig, auf vier Seiten umschlossen.

Glockenturm Turm, in dem Kirchenglocken aufgehängt sind. Er kann freistehend sein, an einem Gebäude angebaut oder auf einem Gebäudedach aufragen.

Gnadenbild Gemalte oder plastische Darstellung eines Heiligen, v. a. Darstellungen Mariens.

Gnadenbild der Schmerzhaften Muttergottes Entstanden nach 1400 im Donau-Alpenraum. Pieta – „Mutter des Erbarmens"; Darstellung Maria mit totem Christus.

Gotik Epoche der europäischen Architektur und Kunst des Mittelalters. Verschiedene nationale Ausprägungen der Früh-, Hoch- und Spätgotik. Zeitlich etwa von der Mitte des 12. Jhs. bis um 1500.

Heilige Familie Jesus von Nazareth mit seiner Mutter Maria und Ziehvater Josef.

Heilige Jungfrau In der römisch-katholischen Kirche als immerwährende Jungfrau verehrt.

Heiligenbild Das zur sakralen Kunst gehörende Heiligenbild ist seit frühchristlicher Zeit nachweisbar. Die Bilder und Darstellungen Heiliger zählen zu den Devotionalien.

Hl. Achatius War ein römischer Offizier und christlicher Märtyrer. Er wird oft mit einem Dornenstrauch oder mit einem Dornenkranz dargestellt, aber auch als Ritter, Herzog oder Edelmann mit Fahne, großem Kreuz und Schwert. Er soll vor bösen Krankheiten und der Todesangst bewahren.

Hl. Alexius Einsiedler und Heiliger; Schutzpatron der Pilger, Bettler, Vagabunden, Kranken und gegen Erdbeben, Blitz und Unwetter, Pest und Seuchen.

Hl. Aloisius Jesuit und in jungen Jahren gestorbener Heiliger; Schutzheiliger junger Studenten, Pestopfer und Augenleiden.

Hl. Antonius von Padua Portugiesischer Ordenspriester des Franziskanerordens; Heiliger und Kirchenlehrer; Schutzpatron der Bäcker, Schweinehirten, Bergleute, Reisenden und Sozialarbeiter. Er wird bei Unfruchtbarkeit, Fieber, Pest, Schiffbruch, Kriegsnöten, Viehkrankheiten und für das Wiederauffinden verlorener Gegenstände angerufen. Zudem soll er zu einer guten Geburt und zum reichen Pilzfund verhelfen. Schutzheiliger der Frauen und Kinder, der Liebenden, der Ehe, der Pferde und Esel.

Hl. Aurelia Reklusin (Eingeschlossene, Zurückgezogene) beim Benediktinerkloster St. Emmeram Regensburg. Sie wird als Heilige verehrt.

Hl. Florian Offizier der römischen Armee. Er wird in der katholischen und orthodoxen Kirche gleichermaßen verehrt. Schutzpatron vieler Berufe wie Feuer, Feuerwehr, Bäcker usw.

Hl. Jakobus der Ältere Er zählt zu den 12 Aposteln Jesu Christi und ist einer der bekanntesten Heiligen weltweit. Schutzpatron von Spanien, der Pilger, Apotheker und Drogisten usw.

Hl. Joachim Vater von Maria und somit Großvater von Jesus Christus; Schutzpatron der Väter und Großväter.

Hl. Johannes Ein Jünger Jesu, wird als „Lieblingsjünger" Jesu genannt; Verfasser des vierten Evangeliums.

Hl. Johannes Evangelista Gleichgesetzt mit dem Apostel Johannes als dem Lieblingsjünger Jesu; Verfasser der Johannesbriefe und der Offenbarung.

Hl. Johannes von Nepomuk Böhmischer Priester und Märtyrer. Er gilt als Brückenheiliger und Patron des Beichtgeheimnisses. Schutzpatron bei Wasser- und Reisefahrten, Zungenleiden sowie gegen Verleumdung und Gefährdung der Ehre und Diskretion und als Helfer für Verschwiegenheit.

Hl. Joseph Im Neuen Testament Ehemann Marias, der Mutter Jesu; Ziehvater oder Nährvater Jesu; Schutzpatron der Arbeiter und der Sterbenden.

Hl. Laurentius Römischer Diakon zur Zeit Papst Sixtus II., starb als Märtyrer. Er wird in mehreren Konfessionen als Heiliger verehrt. Schutzpatron der Architekten, Bibliothekare. Bei Hexenschuss, Ischias- und Hautleiden wird der hl. Laurentius ebenfalls angerufen.

Hl. Leonhard Fränkischer Adelssohn, der später als Eremit lebte. Er wird als Heiliger verehrt. Schutzpatron für das Vieh, besonders der Pferde, Bauern, Stallknechte, Fuhrmannsleute, Schmiede, Schlosser, Obsthändler, Bergleute. Helfer von Wöchnerinnen, bei Kopfschmerzen, Geistes- und Geschlechtskrankheiten.

Hl. Magdalena, Maria Magdalena Begleiterin Jesu und Zeugin seiner Kreuzigung und Auferstehung; Schutzpatronin der Frauen, der Verführten, der reuigen Sünderinnen, der Schüler, Studenten, Gefangenen, Winzer, Weinhändler, Handschuhmacher, Friseure, Parfümeure.

Hl. Margaretha Geweihte Jungfrau und Märtyrerin; Patronatin der Bauern, bei Schwangerschaft und Geburt, der Jungfrauen, Armen und der Gebärdenden.

Hl. Märtyrer Gruppe frühchristlicher Heiliger, die in Nordafrika das Martyrium erlitten.

Hl. Mauritius Wird seit dem 4. Jh. als Heiliger verehrt; Schutzpatron aller Handwerker, Messer- und Waffenschmiede, Färber, Krämer, Hutmacher, Glasmaler, Salzsieder, Tuchweber, Wäscher und Schutzheiliger der Pferde. Er wird angerufen bei Ohrenleiden, Besessenheit, Gicht und kranken Kindern.

Hl. Michael Erzengel; Patron der Soldaten und Krieger, ebenso der österreichischen und der Schweizer Polizei und der Fallschirmjäger.

Hl. Pankratius Römischer Märtyrer der frühen christlichen Kirche; Patron von Rom, der Erstkommunikanten und Kinder, der Ritter, der jungen Saat und Blüte, für neue Vorhaben und gute Zukunft, gegen Meineid, falsches Zeugnis, Krämpfe, Hautkrankheiten und Kopfweh.

Hl. Petrus, Simon Petrus Nach dem Neuen Testament einer der ersten Juden, die Jesus Christus in seine Nachfolge berief; erster Bischof von Rom; Sprecher der Jünger bzw. Apostel, Bekenner, Verleugner, Augenzeuge der Auferstehung; Schutzpatron der Päpste und vieler Berufe wie Metzger, Glaser, Schreiner usw.

Hl. Rita War eine italienische Nonne; Schutzpatron in der Ritaschwestern (Ordensgemeinschaft), Metzger, in aussichtlosen Anliegen, Examensnöten, gegen Pocken.

Hl. Sebastian Römischer Soldat. Seit dem 4. Jh. als Märtyrer und Heiliger verehrt; Patron der Sterbenden, Eisenhändler, Töpfer, Gärtner, Gerber, Bürstenbinder, Polizisten in Deutschland und Italien, Soldaten usw.

Hl. Stephanus Im Neuen Testament ein Diakon der Jerusalemer Urgemeinde. Er gilt als erster Märtyrer des Christentums.

Hl. Thaddäus Ist einer der 12 Apostel und wird als Heiliger verehrt; Fürsprecher in schwierigen und ausweglosen Situationen.

Hl. Timotheus Mitarbeiter des Apostels Paulus; erster Bischof von Ephesus; Schutzheiliger der Magenleidenden.

Hl. Wolfgang Bischof von Regensburg ab 972; 1052 heiliggesprochen; Schutzpatron von Bayern, Bistum und Stadt Regensburg sowie der Bildhauer, Holzarbeiter, Köhler, Zimmerleute, Schiffer, Hirten; Nothelfer bei Augenleiden, Gicht, Lähmung, Fußleiden, Rückenschmerzen, Schlaganfall, Blutfluss, Bauchschmerzen, Hautgeschwüren, Unfruchtbarkeit, Feuer, schlechtem Wetter.

NHN Normalhöhennull

Kalvarienkapelle Einfach gestaltetes Andachtsgebäude, kleines Gotteshaus, das nicht für regelmäßige Gottesdienste bestimmt ist und von Kreuzwegstationen begleitet wird.

Kannelierte Säule Kannelierung ist die senkrechte Auskehlung eines Objektes, meist einer Säule, eines Pfeilers oder eines Pilasters; dekoratives Motiv.

Kapelle zum Wasserheiligen Kapelle, dem Brücken- und Wasserheiligen Johannes Nepomuk gewidmet.

Kapitell (oder Säulenknauf, früher auch Kapital genannt) Obere Abschluss einer Säule, einer Ante, eines Pfeilers oder eines Pilasters. Die Überleitung vom Rund der Säule zur quadratischen Deckplatte ist das formale Grundthema des Säulenkapitells.

Kappengewölbe (Böhmisch) Deckenkonstruktion aus aneinandergereihten flachen Segmenttonnengewölben aus Ziegelsteinen oder Beton.

Karl Stilp Deutscher Bildhauer; geb. 1668 in Waldsassen, gest. um 1735 in Eger; Mitarbeiter der Bauhütte des Klosters Waldsassen; bekannt u. a. durch die überlebensgroßen Skulpturen im Bibliothekssaal des Klosters Waldassen.

Kehlungen Leichte konkave, rinnenförmige Vertiefung, die der Gliederung und Verzierung einer Fläche dient.

Klassizistisch Klassizismus, kunstgeschichtliche Epoche zwischen ca. 1770 und 1840.

Klosterrichter Aufgaben des Klosterrichters waren die Regelung aller Strafrechtsfälle und Zivilrechtsstreitigkeiten; außerdem beurkundete er die Rechtsgeschäfte der Bürger.

Konnsberg Bewaldeter Basaltkegel östlich von Konnersreuth. Gipfelhöhe 613 m ü. NHN.

Konsekriert Konsekration ist im Christentum die Übertragung einer Person oder Sache in den sakralen Bereich.

Kruzifix Darstellung des ans Kreuz genagelten Jesus in meist plastischer Wiedergabe.

Laterne Durchbrochene Aufsätze auf Türmen werden als Laterne bezeichnet.

Laubwerkstukatur Schmuckverzierung in Form von Blättern oder belaubten Zweigen.

Leidender Heiland Andachtsbild, das den leidenden Jesus Christus mit sämtlichen Kreuzigungswunden und der Seitenwunde, aber lebend und nicht am Kreuz darstellt.

Lisene (auch Mauerblende) Im Bauwesen eine schmale und leicht hervortretende vertikale Verstärkung der Wand.

Lourdesgrotte Mariengrotten, die Nachbildungen der Grotte von Massabielle bei Lourdes in Südfrankreich und Unserer Lieben Frau von Lourdes darstellen.

Lucas Cranach der Ältere (geb. 1472, gest. 1553) War einer der bedeutendsten deutschen Maler, Grafiker und Buchdrucker der Renaissance.

Madonna von Lourdes 18 Marienerscheinungen von Februar bis Juli 1858 an der Grotte von Massabielle beim Fluss Gave de Pau in Südfrankreich.

Maria Consolatrix Trösterin der Betrübten.

Maria Immaculata Unbefleckte Empfängnis.

Maria Loreto Dem Patrozinium Unserer Lieben Frau von Loreto unterstellter Sakralbau. In der Regel handelt es sich um eine architektonische Nachbildung der Santa Casa (Heiliges Haus) innerhalb der Basilika vom Heiligen Haus in Loreto in dem italienischen Wallfahrtsort Loreto bei Ancona.

Maria Rosa Mystica Rosa Mystica (geheimnisvolle Rose) ist eine Anrufung der Gottesmutter. In der katholischen Kirche gilt sie seit langer Zeit als Marientitel.

Maria Hilf Unter der Anrufung Maria, Hilfe der Christen, wird in der römisch-katholischen Kirche die Gottesmutter verehrt.

Mariä Das „ä" in Mariä steht für den lateinischen Genitiv von Maria. Assumptio Beatae Mariae Virgins – die Aufnahme der seligen Jungfrau Maria – auch Mariä Himmelfahrt.

Maßwerk Ist in der Architektur die filigrane Arbeit von Steinmetzen in Form von flächigen Gestaltungen von Fenstern, Balustraden und geöffneten Wänden. Das Maßwerk besteht aus geometrischen Mustern, die als Steinprofile umgesetzt werden.

Mondsichelmadonna (auch Strahlenkranzmadonna, auch Madonna im Strahlenkranz) Marienbildnis. Die Mutter Gottes steht auf einer Mondsichel, meist hält sie das Jesuskind in den Armen.

Mosaikbild aus Stein Bei einem Mosaikbild werden viele kleine Einzelsteine so platziert, dass ein Hauptbild erscheint.

Muttergottes Ist ein Ehrentitel für Maria, die Mutter Jesu Christi.

Muttone (geb. 1699; gest. 1775 in Waldsassen) War ein Baumeister und Baudirektor des Klosters Waldsassen, in dem er als Frater bzw. Laienbruder wirkte.

Neugotik Ist ein auf die Gotik zurückgreifender historischer Kunst- u. Architekturstil des 19. Jhs.; Blütezeit von 1830 bis 1900.

Neurokoko Stilrichtung des Historismus in Europa. Beginn ca. in den 1830er Jahren in Frankreich bis vor dem Ersten Weltkrieg 1914.

Neuromanisch Stilrichtung des Historismus in Europa. Beginn ca. in den 1830er Jahren in Frankreich bis vor dem Ersten Weltkrieg 1914.

Oblaten des hl. Franz von Sales Ist eine Ordensgemeinschaft in der römisch-katholischen Kirche. Sie wurde 1872 von Louis Brisson und Maria Salesia Chappius in Troyes gegründet. 1875 erhielt sie die päpstliche Anerkennung.

Oculusfenster (auch Ochsenauge, Rundfenster oder Oculus [lat. Auge] genannt) Sowohl in der Romanik als auch in der Gotik wiederaufgenommene Fensterform, die später v. a. im Barock und Jugendstil verbreitet war.

Ökumene Versammlungen, auf denen Verantwortliche aus den christlichen Kirchen zusammenkommen.

Ongher Flämischer Barockmaler.

Ortgangprofil Übergang vom Giebel zur Dachfläche; Ausführung als Dachziegel, Einblechung oder in Putz.

Ortganggesims Übergang vom Giebel zur Dachfläche; häufig mit Putzverzierungen versehen.

Passauer Maria-Hilf-Bild In der gleichnamigen Wallfahrtskirche in Passau; geht auf ein Originalgemälde von Lucas Cranach zurück und wurde zum Kultbild einer weltweiten Verehrung.

Pfalzgraf Wolfgang Wolfgang von Pfalz-Zweibrücken (1526–1569), genannt auch Wolfgang von Zweibrücken.

Pieta (auch Vesperbild genannt) Darstellung Marias als Mater Dolorosa (Schmerzensmutter) mit dem Leichnam des vom Kreuz abgenommenen Jesus Christus. Im Gegensatz zur Beweinung Christi liegt der Leichnam Jesu immer in Marias Schoß.

Pilaster Ein in den Mauerverbund vorspringender, eingearbeiteter Teilpfeiler, der auch als Wandpfeiler bezeichnet wird; als Gliederung von Außen- und Innenwandflächen.

Postament Unterbau von Gebäude, Säulen usw. Postamente von Denkmälern und Monumenten enthalten oft eine Inschrift oder Inschrifttafel.

Polygonal (Polygon oder Vieleck) Geometrische Figur; in der Architektur werden Polygone oft als Grundriss verwendet.

Provienz Bezeichnet allgemein die Herkunft einer Sache oder Person.

Rankenwerk Größere Anzahl von dicht beieinander wachsenden, etwa umrankenden (Kletter-)Pflanzen; künstlerische Verzierung in Form einer Malerei oder Skulptierung.

Redemptoristen (lat. „Erlöser") Sind Angehörige der römisch-katholischen Ordensgemeinschaft der „Kongregation des Heiligsten Erlösers", die am 9. Nov. 1732 von Alfonso Maria de Liguori in Scala (Italien) gegründet wurde.

Reformation Bezeichnet im engeren Sinn eine kirchliche Erneuerungsbewegung, die zur Spaltung des westlichen Christentums in verschiedene Konfessionen führte.

Relief Darstellungsform, die sich plastisch vom Hintergrund abhebt, meist aus einer Fläche oder einem Körper heraus.

Replik Wiederholung eines Kunstwerks durch denselben Künstler; Nachbildung eines Gegenstandes.

Retabel (lat. retabulum „rückwärtige Tafel") Bezeichnet jede Form eines Altaraufsatzes in einer christlichen Kirche.

Rokoko Stilrichtung der europäischen Kunst von ca. 1730–1780. Ausgangspunkt Frankreich; entstammt dem franz. Wort Rocaile (Muschelwerk) und bezeichnet ein immer wieder auftretendes Ornamentmotiv, das sich durch Asymmetrie von barocken Formen unterscheidet.

Rundbogenfries Ornament in der Baukunst; typische mittelalterliche Erscheinungsform des Frieses.

Sakristei Nebenraum in der Kirche, der zur Vorbereitung des Geistlichen auf den Gottesdienst und zur Aufbewahrung der für den Gottesdienst benötigten Gegenstände dient.

Säkularisation Ursprünglich die staatliche Einziehung oder Nutzung kirchlicher Besitztümer (Land oder Vermögen). Zwei Formen, die zu unterscheiden sind, sind einerseits die Aufhebung kirchlicher Institutionen, Abteien und Klöster und die Verstaatlichung ihres Besitzes, andererseits die Einverleibung der geistlichen Fürstentümer und Herrschaften.

Satteldach Klassische, am häufigsten anzutreffende Dachform. Es besteht aus zwei entgegengesetzt geneigten Dachflächen, die am Dachfirst aufeinandertreffen.

Säulenbildstock Im Freien stehender Pfeiler (Holz, Stein usw.) mit Heiligenbildern oder Heiligenfiguren.

Schmerzensmutter Mater Dolorosa (lat. Schmerzensreiche Mutter") ist eine im Rahmen der Marienverehrung gebrauchte Bezeichnung für Darstellungen der Schmerzen Marias, der lebenslangen Sorge Marias um ihren Sohn Jesus Christus.

Schönstatt-Priester Die Schönstatt-Bewegung (auch Apostolische Bewegung Schönstatt) ist eine internationale Vereinigung von Gläubigen in der katholischen Kirche mit apostolischer Ausrichtung. Ursprungsort wie geistlicher Mittelpunkt ist in Schönstatt.

Schopfwalmdach Ein Walm, dessen Traufe oberhalb der Traufe des Hauptdaches liegt. Der Giebel ist nicht vollständig abgewalmt. Es bleibt ein trapezförmiger Restgiebel erhalten.

Schreinaltar Das als schrankartig sich öffnende Mittelstück eines mit Flügeln verschließbaren Schnitzretabels (Altarschrein).

Schutzmantelmadonna Mariendarstellung (Madonna), die die Gläubigen unter ihrem ausgebreiteten Mantel birgt. Diese Haltung symbolisiert den Schutz Mariens.

Sgraffito Dekorationstechnik zur Bearbeitung von Wandflächen. Dabei werden verschiedenfarbige Putzschichten nach der Anbringung wieder abgekratzt, so dass ein Bild erzeugt wird. Sgrafitto wird zu den Stucktechniken gezählt.

Sieben Schmerzen Marias Die Sieben Schmerzen sind: Die Weissagung des Simon, die Flucht nach Ägypten, der dreitägige Verlust des 12-jährigen Jesus, der Kreuzweg, die Kreuzigung, die Abnahme vom Kreuz, die Grablegung. Maria steht dabei als Repräsentantin der leidenden Menschheit.

Simultankirche (Simultaneum, paritätische Kirche) Bezeichnet einen von mehreren christlichen Konfessionen in konfessioneller Parität gemeinsam genutzten Sakralbau.

Spätbarock Teil des Barock, Epoche der europäischen Kunstgeschichte (1700–1750).

Spitzbogen Ein aus zwei Kreisen konstruierter Bogen mit Spitze. Er gilt in der Architektur als ein zentrales Element der Gotik.

St. Ägidius Heiliger und einer der 14 Nothelfer.

St. Anna Wird in mehreren Schriften des 2. bis 6. Jhs. als Mutter Marias und damit als Großmutter Jesu Christi angesehen. Seit dem Mittelalter wird sie als Heilige verehrt.

Stele Frei stehende, mit Relief oder Inschrift versehene Säule.

Supraporte Ein über einer Tür oder einem Portal angebrachtes Gemälde oder Relief, oft als Teil einer Türbekrönung.

Tabernakel Kunstvoll gestalteter Schrein in der Kirche (besonders auf dem Altar), worin die geweihten Hostien aufbewahrt werden.

Tachauer Maler Elias Dollhopf (geb. 1703 in Tachau, gest. 1773) War ein Porträt- und Freskenmaler des Barocks in Böhmen.

Thérèse v. Lisieux (1873–1997) War eine französische Unbeschuhte Karmelitin. Sie wird als Heilige und Kirchenlehrerin verehrt.

Tonnengewölbe Einfachste Wölbung eines Langraumes. Es ist gleichsam eine halbierte Tonne.

Traufgesims Befindet sich am obersten Ende eines Gebäudes und grenzt das Dach von der restlichen Fassade ab. Das Traufgesims ragt in der Regel weit heraus und wird mit zahlreichen dekorativen Elementen versehen.

Trinität Christen glauben, dass Gott zugleich Vater, Sohn und Heiliger Geist ist. Diese Vorstellung nennen sie Dreieinigkeit, Dreifaltigkeit oder Trinität.

Triptychon Dreiteiliges Gemälde oder eine dreiteilige Relieftafel, die oft mit Scharnieren zum Aufklappen verbunden ist und sich insbesondere als Andachts- oder Altarbild findet.

UTM UTM-System (Universal Transverse Mercator) ist ein globales Koordinatensystem.

Vierpassmotiv Häufiges Ornament der Romantik und der Gotik. Vierpässe wurden v. a. im Maßwerk bei der Gestaltung von Fenstern oder als Dekoration von Wandflächen genutzt.

Volute Ist ein aus dem Französischen abgeleiteter Ausdruck für eine Schneckenform (Spirale) in der künstlerischen Ornamentik. Voluten finden sich in der Baukunst an Konsolen, Giebeln und Kapitellen.

Vorbastei Ist der äußere Teil einer Festung, einer militärischen Befestigungsanlage.

Votivbilder Darstellung in Form eines Gemäldes, einer Zeichnung oder Grafik, die einen Dank oder eine Bitte enthält oder ausdrückt; aufgrund eines Gelübdes geweihtes Bild (das oft den Anlass seiner Entstehung darstellt).

Walm Dreieckige Dachfläche an den beiden Giebelseiten.

Weihbischof Albert Ernst v. Wartenberg (1635–1715) War ein Wittelsbacher aus der „Ferdinandinischen Familienlinie" der Grafen von Wartenberg. 1687 ernannte man ihn zum Weihbischof von Regensburg.

Werkstein Von einem Steinmetz bearbeiteter Stein (Granit usw.) zur Herstellung von Sichtmauerwerk.

Wetterkreuz (auch Hagelkreuz oder Wettermarterl) Aufgestellt als Wettersegen.

Wimperg Ziergiebel der Gotik, v. a. über Portalen und Fenstern.

Zisterzienser Nennen sich Mönche bzw. Nonnen, die in der Tradition der Gründer des Klosters Citeaux (1098) ein Leben des Gebets, der Lesung und der Arbeit führen wollen. Der Zisterzienserorden entstand durch Reformen aus der Tradition des Ordens der Benediktiner.

Quelle:

www.heiligenlexikon.de

Quellenangaben

Bücher

- Denkmäler in Bayern
- Detlef Knipping und Gabriele Raßhofer, Landkreis Tirschenreuth
- Kapellensammlung Rainer Schmidt, Neusorg
- Flur- und Kleindenkmäler Pfarrei Wondreb
- Flurdenkmäler in der Marktgemeinde Neualbenreuth
- Kleindenkmäler in der Pfarrei Griesbach
- Buchreihe „Wir am Steinwald"
- Buchreihe HEIMAT Landkreis Tirschenreuth
- Harald Fähnrich, „Lebendiges Brauchtum in der Oberpfalz"
- Harald Fähnrich, „Sagen und Legenden im Landkreis Tirschenreuth"
- Schriftreihe „Kemnather Heimatbote"
- Kirchenführer Kath. Pfarrkirche Beidl
- Kirchenführer Kirchen Bärnau
- Kirchenführer Kirche Stein
- Kirchenführer Tirschenreuth
- Kirchenführer Waldsassen
- Kirchenführer Wiesau
- Tageszeitung „Der Neue Tag" (Ausschnitte)
- Die Zisterzienserinnen in Waldsassen

Internet

- www.auferstehungskapelle.de
- www.bad-neualbenreuth.de
- www.baernau-entdecken.de
- www.baysf.de
- www.burg-falkenberg.bayern
- www.burg-wildenau.de
- www.erbendorf.de
- www.fockenfeld.de
- www.friedenfels.de
- www.fuhrmannsreuth.de
- www.gemeinde-brand.de (kapellenbauverein fuhrmannsreuth)
- www.gemeinde-leonberg.de
- www.iniaktivkreis.de
- www.kapplkirche.de
- www.kemnath.de
- www.konnersreuth.de
- www.maehring.de
- www.mariahilf-fuchsmuehl.de
- www.markt-falkenberg.de
- www.markt-ploessberg.de
- www.markt-waldeck.de (Heimat- u. Kulturverein Waldeck e.V.)
- www.wiesau.de
- www.mitterteich.de
- www.oberpfaelzerwald.de
- www.onetz.de
- www.pfarrei-beidl-ploessberg.de
- www.pfarrei-ebnath.de
- www.pfarrei-erbendorf.de
- www.pfarreifuchsmuehl.jimdo.com
- www.pfarrei-kemnath.de
- www.pfarrei-konnersreuth.de
- www.pfarrei-kulmain
- www.pfarreipremenreuth.de
- www.pfarrei-pullenreuth
- www.pfarrei-tirschenreuth.de
- www.pfarrei-waldeck.de
- www.pfarrei-waldsassen.de
- www.ringelfelsen.de
- www.schloss-fuchsmuehl.de
- www.schwarzenbach.knaecke-brotknisterwald.de
- www.stadt-tirschenreuth.de
- www.steinwaldia.de
- www.steinwald-urlaub.de
- www.theresia-lisieux.com
- www.waldershof.de
- www.waldershof-pfarrei.de
- www.waldsassen.de
- www.wiesau.de
- www.fuchsmuehl.de
- www.kastl-kem.de

Texte

- Rudolf Ehstand, Tirschenreuth
- Rainer Schmidt, Neusorg
- Robert Schön, Immenreuth
- Herbert Bauer, Falkenberg
- Zölch, Liebenstein
- Werner Zuleger, Friedenfels

Bilder

- Bilder im Innenteil und auf dem Umschlag: Rudolf Ehstand
- Bild Kapelle 55 (Burgkapelle Falkenberg, Innenansicht): Herbert Bauer, Falkenberg
- Bild Kapelle 133 (Steinbauernkapelle Pechbrunn): mk.lichtbild
- Bild Kapelle 142 (Waldkapelle St. Josef): Stadt Waldsassen
- Bild Seite 141: Hans Koberger, CC BY-SA 3.0 <https://creativecommons.org/licenses/by-sa/3.0>, via Wikimedia Commons
- Bild Seite 186: stock.adobe.com/Siebenlicht

Karten

© mapz.com – Map Data: OpenStreetMap ODbL